通向正义

——中国法律援助的理论与实践

项 焱 主编

商务印书馆
创于1897 The Commercial Press

图书在版编目(CIP)数据

通向正义:中国法律援助的理论与实践/项焱主编.—
北京:商务印书馆,2021
ISBN 978 - 7 - 100 - 20331 - 9

Ⅰ.①通… Ⅱ.①项… Ⅲ.①法律援助—研究—
中国 Ⅳ.①D926

中国版本图书馆 CIP 数据核字(2021)第 177116 号

通向正义
——中国法律援助的理论与实践
项焱 主编

商 务 印 书 馆 出 版
(北京王府井大街36号　邮政编码100710)
商 务 印 书 馆 发 行
北京艺辉伊航图文有限公司印刷
ISBN 978 - 7 - 100 - 20331 - 9

2021 年 9 月第 1 版　　　　开本 710×1000　1/16
2021 年 9 月北京第 1 次印刷　　印张 25¾
定价:148.00 元

序

2020 年末，武汉大学法学院教授、武汉大学法律援助中心主任项焱告诉我，她花费几年心血编著的《通向正义——中国法律援助的理论与实践》一书即将出版，希望我能写作一篇书序。我曾担任武汉大学法律援助中心主任八年，与项教授在中心共事亦有 20 余载，展读此书不禁让我忆起那些与同人一起为贫弱群体"并肩作战"的日子。这部由项焱教授结合自身多年理论研究与实务经验，并率团队经大量实地调研后取得的成果，是法律援助领域的又一宏著。我觉得非常值得阅读，故欣然应允作序，并推荐给读者。

本书分为四章。第一章"法律援助的基础理论"对法律援助的概念及功能进行定义与阐述，对法律援助进行历史考察和比较研究，最终落脚在从发展权视野下对法律援助进行审视，即法律援助从早期"立法上的指引与民间自发性推动"经由"政治精英对合法危机的反应"成为当下一种国家人权司法保障和国家司法救助的制度，以强调发展权与法律援助不仅具有历史互恰性，亦有现实互恰性，而在通向正义之路上，我国法律援助应走向"国家义务性"。第二章"我国法律援助制度分析"则详尽地从法律援助的"目的与责任"、"范围"和"程序"三个方面对我国法律援助制度进行规范研究。第三章"我国法律援助的实证分析"在对法律援助最为重要的三类参与人群——民众、律师和行政机关工作人员进行问卷调查和访谈调查后，详细地分析了三类群体对法律援助制度的认知，反映他们的困惑和需求、所得与希冀。第四章"完善我国法律援助制度的对策与建议"则落地于实际，基于第三章的实证研究结果，作者认为需要从四个方面完善我国法律援助制度，即完善国家责任，实现法律援助的法治化；动员社会力量，扩大法律援助的知晓率和参与度；

加大财政力度，提高法律援助办案质量；完善信用体系和罚则，追究滥用法律援助当事人的法律责任等。对本书所进行的研究和分析，以及提出的对策与建议，我深表认同。

法律援助制度产生于现代社会中政府职能由管理向服务转变的需要，体现平等和人权保护理念。我国法律援助制度是在国家重视社会弱势群体的权利保护与积极发展社会保障事业的背景下建立和发展的，具有民间启动和政府主导的特色。法律援助制度有助于实现"让人民群众在每一个司法案件中感受到公平正义"的目标，保证每个公民享受平等公正的法律保护，保障贫弱者也能够享有法治。这是一项崇高的事业，也需要每个人的关心和支持。这本既有理论又有实务，并反映各方参与者心声的著作是这种努力的一部分。其从实证分析视角所进行的研究更可能为国家法律援助立法提供重要的参考。

法律援助在中国从无到有，从有到优，是一代代法援人筚路蓝缕艰苦奋斗而来的结果。展望未来，中国的法律援助事业一定会在现代法治国家建设进程中繁荣发展，法治的阳光定会洒满每一个角落。相信本书的作者和我一样，对于能够参与其中，深感欣慰。

是为序。

林莉红

2020 年 12 月 20 日

目 录

第一章　法律援助的基础理论

第一节　法律援助的概念与功能

一　法律援助的概念

"法律援助（Legal Aid）"一词源自西方。传统法律援助行为脱胎于律师个人道义和社会慈善行为，与现代意义上的法律援助制度存在本质区别。作为人权保障和法律救济的重要措施，现代法律援助制度自 20 世纪中期才逐步形成。

在各国的法律援助法规中，对法律援助的界定分为两种方式，一种是在法律规范中设立专门条款对法律援助进行明确的界定，即为明示型。法律援助较发达的国家和地区如美国、日本、加拿大安大略省等均采用明示型立法[①]。另一种是在法律规范中没有设立专门条款对法律援助进行界定，但其内容、含义体现在分散的有关条款中，即为隐含型。我国在 2003 年 7 月 16 日国务院第 15 次常务会议通过的《法律援助条例》（以下简称《法援条例》）中，对法律援助概念即采用隐含的立法方式。我国的法律援助是指，由政府设立的法律援助机构组织法律援助人员或者社会团体、事业单位等社会组织，为经济困难的公民或特殊案件的当事人提供无偿的法律服务，以保障其合法权益得以实现的法律保障制度。

[①]　美国的《法律服务（援助）公司法》第 1002 条第五款，日本的《民事法律援助法》第 2 条，加拿大安大略省《法律援助法》。参见司法部法律援助中心编译：《各国法律援助法规选编》，中国方正出版社 1999 年版，第 36、272、19 页。

从学理层面对法律援助的概念进行界定，尤其是在其外延理解上，理论界一直存在较大差异：①

从法律援助的责任主体界定，主要分为三种观点：绝对国家责任说、相对国家责任说、国家和社会责任结合说。所谓绝对国家责任说，其主张法律援助是国家绝对的责任，当事人确需律师的法律服务，却又无力支付律师费用的，则由国家负责为其提供法律帮助②；所谓相对责任说，则认为国家虽然对法律援助负有责任，但只负责指导和协调，而不是全面领导、绝对负责的，此种观点下国家依然是法律援助制度中唯一的责任主体③；所谓国家和社会责任结合说，则指法律援助是国家和社会共同的责任，由政府设立的法律援助机构对法律援助人员和社会志愿人员进行整体规制，充分发挥社会民间法律援助的重要作用，实现国家与社会两大责任主体的良性互动④。

从法律援助的实施主体这一角度来说，有单一主体的实施和多元主体的实施两种：单一主体的实施，即律师为提供法律援助的唯一主体，具体是指律师从公共基金中提取费用并对无力负担诉讼的民事当事人和刑事被告人提供法律帮助⑤；而多元主体的实施认为，法律援助是指律师、法律援助机构的工作人员和社会团体、事业单位等社会组织所属人员，为刑事被告人、被害人等或者民事或行政诉讼原告提供法律帮助、资助、救助、扶助、救济、优惠等的活动⑥。

从法律援助的援助范围划分，学界主要有诉讼说和诉讼非诉讼说两种观点。诉讼说认为法律援助服务的事项范围单纯指向诉讼案件事项；而诉讼非诉讼说则认为法律援助范围亦涵盖了非诉讼领域事项，例如《美国大百科全书》将法律援助解释为"由政府或行政性的法律组织，免

---

① 参见沈红卫：《中国法律援助制度研究》，湖南人民出版社 2006 年版，第 8—12 页。

② 参见周在祥：《法律援助工作需要关注的几个问题》，《中国律师报》1997 年 7 月 16 日；亦可参见张耕主编：《法律援助制度比较研究》，法律出版社 1997 年版，第 4 页。

③ 参见关怀：《论对我国职工的法律援助》，《法学家》2001 年第 1 期，第 5 页。

④ 参见李颂银、王世杰：《建立我国法律援助制度之意见》，《律师世界》1999 年第 5 期，第 35 页。

⑤ 参见章武生：《中国律师制度研究》，中国法制出版社 1999 年版，第 241 页。

⑥ 参见刘根菊：《我国法律援助之价值及其实现》，《法学杂志》2003 年第 6 期。

费或者少数收费为因经济困难而不能聘请律师的人提供法律咨询、法庭代理等多项帮助的一种法律制度"。

从法律援助的受援对象上看,有单一说和复合说两种观点。单一说将法律援助的受援对象通常理解为经济上的贫弱者。西方社会主流观点认为,法律援助制度应是面向贫苦者的一项救济措施,因而把法律援助的受援对象限定在经济能力的标准上[①],这种观点在中国也有一定的市场[②]。但是从法律援助的发展来看,多数国家的受援对象都呈现出扩大化趋势,即复合说所认为的,法律援助的受援对象不但包括"穷人",而且还包括"特殊事件当事人"[③]。

随着世界经济的快速发展和各国法制日臻完善,法律援助的援助范围也随之不断扩大、援助对象逐步放宽、援助形式更为多样。国家和社会责任结合说、实施主体多元说、援助范围诉讼非诉讼说、受援对象复合说等观点已与国际社会法律援助发展的趋势相一致,为更多国家、地区及相关专家学者所接受。现代意义上的法律援助,更着重强调是一个广义的概念、开放的概念,其中蕴含的人权价值、平等价值无一不是推动法治社会进步的重要精神力量。

二　法律援助的功能

(一)扶助弱者,保障人权

法律援助是国家为某些经济困难的公民或特殊案件的当事人提供无偿的法律服务,以保障其合法权益的实现。同时,它也是国家人权保障制度的重要组成部分。人权是人的个体及其集合体自由地主张自己的

---

① 参见陶髦等著:《律师制度比较研究》,中国政法大学出版社1995年版,第210页;亦可参见张志越:《法律援助及社会保障》,《中国律师报》,1997年2月15日。

② 贾湛总、周振想主编的《法学大辞典》中对法律援助的解释为:"对收入不足一定数额的人发送诉讼案后给予的法律上的帮助"。

③ 依照我国《法律援助条例》第12条第二款的规定,"特殊事件当事人"即指"被告人是盲、聋、哑人或者未成年人而没有委托辩护人的,或者被告人可能被判处死刑而没有委托辩护人的"。

正当利益的资格。① 我国宪法、法律中皆规定有人权的内容。从存在形式上看，人权可以分为应然人权、法定人权和实有人权。应然人权是指人应当享有的一切人权，包含了所有的人权形式。由现行法律规范所确认和认可的人权即为法定人权。应然人权经立法程序规定于法律之后转变为法定人权。实有人权则指人在社会生活中能够实际享有的人权。

应当注意的是，法定人权并不必然等于实有人权。人权经法律规定之后还需要相应的制度设置来保障其实现。实际上，公民实现自己权利的方式有两种：第一是通过自己的行为在社会生活中实现法律赋予自己的权利；第二是通过诉讼，引入国家司法机关以国家强制力保障自己权利的实现。随着我国法治化程度的不断提高，法律体系逐渐完善，法律规定日益繁多，法律规定本身及法律活动的专业性日益凸显。在此种情况下，普通公民仅靠自身的知识储备及法律素养很难通过上述两种途径来保障自己的合法权益。尤其对于第二种途径来说，司法程序的运转过程具有极大的专业性和复杂性，在不具备一定程度专业知识的情况下很难通过司法程序切实保障公民个人的合法权利。因此，公民需要获得专门的法律帮助来实现自己的法定权利。在社会主义市场经济条件下，除获取法律援助外，公民需要自己购买法律服务。贫富差距的产生导致经济状况处于弱势一方的公民在获取法律服务时遇到困难，进而对他们依法保护自己的权利形成阻碍。作为"法律面前人人平等"宪法原则的保障性制度，法律援助制度有助于实现实质意义上的法律平等，旨在让经济困难的个人和特殊案件的当事人享有同等的法律保护。② 国家需要通过法律援助对社会贫弱者提供法律服务以消除由贫富差距带来的司法上的不平等，进而实现公民法律权利上的平等。当一个社会里经济条件不同的社会成员能够平等地获得法律帮助时，"法律面前人人平等"这一宪法原则才能够实现。

（二）完善社会保障体系，维护社会稳定

经过多年的快速发展，我国已经逐步建立起包括养老、医疗保险、

---

① 参见李龙主编：《法理学》，人民法院出版社 2008 年版，第 149 页。
② 吴宏耀：《补齐"短板"推进法律援助立法》，《检察日报》2018 年 3 月 5 日。

失业救助等在内的社会保障法律制度，基本上形成覆盖妇女、未成年人、老年人和残疾人在内的特殊群体社会保障体系。同时，在国家的发展计划中，推进社会保障制度健全和完善成为国家建设的重要任务之一。《中共中央关于全面推进依法治国若干重大问题的决定》指出："建设完备的法律服务体系。推进覆盖城乡居民的公共法律服务体系建设，加强民生领域法律服务。完善法律援助制度，扩大援助范围，健全司法救助体系，保证人民群众在遇到法律问题或者权利受到侵害时获得及时有效法律帮助。"法律援助制度为经济上处在社会弱势地位的群体提供专门法律服务，是国家社会保障体系的重要组成部分。更为重要的一点，它在实质上能够促进社会保障法律规范的实现。

在法治社会中，法律是维持社会秩序，保障社会稳定最有效的手段。法律由于其专业性强的特点，不易为公众所理解和接受。通过法律在具体案例中的实施，增强并提高公众对法律的理解程度和接受程度，对于维护社会稳定，保障社会发展具有极其重要的意义。统观过去几十年的发展，我国社会出现了许多弱者权益受侵犯但无力维权导致的极端事件。在社会弱者通过法律途径保障自身权利的过程中，主要突显出维权门槛高、成本大、效果差的特点。这种情况的长久存在必然会严重影响公众对法律的认同并严重危害法律权威。当法律援助成为社会贫弱者的一项法定权利后，这些处于弱势地位的群体通过法律途径抵御外界侵害行为的能力将得到极大加强，进而缓和甚至消弭潜在的社会矛盾。

法律援助主要通过以下两种途径起到维护社会稳定的作用：第一，通过办理民事、行政诉讼法律援助案件，推动社会纠纷通过法律渠道解决。民事及行政诉讼中，公民因经济困难没有委托代理人时，通过申请法律援助获得诉讼代理人，能够帮助通过诉讼过程中更好维护自身合法权益，进而达到化解纠纷的目的。除诉讼程序中的法律援助之外，通过非诉方式将民事纠纷解决于诉讼之外，一方面可以节省国家司法资源，另一方面也在维护受援助人合法权益的同时维护了社会稳定。第二，通过参与刑事诉讼程序，在保障司法人权、促进司法公正的同时，缓解刑事被告家属因国家强制力惩罚带来的不满情绪，有效维护社会稳定。当刑事被告为盲聋哑或未成年人、精神病人，以及可能被判处无期徒刑、死刑没有委托辩护人的，由人民法院依法为其指定辩护人，无需审查家庭经济情况。犯罪嫌疑人、公诉案件中的被害人及其法定代理人或者近亲属、自诉案件的自诉人及其法定代理人，因经济困难没有委托诉讼代理人的，可以依法申请法律援助。法律援助能够帮助案件真相查明，使无罪的人免受追究，有罪的人能够认罪伏法，受害人及其亲属权益获得保障，既保障司法公正，又维护社会稳定。

（三）提高司法效率，促进司法公正

习近平总书记强调："努力让人民群众在每一个司法案件中都感受到公平正义。"公平正义是人类奋斗的目标，公正是法律体系中的第一法则，若达成便能"拥有最大平等、公正、自由的社会"。[①] 在诉讼程序中，两造平等、控辩平衡是现代诉讼的基本要求。法律援助通过平衡诉讼双方力量，能够提升诉讼质量、实现司法公正。整个诉讼过程中，诉讼双方在法官主持下，围绕纠纷，通过一系列法定程序使纠纷得到解决。

在民事诉讼中，原被告双方都附有举证义务，决定案件走向的证据主要来自于当事人自身。双方当事人在诉讼过程中主张权利、取证、举证、质证、辩论都要求较高的法律知识和诉讼技能。一般当事人囿于自身知识和技能的缺乏，无法较好参与诉讼程序，必须借助于专业人士的参与帮助推动诉讼进程、实现自身权益。同时，这也有助于法官公正、客观的了解案件事实以及正确适用法律。在刑事诉讼中，诉讼双方中一方是代表国家公权力的公诉机关。被告人相比于国家而言，必然处于一种弱势地位。辩护人的存在，能够帮助缓解这种不平等地位可能带来的不公正。近些年发现的冤假错案，多数案件都是在无辩护人的情形下发生的。犯罪嫌疑人或被告人由于自由受限或缺乏相应法律知识，无法正确表达自身无罪、罪轻或具有从轻减轻处罚的情节。法律援助人员能够凭借其专业知识和诉讼技巧，在诉讼过程中为嫌疑人或被告人争取最大

---

① 〔美〕约翰·罗尔斯：《正义论》，何怀宏、何包钢、廖申白译，中国社会科学出版社2011年版，第82页。

化的合法权益,最大可能地避免冤假错案的发生,维护司法权威和公正。在行政诉讼中,相对于作为被告的行政机关而言,原告方当事人当然处在弱势地位。在这种情况下,法律援助人员的参与,可以极大平衡双方的不平等情况,在调查取证、举证质证等方面弥补双方实力差距带来的不平等情形。从而起到提升诉讼质量,维护诉讼公正的作用。

除公正外,效率也是司法程序的追求之一。自立案登记制度实施以来,我国众多基层法院办案压力陡增。在这种情况下,提高司法效率、避免案件久拖不决就显得愈发重要。因当事人自身法律知识的匮乏以及对诉讼程序的陌生,很多法院都出现程序进展缓慢、当事人不理解、不配合的情况。在这种情况下,法律援助人员参与案件办理有助于诉讼程序的顺利推进,有效避免因当事人缺乏专业知识导致的程序拖沓、迟滞情况的发生,这对于解决法院办案压力、提升办案质量、消弭社会矛盾都具有重要作用。

(四)保障法律实施,建设法治国家

近年来,随着党的十八大、十九大的召开,建设社会主义法治国家已经成为头等大事。《法治政府建设实施纲要(2015—2020 年)》提出的任务之一就是"依法有效化解社会矛盾纠纷。目标:公民、法人和其他组织的合法权益得到切实维护,公正、高效、便捷、成本低廉的多元化矛盾纠纷解决机制全面形成,行政机关在预防、解决行政争议和民事纠纷中的作用充分发挥,通过法定渠道解决矛盾纠纷的比率大幅提升"。加强法律援助制度建设,是推进全面依法治国、建设法治中国的重要内容,是深化人权法治保障、增强人民群众对社会公平正义的获得感、幸福感的重要途径,是推进国家和社会治理现代化的必然要求。[①]

法律的生命在于实施。就国家的法律整体而言,不外乎两种实施方式,即法的遵守和适用。这其中,法的遵守是法律实施的主要方式。但无论哪个国家,亦无论何种法律体系,都无法避免违法行为的出现。此

---

① 李林、王宗旗:《完善农民工法律援助工作的对策探索》,《人民论坛》2019 年第 19 期,第 94 页。

时，就需要被授予专门职权的国家机关，对违法行为予以法定的制裁，从而确保法律能够被信仰进而被遵守，这就是法的适用。在法的适用过程中，社会贫弱者可能因为自身经济条件较差而无法参与，进而导致法适用的效果无法保证。在这种情况下，通过国家提供的法律援助，使贫弱者能够积极、充分、有效的参与到法的适用过程中来，对于提高适用效果、提升适用质量都有极大的促进作用。

法律的有效实施，能够使法的观念深入人心并为群众所接受，引导大家通过法律途径解决纠纷。这对于推进国家法治建设，将社会生活纳入法治轨道中来具有重要促进作用。法律援助就其宗旨而言，负有救济社会贫弱者的职责，这是一个现代化法治国家不可缺少的。通过法律援助制度，达到保障诉讼中贫弱者的合法权益对社会主义法治国家建设的重要意义不言而喻。

第二节　法律援助的历史考察

一　法律援助在西方国家的起源与发展

法律援助制度是法治观念发展的结果。它在西方社会产生和发展的历史，是由最初律师自发地对穷人提供免费服务的慈善行为，而逐步演化为国家保障公民实现合法权益的国家行为的过程。

法律援助的初创于 19 世纪末以前，这一时期的法律援助被定位为一种慈善行为。学界普遍认为法律援助制度滥觞于英国。1215 年英国大宪章明确规定："不得出卖人民之权利和公正，亦不得拒绝或迟延赋予人民权利或公正"①。一种相当原始的获得司法程序公正的权利出现在 15 世纪末的英格兰。当时英国已经废除了农奴制，农民在法律上获得了

---

①　To no one will we sell, to no one will we refuse or delay, right or justice.

人身自由，资本主义生产方式开始萌芽发展。早在 1424 年苏格兰就创立了穷人登记册制度，被登记在册的公民若提起诉讼，可免费获得法律顾问和代理人的帮助。1495 年，英王亨利七世在法案中规定："正义应当同样给予贫困的人，以及那些根据他们自己的自由裁量权行事的人。根据正义原则任命的律师应当同样为穷苦人服务"[①]。同时，英王还授权法庭指定律师为贫穷的民事诉讼当事人提供法庭代理，从此揭开了英国法律援助历史的扉页。之后根据《最高法院章程》，英格兰高等法院和上诉法院对不能支付诉讼费用的人应当给予法律援助。随着宗教组织、律师团体及社区等的法律帮助活动在欧洲大陆的开展，各欧陆国家以穷困人为救济对象的有组织的法律帮助格局逐渐形成[②]。

"1876 年，美国纽约市的一群富裕的德国裔美国人成立了一个'德国人法律援助社'，目的是使新一批德国移民免遭美国司法制度的伤害。几年之后，'德国人法律援助社'易名为纽约法律援助社。"[③]这是世界上最早的法律援助组织，这个组织当时所实施的"只是作为民间自治组织的慈善行为，与政府没有任何的联系"。[④]除了慈善机构和民间社团组织外，宗教组织和某些政府机关基于乐善好施的动机或者当作积德行善的"善"举，也会提供法律援助。初创阶段的法律援助完全出于道义和自发，法律援助并不是受援对象享有的权利。

19 世纪末 20 世纪初开始的法律社会化思想推动了法律援助由慈善行为到国家责任的转型。法律社会化思想推翻了传统的以"穷人"阶层

---

① The statute of 1495 enacted by King Henry VII: The Justices...shall assign to the same poor person or persons counsel learned, by their discretions, which shall give their counsel, nothing taking for the same; ...and likewise the Justices shall appoint attorney and attorneys for the same poor person or persons（转引自严军兴：《法律援助制度理论与实务》，法律出版社 1999 年版，第 4—5 页）

② 随后，各国相继对法律援助制度进行规定。1771 年，西班牙国王查理三世建立轮换为穷人免费辩护的制度；1855 年西班牙的第一部《民事诉讼法》第 179 条以法律的形式规定了无偿法律援助；1781 年《奥地利法程序法典》第 8 条规定了为穷苦当事人支付案件费用；1873 年法国《雅各宾宪法》第 96 条规定被告人应有自行选定的辩护人或公设辩护人等。

③ 马小虎：《美国法律援助的简史及现状》，《中国律师》1996 年第 6 期，第 24 页。

④ 〔美〕道格拉斯：《美国法律援助：你能从中得到什么》，《中国律师》1998 年第 8 期，第 72 页。

为施舍对象的法律援助理论基础，随着资产阶级人权观念的确立，维护人权成为资本主义国家极力标榜的宪法原则，法律援助作为人人都享有的一项政治权利，在各国逐渐得到确认。法律援助不再是慈善行为而是国家所应承担的责任。在这一时期，政府开始对法律援助进行有组织地干预，由地方行政机关提供的法律援助开始占据主导地位。1913 年美国的洛杉矶出现了"公设辩护人制度"，"早期的公设辩护人制度的目的是向贫穷的刑事被告人提供有经验的辩护律师，以取代仅从慈善角度为穷人提供服务的私人律师"。① 这一时期，法律援助凸显以下特点：一是把法律援助定位于公民所享有的一项政治权利；二是确立法律援助为国家的责任。

　　自第二次世界大战以来，法律援助进入全面发展阶段。以下几个方面体现了它的发展概况：立法上建立和健全了法律援助制度。在各国的宪法起草当中，美国联邦宪法第四条修正案、联邦德国宪法第一百零一条、一百零三条以及日本 1946 年宪法第三十二条都对获得法律援助权进行了规定；其次，一些国家还制定了法律援助方面的单行法，如英国 1999 年《获得司法公正法》，加拿大 1967 年《法律援助服务法》，法国 1972 年《审判援助法》，瑞典 1986 年《法律援助法》，日本 2006 年《综合法律援助法》等。法律援助的范围不断扩大。美国总统约翰逊在 1965 年提出了"向贫困宣战"的自救运动，美国政府开始把法律援助的范围扩大到民事领域，1974 年尼克松总统时期通过了"法律服务委员会法案"，从而以法定的形式把民事法律援助制度确立下来；以高水准的财政支持来保障法律援助的推行，各国均建立了符合本国国情的法律援助资金供给制度。建立健全了法律援助机构，如设立了"公共辩护人机构"、"法律服务公司"，与此同时，还出现了专门的法律援助学科，学者专家不断涌现。西方学者则将这一时期称之为福利国家体系时期，法律援助被视为国家福利体系当中不可或缺的一个部分，换言之，法律

_____

① 〔美〕道格拉斯：《美国法律援助：你能从中得到什么》，《中国律师》1998 年第 8 期，第 72 页。

援助已成为一项公认的国家责任。

至于在具体做法上，有些国家仍保有第二阶段的色彩，有些国家则完全为第三阶段的产物。英国和美国基本属一种类型，虽然两国有关法律规定，以及法律援助的组织形式等方面各有特色，但总体而言，法律援助体系的运行主要是依靠受政府资助的独立私人团体来操作。律师协会、各种私人基金会，乃至律师个人，在这种体制中发挥着决定性的作用。法律援助形式并不统一，而是各种形式互相重叠。这种类型的法律援助体系，仍寄情于最早的慈善性质的法律救济，传统的理论对其影响较为深刻，是自由资本主义的条件下法律援助发展的类型。英美国家法律援助制度的初期，并不是面向全社会所有成员，其援助对象是社会地位低下的特定阶层，英国的《穷人法》对此做了确定。而美国法律援助则是各种族、阶层作为不同利益集团，为保护自身利益而拉开序幕的，其组织上的私人色彩更为浓厚。资产阶级革命后，社会成员之间平等的观念才得以确立，并成为影响法律援助制度发展的一个前提。国家责任仍是国家对需要帮助的人民提供法律援助的责任，法律援助在英美基本上是局限于原则的指导和财政的支持。在某种意义上，这是由于英美私人法律援助团体较为发达造成的。同时，法律援助的具体提供者——律师，在英美法律援助制度的发展中也起着举足轻重的作用，传统的律师职业自由观念，使得律师协会本能地对由国家统一提供法律援助采取抵制的态度。虽然如此，随着国家对法律援助财政支持的加强，以及法律援助私人机构的迅速发展，在英美，法律援助的社会化程度也达到了较为发达的程度。尽管各援助组织独立地处理法律援助事务，但国家也制定了相应的法律、法规，从原则上对法律援助进行规范和管理。

资本主义国家法律援助的另一种类型，是以瑞典、丹麦为代表的资本主义福利国家的法律援助体制。这种体制的一个显著特点是将法律援助纳入国家的福利制度，进而由国家统一实施。在这种制度下，法律援助作为一种由国家提供的福利而面对社会，法律援助的对象、范围大为拓宽，国家设立专门的组织机构，雇佣专门的人员，进行法律援助工作。私人律师和律师协会在这方面的作用大为降低。这使得法律援助的社会化程度得到了较大的提高，法律援助的国家责任原则得到了充分的体现，而社会的参与又使法律援助制度更趋完善。瑞典、丹麦均建立了诉讼保险制度，这使不符合法律援助条件的中产阶级避免了因高额的诉讼费用而影响其家庭生活。与英美相比，瑞典、丹麦法律援助制度的社会化程度更高。但是瑞典、丹麦的法律援助制度给国家财政造成的压力更大。

二　法律援助在中国大陆的萌芽与确立

法律援助制度在中国的建立，客观地说，是中国的市场经济和法制建设发展到一定阶段的必然要求。[①]

律师制度的出现、律师在司法诉讼机制中功能地位的彰显以及公民诉讼权利尤其是辩护权利的确立，是建立法律援助制度的前提条件。在我国古代漫长的封建社会里，百姓在争讼中只是司法长官纠问和拷讯的对象，无权自行辩护，更谈不上聘请懂得法律的人帮助其进行诉讼[②]；因此，中国历史上亦无律师制度生发的土壤。直到本世纪初清末年间沈家本修律时，"律师"才作为"舶来品"被引入《大清刑事、民事诉讼法》[③]。虽然在北洋政府和国民党统治时期，有零星政令、条例关涉法律援助[④]，但碍于当时律师行业方兴未艾，有限的律师、律师有限的作用以及国民朦胧的诉讼观念使得法律援助制度在这一时期只具其名、不具其实，民间法律援助更多表现为律师个人的慈善行为。"民国第一律师"曹汝霖"除照章公费外，不计较酬报，听当事人之便"，曾有一案子获胜，当事人全家老小到曹家叩头致谢，感激涕零，但家中贫困，只能送些土产表

---

① 张耕主编：《中国法律援助制度诞生的前前后后》，中国方正出版社1998年版，第41页。

② 沈红卫：《中国法律援助制度研究》，湖南人民出版社2006年版，第43页。

③ 张耕主编：《中国法律援助制度诞生的前前后后》，中国方正出版社1998年版，第41页。

④ 如1914年2月26日北洋政府司法部发布《核准指定辩护人办法令》；1924年5月，南京国民政府司法部批准了中华民国律师协会制订的《律师公会附设贫民法律扶助会暂行规则》等。

示谢意。曹汝霖不仅不收酬劳，就连工本手续费都免了。[①] 此外，民国大状如吴凯声、王龙、郑毓秀等，均投身法律援助事业，为维护底层民众的权益而辩护。[②]

中华人民共和国建立初期，1954 年《中华人民共和国宪法》和《人民法院组织法》的颁布以及 1956 年司法部《律师收费暂行办法》的发布，相关条文可以被视为以律师免费或减费法律服务为基础的法律援助制度的雏形。其后，改革开放于某种程度上而言为这一制度的建立和发展拉开了序幕。

回顾我国法律援助制度的发展历史，可以发现我国的法律援助早期更多地呈现立法上的指引与民间自发性推动的特色，随后的制度建构系"政治精英对合法性危机的反应"，慢慢发展成为一道改革开放的"社会安全阀"，[③] 当下则将法律援助提升到国家人权司法保障制度和国家司法救助制度的高度，明确强调要完善法律援助制度，发挥律师在依法维护公民和法人合法权益方面的重要作用。[④] 因此，我们依据几大重要历史节点将改革开放以来中国法律援助制度的发展历程划分为四个阶段：探索阶段（1978—1993）、建立和实施阶段（1994—2002）、迅速发展阶段（2003—2012）和完善阶段（2013—2019）。

（一）探索阶段（1978—1993）

改革开放初期，我国法治建设刚刚起步，法律服务正在形成。当时虽然没有建立法律援助制度，但有关法律援助的内容及其运用在立法和司法实践中已有体现。例如，1979 年我国第一部《刑事诉讼法》制定通过，其中第二十七条还明确规定："公诉人出庭公诉的案件，被告人没有委托辩护人的，人民法院可以为他指定辩护人。被告人是聋、哑或者未成年人而没有委托辩护人的，人民法院应当为他指定辩护人。"1991 年

---

① 郭烁、符尔加：《法律援助的故事》，中国法制出版社 2016 年版，第 39 页。

② 张耕主编：《中国法律援助制度诞生的前前后后》，中国方正出版社 1998 年版，第 52—64 页。

③ 徐卉：《中国法律援助制度的建立与发展：从合法性危机到社会安全阀》，《环球法律评论》2005 年 第 6 期。

④ 樊崇义：《中国法律援助制度的建构与展望》，《中国法律评论》2017 年第 6 期。

修订的《民事诉讼法》第四十九条规定:"没有诉讼行为能力的人,由他的法定代理人代为诉讼,没有法定代理人的,由人民法院指定代理人。"人民法院对刑事诉讼中的聋、哑和未成年被告人指定辩护人,[①] 对民事诉讼中无法定代理人的无诉讼行为能力的人指定代理人,实际上就是国家提供的法律援助,也说明了法律援助的存在有其客观必然性。

"法律援助"在作为一项制度被付诸实践之前,面对社会对法律援助的巨大需求,除了接受人民法院指定免费担任辩护人或代理人外,全国各地的一些律师也开始自愿为需要者提供无偿的法律咨询和代理服务,[②] 一些高校开始利用自身资源开展法律援助。[③] 民间法律援助的兴起,正好在一定程度上弥补了政府角色的缺位。1993 年国务院批准《司法部关于深化律师工作改革的方案》,逐步建立起多形式、多层次结构的专业化律师工作队伍,为法律援助的探索与实践提供了人力资源上的可能性。随后,新中国法律援助的制度化探索在地方法律援助的实践中发轫:北京市司法局在 1993 年明文规定:"每名律师必须每年应免费为公民办理一件刑事、民事或其他案件",广州市司法局率先在正式文件中使用"法律援助",并明确提出"建立法律援助制度"和"设立法律援助基金"。法律援助也由最初的慈善事业逐渐发展成为政府社会福利支出。

(二)建立和实施阶段(1994—2002)

在中国,"建立和实施中国的法律援助制度"这一完整命题是时任司法部部长、党组书记肖扬在 1994 年 1 月讨论《律师法》(草稿)时首

---

① 据《中国法律年鉴》统计,1980—1985 年六年中,全国律师共接收委托或法院指定为被告人担任辩护人的刑事案件 53 万余件,解答法律咨询 441 万件,代写法律文书 97 万多份。参见 1987 年《中国法律年鉴》第 282、721 页。

② 如 1984 年河北省三河县白庄乡农民被当地政府违法占地,北京市慧丰律师事务所的杨炳芝、法大律师事务所的李梦福等 6 名律师免费代理此案,历时 10 年,维护了农民的合法权益。参见张耕主编:《中国法律援助制度诞生的前前后后》,中国方正出版社 1998 年版,第 48 页。

③ 武汉大学社会弱者权利保护中心(现"武汉大学法律援助中心")成立于 1992 年,是中国第一个民间法律援助机构。有媒体文章认为,"武汉大学社会弱者权利保护中的成立过程恰好是我国法律援助制度的一个'触发器'"。参见刘良翠:《中国第一个法律援助机构创办人万鄂湘》,《人物》2006 年第 6 期。

次明确提出的。^①经由政治精英的推动，1994 年司法部开始推行法律援助的试点工作，从东部的北京、上海到中部的武汉、郑州再到西部的西宁、银川，全国多个城市纷纷开始了法律援助试点工作。

1995 年 2 月广州市率先成立全国第一个由政府批准设立的法律援助中心，随后，法律援助的探索扩展到省级范围，四川省于 1996 年 5 月组建成立了全国首家省级法律援助机构——四川省法律援助中心。在中央层面，1996 年 3 月，司法部成立国家法律援助中心筹备组，旨在进一步推动法律援助制度的建立。1996 年 12 月 28 日，中央编制办公室批复同意成立全额拨款的司法部法律援助中心，至此，中国历史上第一个专门负责法律援助工作的国家级机构正式诞生。1997 年 5 月 26 日，中国法律援助基金会成立暨司法部法律援助中心揭牌大会在人民大会堂举行，为中国特色的法律援助制度的建立和发展奠定了良好的组织与经济基础。

2001 年 3 月，全国人民代表大会通过《国民经济和社会发展第十个五年计划纲要》，第一次将法律援助制度写入国家的经济和社会发展总体规划中，明确提出要"建立法律援助体系"的目标。以此为标志，我国的法律援助开始以司法部单一范畴跃升至国家高度，开启了我国法律援助制度发展的新阶段。2003 年 7 月 21 日，国务院总理签署第 385 号国务院令，公布了《中华人民共和国法律援助条例》^②，以行政立法的形式将法律援助制度确定为一项国家制度，宣告了我国法律援助正式脱离了个人自发和行业慈善的阶段而与整个国家的法治文明建设紧密联系到一起，成功搭建起中国特色社会主义法律援助制度的主要原则和基本框架，标志着我国法律援助制度在全国范围内的正式建成。

（三）迅速发展阶段（2003—2012）

由行业慈善和民间自发性推动到国家自上而下的组织动员，我国法律援助制度不断完善，法律援助事业不断发展，已经成为中国特色社

---

①　张耕主编：《中国法律援助制度诞生的前前后后》，中国方正出版社 1998 年版，第 47 页。

②　下文中出现的《法援条例》《法律援助条例》为其简写。

会主义司法制度的重要组成部分,在服务经济社会发展、推进法治国家建设、维护人民合法权益中发挥了重要作用。在《法律援助条例》颁行后的十余年里,我国的法律援助事业得到迅速发展,取得重大成就,援助机构、案件和受援人数量均大幅度增长:2003 年全国法律援助机构共 2774 个,截至 2012 年底,全国法律援助管理机构共 457 个,法律援助机构则有 3236 个;2003 年全国法律援助案件批准总数为 166433 件,而 2012 年共批准 1022015 件法律援助案件,是 2003 年总数的 6 倍有余;2003 年全国共为 293715 人提供法律援助,2012 年这项数据增长至 1145671 人,十年内增长了近 3 倍。[①]

表 1-2-1 2003 年与 2012 年法律援助对照表 [②]

类别	单位	2003 年	2012 年
法律援助机构	个	2,774	3,693
工作人员	人	9,457	14,330
其中:法律专业	人	7,643	11,042
受理案件	件	166,433	1,022,015
其中:民事法律援助	件	95,053	882,839
刑事法律援助	件	67,807	133,677
行政法律援助	件	3,573	5,499
法律服务人员承办法律援助案件	件	166,433	862,399
受援人	人	293,715	1,145,671
法律援助经费	万元	16,456	140,319
其中:财政拨款	万元	15,211	138,963

与此同时,随着国家法治的进步与人权保障理念的传播,社会也对法律援助制度的发展与完善寄予了更高的期望。2012 年《刑事诉讼法》第三十四条进一步扩大了法定法律援助的范围,提前了提供法律援助的诉讼阶段,改变了法律援助的方式,正式建立了通过申请获得法律援助

---

① 本节数据,未经特别标注,均来源于中国法律援助网。
② 数据来源参见《中国法律年鉴》(2003 年)第 1071 页,和《中国法律年鉴》(2012 年)第 1228 页。

的制度，成为我国法律援助制度进一步突破发展的契机。[①]

（四）完善阶段（2013—2019）

党的十八大以来，习近平总书记多次对法律援助工作作出重要指示。2013 年 11 月 12 日，中国共产党第十八届三中全会将法律援助制度提升到国家人权司法保障制度和国家司法救助制度的高度，明确强调要完善法律援助制度，发挥律师在依法维护公民和法人合法权益方面的重要作用。2014 年 10 月 23 日中国共产党第十八届四中全会再次将法律援助制度作为国家整体法律服务体系的重要组成部分加以强调，明确指出要建设完备的法律服务体系，推进覆盖城乡居民的公共法律服务体系建设，完善法律援助制度，健全司法救助体系。

2015 年 4 月 1 日中共中央办公厅印发《党的十八届四中全会重要举措实施规划（2015—2020 年）》，明确将"制定推进律师积极开展法律援助工作的意见"作为一项改革任务。以中央制定出台《关于完善法律援助制度的意见》为标志，我国的法律援助工作进入了新的历史发展阶段，截止到 2017 年 12 月，中央各部门共出台 19 份规范性文件来落实《意见》，其中既有扩大法律援助覆盖范围，满足人民群众法律援助多元需求的一般性规定[②]，也有满足特殊群体法律援助需求的特别规定[③]，还

---

① 顾永忠、陈效：《中国刑事法律援助制度发展研究报告（下）》，《中国司法》2013 年第 2 期。

② 共计 3 份：2017 年 2 月 17 日司法部、财政部出台《关于律师开展法律援助工作的意见》；2017 年 8 月 21 日司法部出台《关于推进公共法律服务平台建设的意见》；2017 年 10 月 9 日最高人民法院、司法部出台《关于开展刑事案件律师辩护全覆盖试点工作的办法》。

③ 共计 10 份：2016 年 1 月 20 日司法部出台《关于做好 2016 年司法行政系统农民工工作的通知》；2016 年 8 月 3 日国务院印发《"十三五"加快残疾人小康进程规划纲要》；2016 年 9 月 14 日司法部、中央军委政法委出台《军人军属法律援助工作实施办法》；2016 年 9 月 20 日司法部出台《关于 2016 年全国"敬老月"期间深入开展老年人法律服务和法律援助活动的通知》；2016 年 10 月 12 日中国残疾人联合会、国家发展改革委、民政部、教育部、人力资源社会保障部、国家卫生计生委、司法部出台《基层残疾人综合服务能力建设"十三五"实施方案》；2016 年 12 月 28 日全国老年办、最高人民法院、最高人民检察院、公安部、民政部、司法部出台《关于进一步加强老年法律维权工作的意见》；2017 年 2 月 28 日国务院印发《"十三五"国家老龄事业发展和养老体系建设规划》；2017 年 4 月 8 日司法部出台《关于做好 2017 年农民工相关工作的通知》；2017 年 6 月 6 日国务院办公厅出台《关于制定和实施老年人照顾服务项目的意见》；2017 年 11 月 2 日司法部出台《关于"十三五"加强残疾人公共法律服务的意见》。

有创新法律服务产品的相关规定①，全国共计 29 省（区、市）两办也已出台《关于完善法律援助制度的实施意见》。

2017 年 9 月，司法部印发《关于推进公共法律服务平台的意见》，该《意见》对于整合司法行政业务职能和法律服务资源，推进公共法律服务体系建设，提升司法行政工作能力和水平，更好地满足人民群众法律服务需求具有重要意义。2018 年 9 月 7 日，十三届全国人大常委会立法规划公布，《法律援助法》作为"需要抓紧工作、条件成熟时提请审议的法律草案"被列入规划中。我国第一部法律援助专门法律的制定条件已然成熟。2019 年 3 月，司法部发布《全国刑事法律援助服务规范》，此为司法部出台的首个全国刑事法律援助服务行业标准。该《规范》细化了刑事诉讼程序中法律援助的服务要求，以促进提高刑事法律援助服务质量，不断提升刑事案件受援人满意度。站在全面推进依法治国的新起点上，从具体问题入手，法律援助制度又一次在中华大地上扬帆远行。

第三节　法律援助的比较分析

一　国际人权条约中的法律援助

第二次世界大战之后，随着人的基本权利被深入认识与广泛重视，法律援助越来越呈现出全球化的趋势，在一些国际条约和国际习惯中不断出现了有关法律援助的规定。

---

① 共计 6 份：2016 年 7 月 20 日最高人民法院、最高人民检察院、公安部、国家安全部、司法部出台《关于推进以审判为中心的刑事诉讼制度改革的意见》；2016 年 9 月 18 日司法部出台《关于进一步加强公证便民利民工作的意见》；2016 年 11 月 11 日最高人民法院、最高人民检察院、公安部、国家安全部、司法部出台《关于在部分地区开展刑事案件认罪认罚从宽制度试点工作的办法》；2017 年 4 月 1 日最高人民法院、最高人民检察院、司法部出台《关于逐步实行律师代理申诉制度的意见》；2017 年 8 月 8 日最高人民法院、最高人民检察院、公安部、国家安全部、司法部出台《关于开展法律援助律师值班工作的意见》；2017 年 9 月 30 日最高人民法院、司法部出台《关于开展律师调解试点工作的意见》。

《公民权利和政治权利国际公约》第十四条第（3）款为被告人规定的法律权利为："审判被控刑事罪时，被告人一律有权平等享受下列最低限度之保障：……（d）到庭受审，及亲自答辩或由其选任辩护人答辩；未经选任辩护人者，应告以有此权利；法院认为审判有此必要时，应为其指定公设辩护人，如被告人无资力酬偿，得免付之。"该条对刑事诉讼中的被告人取得辩护人帮助的权利有所规定，并谕之为"有权平等享受"的"最低限度之保障"，这使得法律援助成为一项基本的国际人权标准。根据上述条款内容，被告人取得辩护人帮助的方式为法院指定，同时须在"审判有此必要"的情形下；被告人享受因无力负担费用而免付的无偿法律服务也以事先的权利取得为前提——这无疑是"对法律援助可得性的一种限制"①。

《儿童权利公约》第三十七条规定："缔约国应确保……（d）所有被剥夺自由的儿童均有权迅速获得法律及其他适当援助，并有权向法院或其他独立公正的主管当局就其被剥夺自由一事之合法性提出异议，并有权迅速就任何此类行动得到裁定。"同时，在第 40 条第 2 款中亦有相关规定称"……缔约国尤应确保……（b）所有被指称或指控触犯刑法的儿童至少应得到下列保证……ii. 迅速直接地被告知其被控罪名，适当时应通过其父母或法定监护人告知，并获得准备和提出辩护所需的法律或其他适当协助"。针对儿童的措辞明显区别于成人，说明儿童在国际上取得法律援助权利的限制更为宽松，获得法律援助的范围延伸至"准备和提出辩护"阶段。但公约所针对的案件类型依然是法律援助取得权获得承认的传统范围，即刑事领域。

《保护所有迁徙工人及其家庭成员权利国际公约》第十八条第 3 款也有与《公民权利和政治权利国际公约》相仿的明确规定②。

---

① 彭锡华：《法律援助的国家责任——从国际人权法的视角考察》，《法学评论》2006年第 3 期。

② "在审判对他们提出的任何刑事指控时，移徙工人及其家庭成员应有权享有下列最低限度的保证……（d）出庭受审并亲自或通过自己所选择的法律援助进行辩护；如果没有法律援助，应通知他们享有这项权利；在审判有此必要的任何情况下，为他们指定法律援助，并在他们没有足够能力支付的任何这种情况下，可免自己付费。"

另外,《欧洲人权公约》虽为地区性公约,但其在《公民权利和政治权利国际公约》的基础上,以同样措辞规定了刑事法律援助,并将法律援助的范围扩展至民事领域[①]。

遍览人权条约机构所涉国际人权公约及其一般性意见中有关法律援助的条款,明文规定获得法律援助为当事人权利的条款较少。除《公民权利和政治权利国际公约》第十四条、《保护所有迁徙工人及其家庭成员权利国际公约》第十八条、《欧洲人权公约》第六条外,还包括人权事务委员会第13号一般性意见第十一条[②]、第32号一般性意见第三十七条[③]、第35号一般性意见第三十四条[④]及第六十二条[⑤]、消除种族

---

① 彭锡华:《法律援助的国家责任——从国际人权法的视角考察》,《法学评论》2006年第3期。

② "并非所有报告都述及第3款(d)项所定的辩护权利的各个方面。委员会并不一律获得充分的资料,说明在判定对被告提出的任何指控时,如何保障被告的权利,以及法律系统如何保障被告自行辩护或经由自行选择的法律援助进行辩护的权利,以及当他没有足够能力偿付法律援助时如何作出安排。被告或其律师必须有权勇敢地竭力进行各种可能的辩护;如果认为案件的处理不够公平,有权提出异议。在异常情况下如有正当理由进行缺席审讯,尤有必要严格遵守被告的权利。"

③ "第二,如第14条第3款(d)项规定,所有遭刑事指控的被告有权亲自替自己辩护或通过自己选择的法律援助辩护,并有权被通知他享有这项权利。这一权利涉及到互不排斥的两类辩护。有律师协助者有权在职业责任限度内对其律师作关于受理案件的指示,代表自己作证。同时,《公约》所有正式语言的措辞都很明确,规定由本人"或"由自己所选择的法律援助进行辩护,因此被告有可能拒绝任何律师的协助。然而,这一无律师的自我辩护权不是绝对的。在具体审判中,出于司法考虑可能会违背被告的意愿而要求指定律师,特别是当其严重和不断干扰进行适当审判或面临严重指控,却无法亲自为自己辩护时,或必须保护易受伤害的证人在受被告诘问时不受威胁和恫吓。然而,对被告亲自为自己辩护愿望的任何限制,必须有客观和足以重大的目的,不得超越维护司法利益所必要的程度。因此,国内法应当避免绝对地禁止个人在刑事诉讼中无律师协助,亲自为自己辩护的权利。"

④ "被拘留者本身必须被带到法官面前或经法律授权行使司法权的其他官员面前。被拘留者亲身出席听证会可提供机会询问他们在被关押时受到的待遇,且在命令继续拘留的情况下便于立即将其转移到还押拘留中心。因此,这是人身安全的一种保障,也可防止酷刑和残忍、不人道或有辱人格的待遇。在随后的审讯和后来法官评估拘留的合法性和必要性的听证会上,被捕者有权得到法律援助,原则上,提供援助的应当是选定的律师。"

⑤ "《公约》第24条第1款规定每一儿童'应有权享受家庭、社会和国家为其未成年地位给予的必要保护措施'。这一条要求,除第九条为每个人所规定的一般措施以外,还要采取特别措施保护每个儿童的人身自由和安全。剥夺儿童的自由只能作为最后手段,而且剥夺自由的时间要适当且尽可能短。除适用于每一种剥夺自由的其他要求以外,儿童的最大利益必须是每次决定开始或继续剥夺自由时的首要考虑。委员会承认,有时,特别的剥夺自由本身就符合儿童的最大利益。将儿童置于机构照料之下相当于第九条含义范围内的剥夺自由。

歧视委员会第 31 号一般性意见第二十三条^①及第三十五条^②、禁止酷刑委员会第 2 号一般性意见第十三条^③、儿童权利委员会第 10 号一般性意见第八十二条^④。

　　除了上述条款以外，其余条款都承认法律援助为缔约国的义务，但是其中明文规定为国家义务的仅有人权事务委员会第 32 号一般性意见当中的第十条^⑤，除此之外，均没有明文提到"义务"二字，而是通过"应当、必须、确保"来表述的^⑥。

对关于剥夺儿童自由的决定，必须定期审查继续执行的必要性和适当性。在任何剥夺其自由的决定方面，儿童都有权直接或通过法律援助或其他适当援助表示自己的意见，而且，所采用程序应适合儿童。被从非法拘留中释放的权利可能导致儿童返回自己的家或被置于符合儿童最大利益的一种替代性照料之下，而不是简单的释放，让儿童自己监管自己。"

　　①　"各缔约国也应保证所有被逮捕的人员，无论种族、民族或族裔群体，均享有有关国际人权文书（尤其是《世界人权宣言》和《公民权利和政治权利国际公约》）所载的基本自卫权，尤其是不被任意逮捕或拘留的权利，获知其逮捕原因的权利，获得翻译援助的权利，获得律师援助的权利，尽快会见法官或由法律授权行使司法职能的人的权利，享受《维也纳领事关系公约》第 36 条所保证的领事保护权利，以及难民享受与联合国难民事务高级专员办事处联络的权利。"

　　②　"采取一切必要措施使所有非洲人后裔能够得到对司法系统的平等权利，包括提供法律援助、协助个人或群体申诉以及鼓励非政府组织捍卫其权利。"

　　③　"某些基本保障措施对一切被剥夺自由的人都适用。其中一些保障措施已经载入《公约》，而委员会也一直要求各缔约国采用这些保障措施。委员会就有效措施提出了建议，其目的是澄清目前的基本措施，所建议的措施也并非详尽无遗。除其他外，保障措施包括：保有被拘留者正式名册；被拘留者有权被告知其权利；被拘留者有权迅速获得独立的法律援助、获得独立的医疗保健服务和联系其亲人；需要建立察看和访问拘留和监禁地点的公正机制；以及为被拘留者和有遭受酷刑和虐待危险的人提供司法和其他补救办法，使他们的申诉能够得到迅速和公正的审理，并使他们能够维护其权利并对其拘留或待遇的合法性提出质疑。"

　　④　"所有被剥夺自由的儿童均有权及时获得法律及其他适当援助，有权向法院或其他独立公正的主管当局就其被剥夺自由一事之合法性提出异议，并有权迅速就任何此类行动得到裁定。"

　　⑤　"法律援助的有无往往决定一个人是否能够诉诸有关诉讼或有分量地参加诉讼。第 14 条第 3 款（d）项明文处理了在刑事诉讼中的法律援助保障问题。鼓励缔约国在其他案件中，为没有足够能力支偿法律援助费者，提供免费的法律援助。在某些案件中，它们甚至有义务这样做。比方说，被判死刑者在刑事审判中寻求对不合法律规定之处进行宪法审查，却没有足够能力支付进行这种补救的法律援助费用，国家就应根据第 14 条第 1 款并根据《公约》第 2 条第 3 款规定的关于获得有效补救的权利，提供法律援助。"

　　⑥　例如，《关于律师作用的基本原则》《囚犯待遇最低限度标准规则》《联合国保护被剥夺自由少年规则》等其他联合国文件中均未有"义务"的相关表述。

关注法律援助权利是国际人权法律文件的重要内容。国际法视角下的法律援助其重心在于刑事法律援助问题，在民事方面，海牙国际私法会议通过的《便利诉诸司法国际公约》等缔约国较少，世界各国也鲜有实践①。随着《世界人权宣言》的通过和有关国际公约的生效，世界上包括《公民权利和政治权利国际公约》绝大多数缔约国在内的绝大多数国家都先后建立本国的法律援助制度，并经过不断的本土化改革与发展，逐步趋于完善。可以说，有关国际公约和国际法律文书中关于法律援助的规定为各国的制度设计提供了最低限度标准，对各国际条约缔约国的具体法律援助制度建设有直接的指导意义和国际法上的约束力。

二　英国的法律援助制度

作为世界上最早建立法律援助制度的国家，英国的法律援助制度得到许多国家的借鉴与引进。从《1949 年法律咨询与援助法》奠定英国现代法律援助的基本框架，到《1988 年法律援助制度》充实了英国现代法律援助制度的主要制度，再到 1999 年的《获得司法公正法》基本形成英国现代法律援助制度的体系，英国法律援助制度历经多次变革。正如英国著名法官丹宁勋爵所说："自第二次世界大战以来，法律方面最重要的革命就是法律援助。"

英国包括英格兰、威尔士、苏格兰、北爱尔兰及其他一些海外领地。但是在英国，英格兰与威尔士在法律架构上基本一致，并与苏格兰及北爱尔兰地区在普通法传统、法律援助法制框架及发展进程等方面存在着显著不同。苏格兰、北爱尔兰都存在大量独立的法律援助性立法。如果对于英国每一区域的法律援助法制都进行深入分析，则不仅过于复杂，而且也不利于突出重点。因此，为本节仅以英格兰与威尔士地区的法律援助法理论、制度与实践为研究对象，除非特别之处，本节所称英国仅指英格兰与威尔士地区。

----

① 贾午光：《国外境外法律援助制度新编》，中国方正出版社 2008 年版，第 2—5 页。

（一）法律援助的历史沿革

英国法律援助制度出现于亨利三世时期，而在亨利七世时期，有关法律援助的成文法典正式颁布。1495 年亨利七世颁布了一部法案，保障穷人能在民事领域得到律师的帮助及免除其费用的权利。由此可以看出，法律援助产生的最初就被看作是一种权利存在。

20 世纪 80 年代末，法律援助方面的财政支出上大幅增长，政府不堪重负。为了更好地管理和规范法律援助、咨询和扶助事务，英国对原有法律中的法律援助制度进行了改革，《1988 年法律援助法》成为英国法律援助立法的一个里程碑，通过详尽的体例框架，而且在提高资金利用效率等方面做了一些较大的改变。

但之后，从现实情况来看，英国政府投入法律援助的资金虽然每年都有在增加，但似乎越来越少的人可以得到法律援助的机会，似与公民"获得司法公正（access to justice）"的权利相违背，针对以上种种弊端，法律援助问题成为英国民事司法改革的重要课题，政府从 1992 年开始着手采取改革措施以将法律援助费用控制在合理的范围里面，直到 1999 最终形成。

（二）法律援助的制度模式

在早期法律援助制度中，英国在亨利七世颁布的法案之后，英国国王陆续颁布了一些法令；1883 年《制定法修正案》的通过，为法律援助制度引入了新的规则。在新规则下，被告人被纳入了援助对象的范围，法律援助拓展到了刑事领域。

根据《1988 年法律援助法》的规定，英国法律援助分为绿色计划（法律咨询和法律帮助的总称）、民事法律援助，刑事法律援助和特别诉讼法律援助 ① 四种，而前三者在数量上和适用范围上又占有绝对地位。根据案件本身的不同性质，需要法律援助的人可以提出不同类型的援助申请。有管辖权的法院会根据申请人的申请，依照案件的不同性质决定给予不同类型的法律援助。

---

① 即受特别设立的专门法院管辖之诉讼。专门法院主要有军事法院、少年法院、劳资上诉法院、验尸官法庭和行政仲裁所等。

而在新的法律援助法《获得司法公正法》下，法律援助的类型发生了变化，不再从咨询、民事援助、刑事援助和特殊援助划分，而采取了新的划分方法。新设了社区法律服务取代原来的法律咨询和民事法律代理。此时，法律援助服务的类型主要分为社区法律服务和刑事辩护服务。同时在社区法律服务之中引入了社区法律服务质量标志（Community Legal Service Quality Mark）。任何意图加入社区法律服务的法律服务提供者都必须具备质量标志所需要的最低标准。

（三）法律援助的对象与范围

在早期法律制度中，法律援助的对象一直被严格控制，直到《穷人程序法》进一步扩大了法律援助的对象，将年收入不足 5 英镑的申请条件改为不足 50 英镑，某些情况下甚至可调整为 100 英镑，使穷人获得法律援助成为可能。

《1988 年法律援助法案》才第一次具体规定了获得法律援助的对象需要满足的条件，根据第 15 条的规定，民事法律援助的申请人必须符合两个条件：（1）基于合理的理由参与诉讼，并且（ ）财产状况必须符合法律援助法律、规章的规定。只有　　　件，其申请才可能被法律援助委员会接受，申请人才有可能成为一名受助人。是否以合理的理由参与民事诉讼，要由被申请法律援助的法院对申请人的诉讼状况进行审查并作出判断。审查的标准由法律援助委员会制定，但却由各级法院来具体控制和执行。它可以根据几条大致的标准和社会正义的原则来判断申请人是否符合第（1）项条件。关于申请人财产方面的限制，其标准因社会的发展而经常发生变化，由社会保障福利处进行复杂的经济条件审查，具体标准则随着社会发展而变化。

在英国，申请刑事法律援助比申请民事法律援助要容易一些。根据《1988 年法律援助法》第二十一条规定，申请刑事法律援助（包括特别诉讼法律援助）主要受申请人财产状况的限制（当然法院也会考虑是否符合社会正义）。同时二十一条还规定了必须给予法律援助的对象。包括：（1）被指控谋杀的嫌疑人；（2）向上议院提请的上诉人；（3）涉及再次羁押的治安法院案件当事人；（4）被治安法院或者刑事法院审判的，被羁押期间接受讯问以推进案件进行的当事人。

此外，在青少年刑事诉讼之中，根据《1988年法律援助法》第二十八条的规定，除了考虑经济来源和是否符合社会正义之外，还规定根据《儿童保护法》21项规定由少年法庭审理的案件的当事人在缺少法律代理人的情况下必须给予法律援助。

《1988年法律援助法》虽然对援助对象做了比较细致的划分，但是法律援助的成本还是在逐年上升，最终到了政府无法负荷的地步。为有效控制法律援助的预算，使有限资金能够集中用于最需要的人身上，《获得司法公正法》对法律服务的援助对象做了更为细致的划分。

根据《获得司法公正法》第七条制定的《2000年社区法律服务条例》规定了社区法律服务资历审查的条件：（1）如果申请者每周的可支配收入不超过180英镑，可支配资产不超过3000英镑，他将获得促进家事调解的帮助及与家事调解相关的调解帮助；（2）如果申请者每周的可支配收入不超过180英镑，可支配资产不超过3000英镑，将获得在治安法院中家事诉讼的法律代理；（3）如果申请者年收入不超过8067英镑，将获得法律代理、概括性的家事帮助和资金资助。但这些服务有可能因为以下情形而被拒绝：申请者可支配资产超过6750英镑或者对财力状况评估机构而言，胜诉后取得的利益小于诉讼援助费用。

以下服务可以无需考虑申请者的财力资源和任何费用的分担：包括提供有关法律、法律体制和可提供的法律服务的信息概要；初步的法律服务准备，包括一定数量的根据合同没有参考申请者财力资源的法律帮助。

而在刑事辩护中，根据《获得司法公正法》第十四条及附表3，法庭应该从"司法利益"的角度出发决定是否向被告人提供诉讼代理。所谓的"司法利益"根据附表3的解释，包括：（1）公民是否可能会失去自由、生计或者遭受名誉上的损害；（2）诉讼是否包含着一个与实体法律问题有关的权衡；（3）公民是否无法理解诉讼或无法在诉讼中为自己进行陈述；（4）诉讼是否包含着对过往的追溯、会谈以及对那些维护当事人利益而出庭的证人进行专业性交叉询问；（5）公民获得代理是否是为了维护其他人而非被告人的利益。如果当事人经过审查获得刑事辩护代理，根据十五条，他就可以在愿意为其辩护的律师中进行自由选择，以最大程度地实现自己的利益。

（四）法律援助的实施机构

在《1988 年法律援助法》出台以前，管理法律援助的职责从 1949 年起一直是由律师公会承担的，并没有出现特定的管理机构。

根据《1988 年法律援助法》的规定，管理法律援助的职责，由律师公会转向由该法设立的法律援助委员会（The Legal Aid Board）承担。该委员会的成员由大法官任命并对大法官负责，大法官有权发布指导法律援助委员会工作的规章和命令，并有权决定其成员的任免。同时，大法官还有权决定法律援助基金的使用。但是，大法官在法律援助方面的权力并非至高无上的，在有关援助基金的使用方面要受制于财政部，而在规章的制定和变动方面要经议会的同意，在某些规章的制定方面还须向出庭律师理事会和事务律师协会提出咨询。

根据第 4 款的规定，法律援助委员会有权以签订合同、授权、提供贷款等方式向有需要的公民提供法律咨询、协助和代理，并有权对委员会职能事项进行调研同时向大法官提出建议。

根据第 5 款的要求，法律援助委员会必须：（1）及时公布与法律服务相关的信息，包括所需要的表格，程序和其它相关事务（2）及时向大法官提供他所需要的相关信息（3）在每年 3 月 31 日之后应当尽快提供过去十二个月以来的职能履行情况报告。（4）根据（3）款所提交的报告，来自大法官的指导应当尽快处理（5）根据大法官的指导履行其职能。

当然，法律援助委员会是法律援助的管理机构，具体的服务机构与其是分开的。在 1988 年法律援助法中规定，提供法律援助服务的主体是各律师事务所的私人律师。

《获得司法公正法》通过以后，法律援助事务的管理权由法律援助委员会转移到法律服务委员会（LSC）。该委员会在一定程度上独立于政府，有权管理法律援助体系并针对如何完成政府资助服务的目标向政府提出建议，并制定相应的政策以完善法律援助体系。

法律服务委员会的主要职责有：(1)维持并提高社区法律服务和刑事辩护服务；(2)在英格兰与威尔士为法律服务和咨询服务提供资金；(3)与其他基金会、法律服务提供者密切合作，确保法律服务的需求得以确认，并筹划在有效的救助范围内能够施以救助的措施；(4)增加服务提供者和创新服务方式以满足经委员会确认的优先需求。

此外法律服务委员会开始鼓励一些非盈利机构自愿加入法律援助服务的行列，主要包括：法律中心、公民咨询局和其他法律服务机构。其中，法律中心主要有中央政府和当地政府投资兴建，通常设于主要街道。公民咨询局由一些志愿者组成，旨在提供住房、金融和法律等方面的信息，以及一些地方政府投入资金设立的其他法律咨询和信息中心、消费者咨询中心和住房援助中心。

（五）法律援助的资金来源

由于恪守"责任政府"的理念，英国法律援助作为福利国家的一部分，其资金几乎全部来自国家财政部拨付的公共支出资金。《1988年法律援助法》第六条规定，其资金来源还包括：(1)由有关人员付给委员会的有关法律咨询、扶助或者代理的分担费用；(2)在诉讼中，根据一个法庭命令或者一个协议而判给的委员会的款项；(3)将由法定受援助当事人从返还或维护财产中支付的有关诉讼的款项；(4)根据法案的第13条或第18条的规定，有关依法授予非受援助当事人的费用；(5)由大法官拨付的款项；(6)大法官经财政部同意时给予委员会的其他款项。

法律援助委员会管理法律援助基金，从中支付下列情况所需的各项费用：(1)因法律咨询、扶助或者代理产生的报酬或者费用；(2)根据法案的第13条或第18条的规定，接受代理方式扶助的当事人败诉或法定受援人败诉的费用；(3)根据法案第16条第4款或第23条第7款的规定，受援人有关诉讼的分担费用总额若超过委员会为其利益所净支出的费用，委员会应将超出部分返还；(4)大法官经财政部同意而决定的其他报酬。

为了促进所有公民利用司法，保障贫弱群体获得平等的司法人权，20世纪90年代末期以前，英国对法律援助资金一直实行上不封顶的开放式财政预算,不为法律援助资金需求设定上限。

《获得司法公正法》将法律援助基金更名为社区法律服务基金,并且开始引入风险代理协议和诉讼保险,以进一步扩大其资金来源。

所谓风险代理收费协议,最早是由《1990 年法院与法律服务法》签订的。根据其第 58 条第 2 款的界定,是指"与一个能够提供辩护或诉讼服务的人签订的,旨在承担并且仅在特定情况下才承担其所支付的费用或耗费的全部或部分的协议"。

而诉讼费用保险指投保人通过购买确定的险种(诉讼险),在自己与他人发生民事诉讼时,由保险公司以理赔方式向投保人支付诉讼费用的保险制度。这是对当事人涉及民事诉讼的费用尤其是律师费用提供保障。某种程度上诉讼保险被视为法律援助的替代品。目前英国的诉讼险险种有机动车辩护,法律团体保护以及房地产、商业合同、雇工合同、税金等方面引起的诉讼风险。

(六)权利的取得与救济

关于法律援助权利的取得与救济方面内容,仅在《1988 年法律援助法》中有所涉及,根据法规规定法律援助申请将被拒绝:(1)不符合经济条件,不属于可给予的民事法律援助的诉讼;(2)没有成为诉讼当事人的合理请求。

对拒绝通知,申请人可以对拒绝通知提请上诉,地区委员会会重新考虑当事人的申请,其步骤是地区主管以适当理由将拒绝通知当事人;申请人在 14 天内书面向地区委员会上诉;申请人可提供进一步的陈述以支持其上诉,并亲自或由其代理人到地区委员会上诉。委员会视其上诉是否符合条件而许可申请或拒绝申请或退回地区主管。委员会决定为最终决定。

三　美国的法律援助制度

(一)法律援助的制度模式

美国刑事法律援助方式主要有三种:一是由法律规定并由公共基金

支付费用的公设辩护人方式；二是全部基金来自私人组织（通常是律师协会）并由律协指定律师辩护的刑事法律援助方式；三是混合方式，即部分资金由私人组织提供的公私合作提供刑事法律援助的方式。由于美国是一个联邦制国家，没有统一的全国性法律援助制度，上述刑事法律援助方式分别被不同的州或者地区采用，甚至在同一州内也同时存在着不同的援助方式。此外，合同制模式在美国也得到了广泛发展。

法律援助合同项目又称为合同辩护律师项目或合同辩护计划，它是在美国法律援助领域适用的一种刑事法律援助模式。法律援助合同项目是指律师、律师事务所或律师协会同州、县或其他的司法管辖区签订提供刑事辩护的合同，律师、律师事务所或律师协会在一定费用的基础上办理特定数量的案件。合同通常为刑事辩护中两类案件设计，一类是所有与公共辩护律师有利益冲突的案件；另一类是某些特定种类的案件如少年犯罪等。该项目又有两种基本类型：一种是固定价格合同。其特征在于订立合同的律师、律师事务所或律师协会同意在约定的合同期限内，对不特定数目的案件收取单一、固定的费用。另一种是个案定价合同。其显著特征在于当一个私人律师、律师事务所或组织缔约为贫困被告提供代理合同时，合同中事先确定了案件数量和每个案件的收费，通常辅助性服务的费用、调查、文书性服务及专家证人的费用包括在合同中。

美国非刑事法律援助的方式呈现出多样化的特点。以法律服务公司为主导，全美律师协会、地方律师协会和政府律师及私人律师等广泛参与法律援助；服务方式包括法律咨询和即时法律帮助、和解、调解、帮助向法庭申请保护令、法庭代理、行政听证代理、法律教育等。其中，绝大多数民事法律援助案件通过和解、调解来解决。

（二）法律援助的对象与范围

在确定法律援助的对象方面，各国基本遵循一些相同或者相似的原则，主要如下：一是法律援助对象一般应为自然人；二是法律援助对象一般仅限于经济困难者；三是法律援助对象一般仅限于有正当理由进行诉讼，确实需要律师帮助者。美国国会于 1974 年通过了《法律服务公司法案》(Legal Services Corporation Act)，该公司专向公民提供民事法律援助。根据该公司的规定，凡是收入在贫困线的 125% 以下者，均可申请法律服务公司所资助的地方法律援助机构给予法律援助。对刑事被告人，所有可能被判刑的，未聘请辩护律师的，公设辩护机构都要向其提供法律援助。

美国为贫困的公民提供民事法律援助具有很长的历史，最初美国民事法律援助的范围主要是在离婚案件、收养、破产、民事行为能力听证、未成年人诉讼以及农场主和雇工争议的案件中为贫困者提供一些帮助。1974 年法律服务公司成立后，通常情况下涉及最多的是消费者权益保护、租房纠纷、老年社会福利、医疗事故等领域的纠纷。20 世纪 80 年代以来，美国民事法律援助的范围在以往的基础上，进一步拓展和细化，又延伸到了儿童与教育、环境问题、艺术事业、就业问题等领域。美国的刑事法律援助完全独立于民事法律援助，公共辩护机构承担了对贫穷刑事被告人的法律援助。在司法实践中，刑事案件提供法律援助的案件包括了死刑案件、徒刑案件、少年犯罪案件、上诉案件等。有关刑事案件辩护权的美国最高法院的标志性判决如下：

1. Gideon 诉 Wainwright 案(1963 年)。美国最高法院通过对第六、第十四修正案的解释，要求各州向严重刑事案件中的贫穷者提供免费辩护。

2. Argersinger 诉 Hamlin 一案(1972 年)。美国最高法院将被告人必须得到辩护的权利扩至所有被告人可能被判处监禁的案件。

3. Gault 一案(1967 年)。美国最高法院将获得辩护的权利延伸至所有被指控过失犯罪的贫穷少年嫌疑犯。

此外，各个州都将获得辩护的权利以州宪法、州立法或州最高法院裁决的形式加以扩展。

(三)法律援助的实施机构

美国刑事和民事法律援助机构各不相同，在刑事法律援助方面设立了公设辩护人体系，即由国家设立的公共律师辩护机构专门为刑事案件的当事人提供法律援助，担任刑事辩护。"公设辩护人制度"最早出现于

1913 年的洛杉矶。起初，公设辩护人制度仅存在于洛杉矶、纽约等几个大城市，直至 20 世纪 70 年代最高法院做出一系列有巨大影响的判决后，这一制度才在全国范围内兴起。公设辩护人体系分为两个不同层次，一个是根据联邦刑事法律系统设立的联邦"公民辩护人体系"，另一个是根据地方刑事法律系统设立的地方公设辩护人体系。在实际操作的过程中，若触犯了联邦刑事法律，那么就归联邦公设辩护人体系负责，若触犯了地方刑事法律，那么就由地方公社辩护人体系负责。

在民事法律援助方面，美国设联邦和州法律援助委员会，联邦法律援助机构与州法律援助机构之间是一种原则指导的关系。[①] 在美国除了由联邦和州设立的法律援助机构外，还有由社会团体成立的法律援助机构，如 1876 年美国纽约成立了第一个法律援助协会；在一些城市中还出现了这样一些组织，即由少数民族集中居住区或者基金会的组织者组织律师提供志愿的法律服务，于 1968 年成立的纽约市社区法律组织，它使用志愿者，并雇佣一些律师作为全日制的专职工作人员。在美国还有个人成立的法律援助机构，美国一些私人律师事务所都设有公共利益事务部，律师们都规定自己承办案件的数量以便能够做大量免费或者低收费的工作，实现自己为公共利益服务的职业理想。

此外，美国法律援助的一支重要力量是各式各样的非政府组织，如美国民权联盟（ACLU）、全国有色人种促进会（NAACP）[②]、自然资源保护协会（NRDC）[③] 等等，这些非政府组织不仅提供法律援助，而且通过甄选有代表性的案件，推动相关司法判例的出台从而影响社会政策。60 年代以来，种族平等、男女平权、环境保护、残疾人权利等领域的法律变革都与这些非政府组织有着极为密切的联系。

总的来讲，美国法律援助机构是一个多层次、多元化、相互联系、

---

① 沈红卫：《中国法律援助制度研究》，湖南人民出版社 2006 年版，第 245 页。

② National Association for the Advancement of Colored People，U.S.，即美国白人和有色人种组成的旨在促进黑人民权的全国性组织。

③ 1983 年 NRDC 赢得了针对美国能源部的诉讼，迫使其按照环境法规定清除核武器设施中放射性及有毒废弃物，从而引发了美国历史上最大规模的环境清理行动。

相互支持的机构体系，其涵盖面广、职能齐全，它不但得到了联邦政府的支持，而且得到了州政府、社会组织、民间团体和个人的支持。

（四）法律援助的资金来源

政府投入是美国法律援助资金的主要渠道，分为联邦拨款、州拨款和地方拨款三个层次。民间捐赠是另一重要渠道，捐赠主要由律师协会、执业律师个人和公共慈善团体、基金会及其他民间组织和个人提供。法律援助资金的来源还包括提起诉讼的额外费用：如在内华达州、佛罗里达州等，对提起诉讼征收额外的偿付费；在部分州内，额外费用亦包括被告答辩所征收的附加费，以此项资金资助法律援助计划；有的州还规定惩罚性损害赔偿费的一部分，用于建立一笔公共资金用于法律服务计划之中。

美国法律援助资金来源有特色的方式是律师信托基金计划（简称IOLTA 计划），该项计划启动于 20 世纪 80 年代，IOLTA 计划收入主要来自于律师信托账户或律师的客户在加州金融机构信托存款的利息。[①]

此外，提高对律师的强制性免费服务要求。如美国加利福尼亚州律协建议每名律师每年提供 50 个小时的免费服务，也准许律师以向法律服务计划捐赠资金的方式来代替免费服务，以此来减缓 IOLTA 基金所面临的危机。从律师事务所的经费中提取一定的比例也是美国法律援助资金的一个来源。

（五）权利的取得与救济

纵观美国的法律援助体系，"政府包揽型"的刑事法律援助与"政府资助型"的民事法律援助无论从资金角度还是国家责任角度而言，都呈现显著的"重刑轻民"的特点。虽然在美国获得法律援助的权利作为公民基本权利的地位已逐步确立，但受其人权观念、法治观念与政治生态等影响，具体立法与案例中并未确立起有关该项权利的取得与救济制度。

---

① 〔美〕道格拉斯：《美国法律援助：你能从中得到什么》，《中国律师》1998 年第 8 期。

四 德国的法律援助制度

(一)法律援助的制度模式

德国宪法规定,各州负有保证经济困难的公民不因贫穷而得不到法律上平等保护的宪法义务[①]。因此在德国,法律援助更多地被视为一种国家责任。

"法律援助"(广义),又被称为"程序援助",被分为"法律咨询援助"和"法律援助"(狭义)。德国没有统一的法律援助法,其规定散见于相关法律中。"法律咨询援助"主要由《低收入公民法律咨询援助和代理法》(BerHG)予以规定,指需要帮助的人获得的法律咨询及庭外代理援助;与"法律援助"(狭义)相关的规定则散见于各种部门法和程序法之中[②],指根据与法律援助有关的条款获得的出庭代理等服务,具体又包括诉讼费用救助制度与刑事诉讼中的强制辩护制度。

(二)法律援助的对象与范围

德国的法律援助包含刑事、民事法律援助及庭外咨询等,范围较为广泛。其中,民事法律援助的适格对象规定颇具特色[③]。

德国国家诉讼费用救助作为社会救助在司法领域的特殊形式,旨在确保当事人以平等的方式接近司法。《民事诉讼法》第一百一十四条规定了申请诉讼费用救助的适格要件:"当事人如果按照其个人状况或经济状况,不能负担其进行诉讼的费用,或仅能负担一部分,如果他要进行的伸张权利或防卫权利是有希望得到结果的,并且不是轻率的,可以通过申请而得到诉讼费用的救助。[④]"当事人申请诉讼费用援助后,法院

---

① 熊选国等:《英国德国法律服务制度考察报告》,《中国司法》2017 年第 10 期。

② 如德国《民事诉讼法(ZPO)》第 114 条至 127 条,以及《联邦律师酬金法》等。

③ 参见吴志光:《德国法律扶助制度简介》,《全国律师》2002 年 6 月。

④ ZPO § 114:Eine Partei, die nach ihren persönlichen und wirtschaftlichen Verhältnissen die Kosten der Prozessführung nicht, nur zum Teil oder nur in Raten aufbringen kann, erhält auf Antrag Prozesskostenhilfe, wenn die beabsichtigte Rechtsverfolgung oder Rechtsverteidigung hinreichende Aussicht auf Erfolg bietet und nicht mutwillig erscheint. 译文参见丁启明译:《德国民事诉讼法》,厦门大学出版社 2016 年版,第 26 页。

会审查当事人的权利状态和案件事实，以此为基础来评判"胜诉前景"，该审查基于申请人的释明和对方当事人的表态，由审判长或者其委托一名法院成员实施；如果从胜诉审查中得出原告将只对他主张的请求权部分胜诉时，相应的诉讼费用援助也会受到限制。

《低收入公民法律咨询援助和代理法》第一条规定：寻求法律咨询援助者依其个人状况及经济状况无力负担法律咨询所需费用，亦欠缺其他援助之可能性，且非恶意维护其权利者，即符合诉讼程序外提供法律咨询援助的要件①。其个人及经济状况的认定标准则比照《民事诉讼法》中关于诉讼费用救助的规定。

在诉讼费用救助与法律咨询援助的具体援助对象上，法律均不具体设置适格主体的经济与人身状况标准，而要求法官依案件事实自由裁定，在制度设计上以弹性空间替代确定标准②。

（三）法律援助的实施机构

在管理方面，德国没有全国性的监管机构，法律援助管理工作授权由州法院直接实施。在援助提供方面，德国法律援助全部由私人律师提供，德国没有"法律援助优先权"或者"合同制"的规定，也没有法律援助公共律师或者专职律师；在实务中，亦存在大学法律诊所服务等其他社会法律援助提供者。③

当事人申请援助需提交经济状况证明，法官根据提交的信息进行审查，以法院正式决定的形式批准或拒绝法律援助。法院诉讼类法律援助一旦作出裁定，当事人无需缴纳诉讼费、律师费，所有费用均由财政支

---

① BerGH § 1 Abs.1: Hilfe für die Wahrnehmung von Rechten außerhalb eines gerichtlichen Verfahrens und im obligatorischen Güteverfahren nach § 15a des Gesetzes betreffend die Einführung der Zivilprozessordnung（Beratungshilfe）wird auf Antrag gewährt, wenn 1.der Rechtsuchende die erforderlichen Mittel nach seinen persönlichen und wirtschaftlichen Verhältnissen nicht aufbringen kann, 2.nicht andere Möglichkeiten für eine Hilfe zur Verfügung stehen, deren Inanspruchnahme dem Rechtsuchenden zuzumuten ist, 3.die Inanspruchnahme der Beratungshilfe nicht mutwillig erscheint.

② 参见郑志华：《浅析德国民事法律援助制度》，《中德法学论坛》2015 年 00 期。

③ 参见熊选国等：《英国德国法律服务制度考察报告》，《中国司法》2017 年第 10 期。

付。但如果败诉，其诉讼费和律师费虽可免除，但需支付对方当事人的诉讼费和律师费，统称费用转承担制度。一般情况下，法院会对胜诉可能性较小的案件作出不予援助的决定，以降低费用风险。

（四）法律援助的资金来源

德国法律援助的资金基本来自于国家财政，政府履行法律援助的出资人职责。

就财政补助预算而言，和西欧一些福利发达的国家（如荷兰）相比，目前德国的法律援助预算并不算多，且民事法律援助支出大大超过刑事法律援助支出[①]。据 Blankenburg 教授统计，1994 年德国刑事法律援助仅为 0.6 美元 / 人，民事法律援助则为 3.9 美元 / 人，而同时期的瑞典的刑事和民事法律援助支出均为 8 美元 / 人，德国近邻法国的刑事法律援助法律支出为 1 美元 / 人，民事法律援助支出为 2 美元 / 人[②]。

法律援助预算主要用于两方面——诉讼费用援助（RVG§121-130）和法律咨询援助（RVG§131-133）。就诉讼费用援助而言，一般地，在联邦法院进行的程序中，提供诉讼援助的律师从联邦财政获得法定报酬，在州法院的程序则从州财政中获得法定报酬（RVG§121，表格式呈列，如在一标的价值为 3500 欧的案件中，律师法律援助诉讼代理可获得 195 欧的法定报酬），律师除了能从法律援助预算中依据标的价值获得法定报酬外（RVG§123）还能获得法定支出补偿，尤其是差旅费用补偿，但如非为适当维护当事人利益所必须的则不予补偿，因律师的住所或事务所不在诉讼法院或该法院的派出机构的所在地而产生的额外费用，不予补偿（RVG§126）。就法律咨询援助而言，律师因提供一项口头的或书面的、与其他需收费的活动无关的建议和答复，可以获取 23 欧的费用补助；帮助起草法律文书、谈判和参与法院调查的活动，则可以获取 56 欧的费用补助；帮助当事人订立和解合同或案件终结的，律师可以分别额外获取 102 欧和 62 欧的费用补助；在破产程序中达成庭外和解的，律师可获得 224 欧，债权人超过 5 个、超过 10 个以及超过 15 个的，费

---

① 参见宫晓冰主编：《各国法律援助理论研究》，中国方正出版社 1999 年版，第 111 页。
② 参见宫晓冰主编：《外国法律援助制度简介》，中国检察出版社 2003 年版，第 34 页。

用分别增加 112 欧元（RVG §126）。

可以看出，在法律援助预算的用途方面，立法者更倾向通过法律援助来调解当事人之间的矛盾，在调解和通过诉讼方式解决纠纷而言，对调解的财政支出要大方些，这也导致了在实务中，律师基于自身利益考虑也更倾向于和解。在类别方面，大部分德国法律援助财政支出给律师的费用都花在离婚案件上，占了法律援助支出的 90%，由于获得法定咨询员的服务受到严格的限制（仅税务顾问和税务全权代表、会计师、已宣誓的审计员和社保顾问能获得此资格），德国法律援助财政中仅 10%是支付给刑事辩护律师的。

（五）权利的取得与救济

就目前可及的材料而言，"获得法律帮助权"在德国语境下还不存在，德国基本法中也未明确将"获得法律帮助权"视为一项人权。当事人申请法律援助被拒绝后，仅有一种法律提示机制允许当事人对拒绝法律咨询援助的决定作出法院提出异议，有条件地获得权利救济[①]。当法律援助申请被拒绝，如果争议的标的额超过 600 欧元，申请人可以在法院作出决定一个月之内提出投诉；如果争议的标的额不超过 600 欧元，申请人只有在法院武断地拒绝其申请法律援助中的个人或经济条件后，方可提出投诉[②]。

在人权保障方面，德国仅借由诉讼保险制度、诉讼费用救助制度、法律咨询援助制度以及宪法中的宏观规定来实现广义上的法律援助保障人权之能效。

五　日本的法律援助制度

（一）法律援助的历史沿革

在亚洲国家中，日本实施法律援助历史甚久。早在第二次世界大战

---

① 参见 https://publicsearch.coe.int/Pages/result_details.aspx?ObjectId=0900001680678 e48，最后访问时间 2019 年 9 月 22 日。

② 贾午光：《国外境外法律援助制度新编》，中国方正出版社 2008 年版，第 71 页。

结束后，1949 年 9 月日本法务省即起草《法律援助协会设立纲要》，经与日本律师联合会协议，决定以设立民间团体办理法律援助事务为方针，由律师联合会捐助并向法务省申请设立"财团法人法律援助协会"①。这个全国性专门法律援助机构于 1952 年正式成立并开始运作，在没有制定法律援助专法的情况下，实施民事法律援助五十余年。

2000 年 4 月，国会正式通过日本《民事法律援助法》，确立了发展并改进法律援助制度，以确保人民易于获得法律服务的立法目的，但此时的经费来源仍以民间律师团体自发捐助为主，政府的财政辅助仅占很少部分。②法律援助协会依据《民事法律援助法》继续负责全国民事法律扶助业务，而刑事部分则仅在专门法中规定了起诉后的法律援助由国选律师③负责，而对于起诉前的法律援助并无规定。

2004 年 6 月 2 日，为求国民更加方便地依法解决纷争，推进综合性法律援助体制实施并完善，日本公布并正式实施《综合法律援助法》④，《民事法律援助法》废止。2006 年 4 月，根据该法设立了由最高法院参与设立与运营、以独立行政法人为结构的日本司法援助中心（日本司法支援センター），原有的财团法人法律援助协会之财产与业务由司法援助中心吸收与承接。该中心于 2006 年 10 月作为综合法律援助体制运营的主体，正式开展法律援助业务至今。

日本由战后民间律师团体主导施行的民事法律援助制度过渡至国家出资推行的综合性法律援助制度，是法律援助理念的重要转变与援助体制的重大改革。

（二）法律援助的制度模式

日本《宪法》第三十二条规定："不论何人，接受法院判决的权利不

---

① 王舸：《日本法律援助制度综述》，《中国司法》2010 年第 9 期。

② 林吉辉：《日本法律扶助制度之新变革——"综合法律支援法"之评介》，《军法专刊》2004 年第 9 期。

③ "国选律师"又译"国选辩护人""公派律师"，即法院委托当地律师会征集一个愿意承担该义务的律师名册（几乎每个律师都自愿参加），当有案件需要律师援助时，法院就按名单顺序决定。参见钱欧：《日本律师制度简介》，《中国司法》2008 年第 5 期。

④ 总合法律支援法，参见 https://elaws.egov.go.jp/search/elawsSearch/elaws_search/lsg0500/detail?lawId=416AC0000000074，最后访问时间 2019 年 9 月 13 日。

可被剥夺"。[①] 日本确定了公民的诉讼平等权利，并通过 2004 年《综合法律援助法》将法律援助纳入国家责任的范畴。[②]

日本为公民提供的民事法律援助由诉讼代理、诉状拟撰与法律咨询三部分组成。其中，前两项的诉讼费用由政府垫付：一是民事诉讼代理人的报酬及代理必要费用，二是民事诉讼必要文件的制作报酬及必要费用。同时，为保障当事人的正当权益不受侵害，法律还专门规定应由合适的契约律师或有能力从事法律咨询（刑事相关事项除外）的人为当事人提供诉讼服务或法律咨询。[③]

日本的刑事法律援助划分为两个阶段，即起诉前法律援助和起诉后的法律援助。起诉前法律援助主要为值班律师制度，由值班律师无偿为这些犯罪嫌疑人提供法律咨询和帮助。起诉后法律援助则主要是国选辩护人制度，在法院决定需要选任国选辩护律师之后，法律援助机构应当在名册上选定一位候选者充当辩护人并通知法院。2004 年日本修改《刑事诉讼法》时将国选辩护人的介入时间提前到了侦查阶段，实际弥补了起诉前法律援助的空缺[④]。

（三）法律援助的对象与范围

日本司法援助中心的业务范围覆盖法律咨询、民事、刑事、宣传培训等各个方面，其服务项目繁多，大项目包括借款、消费者纠纷、夫妻家庭纠纷、劳资纠纷、保险、国民年金、社会保障、交通事故、损害赔偿、诉讼手续、确认纷争解决制度和手续、律师法律咨询、律师费用的垫付

---

① 日本国宪法第三十二条 何人も、裁判所において裁判を受ける権利を奪はれない。参见 http://www.shugiin.go.jp/internet/itdb_annai.nsf/html/statics/shiryo/dl-constitution.htm，最后访问时间 2019 年 9 月 13 日。

② 总合法律支援法第八条：国は、第二条に定める基本理念（以下「基本理念」という。）にのっとり、総合法律支援の実施及び体制の整備に関する施策を総合的に策定し、及び実施する責務を有する。《综合法律援助法》第八条规定，"国家根据第二条规定的基本理念，具有综合制定综合法律援助的实施和制度整顿相关的政策，并加以实施的责任。"

③ 王舸：《日本法律援助制度综述》，《中国司法》2010 年第 9 期。

④ 冯涛：《论日本国选辩护人制度的扩充——兼论对我国侦查中引入指定辩护的借鉴意义》，《河南师范大学学报》（哲学社会科学版）2008 年第 1 期。

等，细项部分更有一百余种之多。①

《综合法律援助法》第三十条亦明确规定了司法援助中心的业务范围，具体包括以下 12 项：②

一、提供能够有效利用诉讼或其他法律规定的争议解决制度相关的信息，以及法律职业者和职业团体的活动相关的信息；

二、针对认识能力有障碍或者经济困难的国民的特定法律援助；

三、针对无亲属一起居住且认识能力有障碍的对象提供的法律援助；

四、因自然灾害引起的必要法律援助；

五、为防止某些特定侵害行为（如儿童虐待等）提供的法律援助；

六、基于国家委托的法律援助；

七、取得相应对价的前提下，对没有法律职业者或提供法律服务有困难的地区提供的法律服务；

八、向被害者提供能够确保援助效果的信息；

九、犯罪被害者保护法第八条第一项的相关事项；

十、国家、地方团体、律师协会、律所、律师等主体间加强合作的事项；

十一、司法援助中心业务相关的讲座和研习；

十二、上述业务的附带业务。

根据《日本司法援助中心业务方法书》第九条的规定，申请诉讼代理与诉状撰拟者应同时满足无资力、案件并非显属无胜诉希望及符合法律援助宗旨等三个要件。③其中，"无资力"以确定的具体数额进行了一般性原则规定，后两大要件皆为裁量性要件。

---

① 参见日本司法援助中心官网，http://www.houterasu.or.jp/service/，最后访问时间 2019 年 9 月 8 日。

② 参照《综合法律支援法》第 30 条。

③ 日本司法支援センター業務方法書 第 9 条 代理援助及び書類作成援助は、次の各号に掲げる要件のいずれにも 該当する場合に行う。 一 申込者が、別表 1 の代理援助及び書類作成援助資力基準に定める資力 に乏しい国民等であること。 二 勝訴の見込みがないとはいえないこと。 三 民事法律扶助の趣旨に適すること。参见 http://www.moj.go.jp/content/000080779.pdf，最后访问时间 2019 年 9 月 18 日。

刑事案件被告人的法律援助，从被告人的适用范围上呈不断扩大趋势，2016 年刑事诉讼法修改以前国选任辩护人制度适用的范围主要集中于死刑、无期徒刑或者超过三年的长期惩役或者可能判处禁锢的案件，修改后扩展至所有犯罪嫌疑人被羁押的案件。另外司法警察等工作人员对身体被羁押的犯罪嫌疑人、被告人，有义务在告知其有选任辩护人权利的时候一并告知和解释辩护人选任的提出申请的方法等内容。

（四）法律援助的实施机构

日本的法律援助实施机构以司法援助中心为主，社会团体及专业人士为辅，构建完善的综合性法律援助体制。

自 2006 年 10 月起，涉及日本全国法律援助的业务均由司法援助中心统括性、总合性地开展：民事法律援助业务随着《民事法律援助法》的废止，全部移交给司法援助中心负责处理，由其继承原法律援助协会的相关权利和义务；刑事法律援助部分则由法院指定国选辩护人之后，交由司法援助中心负责律师派任、缔约及酬金发放等业务。司法援助中心本部设于东京，本部下设有事务局长 1 人，全国专任职员 400 余人；目前设立分会事务所共 50 处，支部、派出所 17 处，地域事务所 10 处。[1]

司法援助中心的业务主管部门为法务省，并设有评价委员会定期负责评估其执行[2]。另外，为解决司法资源不均问题，法务省还招募专职律师近 30 人，配置在全国司法资源缺乏地区以设置法律事务所，协助当地居民处理各式法律问题。

同时，私人律师、律师事务所、相关法律专业人士及团体亦对综合法律援助的实施负有必要的协助义务[3]。在实际的法律援助提供中，律

---

[1]　王舸：《日本法律援助制度综述》，《中国司法》2010 年第 9 期。

[2]　総合法律支援法第十九条　法務省に、支援センターに関する事務を処理させるため、日本司法支援センター評価委員会（以下「評価委員会」という。）を置く。

[3]　総合法律支援法第九条 地方公共団体は、総合法律支援の実施及び体制の整備が住民福祉の向上に寄与するものであることにかんがみ、その地域における総合法律支援の実施及び体制の整備に関し、国との適切な役割分担を踏まえつつ、必要な措置を講ずる責務を有する。《综合法律援助法》第 9 条规定：地方公共团体应认识到总合法律援助的实施及体制完善对于提高居民福利方面的助益，负有就该地区总合法律援助的实施及体制完善与国家按照适当比例分担并采取必要措施之责。

师、专业人士等配合司法援助中心的工作，为当事人提供优质的诉讼代理、法律咨询等援助服务。

（五）法律援助的资金来源

日本法律援助的实施机构——司法援助中心，由中央政府出资设立，同时根据《综合法律援助法》第十七条的规定，在援助中心必要增资时，不接受政府以外的其他主体出资，但地方政府出资是允许的①。同时，《综合法律援助法》亦确定司法援助中心的运作全由国库补助。

司法支援中心应于每个事业年度制作借贷对照表、损益计算书、有关利益处分或损失处理的文件，以及其他法务命令确定的文件及其附属明细书（以下称"财务诸表"），并于该事业年度终了后三个月内向法务大臣提出并获得其承认。法务大臣在根据该规定承认财务诸表时，应事

総合法律支援法第十条　日本弁護士連合会及び弁護士会は、総合法律支援の意義並びに弁護士の使命及び職務の重要性にかんがみ、基本理念にのっとり、会員である弁護士又は弁護士法人による協力体制の充実を図る等総合法律支援の実施及び体制の整備のために必要な支援をするよう努めるものとする。《综合法律援助法》第10条规定：日本律师联合会及律师会应认识到总合法律援助的意义，以及律师的使命与职务的重要性，遵循基本理念，努力为充实律师会员或律师法人的合作体制等总合法律援助的实施及体制完善提供必要援助。

①　総合法律支援法第十七条　支援センターの資本金は、設立に際し、政府が出資する金額とする。

2　支援センターは、必要があるときは、法務大臣の認可を受けて、その資本金を増加することができる。

3　政府及び地方公共団体（以下「政府等」という。）は、前項の規定により支援センターがその資本金を増加するときは、支援センターに出資することができる。

4　政府等は、前項の規定により支援センターに出資するときは、土地、建物その他の土地の定着物（以下「土地等」という。）を出資の目的とすることができる。

5　前項の規定により出資の目的とする土地等の価額は、出資の日現在における時価を基準として評価委員が評価した価額とする。

6　前項の評価委員その他評価に関し必要な事項は、政令で定める。

7　政府等以外の者は、支援センターに出資することができない。

《综合法律援助法》第17条规定："援助中心的资本金，系设立之际政府出资的金额。援助中心可在必要时，经法务大臣许可后增加该资本金。政府及地方政府可在援助中心依据前款规定增加资本金时向资源中心出资。政府等在依据前款规定向资源中心出资时，可以土地、建筑物及其他土地上的固定物为出资标的。依据前款规定作为出资标的的土地等的价格，系出资日以当前时价为基准由评价委员所评估的价格。前款评价委员及其他与评估有关的必要事项，依政令规定。政府等以外的其他人，不得向援助中心出资。"

先听取评价委员会的意见。司法支援中心在获得上述承认时，应毫不迟疑地在官方报纸上公示财务诸表，且将财务诸表及第二款的事业报告书、决算报告书和记载监事及会计监查人意见的书面材料备置于各事务所内，在法务省命令规定的期间供一般性阅览。对于各项核算业务，遇有每事业年度、损益计算中发生利益的，在补偿前事业年度遗留损失后仍有剩余时，一般应将该剩余金额定为公积金；遇有每事业年度、损益计算中发生损失的，在从公积金中扣除相应金额后仍不足以弥补时，一般应将该差额定为遗留亏损金。①

（六）权利的取得与救济

《综合法律援助法》及《司法援助中心业务方法书》规定了相对便利的申请和救济程序。其中，法律援助申请人对审查机关所作不援助决定不服的可以提起申诉："申请人若对地方事务所所长的不援助决定不服，可于收到决定书之日起 30 日内向其提出不服异议。收到不服申诉后，应由 3 名审查委员重新组成异议审查委员会，对不服异议加以审查，结论亦采多数决。若对异议结论仍不服，申请人可再向本部理事长直接提起重新审查的申请，程序同前。若请求又被驳回，则不得就同一申请再次提出异议"。

六　小结

由于社会文化和历史原因，西方国家在为贫弱者提供法律帮助方面有着较长的历史与较为丰富的实践。西方国家的现代法律援助制度基本确立于二战前后，并逐渐成为实现司法平等和保障人权的重要制度支撑。改革开放以来，中国也顺应时代要求与国际趋势，初步建立起立足于本国国情的法律援助制度。

基于历史传统、政治文化、社会需求等多方因素制约，各国形成了

---

① 参见《综合法律援助法》第 44—46 条，https://elaws.e-gov.go.jp/search/elawsSearch/elaws_search/lsg0500/detail?lawId=416AC0000000074#313，最后访问时间 2019 年 9 月 18 日。

管理模式、服务模式多元化的法律援助制度，各国公民获得法律援助的权利在广义上基本以国家责任的形式得到保障。以英、美、德、日为例，四国均已完备法律法规、机构设置、资金管理等层面的法律援助制度设计；而获得法律援助权利的取得与救济则各国有别。其中，获得法律援助权在德国立法体系中并未被明确视为一项基本人权，还未跻身德国本土权利语境之中；美国依靠政府支持不断扩展、细化法律援助的范围、对象，在全国范围内逐步确立起获得法律援助权的基本人权地位，但在具体的权利取得与救济等保障程序设计上还存在缺位；英国、日本则更进一步，两国立法中都有明确的权利救济程序规定，基本完成了权利保障逻辑链条的建构。因此，从国际条约和各国国内实践来看，并没有"获得法律援助权"这样的法律规定，公民获得法律援助的权利主要是以"国家责任"、"政府责任"这样的形式体现的。

我国目前正处于建设法治国家的新形势下，法律援助制度作为对形式平等的理性反思自然是法治建设的重要一环。通过比较分析各国制度建设之路，从中国语境出发，促进法律援助向公民法定权利的进化是建设完备的法律服务的应有之义[①]。

第四节　发展权视野下的法律援助

以向社会弱者提供无偿法律服务为核心内容的法律援助制度从产生至今已经有 500 多年的历史[②]，当前已成为世界上绝大多数国家法律体系中的重要组成部分。我国的法律援助制度初创于 20 世纪 90 年代，

[①] 项焱、王佳红：《法律援助与发展权：逻辑、历史与现实的互治》，《甘肃政法学院学报》2017 年第 5 期。

[②] 多数论者在阐释法律援助对象时采"经济困难"标准，这也与我国《法律援助条例》第 1 条的规定相一致。晚近以来，不少论者主张改变单一的"经济困难"标准，综合衡量各种因素来确定受援对象，以"社会弱者"标准为法律援助的施援标准。这种观点在 2015 年颁行的《中共中央办公厅、国务院办公厅印发〈关于完善法律援助制度的意见〉》中得到反映，即法律援助的对象是"经济困难公民和特殊案件当事人"。

确立于 2003 年的《中华人民共和国法律援助条例》(下称《法律援助条例》),经过 20 多年的发展,取得了令人瞩目的成就。截止到 2014 年底,全国共建立法律援助机构 3737 个,全国法律援助机构的工作人员共有 14533 人,各类受援人总数达 1388356 人,全国法律援助经费总额为 170661.79 万元(其中,政府财政拨款的总额为 168581.8 万元,占法律援助经费总额的 98.78%)[①]。就其制度建构缘起而言,我国法律援助制度的建立系"政治精英对合法性危机的反应",在实践中逐步发展为一道"社会安全阀"[②],由于顺应了世界人权保障潮流和我国法治和人权建设的要求,法律援助制度在我国当前发挥着维护社会公平正义、推进平安中国和法治中国建设、促进经济持续健康发展的重要作用。

　　然而,与人民群众特别是困难群众日益增长的法律援助需求相比,我国的法律援助工作还存在着"制度不够完善、保障机制不够健全、援助范围亟待扩大等问题"[③]。伴随着法律援助制度的建立及实施,特别是我国经济发展进入新常态和以审判为中心的司法体制改革的大力推进,理论界关于法律援助问题的关注也从呼吁建立制度转向了促进制度发挥更大功效上来,而法律援助的定性之争则是理论界讼争的焦点所在。关于法律援助的定性,基本形成"权利论"和"责任论"两方观点,双方皆引具法学原理、聚焦制度规定、旁征域外实践,由于理论界和实务界均不同程度卷入对该问题的讨论中,法律援助的定性纷争甚至在一定程度上影响了我国法律援助制度的功效。本节从兴起于 20 世纪 70 年代并正在蓬勃发展的发展权话语着手,证成"法律援助系作为总括性权利的发展权的具体表达之一"这一命题,阐释法律援助在逻辑、历史和现实等方面与发展权的契合性。

---

　　①　本处数据来源,参见《2013—2014 年全国法律援助统计数据》,网络地址 http://www.chinalegalaid.gov.cn/China_legalaid/content/2015-08/31/content_6247947.htm?node=40884,最后访问时间 2016 年 10 月 3 日。

　　②　徐卉:《中国法律援助制度的建立与发展:从合法性危机到社会安全阀》,《环球法律评论》2005 年第 6 期。

　　③　参见《中共中央办公厅、国务院办公厅印发〈关于完善法律援助制度的意见〉》,2015 年 6 月 29 日。

一　法律援助的定性之争

一般认为，法律援助是一项对社会弱者提供无偿法律服务的重要法律制度，在当今世界各主要国家均得以建立。我国的法律援助制度可溯源于建国初期，初创于 20 世纪 90 年代，但该制度的正式表达是 2003 年颁行的《法律援助条例》。根据《法律援助条例》的相关规定，我国的法律援助制度旨在"保障经济困难的公民获得必要的法律服务"，法律援助的范围大致可分为刑事案件和民事、行政案件，法律援助的方式主要是无偿性的法律咨询、代理和刑事辩护。除部分特殊案件外，如被告人是盲聋哑人或未成年人、被告人可能被判处死刑的刑事案件，法律援助的施援条件主要是经济困难。更为重要的是，该条例规定法律援助是政府的责任，但同时又规定律师应当依法履行法律援助义务。

随着《法律援助条例》的实施，以及《律师法》、《刑事诉讼法》等法律的次第修订，一种"政府总揽法律援助职责、律师主要负责具体实施、有关机构加以配合"的法律援助实施机制得以形成。毋庸置疑，我国的法律援助制度在保障弱者权益、促进社会公正方面发挥着巨大作用。然而，由于"律师的援助服务低回报性、法律援助律师极其缺乏、援助经费严重短缺"这"三大瓶颈"的存在[1]，国家（政府）与律师在法律援助工作的具体实施中不断博弈，政府以强制性义务转移责任，律师以消极办案待之，[2] 这使得我国诸多法律援助案件的质量难以得到保证。法律援助实践中出现的困境，以及如何克服这种困境，与法律援助性质的界定密切相关。为此，理论界和实务界展开热烈讨论，形成"权利论"和"责任论"两方观点。

（一）"权利论"的基本观点

"权利论"者认为，法律援助是指特定当事人得向有关国家机构寻

---

[1]　李兰英：《法律援助如何成为实质性的援助》，《法学》2010 年第 6 期。

[2]　参见李俊：《国家与律师：从零和博弈到协同发展——以法律援助的博弈均衡为视角》，《政治与法律》2008 年第 6 期。

求法律帮助的权利,它是一种法律救济权。进而,法律援助之所以是一项权利,原因在于它源自于某项"法律"①的规定,而这项"法律"的相关规定又可层层追溯至宪法中的基本权利。

以我国为例,法律援助之所以是一项权利,原因在于它是《法律援助条例》的规定。根据我国法理学界的主流观点,一项要求之所以被称为权利,是因为它是法律所认可的某种资格或手段②。既然行政法规确定了法律援助是主体以相对自由的作为或不作为获得利益的手段,则法律援助之作为法定权利是可以证立的。更进一步而言,法律援助的证立依据可逐级上溯至宪法中的基本权利,即平等权和物质帮助权。其中,物质帮助权旨在保障年老、疾病和丧失劳动能力的公民的合法权益,从理念上来说与法律援助相涉,而我国的法律援助实践中残疾人、老年人、未成年人等社会弱者又是受援人的主要群体。例如,我国《刑事诉讼法》中规定,被告人为盲聋哑人的、犯罪嫌疑人或被告人为尚未完全丧失辨认或控制自己行为能力的精神病人的,属于法定援助的情形。此外,法律援助与平等权也具有内在契合性。平等权意味着法律面前人人平等,它要求公民平等地享有权利、平等地履行义务。作为受援人的社会弱者因智识、能力缺损而影响了平等享有发展权利的实现,法律援助便作为补齐这类特殊群体"权利短板"的重要手段而地位彰显。由于一国法律体系的顶点是宪法规范,这样一来,法律援助作为一项法定权利便在实在法系统内部得到了证成,其论证逻辑是:法律援助得到了宪法基本权利的支撑而间接地获取了宪法上的依据;在宪法之下,法律、行政法规分别从不同侧面规定了法律援助的政府责任、社会弱者的权利人资格、程序保障机制等,这使得法律援助之作为公民权利的依据越来越充分。于是,在国内法体系中,法律援助遂被视为特定主体所拥有的一种法律认可的资格或能力。

除了国内法体系外,"权利论"者还旁征诸如《公民权利和政治权

---

① 此处"法律"采广义,除了立法外,也包括行政法令和司法解释和判例。
② 参见张文显主编:《法理学》(第3版),高等教育出版社、北京大学出版社2007年版,第140—142页。

利国际公约》、《欧洲人权公约》、《儿童权利公约》等国际人权法公约以证成法律援助的基本人权标准属性①。例如,《公民权利和政治权利国际公约》第十四条第(3)款(d)项规定,被告人拥有"出席受审并亲自替自己辩护或经由他自己所选择的法律援助进行辩护;如果他没有法律援助,要通知他享有这种权利;在司法利益有此需要的案件中,为他指定法律援助,而在他没有足够能力偿付法律援助的案件中,不要他自己付费"。《欧洲人权公约》第6条第(3)款(c)项也规定,任何被起诉违反刑法的人拥有以下最起码的权利……亲自或通过自己选择的法律帮助为自己辩护,或如果他没有足够的金钱来支付法律帮助时,在司法利益有如此要求时可以免费获得。此外,《儿童权利公约》、《联合国关于律师作用的基本原则》、《联合国关于保护所有遭受任何形式拘留或监禁的人的原则》、《联合国关于少年司法最低限度标准规则》等也对法律援助作出明确规定。这些国际人权法文件及区域性人权法院(如欧洲人权法院)的实践,宣示了法律援助的国家责任,并进而将其作为一项基本的国际人权标准。

(二)"责任论"的基本观点

与"权利论"相较,"责任论"的气场更为强大,特别是《法律援助条例》公布实施后。从公法原理看,"权利论"和"责任论"的关系诸如一枚硬币的"一体两面",个人的对立面即为国家,个人权利即为国家责任。在宽泛意义上,这种说法可以成立。理由在于,现代国家的合法性基础是国民主权原则,拥有主权的国民通过缔结社会契约组建了国家(或政府),国家权力的行使要以维护公民权利为根本宗旨且受到公民权利的有力监督。但如果我们将话题细化至具体层面就会发现,"权利论"与"责任论"并非单纯的立论视角的不同。在这种情况下,个人权利和国家之间的关系就转变为具体的行政法律关系,是"具体的"个人和"具体的"国家机构之间的关系,这也是不少学者将法律援助定性为

---

① 参见彭锡华:《法律援助的国家责任——从国际人权法的视角考察》,《法学评论》2006年第3期。

行政给付的原因所在。与传统"夜警国家"模式下的消极行政相比，具有积极性色彩的法律援助就不宜被定性为一项法定权利了，它是实现特定国家目标（维护社会公正）的一项制度保障。在这样的基础上，"责任论"者从法理、制度和实践层面与"权利论"者展开了激烈论辩，并成为当前我国理论界和实务界的强势话语。

第一，"责任论"者认为，法律援助从法理上应当被视为一种"制度"而非"权利"。不少学者从法教义学原理出发，对"权利"一词的理解采原旨主义，认为真正的个人权利本质上是"享有自由的个人的权利，而且是与国家相对峙的权利"，它们被认为是先于国家或凌驾于国家之上的权利，它们并非"依照法律"进行保障，它们的内容也并非来自法律。对于权利，国家的干预权"原则上是受限制的、可预测的、可监督的"，典型的权利是个人自由权（如人身权、财产权、思想与表达自由等）。与此同时，在法律上还存在着某些并非"建基于原则上不受限制的自由领域的观念之上，而是涉及一种受到法律承认的制度"。① 对于这些"制度"，在不废止其本身的情况下，国家干预权原则上受到的限制是极少的，典型"制度"如基层自治、公务员依法履职等，它们的存在为个人提供了制度上的保障。从这种原旨主义解释出发，法律援助并非是一种先于国家而存在的个人自由，而是源于"法律"认许的一种制度，法律援助的范围、施援条件和具体实施均受制于实在法，而非当事人在一般意义上可寻求所有国家权力机关（原则上）保障的获取利益的手段。更进一步来说，一项要求能够被成为权利，需要有内在理由，即那种由于它们而使得特定的要求被划归为权利的理由②。例如，安乐死之作为一项新兴

---

① 〔德〕卡尔·施米特：《宪法学说》，刘锋译，上海人民出版社 2005 年版，第 175、176、182 页。

② 英国学者 Alon Harel 区分了内在理由与外在理由，并把内在理由作为权利得到证成的依据。根据 Alon Harel 的阐释，外在理由是指那些影响一项要求应受保护的力量或重要性，内在理由是指由于它们而使得特定要求被划归为权利的理由。以言论自由为例，色情作品、仇恨言论是否应受到言论自由权的保护，自主或观念市场是支撑其成为权利的内在理由，经济繁荣则是不能证立其为权利的外在理由。参见 Alon Harel, What Demands Are Rights: An Investigation into the Relation between Rights and Reasons, *Oxford Journal of Legal Studies*, 1997 (1)。

权利,不仅其得到"人是目的而非手段"的道德证成,而且"死亡的权利"已然成为实践中的一项法定权利①。因此,即便从受援人角度而言,在政治话语或日常话语中,法律援助或许可以被称为一项"权利",但在法学原理上,法律援助作为一项个人权利乃至基本权利是无法得到证成的。

第二,"责任论"者还明确指出,《法律援助条例》明确规定法律援助系政府责任。"责任论"者的另一论据是,法律援助为政府责任是"法律"的明文规定。根据《法律援助条例》第三条,法律援助是政府的责任,县级以上人民政府应当采取积极措施推动法律援助工作,为法律援助提供财政支持,保障法律援助事业与经济、社会协调发展。虽然"责任论"者中对法律援助责任的承担主体有不同理解②,但他们在对法律援助定性方面较少有争议。纵览《法律援助条例》,县级以上政府司法行政部门组织设立、监督管理本行政区域的法律援助机构,为法律援助提供财政支持等规定,均说明了法律援助在制度设计上一如其他政府职责(如公安、民政、教科文卫等方面的职责),是维护社会稳定、促进社会公正的安全阀。即便是在域外实践中,法律援助也被视为一种政府主导、社会广泛参与的积极行政③。在法律援助的管理模式上,澳大利亚、韩国、瑞典、芬兰、南非等国由政府机构负责管理法律援助事宜;英国、美国等国由律师协会统一组织和管理法律援助事宜;在英国和澳大利亚的地方自治单位或州中,则由独立的委员会或服务协会进行管理,而其管理人员由政府任命。在法律援助的提供模式上,瑞典、丹麦和我国香港地区实行专职律师模式,即由政府法律援助机构的专职律师来承担法律援助;英国、美国、德国、日本及我国台湾地区实行司法保障模式,即由当事人选择私人组织或私人律师提供服务,再由其计时或计件向法律援助管理机构收取服务费用;混合模式是当前在发达国家蓬勃发展的一种

---

① 参见刘小平:《新兴权利的证成及其基础——以"安宁死亡权"为个例的分析》,《学习与探索》2015年第4期。

② 参见朱良好:《法律援助责任主体论略》,《福建师范大学学报(哲社版)》2014年第1期。

③ 参见王军益:《美国法律援助制度简况及启示》,《中国司法》2011年第2期。

法律援助提供模式,有值班律师、合同承包、"法律商店"、"法律诊所"等多种形式。但无论是法律援助的管理,还是法律援助的提供,国家都是法律援助的责任主体,各种模式的差异只是具体实施路径的不同。此外,从域外法律援助发展脉络和典型的国际人权法公约看,法律援助经历了慈善事业——个人权利的社会保障的发展阶段①,这些皆证明了法律援助为政府确定不移之责任。

　　第三,"责任论"者也发现,法律援助工作在实践中已经沦为一种"组织法"意义上的职责。我国法律援助制度在实践中的一个显著特征是律师须承办法律援助案件,这与该制度建立之初政府财政不足以支撑实际运行成本密切相关②。根据司法部中国法律援助中心的说法,"中国是一个发展中国家,有相当多的贫困者。由国家承担所有的法律援助开支是不切实际的,必须把政府拨款、社会捐献和律师的免费服务结合起来"③。为此,从法律援助制度筹划之初,律师须承担法律援助案件就成为该制度的基本内容,这些规定后来为《法律援助条例》和《律师法》所吸收。法律援助的具体实施在我国形成了"政府责任"和"律师义务"并行的双重责任主体形态,而正是这种形态引发了理论界和学术界关于我国法律援助制度可能导致政府责任虚化或为政府转嫁责任提供依据的担心④,实践中不少法律援助案件质量堪忧现象也印证了上述担心。根据有学者的研究,实践中的法律援助案件质量远不如统计数据显示的那么好,由于案件补贴激励不足、质量目标度量模糊和监管中的信息不对称,真实情况毋宁是,法律援助的承办律师和地方政府的机会主义倾向严

---

　　①　参见王俊民、孔庆余:《反思与超越:论法律援助之政府责任》,《政治与法律》2006年第6期。

　　②　即便是在2014年我国法律援助的政府财政拨款达到了创纪录的16.86亿元,法律援助经费仍属严重不足,不仅法律援助经费占全部财政支出的比例太低(约为0.01%),而且我国的国民人均法律援助经费也太少(不足1.5元)。此外,法律援助经费中办案经费与管理费用分配不合理、刑事法律援助与民事法律援助经费分配不合理等现象的存在,使得我国法律援助经费始终是捉襟见肘。参见陈永生:《刑事法律援助的中国问题与域外经验》,《比较法研究》2014年第1期。

　　③　转引自Francis Regan, Legal Aid in China: An Analysis of the Development of Policy, *Civil Justice Quarterly*, 2004 (24)。

　　④　参见贺海仁:《法律援助:政府责任与律师义务》,《环球法律评论》2005年第6期。

重①。仔细思之，从公法原理看，《法律援助条例》中关于政府责任的表述类似于"概括授权（责）"，即条例关于政府"责任"的规定并非明定行政机关行为依据的行政法规则，只是抽象规定此类事务由某一政府部门主管，至于说该事项的具体实施，则应依据具体规定行政行为实施的行政法规则而展开。举例来说，《人民警察法》规定警察有抽象的"维护社会治安秩序，制止危害社会治安秩序的行为"的职责，但警察在实施具体行为时，应当遵从《治安管理处罚法》、《行政许可法》等的程序规定。因此，从我国法律援助的具体实施及理论界和实务界关于现行制度弊端的讨论可以看出，法律援助不仅被视为一种政府职责，更沦为具有抽象意义的"组织法"责任。

与"权利论"相比，"责任论"不仅有法学原理上的依据，而且与我国当前法律援助的制度规定和现实运行较为吻合。加之，理论界和实务界关于政府在实施法律援助工作中的责任缺位或转移责任的分析，"责任归位"的呼声日趋高涨，这促成"责任论"成为当前我国法律援助问题研究的强势话语。例如，针对我国政府主导下的"政府责任、律师义务、社会参与"的法律援助模式的不足，有学者提出围绕"不断扩大法律援助范围，提高援助质量"的改革目标，将法律援助的政府责任转变为国家责任②。然而，我国立法中对法律援助主体的规定采取了政治色彩较浓的"政府责任"的表述，而非采用法律色彩较浓的"政府义务"来表述，反倒是明确规定律师须履行法律援助的义务，这种模糊政府地位与明确律师义务的处理极容易诱导人们产生"律师是法律援助主体"的想法，实践中的做法也印证了这一点。这种模糊规定，无形中减损了法律援助的制度功效，不利于充分发挥法律援助作为社会安全阀的作用。根据行政法治原理，抽象的授权（责）规定不应成为行政行为的具体依据，在这样的前提下，如何做实政府"责任"、如何协调好政府与律师及其他公益

---

① 参见黄东东:《法律援助案件质量：问题、制约及其应对——以 C 市的调研为基础》，《法商研究》2015 年第 4 期。

② 参见胡铭、王廷婷:《法律援助的中国模式及其改革》，《浙江大学学报（人文社科版）》2017 年第 2 期。

组织的关系、如何更好发挥法律援助促进社会公正的功效？"责任论"者从善意规劝出发而设计的解决方案显然不是那么令人满意，这需要另辟蹊径。

二　作为发展权的法律援助

多数"责任论"者针对我国当前法律援助工作面临的人财物"瓶颈"，结合中央《关于完善法律援助制度的意见》精神，提出要加大财政经费投入力度、加强法律援助机构队伍建设、扩大法律援助范围、推进法律援助标准化建设等对策，并积极推动《法律援助法》的出台以一劳永逸地解决现存问题①。但只要未实现政治话语下的"职责"向法治话语的"义务"转变，我国的法律援助工作很难摆脱运动式处理、虚化政府责任、律师消极应对的困境。考虑到立法的滞后性、政府角色转变过程漫长等因素，直接通过立法规定法律援助系政府"义务"的做法并不足取，但如果我们转换思路，将焦点聚集于受援人方面，便可盘活现存诸多法律资源，而非另起炉灶去推动新法的出台。

从受援人立场出发，作为整体的受援人属于人民中的弱者，他们与国家（政府）的关系是"权利——权力"关系，他们得要求分享经济社会的发展成果，而政府有责任让发展成果更多惠及全体人民；作为个体的受援人，其与政府的关系是基于申请而产生的行政法律关系，无论是将法律援助界定为行政给付还是行政许可，如果受援人的申请被法律援助机构驳回，其不仅享有向司法行部门寻求救济的权利，而且对司法行政部门的处理决定也有救济权。这样一来，自认为符合施援条件的申请人如其申请被法律援助机构驳回，他便可通过行政裁决②、行政复议、行政

---

① 参见石贤平：《当前我国法律援助功能性障碍与政府部门缺位的调查与思考》，《法学杂志》2010 年第 1 期；郭婕：《论法律援助标准的建立与完善》，《法治研究》2013 年第 4 期。

② 在行政法治话语下，政府与法律援助机构的关系可视为行政委托，但不宜视为行政授权。出于维护社会公正目的，政府将部分具有公益性的事务委托给依法成立的公益性服务组织；另一方面，出于政社分离、政事分离要求，法律援助机构不宜被当作法律法规授权组织。申请人与法律援助机构之间实际上形成了具有公益性的民事合同关系，这类似于供水、供电、

诉讼等途径寻求救济，并最终在公正的司法程序（这是我国当前正在力推的司法体制改革的目标）中得到应有的正义；另一方面，政府部门与法律援助机构的监督管理关系便做实为法律上的行政委托关系，让政府承担法律义务便落到了实处，这也契合了行政法治原理和《行政复议法》、新修订的《行政诉讼法》的基本精神。更进一步说来，受援人之所以可提出这些要求，在于它导源于作为公民基本权利的发展权。

一般认为，发展权话语兴起于 20 世纪 70 年代[①]，至今仍处于蓬勃发展之中，经历了一个由发展要求到发展原则再到发展权利的过程[②]。二战结束后，世界范围内民族民主运动高涨，独立后的亚非拉国家有着迫切的发展民族经济的要求。但在旧有的国际经济秩序下，这一要求很难实现，发达国家与发展中国家的鸿沟不仅不会缩小，还会继续扩大。从 20 世纪 60 年代开始，发展中国家开始提出建立国际经济新秩序的若干原则，并得到了 1974 年联合国大会通过的《各国经济权利和义务宪章》、《建立新国际经济秩序宣言》及《行动纲领》三个重要文件的确认。但这些国际文件仅是一种向发达国家发出的呼吁，欠缺可靠的强行法规则来保障其实施。发展中国家随后开始意识到发展不仅是指导国际经济关系的准则，更是发展中国家和人民所应享有的一项权利。随着联合国大会《关于发展权的决议》（1979 年）、《发展权利宣言》（1986 年）、《维也纳宣言和行动纲领》（1993 年）的通过，发展权话语正式形成。作为第三代人权中的典型，发展权是个人人权和集体人权的有机统一体[③]，并且是实现其他各项人权的必要条件，即发展是政治、经济、社会和文化全面发

供气等民事合同。如申请人的申请被驳回，有权向司法行政部门表示异议，而司法行政部门的处理实际上是一种行政裁决。我国的《法律援助条例》没有对申请人如不服司法行政部门的处理该如何采取进一步救济措施作出明确规定，但也没有关闭申请人寻求其他救济的大门。因此，从法理上讲，申请人有权依据《行政复议法》《行政诉讼法》获得准司法救济及司法救济。因此，在行政法治话语下，需要确定的前置问题是法律援助机构与申请人的关系以及司法行政部门的处理决定的定性问题。

① "发展权"的概念由联合国人权委员会委员卡巴·穆巴耶在 1970 年明确提出。参见《人权知识：发展权》，《人权》2007 年第 2 期。

② 参见郝明金：《论发展权》，《山东大学学报（哲社版）》1995 年第 1 期。

③ 参见李步云：《发展权的科学内涵和重大意义》，《人权》2015 年第 4 期。

展的进程，只有在这一进程中所有人权和基本自由才能逐步得到实现。通常认为，个人发展权的实现主要依靠国家，国家有义务制定发展政策，保障每个人发展均等和公平享有发展所带来的利益；集体发展权的实现主要依靠国际社会的共同努力，为保障发展权，必须建立国际政治经济新秩序，消除妨碍发展中国家发展的各种障碍。作为一项保障人人享有平等法律服务的重要手段，法律援助不仅导源于发展权，而且它内生于发展权，在逻辑、历史和现实方面与发展权具有互洽性。

（一）法律援助与发展权的逻辑互洽性

法律援助与发展权具有逻辑上的互洽性。法律面前人人平等是现代社会的基本原则，但这一原则下的"人"是一种抽象的存在，人们的实际身份、地位、经济状况、劳动能力、健康情况等方面的差异在立法上是不被考虑在内的。但人的权利能否实现，受制于物质条件、教育、法律意识等多种主客观因素，故法律规定的公民权利实际上是有差别的。正是基于这种认识，美国法哲学家罗尔斯在《正义论》中提出了补偿原则。在罗尔斯看来，人们由于出身所造成的不平等是不应该的，为了平等地对待所有人，提供真正的同等的机会，社会必须更多地关注那些天赋较低和处于不利社会地位的人们。只有这样，他们才能得到与其他人相当的生存和发展的机会。① 因此，补齐社会弱者的"权能短板"，是个人积极、自由和有意义地参与政治、经济、社会和文化的发展并公平享受发展所带来利益的基础和前提。作为一项"穷人的权利"，发展权以人的协调发展为依归，力图克服影响主体发展的非协调性因素：一是主体的身份化（典型代表是城乡二元主体的对立），这种非协调性因素从资格上的不平等起源，导致了严重的贫富悬殊和社会鸿沟；二是主体的边缘化（典型代表是东部和中西部发展主体的对立），这种非协调性因素从地理意义上将发展主体分裂为中心和边缘，导致了边缘人群的弱势地位；三是主体的碎片化（典型代表是社会结构的金字塔式构造），这种非协调性

---

① 参见〔美〕约翰·罗尔斯：《正义论》，何怀宏等译，中国社会科学出版社 2006 年版，第 61 页。

因素过分强调孤立的自由发展而忽视社会整体正义，造就了阶层固化和利益藩篱；四是主体的单极化（典型代表是个人发展权与集体发展权的割裂），这种非协调因素割裂国家作为国际社会发展权权利主体和国内社会义务主体，是单极主导的全球社会的真实写照；五是主体的人类中心化（典型代表是人与自然的割裂），这种非协调因素忽视人与人的对象、人与人的存在空间的和谐发展，导致发展权的片面化。法律援助是社会弱者专享的一项权利，其本意在于保障和改善民生，使经济困难公民和特殊案件当事人获得必要的法律服务，从而将法律面前人人平等的精神充分落实，促进社会整体正义。这与发展权实现主体的全面协调发展之意旨内在相通。

另一方面，作为个人权利的法律援助因得到法律认可而得到证立，其权利基础并可上溯至宪法中的基本权利。在现代法治社会中，积极行政和服务行政理念兴起，既然确认发展权之公民权利属性是宪法的应有之义和未来发展方向[①]，作为保障社会弱者平等而公正享有法律服务的重要手段，法律援助与发展权的逻辑目的是相通的，法律援助实质上是发展权的一种具体表达。由于人之以个体状态存在、发展，集体是个体结合的产物等原因，在当代国际社会，发展权既是集体人权，也是个人人权的观点得到了越来越多的国家的认同[②]。作为集体人权，发展权的实现有赖于国际社会共同努力，以改革不合理的国际经济政治规则为出发点，尊重人权的普遍性与特殊性，坚持互利共赢，共享尊严、共享发展成果；作为个人人权，发展权的实现受制于个人阶层、性别、能力（包括体能与智能）等各方面因素的影响，除了国家为个人的发展提供经济、政治、文化、社会等各项制度保障外，个人应具有必要的义务自觉，充分认识并尊重他人的发展权利、充分认识并履行自身义务。法律援助既是国家予以保障的一项民生工程，又是个人得依据相关法律规定途径和方式获取帮助以保障辩护权的资格或手段，这与发展权的个体人权与集体人

[①]　梁洪霞：《发展权权利属性的宪法解读——以宪法文本为视角》，《人权》2015 年第 4 期。

[②]　参见戴菁：《论作为发展权主体的个人》，《现代法学》2019 年第 2 期。

权相统一的特性具有逻辑上的相通性。

(二)法律援助与发展权的历史互洽性

法律援助与发展权在历史发展过程中具有互洽性。据现存史料显示,法律援助最早起源于英国。公元 1495 年,英国议会通过了一项关于法律援助的最早立法,该法令旨在保证贫穷的民事诉讼当事人获得免费的律师帮助以及免除所有费用 ①。不过,早期的法律援助还只是一种"作为恩惠的法律援助",这类由私人宗教组织、行政机关或社会公益组织发起的行动被视为一种慈善行为,而对贫穷的当事人提供无偿法律服务也被视为律师的道德义务。随着资产阶级革命的胜利,在人权观念影响下,法律援助在宪法中被间接确立下来。此时,保障公民诉讼权利理论逐渐取代了早期的将贫困者视为一个阶层而施以救济的政治理论,法律援助也从单纯的慈善行为向国家责任转化,形成了"作为权利的法律援助"。20 世纪以来特别是二战结束以来,随着生产力的大幅提高,西方各主要资本主义国家经济飞速增长,出现了一批福利国家,这些国家强调政府的最重要使命是排除各种有碍公民之间真正平等的各种障碍,法律援助作为公民尤其是社会弱者享受司法公正的手段,被视为全体公民均应享有的一项社会福利和社会保障权利。西方国家在法律援助方面的制度设计及其实践也影响到了国际公约中,《公民权利和政治权利国际公约》和《欧洲人权公约》中均把法律援助作为一项基本的国际人权标准。

纵览国外法律援助的发展历程,其与发展权的演进脉络保持高度重合:法律援助大获发展的时期正是发展权蓬勃发展的时期 ②,发展权被社会广泛接受的过程也正是法律援助从观念权利到实证权利的演变过程。发展权作为一项新型的人权,其孕育和形成过程中充满了发展中国家与发达国家之间的争论。二战结束后,世界范围内的殖民体系开始瓦解并最终崩溃,诸多新独立的殖民地、半殖民地国家在主权独立后有着强烈

---

① 参见司法部律师司、司法研究所编译:《国际法律援助概览》,1995 年 6 月。

② 参见汪习根:《发展权法理探析》,《法学研究》1999 年第 4 期。

的诉求去争取经济、社会和文化的全面发展。于是,发展权便作为发展中国家与发达国家之间"非均衡性和不平等性日益恶化"的必然产物[①]而被提出来,并在长期的国际人权斗争中逐渐站稳脚跟,最终得到联合国《发展权利宣言》和诸多国际文件的确认,也得到了越来越多国家的承认。值得注意的是,作为世界上最大的发展中国家,我国积极推动发展权在国际话语的主流化。除了支持联合国关于发展权的提案和相关会议外,中国还在 2017 年 6 月 22 日提出《发展对享有所有人权的贡献》的提案,并被联合国人权理事会通过,这是联合国首次将"发展促进人权"理念引入国际人权体系,是中国对全球人权治理贡献的中国方案。在秉持生存权和发展权是首要的基本人权的前提下,实现发展权需要遵循整体性、参与、公正和保障等原则。为此,越来越多国家通过制度设计保障发展权的具体落实,形成了附带救济模式、合宪性审查模式、非诉讼性质的申诉模式和一体化救济模式[②]。因为具体国情不同,各国采用的具体模式不同,但强化对发展权的法律救济是共同选择。促进主体的全面协调发展,是发展权的核心精神,法律援助的发展历程与发展权的演进脉络保持了高度契合,这并非历史的偶然,而是二者之间具有内在相通性。

(三)法律援助与发展权的现实互洽性

法律援助与发展权在当下中国经济社会发展中具有互洽性。自《法律援助条例》公布实施以来,我国的法律援助从机构设置到政府财政投入都有极大改观,中央及各级地方也相继设立法律援助中心并颁布一系列配套措施,初步形成中国特色的法律援助制度。但随着经济社会的快速发展,我国法律援助制度的弊病逐渐显露,表现为责任主体模糊、范围过窄、施援门槛较高、地区差异和城乡差异突出等方面,这与保证法律面前人人平等和人人享有公平发展权的理念不相符合,需要通过改革创新来予以完善。与此同时,我国始终强调"发展是第一要务",制度创

---

① 汪习根:《法治社会的基本人权——发展权法律制度研究》,中国人民公安大学出版社 2002 年版,第 22 页。

② 参见蒋银华:《新时代发展权救济的法理审思》,《中国法学》2018 年第 5 期。

新始终围绕着发展这个大局而展开。在人权发展方面，我国不仅重视传统意义上的公民权利和政治权利，而且将生存权和发展权作为首要的人权①，强调只有获得有可靠保障的生存权和发展权，才能在必要物质生活的基础上有效行使其他经济、政治、文化和社会权利。为此，我国始终坚持以人民为中心的发展思想，强调发展为了人民、发展依靠人民、发展成果由人民共享；始终坚持发展权个人人权属性与集体人权属性的统一，强调发展权既是每个人的人权，又是国家、民族和全体人民共同享有的人权，努力促进二者相互协调、相互促进。就国际层面而言，我国主张通过彼此协作、平等参与、建立新的国际经济秩序等手段维护和实现各主权国家尤其是发展中国家的生存权和发展权②。为此，我国在国际社会上提出了构建人类命运共同体的理念，并坚持奉行互利共赢的开放战略，在追求自身发展的同时努力实现与他国发展的良性互动，强调各国人民共同享受发展成果。在这样的基础上，中共中央、国务院《关于完善法律援助制度的意见》从扩大援助范围、提高法律援助质量、提高法律援助保障能力、切实加强组织领导四个方面提出指导意见，并以坚持以人为本、促进公平正义、推进改革创新为基本原则。最高人民法院、司法部、公安部等国家部委也单独或联合下发多个配套文件将中央精神落地，《法律援助法》的立法工作也在紧锣密鼓进行中，这些举措正在当代中国掀起法律援助领域的深刻变革。因此，从现实维度看，通过改革创新完善我国法律援助制度，与通过发展解决我国经济社会发展中的基本矛盾，二者在"维护发展成果、让发展成果惠及更广大群众"的目的上是一致的。而只有置身于当代中国的改革发展稳定大局下，推进法律援助领域的各项改革才能实现与主体改革的匹配，真正形成有中国特色的法律援助管理体制和法律援助服务提供模式。

---

① 参见冯颜利：《主权与人权解读——从生存权和发展权是首要人权的观点而言》，《政治学研究》2006 年第 3 期。

② 参见朱炎生：《发展权概念探析》，《政治学研究》2001 年第 3 期。

三　发展权的基本权利化与法律援助的实在法保障

从远景目标看，我国还应实现发展权的基本权利化，并通过实在法体系保障作为发展权具体表达的法律援助。我国政府在人权发展方面的基本观点是"生存权和发展权是首要的人权"，国家有义务保障民众获得公正发展的权利。在第二轮发展权话语勃兴之际，欲使我国的法律援助制度发挥最大功效，我们须正视国外法律援助"慈善行为——个人权利——社会保障"的演进脉络，也须正视法律援助与发展权的契合性，不失时机地将法律援助权利化，并将其置于发展权基本权利化的发展趋势中。纵然有发达国家和地区对发展权基本权利属性的质疑，认为它不过是发展中国家挑战西方话语的一种政治策略，但发展权作为一种总括性权利，是个人人权和集体人权的统一、是第一代人权和第二代人权基础的话语正在复兴，并获得越来越大的影响力。当前，越来越多的发展中国家开始把发展权载入宪法，明确宣示其为公民的一项基本权利。根据前文所述，一项要求能否称为权利，决定于内在理由。发展权之成为权利，是因为它获得了"人是目的而非手段"的道德证成，以及国际公约、国内政策和国内法的法律证成；另一方面，发展权之成为基本权利，是因为它追求人的全面发展，是人的自我实现的最高权利，具有母体性、基本性、最高性、不可或缺性、不可替代性等特征。法律援助因为与发展权的内在契合性而成为发展权的基本内容，成为方兴未艾的一种新兴权利。

从近期图景看，要维护好、发展好这种旨在促进司法公正的新兴权利，我们在理顺法律援助体制及法律援助具体实施中的各种关系的基础上首先要以保障受援人的刑事辩护权为重点。由于刑事司法的处理结果主要涉及公民人身自由甚至生命权，而刑事被告人面对的是以公安机关和检察机关为代表的强大的国家权力，故向无力负担费用的被告提供法律援助是保护其人身自由乃至生命权的必要条件。在完善我国刑事法律援助时，有学者提出可考虑对刑罚可能是十年以上有期徒刑的严重犯罪在一审中实行普遍的法律援助；或者针对普通程序审理的案件，在一审中设立普遍的法律援助①。当然，要做好刑事法律援助工作，关键是要把法律援助资源向该领域大幅倾斜，并配套推进案件质量的考核评估机制建设，以有效应对法律援助"质量不高"、"监管不力"的问题②。进而，我们还应把法律援助从审判为中心向整个司法程序扩展，并切实保障对法律援助申请的救济。中央《关于完善法律援助制度的意见》在《法律援助条例》前移援助的基础上，进一步要求建立健全办案机关通知辩护工作机制，切实保障受援人在侦查、审查起诉和审判阶段的法律援助权。前述《意见》颇具亮点的地方还在于，首次提出要逐步开展不服司法机关生效刑事裁判的法律援助工作，这将实现法律援助工作在刑事司法领域的全覆盖。为了实施前述《意见》，我国自 2017 年在北京、上海、浙江、安徽、河南、广东、四川、陕西八省市开始试点刑事案件律师辩护全覆盖工作。这项工作有着稳固的制度基础，即我国近年来刑事犯罪轻刑化发展趋势、我国财政收入的增长及随之而来的对法律援助经费的投入增大、我国律师等司法资源的快速增长与统筹协调③。与此同时，最高人民法院、最高人民检察院在 2017 年还联合相关国家部委联合发布《关于开展法律援助值班律师工作的意见》，对值班律师的职责、权利义务等作出具体规定。在这些配套措施的作用下，我国的刑事法律援助正形成援助体系的分层化（即值班律师提供初步性、临时性法律援助，辩护律师提供传统的刑事辩护法律援助）、法律援助供给的多元化（国家供给、市场供给和社会供给相辅相成）、法律援助服务提供的多样化。在试点经验的基础上，这些改革应当逐步扩展至全国范围内。此外，我国还应该对法律援助申请人的申请权利提供充分救济，如前文所述，通过行政

① 参见左卫民：《中国应当构建什么样的刑事法律援助制度》，《中国法学》2013 年第 1 期。

② 关于法律援助案件质量调研及其原因，可参见黄东东：《法律援助案件质量：问题、制约及其应对——以 C 市的调研为基础》，《法商研究》2015 年第 4 期；陈小鲁：《农村法律援助的现状与对策》，《人民论坛》2016 年第 1 期。

③ 参见王迎龙：《论刑事法律援助的中国模式——刑事辩护"全覆盖"之实现路径》，《中国刑事法杂志》2018 年第 2 期。

复议、行政诉讼强化对司法行政部门的异议处理行为的救济，从而将政府责任纳入到法治轨道上来。

从《法律援助条例》到《法律援助法》的立法提升，是法律援助作为实定法权利的坚实一步。当前，我国的《法律援助法》的立法工作正在按部就班地进行。组织管理体制、适用条件、经费保障、人员建设和质量管理等方面是立法的重点和难点工作。在组织管理体制上，应坚持组织管理机构与业务实施机构的分离；在适用条件上，应当赋予省区市人民政府根据本地经济社会发展情况、公民财产情况和法律服务收费政府指导价标准来确定经济困难的标准；在经费保障上，坚持政府主导（财政拨款）和社会参与复合模式基础上，试行社会捐助和其他开源方式；在人员建设上，充分调动社会团体、高等院校、民办非企业单位等社会力量的积极性，协同国家建设好一支可持续发展的法律援助人才队伍，并把这项工作与法律援助人员的专业化职业化、提高法律援助人员的办案补贴结合起来；在案件质量管理上，应制定符合实际情况的法律援助人员准入机制，并通过建立服务过程监督、旁听制度、奖励制度、业务培训制度、服务标准建设、案件质量同行评估机制等制度强化法律援助案件的质量。为了让《法律援助法》的规定既贴合实际，又具有引领作用，立法工作应当审慎、细致，妥善解决以上五个方面的问题。

四 小结

2015年9月26日，中国国家主席习近平在出席联合国发展峰会时指出："我们要争取公平的发展，让发展机会更加均等。各国都应成为全球发展的参与者、贡献者、受益者。不能一个国家发展、其他国家不发展，一部分国家发展、另一部分国家不发展。……要完善全球治理，提高发展中国家代表性和发言权，给予各国平等参与规则制定的权利。"[①]2016年9月4日，习近平主席再度指出"要完善全球经济治理，

---

① 习近平：《谋共同永续发展 做合作共赢伙伴——在联合国发展峰会上的讲话》，网络地址http://politics.people.com.cn/n/2015/0927/c1024-27638350.html，最后访问时间2016年10月4日。

夯实机制保障"，主张通过国际协作"帮助发展中国家和中小企业参与全球价值链"，分享全球经济的发展成果[①]。随着中国崛起，中国所呼吁的建立一种真正符合广大发展中国家整体利益和实际能力的全球治理机制，推动着作为第三代人权的发展权"在当今国际社会的发展过程中，有机会迎来一次全新的制度构建机遇"[②]，这将有助于扭转 20 世纪90 年代以来发展权话语衰落的局面。为此，我们不仅要深化"什么是发展权"、"如何实施发展权"研究[③]，更要深入研究"发展权为什么是可欲的"。惟其如此，我们才能有效应对来自西方发达国家的尖锐批评，才能助力于国际新经济政治秩序的构建。在法治话语席卷全球的今天，法律援助作为补齐社会弱者在法律面前"权能短板"的一项有力手段，不仅有助于我们理解"什么是发展权"、"如何实施发展权"，更能让基于中国经验的发展权话语走向世界。

随着中国重回世界舞台的中心，中国政府关于"生存权和发展权是首要人权"话语体系的国际影响力得到极大增强。作为秉持"以人民为中心"发展导向、保障人民"五位一体"发展权利的话语，发展权要求发展好、维护好广大人民群众的根本利益，在党规体系、国法体系和司法经验等现存制度资源的基础上"讲好带有世界口音的中国话"。由于中国的贡献，"发展促进人权"成为国际社会的基本共识之一，推动着发展权话语的主流化。作为个体权利和集体权利的统一，发展权的内容具有综合性、附随性和不确定性，故以一体化保护模式来实现对发展权的法律救济是有效途径。法律援助作为发展权的具体表达之一，对社会弱者法律援助权的保障也秉持着同样的路径。党的十九大对我国社会基本矛盾的变化进行及时总结，强调新时期我国社会的基本矛盾是人民群众日益增长的对美好生活的向往与不充分不均衡的社会发展之间的矛盾，

---

　　①　习近平：《构建创新、活力、联动、包容的世界经济——在二十国集团领导人杭州峰会上的开幕辞》，网络地址 http://www.g20.org/banner/201609/t20160905_3387.html，最后访问时间 2016 年 10 月 5 日。

　　②　郭晓明：《关于第二轮发展权复兴的三点基本设问》，《人权》2015 年第 6 期。

　　③　参见〔南非〕奥拉德约·奥罗伍：《全球化时代的发展权：概念和替代》，《人权》2015 年第 4 期。

而通过贯彻科学发展观，实现我国经济社会的充分、均衡发展，是满足人民群众日益增长的对美好生活向往（包括对法治、公平、和正义的追求）的不二途径。让人民群众在每一个案件中感受到公平正义，是我国司法体制改革的目标，法律援助旨在补齐社会弱者在法律面前的"权能短板"，契合了发展权的内在要求。职是之故，在新时代，法律援助作为发展权的具体表达之一，也成为在实现中华民族伟大复兴中国梦中增进发展权的应有之义。

第五节　"法律援助"国家义务性的法理解析

一　人权理论中法律援助的国家责任

美国学者路易斯·亨金在《权利的时代》中指出，我们的时代是权利的时代，人权是我们时代的观念，是已经得到普遍接受的唯一的政治与道德观念。人权在当今世界主流话语体系中是如此重要，一度成为当今西方乃至整个世界最引人注目的政治、法律术语之一，成为世界性语言和时代性话题。[①] 自近代以来，西方人权思想在中国得到了广泛的传播和激烈的交锋，最终不断被接纳并在新时代中国获得创新发展。从2004 年宪法修正案中"国家尊重和保障人权"，人权首次入宪到十八届三中全会报告中明确提出要完善人权司法保障制度再到将人权写入《中共中央全面深化改革若干重大问题的决定》，人权的理念已经被我国逐渐吸纳融入，成为当今社会最为重要的公共话语。随着人权观念的全面渗透，将法律援助视作一项基本人权已成为社会共识，法律援助不再是作为律师慈善的施舍行为而是成为国家保障的公民权利，而这种公民权利不仅在众多国家的宪法中予以文本确权，更在实践中与人权司法保障

---

① 参见张文显：《二十世纪西方法哲学思潮研究》，法律出版社 2006 年版，第 428 页。

的理念相互契合。

（一）作为发展权的法律援助

发展权是第三代人权，是狭义上集体人权与广义上个人人权的集合，也是其他基本人权获得全面实现的必要基础。[①]发展权的本质是广大发展中国家在争取建立国际经济新秩序斗争中所提出的一个新的人权概念，[②]它包括作为个体的人与集体的人综合参与促进并享受其相互之间在不同时空限度内的协调开放共享均衡的发展。通常而言，国际意义上的发展权多指集体的发展权，是发展中国家在破除发展壁垒，组建新的国际经济政治新秩序之时将对人权发展的集体性维护，集体发展权更多地呈现在国际法层面。但集体发展权并不泯灭个体发展权的空间，而是附着于个体对美好未来的追求之上，依然是集体中个体的权利。[③]在《发展权利宣言》与《发展权白皮书》中提出了发展权的实现是在经济、文化、社会、环境权利的实现之中，又表现在公民权利和政治权利的获得之中，本质上是一个具有综合性的人权概念，至少是所有基本权利的组合。法律援助作为一项意在保障法律面前人人平等的司法帮扶制度，是在为个人经济、文化、政治等方面的全面发展提供平等的司法平台，能够成为社会弱者公平享有法律服务的重要武器。可以说，法律援助的权利溯源就是发展权，而发展权中的权利基础就是法律援助。两者既是母体权利与派生权利的关系也是主体权利与支持权利的关系。

我国宪法条文中规定了尊重保障人权的责任主体是国家，并先后于1997 年和 1998 年签署了《经济、社会和文化权利国际公约》和《公民权利和政治权利国际公约》，两份公约中均将法律援助规定为一项国际人权标准。国家无论是对外作为国际法意义上独立的主权国家，还是对内

---

① 在人权领域中经常称人权发展经历了三代，所谓三代人权是人权认识过程中的三个发展阶段，但每代人权中并无高低之分，也不能说明任何国家的人权都须依照这样的顺序来推进。

② 董国辉：《发展权概念的经济理论渊源》，《南开学报（哲学社会科学版）》2014 年第 5 期，第 100 页。

③ 〔美〕爱因·兰德：《新个体主体伦理观》，秦裕译，上海三联书店 1993 年版，第 100 页。

作为单独垄断一国公共权力的抽象意义上的权力集合，本能地包含了承担促进国际间集体发展权和国内个体发展权的义务，而获得相应的国家法律发展服务的法律援助的权利是实现发展权的内在要求与应有之义，故承担法律援助义务保证人民平等地享有经济、社会、法律发展机会是国家的责任与义务。

（二）作为福利权的法律援助

目前学界已达到共识的是，法律援助起初并不是作为国家责任出现的，它的产生发展经历了最初的律师慈善行为到国家责任的转变，而实现这一转变的关键在于法律援助社会福利性方向的发展。福利权是一种法定的人的权利，是应有人权法制化的主要方面，也是人权在社会福利领域中的具体表现，是福利的权利化。[①]二战后，福利的概念和外延发生了很大的变化，福利领域迅猛扩张，法律援助成为社会福利的一部分，不再视为慈善的赠与行为而是国家应当担负的福利责任。这种福利观的产生得益于马歇尔公民权利理论，它改变了西方 18 世纪以来传统的公民权利理论。[②]马歇尔在传统公民理论的基础上结合了二战后英国福利国家建设的现状，创造性地提出了以福利思想为内核的公民权利理论。他认为公民身份并不是一个单一的概念而包含了三类要素（民事、政治、社会）对应三种权利（民事权利、政治权利、社会权利）同时，马歇尔将理论的重点放在社会权利的考察上，强调经济、社会与法律保障的公民权利，实现这种保障是一种公共责任，改善社会的福利状态保护并增加人们在教育、医疗、法律等社会服务方面的福利是国家的责任和目标，是福利国家努力的基本方向。[③]福利国家建设过程中不可避免地要面对公民资格平等性与社会阶层分化性之间的矛盾，这两者之间的张力关系决定着国家福利建设程度的高低。所有的公民自具有公民身份起都应平

[①]　谢琼：《福利制度与人权实现》，人民出版社 2013 年版，第 129 页。

[②]　传统意义上的公民权利理论主要包含洛克对契约国家之下公民身份的解释，主要是以财产权为核心，霍布豪斯的公民自由理论，则主要包括了公民的政治自由、经济自由、家庭自由等，这种自由要求国家给个人留出足够的自主空间。

[③]　〔英〕T.H. 马歇尔：《公民资格与社会阶级》，郭忠华、刘训练编，江苏人民出版社 2007 年版，第 10 页。

等地享有公民权利所带来的社会福利，然而，形式上假定平等的公民身份在社会发展中深刻受到了经济、民族、性别、宗教、教育等多方面的影响，呈现出不平等的现状，而改善这种不平等权利现状实现福利的全面平等享有，是国家作为共同体组织存在的意义，国家为了保证组织存续的合法性，提升国民身份的认同感确保福利权的平等享有是国家的责任。福利权是人在社会中享有的关于个人生存和发展的所有权利，是人权中最为基础的部分。

法律援助作为社会福利中的一部分是一项基本人权的认识已经得到世界范围内的广泛认可。在公民权利理念下，公民有权利要求国家提供作为公民应该享有的福利，这种权利是基于公民身份自然获取的，不需要附加任何条件不考虑个人对社会贡献程度的大小，是公民之所以是一国公民所必需的权利产品，而提供者则是国家。国家则有义务保证每一个公民能够在复杂的诉讼程序面前拥有同等的对抗能力，无论对抗方是国家还是另一方公民，对抗双方相对平等的法律能力、资质、信息无疑是取得公正审判结果的前提。

（三）作为弱势群体人权保障的法律援助

弱势群体的人权保障在人权中占有非常重要的地位，由于它能够反映出最基层民众的现实生存状态，因而具有衡量一国人权保障真正标尺的意义。[①] 一般来说，弱势群体的人权保护具有双重性，第一，人权保护的普遍性，弱势群体的前提基础是其作为人基于人格尊严所应享有的权利，与其他普通人群并无差别。第二，人权保护的特殊性，对于弱势群体保护来说，实质平等集中表现为人权特殊保护原则，即应该通过立法赋予弱势群体超过普通群体的权利，只有这样才能真正矫正他们的弱势地位，使他们在实质上尽可能与常势群体享有同样的权利。众多国际人权文件上，针对妇女、儿童、老人、残疾人等弱势群体的人权均进行了特殊保护，如《儿童权利公约》规定儿童被控或被判有刑事犯罪行为时，应该区别于成人对待，且必须确保儿童在准备和进行辩护过程中得到法

---

① 董和平：《关于中国人权保障问题的若干思考》，《法学》2012 年第 9 期，第 94 页。

律援助或其他适当援助。《保护所有迁徙工人及其家庭成员权利国际公约》第 18 条第 3 款规定："在审判对他们提出的任何刑事指控时，移徙工人及其家庭成员应有权享有下列最低限度的保证：……出庭受审并亲自或通过自己所选择的法律援助进行辩护；如果没有法律援助，应通知他们享有这项权利；在审判有此必要的任何情况下为他们指定法律援助并在他们没有足够能力支付的任何这种情况下可免自己付费。"自 1980年起，我国已陆续参加 25 项国际人权条约，其中包括《经济、社会和文化权利国际公约》、《消除对妇女一切形式歧视公约》、《消除一切形式种族歧视国际公约》、《禁止酷刑公约》、《儿童权利公约》、《残疾人权利公约》六大核心人权条约。在国内，我国对弱势群体的人权保护严格落实在以宪法为核心以部门法为补充的法律规范上，形成了较为完备的人权保障法律体系。而这些人权保护文件与国内弱势群体立法保护，不断地强化与声明弱势群体在司法过程中获得同等救济的权利，并在司法体系中为其诉权的实现提供合理必要的支持，而无需特意考量其经济能力。[①] 对弱势群体司法权利的保障一直是人权保障的重心，尊重保障人权的义务并不是单一的政府义务，而是作为公民集体意志集合的国家所应担负的义务，政府责任只是其中的一部分并非全部。

二 域外法律援助中国家责任的考察

综合考察域外其他国家关于法律援助制度的相关规定，法律援助作为一项基础的人权司法保障制度在很多国家的宪法中予以正式明确，并严格规定为国家责任。[②] 除宪法外，各国法律援助的专门性立法文件中

---

① 我国《刑事诉讼法》第 35 条第二款、第三款的规定，犯罪嫌疑人、被告人是盲、聋、哑人，或者是尚未完全丧失辨认或者控制自己行为能力的精神病人，没有委托辩护人的，人民法院、人民检察院和公安机关应当通知法律援助机构指派律师为其提供辩护。《法律援助条例》第 11 条被告人是盲、聋、哑人或者未成年人而没有委托辩护人的，或者被告人可能被判处死刑而没有委托辩护人的，人民法院为被告人指定辩护时，法律援助机构应当提供法律援助，无须对被告人进行经济状况的审查。

② 如意大利宪法第 24 条规定："每人均可按司法程序来保护自己的权利和合法权益。在诉讼的任何阶段和任何情况下，辩护均为不可破坏之权利。贫穷者有任何法院起诉和答辩

对国家作为法律援助责任主体的规定也极为明确。① 反观我国法律援助责任主体的设定,国务院颁布的《法律援助条例》明确将法律援助责任作为政府责任来承担。然而,政府在整个国家体系中只是作为行政权力运用的分支存在,实施的是一种行政执行责任,并不足以弥补整个国家主体综合承担法律援助责任的缺失,长久将法律援助责任置放于行政权力之下不仅会阻遏法律援助本身的司法活动性质也会无法发挥出法律援助真正的制度价值。在现代法治国家,由国家作为主体承担法律援助责任符合事务之法理,法律援助的国家责任并不是法律本身赋予的,而是国家从产生之初蕴含于国家本初之义中,是一个国家之所以能为国家的自然属性,法律文本上对责任的判定只是加以确认,公民获得法律援助的权利也并非是法律赋予的,而是基于作为人本身的尊严维护的基本人权加以派生的。

(一)法律援助机构设置中的国家责任

由国家依照法律设立专门管理法律援助工作的具体机构能够显现出国家在参与法律援助工作中的职能定位。基于各国不同的组织形式,域外法律援助机构的设置多分为独立的法律援助委员会或者协会管理模式、法院管理模式、政府机构直接管理模式。这几种模式中最能直接体现国家责任的是独立的法律援助委员会或协会管理模式,在此模式之下,法律援助工作由立法机关设立的独立的法律援助委员会管理,如英国自《法律援助法案》后设立了法律援助委员会独自管理所有的民事法律援助案件与地方法院审理的刑事法律援助案件等,其后随着《接近正义法》的颁布法律援助委员会虽被法律服务委员会取代,但在性质上仍然是一个独立于行政职权之外的专门机关。美国依照其公设辩护人的法律援助提供模式设立了公共辩护人机构专门负责刑事法律援助工作,由

之可能性,应有特别制度保证之。"《日本宪法》第 37 条规定:"刑事被告人在任何场合都可委托有资格的辩护人,被告本人不能自行委托的,辩护人由国家提供。"

　① 1997 年修订的《美国法律服务公司法》第 1001 条规定"我们的国家有必要为寻求不公正救济的个人提供获得公平的司法制度帮助的机会。"《瑞士日内瓦法律援助规章》更是大量地采用了"国家"的表述方式,如"法律援助局收取让与国家的款项""国家不对指定律师进行的活动承担任何责任"。

国家税收专项保证该机构的良好运转，通过提供公共辩护人职业能力培训，法律援助标准的制定为法律援助服务的高质量提供了坚实的保障。

（二）法律援助立法文件中的国家责任

法律援助的国家责任在立法文件中的体现可以分为两个层次来说明。第一，国际法层面，如前所述，法律援助作为人权司法保障的重要方式已经成为国际人权标准之一，众多的国际人权公约中对国家履行法律援助义务均有明确规定。例如《儿童权利公约》第三十七条、《公民权利和政治权利国际公约》第十四条第 3 款、《关于律师作用的基本原则》第五条、《为罪行和滥用权力行为受害者取得公理的基本原则宣言》等都对国家承担法律援助责任加以阐释。[①] 这些国际社会的人权标准均在不同程度上对法律援助是国家责任的理念予以强调。第二，国内法层面则在宪法与其他部门法体系中予以体现。资产阶级革命后自由平等的资产阶级人权观得到了广泛的传播，各个资产阶级国家纷纷建立了法律援助制度，首先是在宪法中对于公民获得法律援助的权利予以积极肯定，例如，美国联邦宪法中明确规定，在刑事案件中，被告人享有获得律师帮助的权利。加拿大《权利和自由宪章》中也规定了被指控犯罪的人在被逮捕关押期间获得律师帮助的权利。其次，将提供辩护人的义务交于

---

① 《儿童权利公约》第 37 条："缔约国应确保，（A）任何儿童不受酷刑或其他形式的残忍、不人道或有辱人格的待遇或处罚。对未满 18 岁的人所犯罪行不得判以死刑或无释放可能的无期徒刑；（B）不得非法或任意剥夺任何儿童的自由。对儿童的逮捕、拘留或监禁应符合法律规定并仅应作为最后手段，期限应为最短的适当时间；（C）所有被剥夺自由的儿童应受到人道待遇，其人格固有尊严应受尊重，并应考虑到他们这个年龄的人的需要的方式加以对待。特别是，所有被剥夺自由的儿童应同成人隔开，除非认为反之最有利于儿童，并有权通过信件和探访同家人保持联系，但特殊情况除外；（D）所有被剥夺自由的儿童均有权迅速获得法律及其他适当援助，并有权向法院或其他独立公正的主管当局就其被剥夺自由一事之合法性提出异议，并有权迅速就任何此类行动得到裁定。"《公民权利和政治权利国际公约》第 14 条第 3 款：在判定对他提出的任何刑事指控时，人人完全平等地有资格享受以下的最低限度的保证，出席受审并亲自替自己辩护或经由他自己所选择所法律援助进行辩护；如果他没有法律援助，要通知他享有这种权利；在司法利益有此需要的案件中，为他指定法律援助，而在他没有足够能力偿付法律援助的案件中，不要他自己付费；《关于律师作用的基本原则》第 5 条，各国政府应确保由主管当局迅速告知遭到逮捕和拘留，或者被指控犯有刑事罪的所有的人，他有权得到自行选定的一名律师提供协助。《为罪行和滥用权力行为受害者取得公理的基本原则宣言》要求为改善罪行的受害者获得司法上的公正与公平待遇、恢复原状、赔偿和援助推荐在国际和国家各级采取各项措施。

国家履行,例如日本《宪法》第三十七条第 3 款规定了刑事被告人在任何场合,都可以委托有律师资格的辩护人为其辩护,被告人不能自行委托辩护人的,国家为其选任辩护人。此外,不同国家在各个专项立法文件中也明确了为寻求救济的个人提供法律援助是国家的义务。较为典型的国家是美国与瑞士。美国根据法律援助案件的不同性质设立不同的援助模式,刑事案件通过公设辩护人履行援助义务,民事案件设立专门的法律服务公司,管理民事法律援助的专项经费并对各律师法律援助的业务情况进行管理和监督。根据《美国法律服务公司法》第 1001 条规定"我们的国家有必要为寻求不公正救济的个人提供获得公平的司法制度帮助的机会,"明确了法律援助的国家责任性质。瑞士各州具有制定法律援助制度的权利,在瑞士日内瓦州的法律援助规章中,多次采用国家的主体表述而非政府,如国家支付法律援助局款项,国家不对指定律师的活动负责等。①

(三)法律援助提供模式中的国家责任

法律援助模式是国家如何购买公共法律服务的方式问题。目前,世界各国的法律援助提供模式多为公职律师模式、私人律师模式、混合模式,其中最为直接体现国家责任的援助模式是公职律师模式,或称公设辩护人模式,典型的国家有美国、加拿大、瑞典、丹麦等国家。在公设辩护人模式之下,公设辩护人能够领取国家支付的专项工资,日常辩护资金来源也是国家,有强大的财政保障,可以消除法律援助人员经济负担上的考量。私人律师模式是由国家向私人律师支付报酬,通过签订限定价格的合同来保证受援人获得法律服务。混合模式则是前述两种方式的混合,既有专职律师也有私人律师,是二者的结合体。这三种模式下都不约而同地体现了法律援助的责任主体是国家,三者的差异只在于是国家直接承担还是间接承担。

---

① 司法部法律援助中心组织编译:《各国法律援助法规选编》,方正出版社 1999 年版,第 357 页。

第二章　我国法律援助制度分析

第一节　法律援助的目的与责任

一　我国法律援助立法概况

自 20 世纪 90 年代中期建立以来,法律援助制度已经建立超过 20 余载。经过这 20 多年的发展,我国已基本形成一套较为完整的法律援助法律规范体系。但不同于西方国家制定统一、系统的法律援助专项法律的方式,我国法律援助规范散见于包括《宪法》《律师法》《刑事诉讼法》等众多法律法规之中。具体表现在:

1.宪法规定。我国宪法第四条规定,"中华人民共和国各民族一律平等";第三十三条规定,"中华人民共和国公民在法律面前一律平等"。宪法上的这两条规定,为我国法律援助制度的建立和实施提供了宪法基础和要求。

2.法律规定。我国《残疾人保障法》第六十条、《未成年人保护法》第五十一条、《老年人权益保障法》第五十五条、《妇女权益保障法》第五十二条、《农业法》第七十八条,分别规定了残疾人、未成年人、老年人、妇女以及农民依法拥有获得法律援助的权利。我国《刑事诉讼法》第三十四条、三十七条、二百六十七条、二百八十六条分别规定刑事诉讼中法律援助的适用范围及司法机关指派法律援助的义务。此外,我国《律师法》第二十八条、三十三条、四十二条、四十七条、五十条规定了律师及律师事务所承担的法律援助义务以及相应的罚则。《公证法》第三十四条规定公证机构为符合法律援助条件的当事人减免费用的义务。除上述法律外,我国《固体废弃物污染环境防治法》《水污染防治法》都倡导性的规定了受侵害主体受法律援助的权利。这些法律的规定,构成了我国法律援助规范体系中法律援助机构及援助人员依法提供法律援助义务的主要来源。农民工作为接受法律援助的重要主体之一,对其法律援助的具体事项则主要规定于部门规章之中。

3.行政法规方面。我国现有包括《法律援助条例》《残疾人就业条例》《拘留所条例》《信访条例》等规定法律援助内容的多部行政法规。这些行政法规,在宪法和法律的指导下,构成了我国法律援助制度实施的主要依据。

4.规章和规范性文件。目前,我国现有的法律援助规章和规范性文件,主要来自于司法部、公安部、财政部等行政机关。这些规章和规范性文件,更进一步细化了法律援助制度的实际实施和运行,完善了法律援助机构及其工作人员和法律援助人员的权力义务和法律责任,明确了法律援助经费使用等方面的内容,起到了对法律和行政法规的补充作用。这其中,部门规章有《办理法律援助案件程序规定》《公安机关办理刑事案件程序规定》及《司法部关于充分发挥司法行政工作职能作用促进解决企业拖欠农民工工资问题的通知》等。值得一提的是,除司法部外,国务院及劳动和社会保障部都出台了相应规章降低农民工获取法律援助的门槛,促进相关法律援助工作的开展。

5.司法解释。除法律、行政法规、部门规章及规范性文件外,我国最高检察院和最高法院,对于诉讼程序中法律援助的实施、运行进行了进一步细致化的规定,完善了我国诉讼法律援助的规范体系。现行有效的司法解释有《最高人民法院关于对经济确有困难的当事人提供司法救助的规定》《最高人民法院关于适用〈中华人民共和国刑事诉讼法〉的解释》《人民检察院刑事诉讼规则(试行)》《人民检察院办理未成年刑事案件的规定》等。

6.地方性法规。目前,我国多个省、直辖市、自治区、特别行政区都规定了地方性的法律援助法规,主要为地方性的法律援助条例。这些地方性法规在司法部《法律援助条例》的基础上，加入地方特色规定，在进一步补充完善法律援助制度的同时，也是我国法律援助规范体系的重要组成部分。

从整体上来看，我国法律援助规范体系已经形成国家到省一级再到市一级的三层次立体化结构，这一规范体系对我国法律援助工作的组织、实施、监督发挥着重要作用。不过专门的法律援助法缺位、主要规范层级不高也在一定程度上限制了我国法律援助事业的发展。

二　我国法律援助规范特征分析

（一）立法层级偏低，配套制度缺位

2003 年，国务院颁布施行的《法律援助条例》对法律援助活动的有效实施、良好运转进行规范。《条例》是我国第一部全国性的法律援助政府规章，共六章三十一条，成为我国法律援助的主要依据。《条例》出台后，各地方依据当地条件相继出台相应的地方性法规。2003 年至今，法律援助愈发受到国家重视，包括《刑事诉讼法》《残疾人保障法》《未成年人保护法》《老年人权益保障法》《妇女权益保障法》《农业法》等多部法律中均出现法律援助的相关内容。但截至本书出版之日，我国尚未出台专门的法律援助法。上述法律虽规定法律援助方面的内容，但多为原则性、倡导性规定，缺乏实质性内容，无法指导、监督法律援助活动的开展。统而观之，《法律援助条例》、相关地方性法规、部门规章及相关司法解释共同构成我国法律援助制度规范主体内容。显然，上述规范文件的效力位阶是偏低的。行政法规、地方性法规、部门规章及司法解释在与法律冲突时，需让位于法律。这导致其无法调整法律援助机构与法院、检察院之间的工作关系。目前，仅有《最高人民法院、司法部关于民事诉讼法律援助工作的规定》《最高人民法院、最高人民检察院、公安部、司法部关于在部分地区就加强和规范刑事诉讼法律援助工作进行试点的通知》《最高人民法院、最高人民检察院、公安部、司法部印发〈关于进一步严格依法办案确保办理死刑案件质量的意见〉的通知》等文件

对法院审判工作中的法律援助工作和各级法院同所在地法律援助机构的工作衔接及检察院、各级法律援助机构在刑事诉讼侦查、审查起诉阶段开展法律援助工作进行规范。极低的效力层级、缺乏相应罚则，导致文件本身的执行难度增加。[①]

虽然法律援助规范体系已相对完整，但配套制度的缺失仍然明显。法律援助条例共三十一条，部分地方性法规的内容在此基础上有所增加。但整体而言，法律援助制度规范仍表现出弹性大、不具体的特点。如《法律援助条例》规定国家鼓励社会团体、事业单位等组织提供法律援助。[②] 但却无相关办法对社会组织参与法律援助工作进行规范。基于此种现实，各地方纷纷出台相应规章，针对本地方需求进行补充。法律援助的实施还存在程序不严谨、案件质量标准不统一、监控不力等情况，导致法律援助的实际效果大打折扣。长远来看，由于缺乏统一的配套制度，不同规章之间的衔接混乱，将极大影响法律援助条例本身的影响力，对我国法律援助事业的进一步发展造成阻碍。

（二）机构设置重叠，职责混同

法律援助的实施机构和管理体制反映和体现了国家责任和政府责任，同时也是保障法律援助工作顺利开展的关键。在法理上，法律援助工作的监督管理应当由司法行政机关进行，但长期处于空缺状态。[③] 目前，司法部法律援助中心及地方法律援助中心与法律援助工作司共同承担着法律援助工作的监督管理工作。目前，这种法律援助体制，将法律援助组织监管部门与实施提供机构混同，表现出政事不分、管办不分、职责不清的特点。[④] 具体而言：首先，《法律援助条例》在明确规定司法行政部门负有监督管理法律援助工作、确定法律援助机构职责的同时，

---

① 参见叶雪生：从人权入宪审视我国法律援助制度的完善，《中国司法》2005 第 4 期，第 70 页。

② 《法律援助条例》第八条，国家支持和鼓励社会团体、事业单位等社会组织利用自身资源为经济困难的公民提供法律援助。

③ 参见樊崇义：《我国法律援助立法重点和难点问题研究》，《中国法律评论》2019 年 03 期，154 页。

④ 参见桑宁：《法律援助发展中结构性矛盾和瓶颈问题研究》，《中国司法》2012 年第 1 期。

也对法律援助机构职责加以明确。① 法律援助监督部门属于行政机关，但法律援助机构则同时可能是行政机构和事业单位。《法律援助条例》规定法律援助机构的设置、职责却未对其性质加以明确。法律援助机构在作为事业单位的同时，还承担着行政职责。其次，依据《法律援助条例》的规定，地方法律援助机构除管理职责外，还承担着提供法律援助服务的职责。法律援助机构在编制上并未对负责办案人员与行政管理人员进行区分，工作人员既参与管理也参与办案，不符合法律援助专业化、高质量的要求。最后，《法律援助条例》对国家与政府、司法行政部门、法律援助机构、律师协会等主要参与法律援助工作的主体所负职责与当承担的法律责任等规定不够充分。

进一步来说，《法律援助条例》原则性的规定了法律援助的组织管理体制，对法律援助中心的规定不明确、不清晰、不具体、不全面，没有将司法行政机关与法律援助机构的职责进行明确划分。法律援助组织管理监督行政部门与法律援助业务实施机构在职能定位、机构属性、分工配合等方面相互重叠、混合，这将严重制约法律援助工作的开展。

（三）法律责任主体不全，责任种类单一

沈宗灵认为法律责任是指行为人做某事或者不做某事应当承担的后果。无论是从广义上的法律义务来理解或是从狭义上行为人要承担的不利后果来理解，法律责任都是国家强制行为人做出或禁止一定的行为②。《法律援助条例》将法律援助机构及其工作人员、律师、律所、司法行政部门及其工作人员列为法律援助责任的主体，并且特别强调律师的责任。但是，就目前而言，参与法律援助的主体除上述四类以外，还包括公证员、基层法律服务工作者、部分高校及工会、妇联、残联等社会组织中参与法律援助工作的志愿者。《法律援助条例》在责任主体上的规定，未将志愿者、公证员及基层法律服务工作者纳入其中。如出现因其提供的法律援助服务造成受援人损失的情形，则无法对相关责任主体进

---

① 参见《法律援助条例》第4—5条。
② 参见沈宗灵主编：《法理学》，高等教育出版社2004年版，第409—410页。

行追责。此时,受援人面临着合法权益因法律援助服务本身遭受损害时难以追偿的窘境。法律援助的宗旨在于保护社会弱势群体的利益,帮助其通过法律手段维护自身权益。因责任规定缺位而产生的无法追责的风险,从本质上与法律援助的宗旨相背离。

在承担责任的种类方面,《法律援助条例》及相关法律法规明确规定法律援助机构及其工作人员、律师、律所、司法行政部门及其工作人员承担法律责任的具体情形。但总体而言,法律援助责任表现出行政责任为主刑事及民事责任为辅的特点。罚款、停业、吊销相应证件、没收等,是行政责任的主要承担方式。《法律援助条例》及其他相关法律法规以列举的方式明确界定应当承担行政责任的具体情形以及承担的程度。对于刑事责任、民事责任的承担则均为原则性规定。其对于受援人因法律援助受到损害时能否请求民事损害赔偿、以何种方式请求民事责任以及民事赔偿数额的计算等内容则没有明确规定。就此而言,我国法律援助制度规范对于法律责任的规定表现出明显的行政化、单一化的特点。

(四)法律援助标准滞后,审查形式化

《法律援助条例》第一条明确规定我国法律援助制度的宗旨在于保障经济困难的公民获得必要的法律服务。这意味着法律援助的对象主要是困难群众和社会弱势群体。他们能否获得法律援助则取决于其是否具备法定条件、是否符合经济困难标准。关于经济困难标准的确定,《法援条例》规定由各省、自治区、直辖市根据实际情况自行制定。《法援条例》没有规定经济困难标准的定义和具体指标,只有简单的授权。对于《法律援助条例》的授权规定,各省(区、市)地方通常做出调整,包括将当地最低生活保障待遇或将最低生活保障待遇上浮一定比例作为经济困难标准、规定几类免于经济困难标准审查的情形等。开放的授权性规定,使得各地关于经济困难标准及具体指标不同,不利于我国法律援助事业的统一发展。

在技术上,《法律援助条例》仅规定对当事人申请法律援助的经济困难标准和案件范围的审查制度,但对于实质情况的审查没有做出具体规定。这种审查方式,无法有效规避滥诉、缠诉等情况的发生,将使得

许多本不应当获得法律援助的案件进入法律援助程序，极大的挤占法律服务资源。这种审查方式，实质上将引起法律援助权的滥用和法律服务资源的浪费，极大影响我国法律援助制度的实际效果。

三　法律援助的责任

（一）法律援助责任的概念及特征

1. 法律援助责任的概念

法律责任，依据现代汉语词典的解释，其定义为：因实施违法行为或不履行义务而承担的法律后果。在法律界，对于法律责任的含义，共有三种主张，分别为：法律的否定性评价；违法者所受的制裁性法律后果；特殊意义上的义务。李龙认为第二种定义较为可取，即法律责任是法律所确定的违法者所承受的制裁性法律后果。[①] 本书所称的法律援助责任是指参与法律援助服务的主体在违反法定义务时应当承担的责任，即法律援助机构及其工作人员、律师、律师事务所、司法行政部门及其工作人员、其他法律援助人员在违反法定义务时应当承担的法律责任。法律援助的主要目的在于扶弱济困，保障社会弱势群体的权利。同时，法律援助服务的全部经费都由国家承担。法律责任的设置对于促进法律援助工作高质量、高效率运行，保障法律援助目的充分、完全实现，具有重要作用。此外，它还能够更好的体现法律援助工作的国家意志性，促使参与法律援助的各方更好的履行自己的义务，为法律援助事业的进一步发展壮大提供法律上的支持和保障。

虽然法律责任主要包括民事责任、刑事责任、行政责任三种，但从我国目前的立法状况来看，法律援助责任的设置表现出一种行政责任为主，民事、刑事责任为辅的状态。如《律师法》中规定，律师拒绝履行法律援助义务的，司法行政部门有权对其个人及所在的律师事务所处以警告、罚款甚至吊销从业资格证等行政处罚。从整体的立法设计来看，法

---

① 参见李龙主编：《法理学》，人民法院出版社 2008 年版，第 269 页。

律援助责任在我国法律援助规范体系中散见于包括《刑事诉讼法》《行政法》《律师法》《法律援助条例》及众多地方法规在内的多种规范之中，形成了一种虽然分散但相对完整的行政责任规范体系。

2.法律援助责任的特征

法律援助责任与其说是一种法律责任，毋宁说是一种行政责任、民事责任、刑事责任的集合。以行政责任为主的法律援助责任一方面具有一般法律责任的共同特征：一是责任的承担以法律明文规定作为基础和前提，只有在违反法定义务时，才产生相应的法律责任。二是作为一种法律责任，其同样以国家强制力作为责任承担的保障，通过司法行政机关行使职权使违反法定义务的主体承担相应的法律责任。另一方面，由于法律援助制度的特殊性，其又具有一些不同于一般法律责任的特征，主要有以下几点。

第一，法律援助责任的国家性。法律援助是一种国家行为，国家作法律援助的义务主体，承担着包括机构设立、经费支持、组织实施在内的多种职责。这一点在法律援助责任中表现为：1.由国家设置的各级法律援助机构在实施法律援助时，应当严格审慎履行职责，对申请法律援助的主体应当严格审查其经济情况和案情是否符合法律援助标准、是否真实，避免国家法律援助资源的浪费并提高法律援助资源的使用效率。因此，在确定法律援助机构及其工作人员的责任时，通常适用公务员法律责任的规定。2.法律援助的受援人在申请法律援助时，提供的相关材料应当真实。以欺骗方式取得法律援助的，将导致国家财政经费的极大浪费与法律援助效率降低，进而使得法律援助的宗旨和目的无法实现。因此，各国往往都规定了受援人违背诚信义务应当承担相应行政、民事、刑事责任。但是，我国目前的立法中并未对受援人的相应责任有明确的规定，在法律责任方面表现出了不完善的特点。3.法律援助具有实施主体与义务主体相分离的特点。法律援助的义务主体为国家，但实际上提供法律援助的人员除国家法律援助人员外，还包括律师、基层法律服务人员、公证员及社会组织的志愿者。我国当前的法律援助规范体系中，明确规定了上述人员应当承担法律援助的义务。就此而言，义务主体与实施主体分离的特点在我国表现的非常明显。

第二，法律援助责任以行政责任为主。法律援助的主要义务人为一国政府，法律援助人员提供法律援助在实质上承担了国家应当承担的法律援助义务。因此，政府应当对整个法律援助工作进行管理和监督以确保法律援助工作的正确有效开展。而这种政府监管在法律责任方面的体现即为行政法律责任的承担。从我国法律援助规范体系来看，包括《法律援助条例》及地方法律援助条例在内的众多法律法规及规范性文件都对法律援助人员的行政责任进行明确规定，并形成了一整套关于如何承担行政责任、承担何种行政责任的完整制度体系。

第三，法律援助人员承担责任时均要求严重过错。由于法律援助的无偿性特点，律师等提供法律援助的人员只能拿到办理案件的补贴。他们在办理法律援助案件时付出与回报往往并不对等。所以世界上大多数国家对法律援助人员的民事责任规定都要求故意或重大过失，我国亦然。司法部法律援助条例及众多地方性法律援助规范都明文规定律师等法律援助人员在承担民事责任时通常要求具有故意或重大过失。非因故意或重大过失导致受援助人遭到损失的，通常由这些法律援助人员所在机构承担相应的赔偿责任。

（二）法律援助机构及其人员的法律责任

在我国，各级司法行政部门为主管法律援助工作的职能部门。为了能够有效组织、实施、管理、监督法律援助工作的开展，多数地方政府都成立了专门的机构即当地法律援助中心，其主要职责包括受理和审核法律援助申请、指派其他法律援助人员或由其工作人员参与办理法律援助案件、对法律援助案件的办案质量进行监督等等。法律援助中心的工作人员主要为国家公务人员或接受委托从事公务、参照公务员管理的人员。这些机构和人员的法律责任，依《公务员法》《行政机构公务员处分条例》规定处理。

在我国目前的法律援助规范体系中，对于法律援助机构法律责任的规定，分布于《法援条例》及众多地方性法律援助条例之中。国家层面上，国务院2003年颁布的《法援条例》第五章明确规定法律援助机构及其工作人员的法律责任。第二十六条规定，直接负责的主管人员及其他直接责任人员应当受到纪律处分的情形共有如下四种：1.为不符合法律援助条件的人员提供法律援助，或者拒绝为符合法律援助条件的人员提供法律援助的；2.办理法律援助案件收取财物的；3.从事有偿法律服务的；4.侵占、私分、挪用法律援助经费的。同时，该条还规定上述行为还应当承担的行政责任之外的其他责任。与上述内容相对应，责任人员应当承担如下责任：1.办理法律援助案件收取的财物，由司法行政部门责令退还；2.从事有偿法律服务的违法所得，由司法行政部门予以没收；3.侵占、私分、挪用法律援助经费的，由司法行政部门责令追回，情节严重，构成犯罪的，依法追究刑事责任。该条规定采取倒装形式，在语序上首先表明法律援助机构及其工作人员主要应当承担的法律责任为纪律处分即行政责任的一种。之后再规定可能产生的其他责任，这些责任包括民事责任、刑事责任在内，但仍以行政责任为主。这种规定方式鲜明的体现了法律援助责任以行政责任为主，民事、刑事责任为辅的特点。

1.行政责任

《法援条例》第二十六条开宗明义地表明了法律责任构成要件与责任主体。该条明确规定责任主体为"直接负责的主管人员"及"其他直接责任人员"。构成要件方面，该条以列举的方式明确规定四种情形即不当援助、收受财物、有偿援助、非法使用法律援助经费。如法律援助机构有上述四种情形时，其单位行为所产生的责任即归于该机构的主管人员承担。可以看出，法律援助机构自身应当承担法律责任的，主要表现为对机构直接负责人的行政处分。如上所述，法律援助机构及其工作人员应当承担法律责任的，应参照公务员法律责任处理。对于其工作人员应当承担的行政责任将在下文论述，在此不再赘述。除纪律处分外，本条还规定有其他责任承担方式包括：退还财物、没收违法所得及构成刑事犯罪的，追究刑事责任。从法律责任的承担前提来看，应当受到处罚的行为主要是违背法律援助性质及宗旨的行为。

我国法律援助制度设计之初，明确了法律援助机构是一种公益性机构，目的在于扶助弱者、保障社会和谐。基于法律援助的宗旨，其制度运行主要表现出公益、无偿的特点。从本条规定中我们也可以看出，当受处罚的行为除未依法提供法律援助外，还包括收受财物的行为。承担法律责任的第一种情形为"不当援而援，当援不援"。基于法律援助制度的国家责任性，其制度运行的全部经费来自于国家财政。不当援助行为将造成国家财政资金的浪费和对法律援助宗旨的背离。因此，该种行为该当构成承担法律责任的基础之一。同时，收受财物和有偿援助两种行为，与法律援助公益性、无偿性的特点不符，也使得法律援助救济弱势群体的目的无法实现。此两种也应当构成承担法律责任的基础。此外，本条第四款规定有非法使用国家法律援助资金应当承担责任，其目的在于限制国家经费滥用、提升经费使用效果。统观该条规定，基于法律援助自身的国家责任性、公益性、无偿性的特点，法律援助机构在承担法律责任时也表现出行政性、个人性的特点。

除《法律援助条例》的规定外，依据《公务员法》《行政机构公务员处分条例》中对纪律处分的规定，法律援助机构工作人员可能受到的处分共有六种：警告、记过、记大过、降级、撤职、开除。除应当承担相应的纪律处分外，我们还需注意到与纪律处分伴随而来的后果。我国《公务员法》第五十八条规定，公务员在受处分期间不得晋升职务和级别，其中受到记过、记大过、降级、撤职处分的，不得晋升工资档次。受撤职处分的，还应当按照规定降低级别。同时，为防止权力的滥用及保障管理人员的合法权益，对违法违纪的法律援助管理人员的惩处工作应当依照法定程序进行。对于公务员及依照公务员管理的人员而言，行政处分的给予、解除及申诉、复议均依照《行政机构公务员处分条例》执行。

地方层面上，我国大多数省、直辖市、自治区、特别行政区均出台本行政区域内的法律援助条例。仅就我国大陆地区而言，除吉林省、黑龙江省、内蒙古自治区、北京市、上海市等个别省、直辖市、自治区未出台其各自行政区划范围内的法律援助条例外，大多数省级地方都出台了相应的地方法律援助条例对国务院颁布的《法援条例》进一步细化。从内容上看，各省级法律援助条例关于行政责任部分的规定在基本内容与国务院《法援条例》一致的基础上，还增加了部分内容。整体上，各地法律援助条例主要增加了应当承担行政责任的情形。某某地方法援条例增加的内容主要共三类：第一，法律援助机构及其工作人员未按照法定期限做出是否予以援助的决定；第二，法律援助机构及其工作人员未按规定支付办案补贴；第三，法律援助机构及工作人员在实施法律援助过程中违反相应程序。就第一类内容而言，《安徽省法律援助条例》第四十四条在《法援条例》基础上增加"不在本条例规定的期限内作出审查决定的"应当承担行政责任的规定。结合该条例第二十六条对法律援助决定的作出时间的规定可以看出，该项规定旨在督促法律援助机构在合理期限内决定是否提供法律援助。提高法律援助效率是保护受援人权利的重要因素。审查时间过久将可能导致案件取证困难、证据灭失、时效经过等诸多不利因素，进而导致申请人通过法律援助保护其权益的目的无法充分实现甚至无法实现。就此而言，规定相应的法律援助时效及相应的罚则对提高法律援助工作的效率及实际效益具有重要作用。就第二类内容而言，《海南省法律援助条例》第三十一条增加了法律援助机构及其工作人员在"未按规定期限和标准支付办案补贴的"，应当承担相应的行政责任。基于法律援助的公益性、无偿性特点，提供法律援助服务的人员除案件补贴外无法获得其他的办案收入。因此，如果无法按规定支付办案补贴，将极大的打击法律援助服务提供者的办案热情，进而导致办理法律援助案件的效率低下、质量低劣，影响法律援助制度目的和宗旨的实现。就第三类内容而言，省级法律援助条例主要增加的是关于违反法律援助程序应当承担行政责任的规定，如《安徽省法律援助条例》第四十四条规定法律援助机构及其工作人员"未经批准委托他人、延期或者终止办理法律援助事项的"、《江苏省法律援助条例》第三十八条规定法律援助机构及其工作人员"申请人提交的申请材料不齐全、不符合法定形式时，不一次告知申请人必须补正的全部内容的"、《陕西省法律援助条例》第三十三条规定"法律援助机构工作人员未按规定回避的"应当承担相应的行政责任。总体上，相较于国家《法律援助条例》对管理机构及其工作人员规定的法律责任，地方法规更倾向于进一步细化法律援助工作中的责任承担和程序规范，以期在当地形成一套完整而严密的规范制度体系以促进法律援助工作的有效开展和质量提高。

2. 行政赔偿责任与刑事责任

法律援助机构及其工作人员与申请法律援助人员的关系,是政府履行其责任与公民行使权利的行政法律关系。法律援助机构及工作人员由国家财政经费支持,履行相应的国家责任。他们在履行法律赋予的相应权力的同时,还必须履行相应的法律义务。由于法律援助机构及其工作人员行使权力时代表国家,因此其职务行为造成受援助人损失时,应当由法律援助机构代表国家承担相应的赔偿责任。此时,这种赔偿责任的主体是国家法律援助机关,因此其性质上为行政赔偿责任。行政赔偿责任的履行,应当建立在具体法律援助行为违背国家法律法规的基础上。由于我国《法律援助条例》并未规定相应赔偿责任的承担方式,因此,基于这种赔偿责任的行政性,应当参照《国家赔偿法》对行政机关国家赔偿的相关规定执行。司法实践中已出现多起申请人起诉法律援助中心及司法行政部门请求确认不予援助决定违法的案例。[①] 依裁判文书网中所能看到的法律文书来说,多数法院认为法律援助机构做出的不予援助决定合法,判决驳回原告要求确认违法并请求国家赔偿的诉请。亦有少数法院判决支持原告确认不予援助决定违法的诉讼请求,但驳回申请人请求国家赔偿的诉请。以深圳市宝安区人民法院(2015)深宝法行初字第215号判决书为例,原告请求法院判决认定被告宝安区法律援助处不予受理法律援助行为违法并赔偿损失3万元。本案中,法院审理后支持原告确认违法的请求,但以原告无法证明被告行为与损害事实存在因果关系及原告请求不属于《国家赔偿法》规定的赔偿范围为由驳回原告的赔偿请求。该案中,可以明确看到,因法律援助服务违反法定义务造成损失而请求国家赔偿在司法实践中难以实现。造成这种情况出现的原因有三:1. 法律援助机构及其工作人员是否存在违反法定义务的情形难以证明。到目前为止,我国尚不存在统一的法律援助案件质量评估标准。如

---

① 参见深圳市宝安区人民法院(2015)深宝法行初字第215号判决书、北京市丰台区人民法院(2015)丰行初字第228、229号判决书、广州铁路运输第一法院(2016)粤7101行初1231、724号判决书、重庆市渝北区人民法院(2018)渝0112行初461号判决书等。

果认为法律援助机构及工作人员懈怠履行职责造成损失，则对于懈怠履行职责的情形难以举证证明。2. 因果关系难以证明。法律援助机构及其工作人员行为本身与受援助人遭受损失之间的因果关系通常难以证明，进而导致请求赔偿受援人损失的诉讼请求无法得到法院支持。3. 不符合国家赔偿范围。《国家赔偿法》明确规定国家赔偿的适用范围，但不包括法律援助行为造成的损失。在实际诉讼中，因不符合国家赔偿适用范围而法院不予支持的情况极其普遍。总体而言，因法律援助机构及其工作人员行为造成受援人损失而承担赔偿责任的情形在短时间内仍仅存在理论上的可能性。

刑事责任方面，法律援助机构及其工作人员有违法违纪行为的，如果构成犯罪需要追究刑事责任的，如玩忽职守、徇私舞弊或勒索受援人财务等行为，追究其刑事责任时，应依照我国《刑法》《刑事诉讼法》的规定处理。

（三）律师及律师事务所法律责任

1. 行政责任

律师事务所与律师在法律援助制度运行中扮演着举足轻重的作用。在法律援助司法实践中，除法律援助中心办案人员外，律师承担了大部分法律援助案件的办理。关于律师及律师事务所在法律援助过程中应当承担的责任，在我国法律援助规范体系中有明确规定。

国家层面上，律师及律师事务所应当承担的法律援助责任规定于《律师法》《法律援助条例》及与律师法相配套的《律师及律师事务所违法行为处罚办法》（以下简称《处罚办法》）。《律师法》第四十二条规定了律师及律师事务所负有法律援助的义务。同时，律师和律师事务所在提供法律援助时所提供的法律服务应当符合标准。到目前为止，我国尚不存在对律师提供的法律服务的评价标准，但依据该条"维护受援人法律权利"的规定，我们可以认为，律师提供的法律服务应当能够起到维护受援人法律权利的作用才可被认为符合标准。《律师法》第四十二条的规定主要为总括性规定，强调律师及律师事务所负有法律援助义务。律师及律师事务所应当承担的法律责任体现在《律师法》第四十七条、四十八条、四十九条、五十条。依《律师法》之规定，律师在"拒绝履行法律援助义务"时，将受到司法行政部门给予警告处罚，并可能受到5000元以下罚款；有违法所得的将依法没收其违法所得；情节严重时甚至将受到停止执业3个月以下处罚。但《律师法》并未规定哪些行为构成"拒绝履行法律援助义务"。依据《处罚办法》第九条规定，以下两种情况属于拒绝履行援助义务：1.无正当理由拒绝接受律所或法律援助机构指派的援助案件；2.接受指派后，懈怠履行或擅自停止履行法律援助职责。通过《律师法》与《处罚办法》的相互配合，明确界定了律师应当承担法律援助义务、违反法律援助义务的行为及相应的行政处罚。

对于律所应当承担的行政责任，规定于《律师法》第五十条。律所"拒绝履行法律援助义务的"将受到警告处分、一至六个月停业整顿处罚，并可能受到十万元以下罚款。在情节严重时，甚至可能受到吊销律师事务所执业证书处罚。依据《处罚办法》第二十八条之规定，律所"拒绝履行法律援助义务"的行为共两种：1.无正当理由拒绝接受指派法律援助案件；2.接受指派后不按规定安排该所律师办理法律援助案件或存在阻碍法律援助案件办理的情况；3.纵容或放任律师有不履行法律援助义务的行为。

但依照《法律援助条例》第二十七条规定，律师事务所拒绝接受指派，拒绝安排律师办理法律援助业务将受到警告、责令改正的行政处罚，在情节严重时将受到一至三个月停业整顿的处罚。而依照《法援条例》第二十八条规定，律师在两种情形下应受行政处罚：1.无正当理由拒绝接受、擅自终止法援案件；2.办理法援案件收取财物。此两种行为将导致律师受到警告、责令改正的行政处罚，情节严重时将受到一至三个月停止执业处罚。而收受财物的行为需予以退还并可能面临收取财物价值一至三倍的罚款。依据法律的位阶排序，《律师法》由全国人大颁布，《法援条例》则为国务院颁布属于行政法规。因此，在《律师法》与《法援条例》均就相同问题有所规定时，应当优先适用《律师法》之规定。《律师法》未规定而《法援条例》有所规定的，则适用条例之规定。另外《处罚办法》由司法部颁布，属于部门规章。其与《法援条例》就同一问题均有所规定时，优先适用《条例》之规定。①除上述法律法规所特别提到的法律责任之外，律师在办理法律援助案件过程中，还应当遵守《律师法》《律师执业管理办法》等法律法规所明确规定的职业道德和职业纪律的规定，由此可能产生的其他行政责任，亦是法律援助责任的内容。因律师及律师事务所违反相关法律法规规定需要进行相应的处罚时所应采取的程序，应依照《行政处罚法》、司法部关于行政处罚程序的规定及《处罚办法》办理。

总体而言，国家层面中法律援助规范体系的规定已经形成了对律师及律师事务所系统而整体的约束。这些约束体现出对于法律援助制度目的和宗旨的维护及促进，同时也体现了其公益性的特点。

从地方层面来看，大陆地区各省级地方自行制定的法律援助条例对律师及律师事务所应当承担的法律援助责任的规定，与《律师法》《法援条例》《处罚办法》的规定一致。

2. 民事与刑事责任

（1）民事责任

现有的法律援助法律法规中，并未专门规定律师在法律援助过程中应当承担何种民事责任。但办理法律援助案件与其他案件同样属于律师执业行为的一部分。因此，律师在执业过程中应当承担的民事责任的规定亦应同样适用于法律援助案件。

我国《律师法》第五十四条规定律师及律师事务所承担赔偿责任的情形。从该条款的规定可以看出，赔偿责任的出现在于律师违法执业或过错给当事人造成了损失。这样的表述方式表明责任的产生是依照过错加损失的方式确定的。这也与律师事务所与委托人签订委托合同后，给当事人造成损失的过错归责原则相衔接。同时，律师作为律所的组成人员，其通过律所实施的执业行为代表律所，因此，律师的行为给当事人造成损失的，由律所承担赔偿责任。除此之外，该条还规定律师因故意或重大过失造成损失时，律所可以行使追偿权。基于此种规定，律师及

---

① 按照《宪法》和《立法法》规定的立法体制，法律位阶共分六级，从高到低依次：根本法律、基本法律、普通法律、行政法规、地方性法规和规章，且上位法优先于下位法适用。

律所在法律援助过程中产生的民事赔偿责任，也应当适用该条之规定。

在我国地方性的法律援助规范中，未见到对律师及律所造成受援人损失时，应当承担何种民事责任的规定。

（2）刑事责任

对于律师及律所在实施法律援助过程中应当承担的刑事责任，除《律师法》规定外，未有其他法律规定。依照《律师法》第四十九条及《处罚办法》第十四至二十一条之规定，律师承担刑事责任的情况主要包括：影响案件办理构成犯罪的；行贿、介绍贿赂或指使、诱导当事人行贿构成犯罪；提供虚假材料、证据及其他虚假信息干扰案件办理、妨碍对方当事人取证构成犯罪；有扰乱法庭、仲裁庭秩序构成犯罪；导致损害公共秩序构成犯罪；危害泄露国家秘密、国家安全的构成犯罪等多种情况。受指派办理法律援助案件的律师在《律师法》调整范围内，因此，律师在法律援助过程中承担的刑事责任应当依据《刑法》《刑事诉讼法》《律师法》的规定处理。

（四）法律援助志愿者法律责任

随着我国法律援助工作的开展，参与法律援助的人员队伍不断扩大。除律师、公证人员、基层法律服务工作者外，包括妇联、残联、工会等社会组织及一些高等院校，都成立了各自的法律援助组织，以各种方式提供法律援助服务。在这些经司法行政机关批准设立的法律援助组织中的人员，因其不属于国家编制且不得到国家财政支持，我们将其统称为法律援助志愿者。

1. 行政责任

到目前为止，仅在司法部《中国法律援助志愿者管理办法》（以下简称《志愿者管理办法》）中，对法律援助志愿者的权利义务予以规定。但该管理办法并未明确规定志愿者在法律援助过程中应当承担行政责任的情形及种类、程度。不过，我国现有的部分社会组织及高校设立的法律援助组织符合《法援条例》第五条规定的法律援助机构的定义。因此，这些法律援助机构及其工作人员即志愿者们应参照《法援条例》第二十六条的规定承担行政责任，因此志愿者的行政责任与法律援助机构及其工作人员的行政责任类似。

在地方层面上,这些法律援助组织符合法律援助机构的概念,因此,亦受当地法律援助条例相关规定的限制承担相应的行政责任。由于我国地方法律援助条例关于行政责任的基本规定与《法援条例》内容一致,除各地方特别规定应当承担行政责任的情形之外,由妇联、工会、残联等社会组织及高校设立的法律援助组织所应当承担行政责任的情形及所承担的行政责任基本为《法援条例》所规定的内容。而对于各地方增加的应当承担行政责任的情形,由于上文已经详细说明,此处不再赘述。

综上而言,由社会组织及高校设立的法律援助组织及其工作人员在法律援助过程中应当承担的行政责任,与上述法律援助机构及工作人员应当承担的责任在种类、程度上相一致。

2.民事责任与刑事责任

(1)民事责任

国家层面来说,目前关于志愿者提供志愿服务承担民事责任的方式,规定于司法部《中国法律援助志愿者管理办法》第十一条第八项。但在部分省级地方制定的法律援助条例中,明确规定了志愿者作为法律援助人员应当承担相应的民事责任。如《广东省法律援助条例》第二条明确规定,经法律援助机构指派或安排提供法律服务的志愿者属于法律援助人员。但该文件在之后却并未规定法律援助人员应当承担的民事责任。又如《安徽省法律援助条例》第七条将志愿者归为法律援助人员。之后,又在第四十六条规定法律援助人员因过错导致受援人损失的,应当承担相应的赔偿责任。同样,《甘肃省法律援助条例》第二条虽未规定志愿者属于法律援助人员,但其中"其他专业法律人员"的表述,为扩充法律服务人员的内容提供了条件。另一方面该条例目的之一为促进和规范法律援助工作。基于此,将实际提供法律援助服务的志愿者纳入法律服务人员范围,符合条例的设立目的并能够促进法律援助制度的进一步完善。因此,该条例第三十条所规定的民事责任应当适用于作为法律服务人员的志愿者。

由于国家层面相应法律规范的缺失及地方法律援助规范对志愿者

法律责任规定的不完善及不一致，志愿者作为参与法律援助工作的重要人员，其应当承担的法律责任的规定呈现不完整、不完善的特点。

与律师、公证员及基层法律服务工作者不同，志愿者参与法律援助主要基于一种自愿性质的公益和道义行为而非法律义务。虽然在提供法律援助服务的过程中，志愿者应当接受司法行政机关的指导和监督并应当遵守相应的法律援助规定，但这主要是为了保障法律援助工作的规范化和援助质量，并不意味着其代表国家履行法律援助职能。志愿者在法律援助过程中造成损失时，由此产生的民事责任如何承担，《中国志愿者管理条例》第十一条已明文规定。依据该条规定，法律援助组织仅对注册志愿者从事志愿者组织安排的志愿服务中造成的损失承担责任。同时，如果志愿者故意或存在重大过失的，社会法律援助组织可以向其追偿。因此，非注册志愿者或注册志愿者在不从事法律援助组织安排的法律援助活动时对其在法律援助活动中导致受援人损失的情况，应当自行承担民事责任。但这种责任的产生主要基于其与受援人签订的委托合同。由于志愿者参与法律援助通常为无偿，因此这种因合同产生的民事责任应当参照赠与合同产生的民事赔偿责任。即法律援助志愿者对造成其造成的受援人的损失，承担类似于赠与合同瑕疵导致的损失赔偿责任。但另一方面，如果注册志愿者参与法律援助活动系政府法律援助机构指派，则这种援助行为应当被视为代表政府履行援助职能。此时，作为政府法律援助机构的代表，其行为导致的损失，应当由政府法律援助机构承担。如果注册法律援助志愿者实施法律援助是因其所在法律援助组织指派，则其行为应当视为指派他的法律援助组织的行为，进而将其视为指派他的组织对受援人的一种"赠与"。此时，赔偿受援人损失的民事责任就转移到由指派该志愿者提供法律援助服务的组织承担。

（2）刑事责任

虽然我国目前尚无针对法律援助志愿者的专项法律规范，但其一旦参与办理法律援助案件，其刑事责任应当参照其他法律援助人员的刑事责任确定。因此，参照律师、公证员及基层法律服务人员的刑事责任及我国《刑法》《刑事诉讼法》之规定，法律援助志愿者承担刑事责任的情形包括：向法官、检察官、仲裁员以及其他有关工作人员行贿、介绍贿赂或诱导受援人行贿；提供虚假证据、隐瞒重要事实或威胁、诱使他人提供虚假证据；扰乱法庭、仲裁庭秩序构成犯罪；导致损害公共秩序构成犯罪；危害泄露国家秘密、国家安全的构成犯罪等多种情况。对志愿者刑事责任的追究，应当由相关司法机关进行并依照我国《刑法》和《刑事诉讼法》的规定。

（五）其他法律援助人员法律责任

1.法律援助公证员法律责任

根据我国《公证法》，司法部《公证员执业管理办法》以及关于对老年人、妇女、残疾人、未成年人、军人军属等提供法律援助的通知等，公证机构及公证员成为提供法律援助的一方主体。其在承担法律援助的过程中，应当履行相应的法律义务，否则，应当承担相应的法律责任。

（1）行政责任

国家层面上，依照《公证法》、司法部《公证员执业办法》、《关于深化公证工作改革的方案》的规定，公证员在承担法律援助事项时应当承担的行政责任包括如下几种：罚款、警告、记过、暂停执业、吊销执业证书、开除。除开除处罚外，其余的处罚方式与上文律师应当承担的法律援助责任条件的论述基本相同。需要注意的是，由于公证员与律师具有特定的职业身份，他们在办理法律援助案件时，除法律法规明确规定的法律援助责任外，还应当遵守各自职业本身的职业道德和执业纪律，由此产生的法律责任亦属于法律援助责任的范围。

地方层面上，各地方法律援助条例都规定了法律援助人员的行政责任。如《江西省法律援助条例》、《湖北省法律援助条例》、《河南省法律援助条例》，均规定了公证员作为法律援助人员时应当承担的行政责任。[①]

---

① 《江西省法律援助条例》第40条第2款规定：基层法律服务工作者、公证员、司法鉴定人、法律援助机构工作人员违反本条例第29条第二款规定的，由县级以上人民政府司法行政部门给予警告、责令改正，有违法所得的，没收违法所得。《湖北省法律援助条例》第40条规定：有关国家机关、国有企业事业单位和社会团体以及仲裁机构、公证机构、司法鉴定机构，对法律援助事项，未按本条例规定减免相关费用的，由其主管部门责令改正，限期退还收取的费用。《河南省法律援助条例》第44条规定：律师、公证员、基层法律服务工作者拒不履行法律援助义务的，有关部门或组织应当对其暂缓或不予年检、注册。

各地方对于公证员行政责任的种类、程度与国家层面之规定相一致。

（2）民事责任

依据我国《公证法》第四十三条规定，公证机构及公证员因过错造成当事人、利害关系人损失的，由工作机构承担相应的赔偿责任。公证机构承担赔偿责任后，可以向有故意或重大过失的公证员追偿。可以看出，公证员及公证机构的民事责任承担方式与律师及律师事务所的民事责任承担方式基本相同。公证员因附属于公证机构，在进行公证时代表其所属的公证机构。因此，当其行为造成相关人损失时，应当由其所属机构承担责任。公证机构虽然承担责任，但在其所属人员有故意或重大过失时进行追偿。

同时，依照司法部《关于深化公证工作改革的方案》第四条第十三项的规定，公证机构在依照公证法规定承担民事责任时，其赔偿责任是有限的。公证机构的民事责任，以公证处的资产为限，其赔偿范围为公证机构及其工作人员在履行公证职务中，因过错给当事人造成的直接经济损失。

在地方层面上，大多数地方法律援助条例都将公证人员列入法律援助人员，并在之后的条款中规定公证员应当对其造成的受援人损失承担相应的民事赔偿责任。这其中以《甘肃省法律援助条例》《浙江省法律援助条例》《安徽省法律援助条例》①的规定最为明显。

（3）刑事责任

作为法律援助的主体之一，公证员在法律援助过程中构成犯罪的，

---

① 《甘肃省法律援助条例》第 2 条第四款：本条例所称法律援助人员，是指律师、公证员、司法鉴定人、基层法律服务工作者、法律援助机构工作人员及其他法律专业人员。第 30 条：法律援助人员违法执业或者因过错给受援人造成损失的，由其所在机构承担赔偿责任。《浙江省法律援助条例》第 2 条第三款：本条例所称法律服务机构，是指律师事务所、公证处和基层法律服务所；法律援助人员，是指根据法律、法规和本条例规定实施法律援助的律师、公证员、基层法律服务工作者，以及法律援助机构工作人员；受援人，是指获得法律援助的当事人。第 28 条：法律援助人员违法执业或者因过错给受援人造成损失的，由其所在机构承担赔偿责任。所在机构赔偿后，可以向有关法律援助人员追偿。《安徽省法律援助条例》第 7 条第二款：本条例所称法律援助人员是指法律援助机构工作人员和承办法律援助事项的律师、基层法律服务工作者、公证员、司法鉴定人以及法律援助志愿者。第 46 条：法律援助人员在办理法律援助事项时，由于过错致使受援人遭受经济损失，受援人要求赔偿的，依法承担相应的赔偿责任。

法律援助机构应当向司法机关举报并移送相关证据，协助司法机关追究相关人员的刑事责任。公证员刑事责任的承担，应当按照我国《刑法》《刑事诉讼法》有关规定。

2. 基层法律服务人员法律责任

国家层面上，司法部《基层法律服务工作者管理办法》第三条规定，基层法律服务工作者的职责是按照司法部规定的业务范围和职业要求开展法律服务。同时，也在第五章规定了基层法律服务工作者的相关义务。因此，对于其违反法律法规及其职责的行为，应当追究其法律责任。根据司法部《管理办法》、《办理法律援助案件程序规定》的相关规定，基层法律服务人员在办理法律援助案件过程中，可能承担的行政责任除该法规明文规定的内容外，还包括《行政处罚法》及司法部相关行政处罚规定中的种类。依《司法机关行政处罚程序规定》，基层法律服务工作者在法律援助过程中应当承担的行政责任明确包括如下几种：警告；罚款；没收违法所得；停业；吊销执业证书；其他法律法规以及规章规定的其他行政处罚。地方层面上，地方法律援助规范规定了基层法律服务工作人员作为法律援助人员应当承担的行政责任。地方性规定与国家层面规定的行政责任种类及程度基本一致。

在国家法律法规与地方法规层面对于基层法律服务人员在法律援助过程中应当承担的民事与刑事责任的规定，与前述律师、公证员责任基本相同。

（六）法律援助受援人的法律责任

法律援助的受援人，在享有接受国家提供法律援助的权利的同时，应当负有相应的义务，并承担相应的法律责任。我国现有的法律规范体系内，对于受援人的权利义务及相应的责任有所规定，但仍不够完善，主要见于国务院颁布的《法律援助条例》及省一级地方自行制定的法律援助条例中。虽然相关的法律援助规范没有直接规定受援人的义务，但根据法律法规对于受援人申请法律援助应当承担相应的证明责任，并应当遵守其签订的法律援助协议的规定，可以归纳出受援人除负有遵守法律法规规定的义务外，还负有诚实义务和信用义务。

1. 行政责任

在国家层面上,受援人应当承担何种行政责任,主要依据司法部《处罚程序规定》第二条的规定。司法机关有权依照该规定对违反相关司法行政管理法律法规的公民、法人和组织进行处罚。司法行政机关作为管理法律援助工作的职能机构,对于受援助人提供虚假材料、骗取法律援助等违背诚实义务的行为以及不按照法律援助协议规定、拒绝配合法律援助工作开展等违背信用原则的行为,有权进行相应的处罚。对上述行为的行政处罚,除依照《处罚程序规定》的相关规定外,还应当依照《行政处罚法》的相关规定。因此,对于受援人个人的处罚,主要包括警告、罚款、没收违法所得、没收非法财物、拘留几种。

地方层面上,有追究受援人提供虚假证明责任的规定。如《浙江省法律援助条例》第二十九条规定,有关单位为申请法律援助的当事人出具虚假的经济困难证明的,由法律援助机构建议该单位或者其上级主管部门、监察部门对负有直接责任的主管人员和其他直接责任人员给予行政处分。

2. 民事责任

目前,我国国家层面的法律援助法律法规尚未规定受援助人的民事责任。但在我国部分省一级地方法律援助立法中对受援助人以欺骗方式取得法律援助时,应当承担的民事责任进行规定。如《广东省法律援助条例》第六十二条规定,受援人以欺骗手段获得法律援助的,应当偿付法律服务费用;构成犯罪的,依法追究刑事责任。《山东省法律援助条例》第二十五条规定,以不正当手段获得不应享有的法律援助的,法律援助机构应当停止对其援助,并责令其支付已实施法律援助过程中的全部费用。《江西省法律援助条例》第三十一、四十一条规定,受援人具有包括欺骗获得法律援助的行为在内的多种行为的,司法行政部门应当追缴已提供法律援助发生的费用。《贵州省法律援助条例》第四十六条规定,受援人以欺骗方式获得法律援助的,应当向法律援助机构双倍支付已获得法律服务的全部费用;情节严重的,依法追究责任。

整体上,地方立法对于受援人应当承担民事责任的情形主要关注于受援人以欺骗方式取得法律援助服务的情况。同时，对于受援助人承担的民事责任内容主要为退还已接受的法律援助服务的全部费用，但也有少数地方立法规定了相应的惩罚性责任，要求受援人在应当承担民事责任时，按照已接受法律援助费用的二倍或三倍支付。

3. 刑事责任

在各国法律援助制度中，由于法律援助的对象大多为社会上的弱势群体以及各国通常将法律援助制度作为人权保障制度的一部分等原因，包括我国在内的各国法律均未规定追究受援助人刑事责任的情形。法律援助是国家向社会弱者提供的无偿法律援助，带有明显的公益性特点。我国政府每年都会将大量的资金投入法律援助，但目前来说，我国法律援助资源相对于整个社会需求来说仍是杯水车薪。受援人骗取法律援助的，将导致极大的资源浪费和人力消耗。此外，更为重要的是，骗取法律援助的行为将使真正需要援助的主体失去获得法律援助的机会。这将使国家财政投入的浪费及法律援助社会效果变差，进一步导致法律援助的功能无法发挥、目的无法实现。当社会贫弱者得不到其本可以获得的相应保障时，社会公平的实现就成为一句空话。

因此，为了保障法律援助资源的充分有效使用及法律援助制度效率和质量的提升，我国应当在今后的国家法律援助立法中对受援人严重违背诚信义务、浪费国家财力物力的行为追究相应的刑事责任。至于严重违背诚信义务及浪费国家财政的行为如何确定，应当考虑以下几点：1. 受援人骗取法律援助主观上应该是故意，从而与法律援助人员承担民事责任的要求形成文本规定上的一致性。故意相较于过失来说，具有更大的主观恶性，因而具有可罚性。2. 骗取法律援助并造成国家法律援助资源及司法资源较大损失。这主要表现在法律援助已经开始并已经进入重要阶段。以诉讼类案件为例，当法院已经受理法律援助案件并进入实质审理程序时，应当认定为造成损失。此时，国家司法程序已经启动，法律援助人员已经为受援人提供实质性法律服务，所投入的人力、物力已经无法补偿。在浪费法律援助资源的同时，也导致国家资源的消耗并同时导致司法效率的降低。对于此时发现受援人骗取法律援助的，应当认为已经造成较大损失。

综合而言,法律援助制度作为我国社会保障法律制度的重要组成部分,社会公益的实现程度应当作为其主要考量内容。如不对受援人规定相应的法律责任或规定过轻的,将必然导致权利的滥用。因此,规范受援人法律责任,应当作为当前法律援助立法的重要内容之一。

第二节　我国法律援助的范围

法律援助的范围,是指根据我国相关法律、法规,符合法律援助条件的当事人,在哪些案件范围内能够获得法律援助。本章主要围绕两个问题展开,即法律援助的受案范围与受援范围,其中受案范围指向的是事件,法律援助的受援范围则指向对象。本章拟从规范分析的角度,全面考察我国中央与地方法律援助条例和其他相关法律、法规对受案范围、受援对象的概念、类型的规定。

一　我国法律援助受案范围的概念

法律援助的受案范围,就是一个国家以各种形式所提供的法律援助的具体领域,是决定受援人获得法律援助难易程度的重要因素之一。如前所述,我国法律援助立法起步较晚,考虑到社会经济状况,2003 年国务院出台的《法律援助条例》选取了当时在全国范围内较为普遍的六类情形予以明确规定。[①] 这是对法律援助受案范围的一种限制,也反映出当时立法者认为并非所有争议均可申请法律援助的观点,这与前文所述

---

① 参见《法律援助条例》(2003 年)第 10 条:公民对下列需要代理的事项,因经济困难没有委托代理人的,可以向法律援助机构申请法律援助:依法请求国家赔偿的;请求给予社会保险待遇或者最低生活保障待遇的;请求发给抚恤金、救济金的;请求给付赡养费、抚养费、扶养费的;请求支付劳动报酬的;主张因见义勇为行为产生的民事权益的。省、自治区、直辖市人民政府可以对前款规定以外的法律援助事项作出补充规定。公民可以就本条第一款、第二款规定的事项向法律援助机构申请法律咨询。

法律援助主要是在刑事和民事等诉讼领域的标准是一致的。同时,国务院《法律援助条例》亦留给了各省、市、自治区补充的空间,即"省、自治区、直辖市人民政府可以对前款规定以外的法律援助事项作出补充规定"。在此授权前提下,各具特色的地方法律援助条例先后出台,不同程度地扩充了我国法律援助的受案范围。

二 我国法律援助的受案类型划分

以下主要按照刑事案件、民事案件、行政案件以及不宜提供法律援助的案件四类受案类型划分,对我国法律援助的受案范围进行分析。但此种划分只是为方便讨论,理论与实务均存在不同类型案件之间的交叉,如刑事附带民事案件。

(一)刑事诉讼法律援助受案范围

刑事诉讼法律援助受案范围一般是指根据法律、法规规定,公民可以向法律援助机构申请法律援助的刑事诉讼案件的范围。为刑事案件提供法律援助是一国人权司法保障和司法公正的重要体现,也是我国公共法律服务的组成部分。

长期以来,我国高度重视人民群众日益增长的法律服务需求,为此,中央发布了一系列文件来推进法律援助工作。如最高人民法院、最高人民检察院、公安部、司法部《关于刑事诉讼法律援助工作的规定》(司发通〔2005〕78号)、司法部《关于进一步推进法律援助工作的意见》(2013年)等。① 为推进以审判为中心的刑事诉讼制度改革,加强人权司法保障,促进司法公正,充分发挥律师在刑事案件审判中的辩护作用,司法部、国务院于2017年发布《刑事审判法律援助全覆盖试点工作办法》,

---

①　另有中共中央办公厅、国务院办公厅《关于完善法律援助制度的意见》(中办发〔2015〕37号);最高人民法院、最高人民检察院、公安部、司法部、国家安全部《关于推进以审判为中心的刑事诉讼制度改革的意见》(2016年);司法部、财政部《关于律师开展法律援助工作的意见》(2017年);最高人民法院、最高人民检察院、公安部、国家安全部、司法部《关于开展法律援助值班律师工作的意见》(2017年);最高人民法院、司法部《关于开展刑事案件律师辩护全覆盖试点工作的办法》(2017年)等文件。

2018 年再次修改了《刑事诉讼法》增加了刑事缺席审判制度和认罪认罚从宽制度，均对刑事案件提供法律援助的范围进行扩充，将我国法律援助事业在刑事领域提升至更高层次。因此，下文将以该办法发布的时间点为界限，将我国刑事诉讼法律援助的受案范围分为两个发展阶段予以阐述。

1.2017 年以前的刑事诉讼法律援助受案范围

2017 年以前，根据《刑事诉讼法》和《法律援助条例》的规定，刑事诉讼法律援助的受案范围在我国基本上可以分为两类：一是犯罪嫌疑人，刑事案件被害人及其法定代理人，近亲属，自诉人及其法定代理人可因经济困难申请法律援助的案件；二是《法律援助条例》第十二条第一款所规定的，因经济困难的指定辩护案件以及非因经济原因的通知辩护案件，后者如被告人为未成年人等特殊群体，被告人可能被判处死刑，被告人所涉案件有重大社会影响等。具体分类标准如下：

（1）因经济困难申请法律援助

A. 侦查讯问阶段。《法律援助条例》第十一条第一款规定，犯罪嫌疑人在被侦查机关第一次讯问后或者采取强制措施之日起，因经济困难没有聘请律师的，可以向法律援助机构申请法律援助。

B. 审查起诉阶段。旧《刑事诉讼法》第四十条规定，公诉案件的被害人及其法定代理人或者近亲属，附带民事诉讼的当事人及其法定代理人，自案件移送审查起诉之日起，有委托诉讼代理人的权利。为充分保障该权利的行使，人民检察院还担负着对上述权利主体的告知义务。以此权利为基础，《法律援助条例》第十一条第二款规定，公诉案件中的被害人及其法定代理人或者近亲属，自案件移送审查起诉之日起，因经济困难没有委托诉讼代理人的，有权提出法律援助申请。

C. 自诉随时委托。旧《刑事诉讼法》第四十条同时规定，自诉案件的自诉人及其法定代理人，附带民事诉讼的当事人及其法定代理人，有权随时委托诉讼代理人。《法律援助条例》第十一条第三款亦规定，自诉案件的自诉人及其法定代理人，自案件被人民法院受理之日起，因经济困难没有委托诉讼代理人的，有权向法律援助机构提出申请。

（2）因经济困难或其他原因通知辩护

在审判阶段还可分为法院指定辩护与法院、检察院和公安机关的通知辩护两种情况。前者根据 2018 年修改前的《刑事诉讼法》第三十四条第一款之规定，公诉人出庭公诉的案件，被告人因经济困难或者其他原因没有委托辩护人的，人民法院可以指定承担法律援助义务的律师为其提供辩护。《法律援助条例》第十二条第一款再次强调，此时法律援助机构应当提供法律援助。

人民法院、检察院和公安机关的通知辩护的情形包括：犯罪嫌疑人、被告人是盲、聋、哑人，或者是尚未完全丧失辨认或者控制自己行为能力的精神病人，没有委托辩护人；犯罪嫌疑人、被告人可能被判处无期徒刑、死刑，没有委托辩护人；犯罪嫌疑人、被告人未成年且没有委托辩护人。[①]

事实上，在 2017 年国务院发布《刑事审判法律援助全覆盖试点工作办法》之前，已有部分省（市）在尝试扩大刑事法律援助的受案范围。如 2014 年 1 月 16 日，浙江省高级人民法院、省人民检察院、省公安厅、省司法厅联合下发了《浙江省关于加强和规范刑事法律援助工作的意见》，该意见在《刑事诉讼法》规定通知辩护的四类案件之外，减少了经济条件的限制，并通过商请的形式，扩大了刑事法律援助的受案范围，如将基层人民法院审理的一审刑事案件，被告人经济困难且可能被判处 3 年以上有期徒刑的案件全部纳入刑事法律援助的受案范围。[②]除浙江

---

① 2018 年修改前《刑事诉讼法》第 34 条、第 267 条。

② 参见《浙江省关于加强和规范刑事法律援助工作的意见》第 5 条：具有下列情形之一，犯罪嫌疑人、被告人没有委托辩护人，本人又提出法律援助申请的，人民法院、人民检察院可以商请法律援助机构指派律师为其提供辩护：有证据证明犯罪嫌疑人、被告人认知能力较差的；共同犯罪案件中，其他犯罪嫌疑人、被告人已委托辩护人的；案件有重大社会影响或者社会公众高度关注的；犯罪嫌疑人、被告人作无罪辩解或其行为可能不构成犯罪的；人民法院认为起诉意见和移送的案件证据材料可能影响正确定罪量刑的；基层人民法院审理的一审刑事案件，被告人经济困难且可能被判处 3 年以上有期徒刑的；中级人民法院审理的一审刑事案件；人民检察院抗诉的案件；其他需要商请法律援助机构指派律师提供辩护的情形。

省以外，上海、河南、广东等省（市）均有不同程度的扩大规定，^①并在探索扩大刑事法律援助受案范围的过程中，积累了丰富的经验，为后来推行全国的刑事法律援助全覆盖工作的健康发展打下了基础。

2.2017年以后的刑事诉讼法律援助受案范围

2017年，司法部、最高人民法院发布了《关于开展刑事案件律师辩护全覆盖试点工作的办法》（下称《办法》），该办法所指刑事案件律师辩护全覆盖主要是刑事案件审判阶段的律师辩护全覆盖。在《刑事诉讼法》规定的申请、指定辩护案件、被告人没有委托辩护人的通知辩护案件基础上，受援案件的范围新增加了其他一审普通程序案件、二审案件和再审案件（或审判监督案件）。并且，进一步明确法律帮助的阶段，即在刑事案件的侦查、起诉阶段，以及审判阶段适用简易程序、速裁程序的案件是由法律援助值班律师为犯罪嫌疑人提供法律帮助（主要是提供法律咨询）。^②考虑到我国法律援助的现实情况，上述办法起初以北京、上海、浙江、安徽、河南、广东、四川、陕西省（直辖市）八地为试点，直

---

① 参见《上海市司法局关于法律援助的若干规定》（1997年），如第15条：上海市高级人民法院、上海市第一，第二中级人民法院、上海铁路运输中级法院指定的刑事法律援助案件，应向市法律援助中心提出，由市法律援助中心审核并组织实施。

河南省高级人民法院、省人民检察院、省公安厅、省司法厅《关于加强刑事法律援助工作（试点）的意见》（2012年）规定，济源市、永城市、登封市、濮阳县、洛阳市涧西区、焦作市山阳区等试点刑事法律援助，在侦查、审查起诉阶段，犯罪嫌疑人因经济困难或具有下列情形之一，没有委托辩护人的，本人及近亲属可以向办理案件的公安机关、人民检察院所在地的法律援助机构申请法律援助：年龄超过75周岁、拒不认罪或作无罪辩解、认知能力差、案件有重大社会影响或社会公众高度关注、共同犯罪案件中其他犯罪嫌疑人已委托辩护人、犯罪嫌疑人为少数民族且不懂汉语等。

中共广东省委办公厅、广东省人民政府办公厅《关于完善法律援助制度的实施意见》（2016年）指出，需加强刑事法律援助工作，健全法律援助参与刑事案件速裁、刑事和解、刑事受害人司法救助、死刑复核案件办理工作机制，依法为更多的刑事诉讼当事人提供法律援助。

② 参见《关于开展刑事案件律师辩护全覆盖试点工作的办法》（2017年）第2条：被告人除自己行使辩护权外，有权委托律师作为辩护人。被告人具有刑事诉讼法第34条、第267条规定应当通知辩护情形，没有委托辩护人的，人民法院应当通知法律援助机构指派律师为其提供辩护。除前款规定外，其他适用普通程序审理的一审案件、二审案件、按照审判监督程序审理的案件，被告人没有委托辩护人的，人民法院应当通知法律援助机构指派律师为其提供辩护。适用简易程序、速裁程序审理的案件，被告人没有辩护人的，人民法院应当通知法律援助机构派驻的值班律师为其提供法律帮助。

到一年后，最高人民法院、司法部再次发文将试点期限延长，工作范围也扩大到全国 31 个省（自治区、直辖市）和新疆生产建设兵团。目标为到 2019 年底，天津、江苏、福建、山东等省（直辖市）基本实现整个辖区全覆盖，其他省（自治区、直辖市）在省会城市和一半以上的县级行政区域基本实现全覆盖。①

除此之外，2018 年修改后的《刑事诉讼法》第二百九十三条还增加了针对人民法院缺席审判案件的法律援助。具体指缺席审判案件被告人及其近亲属没有委托辩护人的，人民法院应当通知法律援助机构指派律师为其提供辩护。

刑事审判法律援助全覆盖是党的十九大报告中提出的"以人民为中心的发展思路"在司法行政领域的具体体现和生动实践。为贯彻落实这一思想要求，全国各地纷纷以《办法》为指导，开展刑事辩护法律援助全覆盖的工作会议，陆续制定关于开展刑事案件律师辩护全覆盖试点工作的实施细则或实施办法。② 在提供法律援助的案件范围上，地方主要在与《办法》保持一致的基础上进行细化，如上海市《关于刑事案件律师辩护全覆盖试点工作的实施细则》区分了人民法院应当通知法律援助机构指派律师提供辩护和法律帮助的具体情形。此外，福建、江西、广西、贵州、上海五地通知辩护的受案范围还另增加了对被告人没有委托辩护人的死刑复核、死刑缓期二年执行案件。③ 江苏、福建、湖北三省的试点实施方案还将刑事诉讼认罪认罚从宽案件纳入其中，但三地的规定又各有特点，江苏规定人民法院应当通知法律援助机构派驻的值班律师为其提供法律帮助，福建规定刑事诉讼认罪认罚从宽案件人民法院可以视情况决定是否通知辩护，湖北则将认罪认罚限定在审查起诉阶段，规定人

---

① 参见《关于扩大刑事案件律师辩护全覆盖试点范围的通知》（2018 年），中国人民法制信息网 http://www.chinalaw.gov.cn/Department/content/2019-01/21/613_227304.html，最后访问时间 2019 年 8 月 16 日。

② 截止 2019 年 8 月 16 日，已有 27 个省级单位制定了该省（市）试点的实施细则或办法，如上海市、天津市、广东省、江苏省、江西省、河南省、湖南省、湖北省、黑龙江省、浙江省等。

③ 此处贵州省《关于开展刑事案件律师辩护全覆盖试点工作的实施办法（试行）》（2018 年）第二条仅规定对被告人没有委托辩护人的死刑复核案件通知辩护。

民检察院应当书面通知值班律师为其提供法律帮助。

从上述法律法规可看出，在 2003 年制定《法律援助条例》刑事诉讼受援案件时，制定者并未从具体罪名或案件的角度划分提供法律援助的范围，而是以《刑事诉讼法》等相关通知、指定辩护为依据，并考虑受援人的经济状况在一审案件中予以区分。尚未提及适用简易程序、速裁程序案件的法律帮助，也暂不包括二审案件与审判监督等案件，这也是 2017 年以后的新变化。之所以会发生此种变化，是由多重因素所促成的。

首先，为刑事案件被告提供法律援助，是保障人权、实现公平正义的重要举措。纵观我国刑事法律援助的历史，初期刑事辩护的参与度较平均，近年来却呈现下滑的趋势。在实施全覆盖以前，我国律师的刑事辩护参与度平均在 20%—30% 左右。[①] 这意味着，大部分被告人在法庭上没有律师为其提供辩护，其辩护权难以有效行使，合法权益保障不够充分，甚至在死刑复核案件中，仍存在一部分被告人因为各种原因不能获得律师辩护。实现刑事案件辩护全覆盖，也是通过扩大可提供援助刑事案件的范围，激发律师主动参与刑事援助的热情，让更多的律师投身其中。其次是立法上的缺位。《法律援助条例》作为行政法规，在法律位阶上低于《刑事诉讼法》等法律，那么也就需依赖于法律对刑事案件援助范围的确定，如果《法律援助条例》规定的刑事案件援助范围与《刑事诉讼法》之相关规定发生冲突，则优先适用《刑事诉讼法》。最后，在《法律援助条例》中，并未明确规定省、自治区、直辖市人民政府是否可以对第十一条刑事法律援助范围规定以外的法律援助事项作出补充规定。各地在扩大刑事案件的援助范围的尝试中，采取了更为审慎的态度。

当然，目前的刑事法律援助受案范围仍存在一些问题，一是对于最高人民法院复核死刑案件是否需要指派律师为被告人辩护，法律和司法解释并没有作出规定。二是刑事诉讼认罪认罚从宽制度作为 2018 年

---

① 王晓丽：《实现刑事诉讼律师辩护全覆盖的几点思考》，《法制博览》2019 年第 10 期，第 89 页。

《刑事诉讼法》新增内容，认罪认罚从宽案件的律师辩护也还在试点阶段，相关规定的效果还有待反馈。三是刑事案件辩护全覆盖大幅度提高刑事案件辩护的数量，法律援助所需要的律师数量也大幅攀升，尤其是在共同犯罪中几十甚至上百的犯罪人员相应需要更多的法援律师来提供法律援助，这对法律援助律师人数较少的地区是一大挑战。

从发展前景来看，全国上下对于完善我国刑事法律援助制度有着热切的需求与决心。根据《中国法律年鉴》公布的统计数据，2013 年至 2017 年全国法院审结一审刑事案件的被告人人数分别为 1158609 人、1184562 人、1232695 人、1220645、1270141 人。依照 30% 的律师辩护率来计算，则每年刑事案件约 75 万—90 万名被告人没有辩护律师，而这还仅仅是一审程序中所体现出的数据，每年还有 10 万—15 万的二审刑事被告需要律师进行辩护。[①] 律师刑事辩护参与度不高并不等同于律师参与意愿较低，这个缺口也可视为我国法律援助律师实现人生价值的广阔空间。

（二）民事诉讼法律援助范围

民事法律援助受案范围是指受援对象涉及的哪些民事权益纠纷可以获得法律援助机构提供的法律援助。我国《法律援助条例》第十条所涉及的民事法律援助范围主要是第四、五、六三款所规定的三种类型：

1. 请求给付赡养费、抚养费、扶养费等

该项请求的主体主要是父母、夫妻、兄弟姐妹以及子女等家庭内部成员。具体法律依据有 1980 年施行、2001 年修正的《婚姻法》第二十一条，"父母对子女有抚养的义务；子女对父母有赡养扶助的义务"等。具体请求扶养费的法援案件要求见于《婚姻法》第二十、二十九条，即夫妻一方不履行扶养义务的，需要扶养的一方，可要求对方付给扶养费。父母已经死亡或父母无力抚养的未成年的弟、妹，可请求有负担能力的兄、姐给付扶养费。同样地，缺乏劳动能力又缺乏生活来源的兄、姐，可以向由兄、姐扶养长大的有负担能力的弟、妹请求给付扶养费。

---

① 伍晓梅、诸葛平平主编：《中国法律年鉴》，中国法律年鉴社 2013—2018 年版。

　　请求抚养费的法援案件一般是指父母不履行抚养义务，未成年的或不能独立生活的子女，要求父母付给抚养费并因自身经济困难等原因申请法律援助的案件。最高人民法院颁布的《关于适用〈中华人民共和国婚姻法〉若干问题的解释（一）》进一步限缩了《婚姻法》第二十一条的范围："不能独立生活的子女是指尚在学校接受高中及其以下学历教育，或者丧失或未完全丧失劳动能力等非主观原因而无法维持正常生活的成年子女。抚养费包括子女生活费、教育费和医疗费等费用。"此外赡养费的请求也在法律援助受案范围之内，通常是指对因赡养人不履行赡养义务，当事人要求赡养人付给赡养费的案件提供法律援助。赡养费的给付内容则分为六个方面：老年人基本赡养费、老年人的生病治疗费用、生活不能自理老人的护理费用、老年人的住房费用、必要的精神消费支出以及必要的保险金费用。我国人民法院主要从三个方面认定赡养费的标准，即当地的经济水平、被赡养人的实际需求与赡养人的经济能力，因此，不同地方的赡养费金额也各不相同。

　　各省级法律援助条例均包含请求给付赡养费、抚养费、扶养费的条文，在表述上也几乎一致，但也存在如《黑龙江省法律援助条例》将追索"抚养费"表述为"抚育费"的情况。由于扶养、抚养、赡养的请求主体多为未成年人或老年人，经济水平有限，为其提供法律援助有利于维护弱势群体的合法权益，从而维持正常的生活水平。

　　2. 请求支付劳动报酬

　　根据我国《宪法》第四十二条，中华人民共和国公民有劳动的权利和义务。国家通过各种途径，创造劳动就业条件，加强劳动保护，改善劳动条件，并在发展生产的基础上，提高劳动报酬和福利待遇。因此，我国公民请求支付劳动报酬的权利亦受法律保护。在该项权利受到侵害同时由于经济困难无法实现私力救济时，理应获得相应的法律援助。该项下的申请主体以进城务工的农民工居多，在申请法律援助的受案范围上除了请求支付劳动报酬外，还包括因劳动条件差等原因引起工伤事故所造成的损害赔偿案件，后者被包含在国务院《法律援助条例》第十条第二款所规定的社会保险待遇中。

在全国各省(市)的法援条例中,出现了不断放宽劳动领域申请法律援助范围限制的趋势。具体表现为把可以请求法律援助的范围从请求劳动报酬,扩大为"请求支付劳动报酬或者因劳动关系请求经济补偿、赔偿",甚至在安徽、重庆、吉林、四川四个省(市)的法援条例中扩大到了"因劳动争议请求给付经济补偿、赔偿金"①。而深圳市则独辟蹊径,相应减少了追索劳动报酬的公民寻求法律援助的受理程序②。

3. 主张见义勇为产生的民事权益

相对于其他法律概念,社会公众对见义勇为的认知程度更高,但并不是任何大众观念中的见义勇为都可以得到法律援助。法律承认的见义勇为可以追溯到 1987 年我国《民法通则》第一百零九条的规定,即"因防止、制止国家的、集体的财产或者他人的财产、人身遭受侵害而使自己受到损害的,由侵害人承担赔偿责任,受益人也可以给予适当的补偿。"2009 年《侵权责任法》第二十三条增加见义勇为受益人应当补偿的情形。学说上基于《民法通则》和《侵权责任法》条文对见义勇为的典型界定是:自然人没有法定或者约定的义务,为保护国家利益、社会公共利益或者他人人身、财产安全,在紧急情况下实施的防止、制止不法侵害或者抢险救灾的危难救助行为。③经多次讨论,2017 年颁布的《民法总则》专门设置了两条"见义勇为"条款,即第一百八十三条和一百八十四条,更为明确地规定了"见义勇为"的民事权利和义务。

《民法典·总则》第一百八十三条主要规定了见义勇为者遭受损失

---

① 参见《安徽省法律援助条例》(2016 年)第 13 条:(五)请求支付劳动报酬或者因劳动争议请求给付经济补偿、赔偿金的;《重庆市法律援助条例》(2014 年)第 11 条:(五)劳动者与用人单位发生劳动争议,请求保护劳动权益的;《吉林省法律援助条例(草案)》(2018 年)第 12 条:(五)请求支付劳动报酬或者因劳动争议请求给付经济补偿、赔偿金的;《四川省法律援助条例》(2014 年)第 9 条:(八)劳动者(雇员)与用人单位(雇主)发生争议,请求保护劳动(民事)权益的。

② 参见《深圳市法律援助条例》(2009 年)第 14 条:用人单位与劳动者发生劳动争议前六个月平均月工资在本行政区域最低工资标准两倍以下的劳动者,申请支付劳动报酬、工伤赔偿法律援助的,无需提供经济状况证明,但应当提供收入水平证明。

③ 王雷:《见义勇为行为中的民法学问题研究》,《法学家》2012 年第 5 期。

后的补偿，"因保护他人民事权益使自己受到损害的，由侵权人承担民事责任，受益人可以给予适当补偿。没有侵权人、侵权人逃逸或者无力承担民事责任，受害人请求补偿的，受益人应当给予适当补偿。"尽管"见义勇为"不是传统法律术语，而且"见义"和"勇为"还隐含道德要求，但考虑到从原《民事案件案由规定》（法发［2008］11号）设立"127、见义勇为人受害赔偿、补偿纠纷"案由开始，到修改后的《民事案件案由规定》（法［2011］42号）仍以"358、见义勇为人受害责任纠纷"命名案由，为方便理解称之为"见义勇为"也未尝不可。[1]虽然见义勇为者的损失并非是由受助者直接造成的，但法律仍规定对见义勇为者的补偿，这一定程度上是对《苏维埃民法》"因抢救社会主义财产而发生的债"的理论继受[2]。见义勇为的受益人因为见义勇为行为而避免了人身或者重大财产损失，这一利益存在的客观性使得如果让受益人承担一定的补偿责任并不会限制其自由。因为如果没有见义勇为人的见义勇为行为，这一损害已经发生。因此，见义勇为受益人的受益性，是见义勇为人获得受益补偿的正当性基础。[3]将受益人的补偿分为"可以补偿"的灵活处理和"应当补偿"的强制情形更加符合法律公平正义的原则，而且补偿并非完全补偿，而是限于适当范围的补偿。

《民法典·总则》第一百八十四条则论述了见义勇为者免责情形。"因自愿实施紧急救助行为造成受助人损害的，救助人不承担民事责任。"由此可以得出，该项下的法律援助受案范围具体包括主张见义勇为产生的对侵权人的民事追责请求、对受益人的求偿请求以及救助人不承担民事责任的请求等。需指出的是，对救助人民事责任的免除，并不等于刑事责任的免除，如果救助超过了必要限度，甚至越过刑法的边界，

---

[1]　王竹：《见义勇为人受损受益人补偿责任论——以〈民法总则〉第183条为中心》，《法学论坛》2018年第1期，第47页。

[2]　将抢救社会主义财产作为一种独立的债的类型是基于苏联最高法院的司法实践，首见于苏联最高法院民事审判庭1940年9月6日第986号关于马尔齐尤克告诉捷尔仁斯基铁路局的著名裁定。参见徐同远：《见义勇为受益人与行为之间法律关系的调整——以我国规则为中心的探讨》，《法治研究》2012年第12期。

[3]　同[1]文，第56页。

造成了他人的损害伤亡，仍应受到刑法的规制。我国《刑法》第二十条第二款规定，"正当防卫明显超过必要限度造成重大损害的，应当负刑事责任，但是应当减轻或者免除处罚。"但这又回到了之前讨论过的刑事法律援助范围，因见义勇为产生的刑事纠纷理应在刑事审判全覆盖要求之内，此处不再赘述。

各省（市）的法律援助条例，普遍支持因救助他人行为产生的民事权益主张的法律援助，并且有两个省份的法律援助条例，不但为救助他人的见义勇为者提供法律援助，也为勇于保护社会公共利益的公民提供法律援助：《湖北省法律援助条例》第十条第六项"主张因见义勇为行为或者为保护社会公共利益产生民事权益的"，《山西省法律援助条例》第十一条第七项"因见义勇为而主张民事权益"。

4. 各地补充民事法律援助受案范围

除《法律援助条例》第四、五、六款的规定及各省（市）的衍生规定外，各省、自治区、直辖市为响应"为民服务、量力而行"原则的号召并基于各自的经济发展情况，不断扩大民事法律援助的范围。截至目前，全国 31 个省级地方已制定实施了地方性法律援助条例。具体补充情况如下：

（1）因工伤事故造成损害请求赔偿

全国 31 个省级法律援助条例中有 25 个提到了"工伤事故"，并且各地具体表述各有不同，如"请求赔偿与工伤相关的人身损害、财产损失"、"因工伤事故造成人身伤害请求赔偿的"、"因工伤事故导致合法权益受到侵害的"、"除责任事故以外的因工伤请求赔偿的法律事项"等。[1]在工伤事故赔偿范围中，各省级条例一般以人身损害为法律援助范围，但安徽、湖北、山西、辽宁、宁夏五个省（自治区）还同时明确规定亦包含"财产损失"，而厦门、甘肃、广西、贵州、吉林、青海、山东、上海、天津九个省（市）的条例中明确规定以"人身损害"赔偿为限，其他省级条例在工伤赔偿范围上规定得较为模糊。在工伤事故的类型中，

---

[1]　其余省（市、自治区）如浙江、海南、河北、湖南、江西、陕西、西藏、新疆。

河南、云南省明确规定了"除责任事故以外的"因工伤请求赔偿才是法律援助的受案范围。

除此之外，工伤事故与因公受伤不同，前者除法援条例以外，还有《工伤管理条例》《工伤保险条例》等法律法规为依据，后者在包含了工伤事故的基础上，还包括因工伤以外，如因紧急避险造成的损害赔偿，后者相关的法律法规不十分全面，仅《黑龙江省法律援助条例》提到"除责任事故外，因公受伤请求赔偿的法律事项"在法律援助范围以内。

（2）因交通事故、医疗事故等请求赔偿

交通事故、医疗事故往往会引发较为严重的人身损害、经济损失等后果，以及医疗费、护理费、误工费、残疾用具费或死亡补偿费、被扶养人生活费等较为复杂的法律诉求，因此31个省级法律援助条例中有27个都将交通事故、医疗事故明确规定在法律援助范围之内，其余省份的法律援助条例中则未明确将交通、医疗规定在内，而西藏自治区只规定了交通事故而未将医疗事故纳入法律援助范围。①

（3）主张因遭受家庭暴力、虐待、遗弃产生的民事权益

受传统性别歧视观念的影响，妇女在家庭生活中遭受家庭暴力、虐待的情况较为普遍。并且，未成年人、老年人、残疾人这些被视为社会弱势群体的人群在家庭生活和社会中受虐待或遗弃的情况亦时有发生。因此，各省（市）的法律援助条例都不同程度上扩充了对妇女、未成年人、老年人、残疾人民事权益的保护。并且，在一些地方干涉婚姻自由的情况仍然存在，其法律援助条例亦将其纳入了法律援助的范围，如《甘肃省法律援助条例》"涉及虐待、遗弃或者暴力干涉婚姻自由的"。此外，在《江苏省法律援助条例》中还提到了对未成年人监护，即"因遭受家庭暴力、虐待或者遗弃要求变更或者解除收养、监护关系的"，也可提供法

---

① 参见《河南省法律援助条例》（2002年）第11条：（三）除责任事故以外的因工伤请求赔偿的法律事项；《黑龙江省法律援助条例》（2002年）第7条：（三）除责任事故外，因公受伤请求赔偿的法律事项；《新疆自治区法律援助条例实施办法》（2006年）第七条：（七）请求享受工伤待遇的；西藏自治区《关于加强法律援助工作的意见》（2010年）：请求给予工伤事故、交通事故损害赔偿的。

律援助。

（4）因环境污染、公共卫生、安全生产、产品责任等产生的民事侵权赔偿

环境污染等四种类型的案件所对应的申请主体往往不是一家一户的申请人，而是大规模的群体性申请人，案件所带来的社会影响也通常更为广泛深远。将其规定在法律援助的受案范围内，便利基层群众寻求法律支持的同时也有助于促进社会的稳定。如法律援助对产品责任中与农业生产密切相关的种子、农药、化肥尤为重视，全国有 12 个省级法律援助条例中都规定了"因使用假劣农药、种子、化肥等农业生产资料造成农业生产损失的"可以获得法律援助。[①]

（5）其他补充民事法律援助受案范围

在上述各地方法律援助条例普遍增加的四种情形之外，还有许多具有地方特色的法律援助受案类型出现在全国各省级法律援助条例中。如河北省和辽宁省都将主张享受义务教育权利写入其法律援助条例；安徽省规定的受案范围还包括请求赔偿因高危作业造成损害的情形；内蒙古包头市则将"农村土地和牧区草牧场侵权案件"纳入法援受案范围等。

在全国 31 个省（市）中，在法律援助的受案范围领域走在最前沿的当属广东省。2006 年《广东省法律援助条例》直接取消了对法律援助受案范围的限制，并且该条例第十二条还规定了"社会福利机构"和"社会组织"能够获得的法律援助的范围，主要限于维护民事权益或社会公共利益的案件。其他特殊领域如对"军人军属"的法律援助也主要限于民事领域，具体规定将在下一节法律援助的受援范围展开讨论。

从总体上看，地方法援条例中民事法律援助的范围，是以中央规定为制定依据，同时根据本地区案件类型特色做了不同扩展。这是根据《立法法》之规定，中央具有对内容涉及公民基本权利、国家基本制度等具有全局性之安排的立法权限，地方立法则是处理具有地方特色的问

[①]　即天津市、安徽省、山东省、山西省、广西壮族自治区、贵州省、河北省、湖北省、湖南省、吉林省、宁夏回族自治区、西藏自治区。

题，作为中央立法的补充，一般不得抵触中央立法。具体到民事法律援助受案范围之规定，《法律援助条例》再次授权规定地方可以对第十条规定以外的法律援助受案范围作出补充规定。也就是指由于立法权限之差异，各省法援条例不得对《法律援助条例》所规定的民事法律援助受案范围进行删减，而是根据地方发展实际情况适当增加。从以上分析可得出，各地在民事案件的衍生范围也比其他类型的案件多，这与权限规定相一致。除了中央对地方法援立法的统领，地方亦可反哺中央，例如2015年《关于完善法律援助制度的意见》作为中央文件，就是吸收了地方法援条例的成果，指出要逐步将涉及劳动保障、婚姻家庭、食品药品、教育医疗等与民生紧密相关的问题纳入法律援助补充范围。

此外，我国民事法律援助也还存在一些问题。一方面，由于地方立法适用范围仅限于该省、自治区以及直辖市范围内，某地法律援助受案范围之规定并不能应用于其他地方，这给某些需跨区域的法律援助案件增加了障碍。另一方面，目前民事案件法律援助的受案范围仍被指责相对狭窄，例如涉及相邻权争议以及房屋转卖纠纷、婚恋习俗法律纠纷、知识产权纠纷等还不属于法律援助范围，这几类近年来多发的案件同样关乎民生。但降低受援门槛的同时，也容易引发诉权滥用的问题，从而导致有限司法资源的浪费，降低法律援助的质量。现阶段加强民生领域法律服务，努力为困难群众提供及时便利、优质高效的法律援助服务，根本出路在于各地民事法援的资源与公民法律援助需求相匹配。

（三）行政诉讼法律援助范围

行政诉讼法律援助受案范围一般是指根据法律、法规规定，公民可以就行政机关和行政机关工作人员侵犯其合法权益的行政行为，可以向法律援助机构申请法律援助的范围。

《法律援助条例》第十条第二款以列举的方式规定了刑事，民事法律援助范围以外的行政法律援助范围。

1.请求社会保险待遇或最低生活保障待遇

社会保险待遇是指劳动者（被保险人和受益人）依法享受的社会保险待遇。我国社会保险法治建设起步于1951年中央人民政府政务院公布实施《中华人民共和国劳动保险条例》，这是新中国第一部综合性的社会保险行政法规。该条例的颁布实施，标志着中国除失业保险外，包括养老、工伤、疾病、生育、遗属等职工社会保险制度已初步建立。现阶段的社会保险主要依据是"十二五"规划以来的相关社会保险法律、法规。如 2011 年《社会保险法》第二到五章分别对基本养老保险、基本医疗保险、工伤保险、失业保险制度中个人、单位以及社会保险管理部门之间的权利义务进行规定。[①]2018 年修正的《中华人民共和国劳动法》第七十三条规定，"劳动者在下列情形下，依法享受社会保险待遇：退休；患病、负伤；因工伤残或者患职业病；失业；生育。劳动者死亡后，其遗属依法享受遗属津贴。"2014 年修改后的《行政诉讼法》，明确把公民、法人或者其他组织提起的认为行政机关没有依法支付抚恤金、最低生活保障待遇或者社会保险待遇的诉讼纳入行政诉讼的范围。

在不考虑城乡、机关企业差异的前提下，我国社会保险权益救济采用了二元机制：社会保险纠纷中一方主体为社会保险征收或经办机构的，属于行政争议，通过行政复议或诉讼解决；社会保险纠纷中一方主体为用人单位的，通过民事劳动争议机制解决。在行政争议之下，又可根据社会保险的种类分为五类，即工伤保险、基本医疗保险、养老保险、生育保险和失业保险行政争议。而每一类社会保险行政争议又可对应因请求权、领受权、救济权等不同权利实现过程中的具体法律案件。法律援助主要针对救济权的实现，由于不同的社会保险，其领受条件和标准各不相同，对其进行援助的复杂程度也有区别，如工伤保险还需有劳动保障行政部门对工伤的认定。

最低生活保障，是国家为了解决贫困人口生活困难而建立的社会救助制度中的一种保障制度。1993 年上海市率先建立城市居民最低生活保障制度，中国社会救助制度由此拉开了变革的序幕。1996 年，民政部印发了《关于加快农村社会保障体系建设的意见》和《农村社会保障

---

① 杨思斌：《我国社会保障法制建设四十年：回顾、评估与前瞻》，《北京行政学院学报》2018 年第 3 期，第 38—40 页。

制度建设指导方案》，要求把建立农村最低生活保障制度作为农村社会保障体系建设的重点。1999 年国务院颁布《城市居民最低生活保障条例》，标志着中国城市居民最低生活保障进入法治化的轨道。2007 年 7 月，国务院发布《关于在全国建立农村最低生活保障制度通知》，标志着农村最低生活保障制度正式建立。①

除国家标准以外，地方的最低生活保障标准是由各地民政部门会同当地财政、统计、物价等部门制定，并且随着生活必需品的价格变化和人民生活水平的提高适时调整。如 2013 年 6 月 4 日，湖北省民政厅发布的《湖北省最低生活保障审核审批实施办法(试行)》第四条规定，"户籍状况、家庭收入和家庭财产是认定低保对象的三个基本要件。持有当地常住户口的居民，凡共同生活的家庭成员人均收入低于当地低保标准，且家庭财产状况符合当地人民政府规定条件的，均可以申请低保。"若居民或村民在申请最低生活保障待遇未果(该发不发、该发迟发)，可根据《法律援助条例》和各地法援条例获得法律援助。各省级法律援助条例也都将请求社会保险待遇或最低生活保障待遇纳入法律援助的范围。

但现阶段社会保险、最低生活保障的法律援助仍不足以为我国的社会保障提供充分的救济，一方面社会救助的其他领域，如特困人员供养、受灾人员救助、临时救助等与社会福利中的救济并未纳入国家法律援助的范围。多以低位阶的行政法规、规章甚至位阶更低的政策文件等作为运行的依据，缺乏高位阶的法律支撑。另一方面，通过行政救济渠道为社保争议申请人提供法律援助时，无法处理社保费征收机构的行政不作为案件，这在立法上并未明确纳入行政诉讼法的受案范围。而采取民事渠道时，也存在劳动保障部门提供相关证据材料和劳动争议时效等问题，援助受到较多限制。②

---

① 杨思斌：《我国社会保障法制建设四十年：回顾、评估与前瞻》，《北京行政学院学报》2018 年第 3 期，第 40—43 页。

② 胡大武、罗恒：《中国社会保险争议处理程序法律制度实证研究》，《学术交流》2016 年第 5 期，第 76 页。

2. 请求抚恤金、救济金

抚恤金是国家机关、企事业单位、集体经济组织按照相关规定对死者家属或伤残人员抚慰（抚慰包括精神抚慰和物质抚慰等）和经济补偿。主要依靠死者生前扶养的死者的直系亲属，也可根据相关规定对抚恤金的请求申请法律援助，具体受援对象将在下一章节详述。[①] 而请求抚恤金的事由则可概括为因战因公致残。如参加军事演习、军事训练和执行军事勤务致残、为抢救和保护国家财产、人民生命财产致残均被纳入请求抚恤金的法律援范围。

救济金是指对生活上发生困难的人给以物质补助的费用。在我国，有失业工人救济费、疾病或因工负伤救济费、供养直系亲属救济费等。满足以下条件之一均可归为请求救济金的范围：1. 失业的工人和职员的工龄在一年半以上，尚未参加以工代赈、生产自救工作而无其他收入者，请求失业救济费；2. 工人、职员因病或非因公负伤停止工作连续医疗期间在六个月以上时，按月付给至能工作或确定为残废或死亡时止的疾病或非因公负伤；3. 工人、职员因病或非因工负伤死亡时，按其供养直系亲属的人数，付给供养直系亲属的救济费；4. 我国实行劳动合同制以后，劳动合同制工人因工或因病死亡的救济费与所在企业原固定工人同等对待。因应发不发、应发少发、应发迟发等情况请求抚恤金、救济金的法律纠纷，因经济困难当事人没有委托代理人的，亦属于法律援助机构提供法律援助的范围。

各省级法律援助条例将请求抚恤金、救济金纳入法律援助范围的同时，也给予了不同程度的政策优待，如《深圳市法律援助条例》规定"持有民政部门颁发的伤残军人证、抚恤优待金领取登记证或其他有效救济证明的"，可优先获得法律援助。在请求抚恤金、救济金的援助案件范

---

① 主要为 2007 年 7 月 31 日，中华人民共和国民政部令第 34 号《伤残抚恤管理办法》、民政部、人事部、财政部发布的《关于国家机关工作人员及离退休人员死亡一次性抚恤发放办法的通知》（民发〔2007〕64 号）、劳动和社会保障部、人事部、民政部、财政部《关于事业单位民间非营利组织工作人员工伤有关问题的通知》（劳社部发〔2005〕36 号）以及 2018 年退役军人事务部、财政部发布的《关于调整部分优抚对象等人员抚恤和生活补助标准的通知》等。

围上的争议相对较少，主要是抚恤金数额的问题。

3. 请求国家赔偿

国家赔偿是指国家机关及其工作人员因行使职权给公民、法人及其他组织的人身权或财产权造成损害，依法应给予的赔偿。国家赔偿由侵权的国家机关履行赔偿义务。1994 年颁布、2010 年修正的《国家赔偿法》第二章、第三章和第五章分别规定了行政赔偿、刑事赔偿以及司法赔偿。请求国家赔偿的案件一般要符合以下要件：一是侵权行为主体为国家机关及其工作人员。在行政赔偿案件中通常为执行国家法律，从事国家政务、社会公共事务管理的政府机关、工作部门及其工作人员，如国务院各部门、地方各级人民政府等能以自己名义作出行政行为的行政机关；刑事赔偿案件中则需有行使侦查、检察、审判职权的机关以及看守所、监狱管理机关及其工作人员的身份；司法赔偿的主体为人民法院。二是造成损害的行为是前述主体行使职权的行为。倘若为行使职权无关的个人行为或因公民、法人和其他组织自己的行为致使损害发生的不在国家赔偿的范围。三是所造成的损害主要包括对公民人身权、财产权的损害。对人身权的损害的具体表现有违法限制公民人身自由；以殴打、虐待等行为或者唆使、放纵他人以殴打、虐待等行为造成公民身体伤害或者死亡等。对财产权的损害如违法实施罚款、吊销许可证和执照、责令停产停业、没收财物等行政处罚的；违法对财产采取查封、扣押、冻结等行政强制措施等。

与 1994 年颁布的版本相比，修正后的刑事赔偿取消了"违法"要件的限制，无论司法行为是否违法，只要受到追诉的人最终没有被继续追诉或定罪，被追诉的人就有权请求赔偿其所遭受的损失。《法律援助条例》明确指出上述依法请求国家赔偿的案件可以向法律援助机构申请法律援助。同时，各省级法律援助条例均规定了可因请求国家赔偿申请法律援助。此外，安徽省和辽宁省还规定除国家赔偿外还可就行政补偿申请法律援助。行政补偿是指国家对行政机关及其工作人员在行使职权过程中因合法行为损害公民、法人或者其他组织合法权益，按照补偿实际损失的原则而采取的补救措施。

　　传统观点认为国家赔偿制度起源于回应型国家主权观念的消解，即在多种共存的价值观念发生冲突时，不是仅以某共通立场为判断依据，具体而言，是在个人利益和公共利益之间做出选择。因此，国家赔偿的设计很大程度参考了民事侵权责任制度。[①] 如合法公权力行为造成公民权益损失的，对应国家补偿；违法公权力行为造成公民权益损失的，对应国家赔偿。行政补偿与行政赔偿在救济程度上有所不同，补偿的范围或程度应小于赔偿的范围和程度。[②] 但法律规定却并非完全一致，比如同样是停产停业引起的财产损失，对于合法的房屋征收，国家补偿提供的是包含一定比例的正常经营利润的停产停业损失的补偿，而对于违法责令停产停业的，国家赔偿的却仅仅是只够维持企业基本生存的必要的经常性费用开支。[③]《国家赔偿法》增加"精神损害抚慰金"之后，法院往往采取以对法定的抚慰赔偿标准及赔偿范围作出谨慎突破的方式进行弥补，即实际赔偿的数额超过严格遵照规范而作出的赔偿数额。[④] 因此，多有学者建议扩大刑事司法赔偿的范围，将轻罪重判、少罪多判所造成的侵权行为纳入到赔偿范围当中。在行政赔偿中，增加行政不作为和公共设施致害等案件，并根据经济发展状况，适当提高赔偿标准。[⑤]

　　4. 各地补充行政法律援助受案范围

　　我国《行政诉讼法》第十二条规定了我国公民、法人或者其他组织可以提起的行政诉讼的范围，除上述提到的认为行政机关没有依法支付抚恤金、最低生活保障待遇或者社会保险待遇的外，还规定了"对征收、征用决定及其补偿决定不服的"与"认为行政机关侵犯其经营自主权或

---

　　① 参见汪庆华：《中国行政诉讼：多中心主义的司法》，《中外法学》2007 年第 5 期；章志远：《开放合作型行政审判模式之建构》，《法学研究》2013 年第 1 期；蒋成旭：《国家赔偿的制度逻辑与本土构造》，《法制与社会发展》2009 年第 1 期。

　　② 参见姜明安主编：《行政法与行政诉讼法》，北京大学出版社 2015 年版，第 607 页。

　　③ 参见《国有土地上房屋征收与补偿条例》第 17 条、第 23 条；《国家赔偿法》第 36 条。

　　④ 蒋成旭：《国家赔偿的制度逻辑与本土构造》，《法制与社会发展》2019 年第 1 期，第 88—92 页。

　　⑤ 马怀德、孔祥稳：《我国国家赔偿制度的发展历程、现状与未来》，《北京行政学院学报》2018 年第 6 期，第 10 页。

者农村土地承包经营权、农村土地经营权"等情形。

随着我国城市发展进程的加快，一些城市也将关于征地、拆迁、土地流转等相关法律案件纳入到法律援助的范围之内。具体如《吉林省法律援助条例》中规定"因农民土地承包发生纠纷的"，《辽宁省法律援助条例》中规定"因土地承包经营、流转等导致合法权益受到侵害主张权利的"，《山西省法律援助条例》中"因土地承包经营、流转等导致合法权益受到侵害的"，以及《重庆市法律援助条例》中"农村土地承包经营权及其流转中合法权益受到侵害的"。但并非所有与农村土地承包经营权及其流转相关的法律案件都是行政案件，如《安徽省法律援助条例》就规定"因农村土地承包经营权及其流转中合法权益受到侵害，主张民事权益的"可以提供法律援助。"因征地、拆迁使合法权益受到损害的"情形，省级法律援助文件中规定可以提供法律援助的有贵州省、山东省以及西藏自治区。①

由于我国地方发展情况不同，有些省份由于此类案件数量较少或其他原因，在可提供法律援助的行政案件上的规定尚不十分清晰，如内蒙古在《内蒙古自治区人民政府关于贯彻〈法律援助条例〉加强法律援助工作的意见》在法律援助的补充范围中提到"行政诉讼案件可以向法律援助机构申请法律援助"。

整体而言，行政诉讼法律援助的受案范围较小，在历年援助案件数量中所占比例也不高。这一方面是因为案件范围要以《行政诉讼法》、《国家赔偿法》等法律的规定为前提，假若某种事由以《行政诉讼法》为依据不在行政诉讼范围之内，那自然缺少为其提供行政诉讼法律援助的法律依据，如之前提到的社会救助领域就存在立法缺位。另一方面，建立完善法治政府以及多项司法改革政策等的落实，使我国政府工作人员的职务行为更为科学、合理、规范。而行政诉讼多是由于公民合法权利

---

① 参见《贵州省法律援助条例》(2009年)第11条：(四)因征地、拆迁使合法权益受到损害的；《山东省法律援助条例》(2007年)第8条：(四)因征地、拆迁使权益受到损害要求赔偿或者补偿的；西藏自治区司法厅《关于加强法律援助的意见》：因征地、拆迁使合法权益受到损害的。

遭到行政权力的侵害，若源头上行政权力依法运行，需要提供法律援助的行政案件的正常趋势亦应呈现下降的态势。但案件数量少并不意味着国家对此缺乏重视，2017年最高人民法院发布了《关于国家赔偿监督程序若干问题的规定》，规定赔偿请求人有申诉的权利。[①] 我国学者亦在《中国司法改革年度报告（2017年）》建议，结合法律援助制度改革，将经济困难、聘不起律师的赔偿请求人纳入法律援助范围，保障其申诉权的实现。[②]

（四）不宜提供法律援助的案件范围

《法律援助条例》第二章以列举的形式规定了法律援助的受案范围，与上文提到的相关法律法规相结合，构成了我国目前所能够提供的法律援助的受案范围。那么，在前述法律法规规定的援助范围之外的案件，由于暂时没有法律依据，即为目前暂不予以法律援助的案件。这也是我国《法律援助条例》并未明确规定不予提供法律援助案件范围的部分原因。另一方面，法律援助的受案范围受当地的经济发展水平、法律援助经费、人力资源等因素的直接影响，虽然大部分省级法援条例也并未规定，但是在实务中仍然存在不予提供法律援助的案件范围。

目前31个省、自治区、直辖市的法律援助条例中，也有省级法律援助条例明确规定不予提供法律援助的案件范围，如《河南省法律援助条例》第二十三条规定的四种情形："有下列情形之一的，不予法律援助：申请事项不属于法律援助范围的；申请人经济情况不符合援助条件的；不属于接受申请地管辖范围的；申请人无证据证明其合法权益受到侵害的。"

亦有部分市级法律援助条例规定了不予法律援助的范围，如《哈尔滨市法律援助条例》第九条规定的五种情形："申请人不能提供涉讼案件的有关证据并且无法调查取证的；争议的标的额不足1000元的债权

---

① 参见最高人民法院《关于国家赔偿监督程序若干问题的规定》(2017年)，如第2条：赔偿请求人或者赔偿义务机关对赔偿委员会生效决定，认为确有错误的，可以向上一级人民法院赔偿委员会提出申诉。申诉审查期间，不停止生效决定的执行。

② 徐昕、黄艳好：《中国司法改革年度报告(2017年)》，《上海大学学报(社会科学版)》2018年第2期，第12页。

债务纠纷；申请人出具虚假证明骗取法律援助的；法律程序简单，无需专业人员帮助的案件；法律、法规规定不予法律援助的案件。"广州市南沙区司法局公布的《法律援助受援资格审查原则》第五条规定下列案件不属于法律援助的范围：案情及法律程序简单，通常无须聘请律师处理的案件；标的不足3000元（含3000元）的小额钱债纠纷；因侵犯名誉权、姓名权、荣誉权等引起的涉及人身权利损害的赔偿案件；已竭尽法律救济的案件；其他经主管机关批准，法律援助处对外声明不予受理的案件。

概括之，不予法律援助的案件通常具有案情及法律程序简单、标的额小、需要法律援助的迫切程度较低等特征。

三　我国法律援助受案范围比较分析

（一）我国法律援助受案范围的比较

纵观我国法律援助条例的制定与各省的补充发展历史，可以看出，法律援助受案范围有逐渐扩大趋势。从中央与地方的法律援助条例制定上，最初出于个人对公益的支持到地方出台相应的地方法律援助规定再到辐射全国的《法律援助条例》，这是一个由点到面再到整体的过程。国务院在总结当时全国平均所能达到的法律援助水平基础上，划定了可提供法律援助的范围，这一重要的宏观把控为今后法律援助范围指明了发展方向，对于当时还没有法律援助规范的省市树立了标杆，同时也促进了各地法律援助工作的进一步展开。全国不均衡的法律援助发展程度，使得国务院提出的法律援助工作开展要求带有整体的特征，同时也放开了各地对规定以外的法律援助受案范围作出补充的权限。各地方在具体展开法律援助工作之时，根据自身发展程度和"为民服务、量力而行"原则，更侧重考虑实际能提供的法律援助案件范围的具体规定。此外，根据《法援条例》自身并不足以支撑法律援助工作的展开，还需《律师法》《刑事诉讼法》《民事诉讼法》等作为法律援助法律依据的补充基础，这就意味着其他法律的修改变动都有可能引起《法援条例》的脱节。

然而，随着经济科技的发展，地方实际需要法律援助的事项在不断变化，这就需要地方自身自行调整。律师办案经费和律师资源是支撑各地法律援助受案范围不断扩大的基础，各地发展水平的差距同样也体现在了其法律援助的相关规定之中。虽然各地法律援助受案范围在很大程度上能够重合，但是在如农民工等流动人口讨薪、因公受伤等事项上，还存在属于某一地（务工地）法律援助受案范围但不属于另一地（户籍地）法律援助受案范围的状况，两地的法律援助律师能否跨区域提供法律援助也是一个问题。即使各省市自身能够依其具体情况去扩大法律援助的受案范围，但如何协调各省市之间法律援助受案范围的差距，审查各省市扩大的法律援助受案范围的合理性等问题，还需要国家从更高的整体层次作出判断。

（二）我国法律援助受案范围的分析

"法律面前人人平等"是人类社会公认的首要价值目标，现代意义的法律援助制度正是为了实现这一价值追求而设立。保障法律援助对象的权益、实现个人在法律面前权利享有的平等，很大程度需要依靠法律援助制度予以落实，这同时也是社会公平正义的应有之义。此外，法律援助也是国际社会普遍认同的人权。《公民权利与政治权利国际公约》第十四条规定："被控犯有刑事罪行的每个人，应当有权出席受审并亲自替自己辩护或经由他自己所选择的法律援助进行辩护；如果他没有法律援助，要通知他享有这种权利；在司法利益有此需要的案件中，为他指定法律援助，而在他没有足够能力偿付法律援助的案件中，不要他自己付费。"关于法律援助的性质，也已经从慈善行为转变为国家责任、政府责任。我国《法律援助条例》第三条明确规定了法律援助是政府的责任。但目前《法律援助条例》的法律位阶还停留在"条例"，并未上升至"法"，现阶段的立法现状和保障公民平等诉权的目标之间不相匹配。更为突出的问题是，刑事诉讼法等相关法律已经过多次修改，法律援助的受案范围实际上也已经扩大，如何与更新后的相关法律规定、现实需求相协调愈发迫切。

现代社会普遍认为法律援助是一种国家行为，由政府设立的法律援助机构在国家强制力保证下组织实施。它是现代法治社会要求国家承担的一种重要责任，体现了国家和政府对公民应尽的义务。顺应扩大法律援助受案范围的趋势、处理各地方之间法律援助受案范围区别所带来的法律问题的责任，需要国家才拥有更高层次的立法权限。在我国，根据宪法第六十二条第三款的规定，全国人民代表大会拥有制定和修改刑事、民事、国家机构及其他基本法律的权限。第六十七条第二款、第七款以及第八款分别规定，全国人民代表大会常务委员会拥有并可行使制定和修改除应当由全国人民代表大会制定的法律以外的其他法律的职权，拥有撤销国务院制定的同宪法、法律相抵触的行政法规、决定和命令、撤销省、自治区、直辖市国家权力机关制定的同宪法、法律和行政法规相抵触的地方性法规和决议的权限。因此，扩大我国法律援助的受案范围，完善我国的法律援助制度，加快我国法治建设的步伐和深化司法改革，从而保障我国公民平等与发展人权，需要国家在法律援助立法上的推动与支持。但是，扩大法律援助的受案范围也意味着国家需要提供更多的物质保障，也就是说需要通过税收手段重新分配资源，这对国家与地方财政的规划提出了更高要求。另一方面，原有的律师市场因为法律援助律师办案数量提升也会受到冲击。因此，法律援助受案范围扩大的程度、提供法律援助的质量标准等都需要在立法过程中慎重考量。

　　不同援助案件类型内部各有各的问题，而在案件类型之间亦存在矛盾点。有学者认为，刑事法律援助是法律援助制度中的核心与关键，我国法律援助制度发展中存在的突出问题就是在民事法律援助蓬勃发展的同时刑事法律援助不断萎缩，逐渐背离了国家建立法律援助制度的本旨。2003年，全国共办理法律援助案件166433件，其中民事案件95053件，约占办案总数的57%；刑事案件67807件，约占总办案数的41%。2014年，全国共办理法律援助案1243075件，其中民事案件997058件，约占办案总数的80%；刑事案件240480件，约占总办案数的19%。经过十余年的发展，刑事法律援助案件比例不升反降。愈发令人担忧的是，民刑事法律援助案件比例的失调有愈加严重的趋势。2014年，全国共办理法律援助案件较去年增长7.3%，其中民事案件为法律援助案件总量增长的主要因素，占总增长量的78.4%，而刑事法律援助的案件总数增长仅占 8.2%。①

表 2-3-1　全国法律援助案件（民、刑）数量表

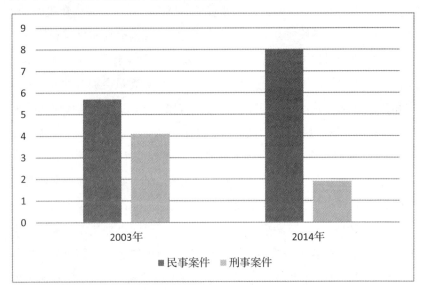

从法律法规相关规定来看，从政府责任构成来看，调处比重较大的民事争议是政府责任的重要方面，同时，打击犯罪、维护社会治安也是政府的主要职责，而为刑事犯罪嫌疑人提供有效辩护从某种意义上看是阻碍打击犯罪的。从这一角度考虑，作为政府职能部门的法律援助机构更倾向于办理民事案件。另外，从绩效角度考虑，民事纠纷案件相对简单，办理风险较低，在重打击、轻保护的刑事司法环境下，刑事辩护往往面临较大的困难和风险。因此，法律援助向民事案件倾斜就容易理解了。然而，法律援助作为一项公共服务不仅需要满足公益性要求，更应该符合司法规律。② 在法律援助经费短缺情况下，各国通常尽量控制甚至缩小民事法律援助的范围，优先确保刑事案件的犯罪嫌疑人、被告人

---

① 樊崇义：《中国法律援助制度的建构与展望》，《中国法律评论》2017 年第 6 期，第 195 页。

② 胡铭、王廷婷：《法律援助的中国模式及其改革》，《浙江大学学报（人文社会科学版）》2017 年第 2 期，第 79—84 页。

获得法律援助。如英国从 1997 年到 2007 年，刑事法律援助经费增长了 37%，民事法律援助经费呈下降趋势，民事法律援助事务减少了 24%；美国的民事法律援助人均经费仅占国民人均法律援助经费的 19%。[①]

面对刑事、民事法律援助之争，不妨向法律援助的初衷与目标中探求。法律援助作为国家的重要制度来源于"二战"后福利国家政策对于穷人的关注。根据罗尔斯的正义论，公民维护自身利益的权利形式上是平等的，法律援助有保障所有公民获得法律平等保护的一面；但另一方面，个体掌握的社会资源不同，因此实现法律所赋予权利的程度也不同。法律援助的慈善和扶助性质是为"最少受惠的社会成员"带来实质正义，这也决定了它必然不能向所有公民敞开。对于谁来援助、援助谁、援助什么领域的决定，国家扮演着关键性角色。[②] 在民事案件构成法律援助案件主体的现实情况下，基于人权发展和国家法律援助制度的总体规划，强调刑事案件的律师辩护对法律援助的协调发展具有重要意义。从长远角度，制定《法律援助法》，回归法律援助的初衷与目标，逐步扩充法律援助的受案范围才是更符合法律援助发展规律的选择。

四 我国法律援助受援对象的概念

法律援助的受援对象是指在法律援助过程中，获得法律援助的对象的具体范围，即什么样的公民可以被纳入法律援助的范围内。充分理解《法律援助条例》和各地方法律援助相关规定，合理界定法律援助受援对象范围，可以避免不当的法律援助，节约法律援助资源，从而真正实现对公民基本权利的切实保障，保障司法公正。

早在我国初建法律援助制度时，法律援助受援范围问题，就已被提上议事日程。1996 年 11 月，在广州召开"全国首届法律援助经验交流

---

① 陈永生：《刑事法律援助的中国问题与域外经验》，《比较法研究》2014 年第 1 期，第 32—45 页。

② 储卉娟：《嵌入式制度移植困境：对中国法律援助制度的法社会学研究》，《学习与探索》2017 年第 12 期，第 103 页。

暨工作研讨会"①,理论界与实务界就法律援助的受援范围进行讨论。当时主流的是两种观点:一种观点认为,无论是我国公民或法人,只要存在经济困难无力支付法律服务费用的情况,都应当被纳入法律援助的受援范围。另一种观点认为法律援助的受援范围应当仅限于自然人,不应当包括法人。两种观点的主要分歧是在于法人是否属于法律援助的受援范围。经过激烈讨论,最终,会议采纳了后一种观点,认为法律援助的受援范围仅限于自然人,不包括法人。秉持这种观点,在目前我国的法律、行政法规中,法律援助的受援范围也仅限于公民。现行《法律援助条例》在条文第二章对于法律援助范围进行了规定,其主要围绕着公民讨论,亦未涉及法人。

然而,随着社会发展,产生了越来越多提供非营利性的社会福利服务或从事公益事业的社会公益法人②。一方面,这些法人不具有盈利性,缺乏竞争力,常无力购买法律服务;另一方面,保障这些公益法人的发展对于促进社会和谐稳定不可或缺。因此,为这些公益法人提供法律援助服务成为一种现实必要的需求。

如上所述,为了回应社会需求,部分地区对法人法律援助进行了规定。例如,在《广东省法律援助条例》(2016年修订)第十二条规定:"福利院、孤儿院、养老机构、光荣院、优抚医院、精神病院、SOS儿童村等社会福利机构,因维护其合法民事权益需要法律帮助的,法律援助机构根据其申请可以提供法律援助。社会组织依法对污染环境、破坏生态等损害社会公共利益的行为向人民法院提起民事公益诉讼的,法律援助机构根据其申请可以提供法律援助。"广东省将有需要的公益法人或组织纳入到法律援助受援范围内,有利于公益法人和组织的发展,满足法人法律援助的现实需求。

---

① 参见郑自文:《加速法律援助制度建设,全面推进社会文明进步——首届全国法律援助经验交流暨工作研讨会综述》,《司法研究》1997年2期。

② 参见《民法总则》(2017年)第57条:"法人是具有民事权利能力和民事行为能力,依法独立享有民事权利和承担民事义务的组织。"

不过，对法人的法律援助并非主流，下文笔者将主要从自然人的角度研究法律援助的受援范围。

五 我国法律援助的受援类型划分

（一）一般受援对象

我国的法律援助受援对象可以大致分为两类，即一般受援对象和特殊受援对象。一般受援对象是指申请人具备某种普遍条件，即有资格获得法律援助。

在我国，一般受援对象主要有以下两个条件：一方面，申请人经济困难，无力承担法律服务的费用；另一方面，有充分证据证明为保障自己合法权益确需法律帮助。具备这两个条件，即获取了接受法律援助的基本资格。

1.经济困难

"经济困难"是指申请人因经济条件太差而无能力或无完全能力支付其法律服务的费用。该条件充分体现了法律援助本质上是一种对于经济困难者的救济制度，政府通过法律援助为经济困难者提供司法上的保障。

"经济困难"是一个概括的要求，《法律援助条例》第十三条指出"本条例所称公民经济困难的标准，由省、自治区、直辖市人民政府根据本行政区域经济发展状况和法律援助事业的需要规定。申请人住所地的经济困难标准与受理申请的法律援助机构所在地的经济困难标准不一致的，按照受理申请的法律援助机构所在地的经济困难标准执行。"据此，《法律援助条例》将划定经济困难标准的权力赋予各省、自治区、直辖市人民政府，这样的弹性规定有利于各地方政府因地制宜，充分发挥法律援助制度的作用。

"经济困难"的具体操作主要见于司法部2012年发布的《办理法律援助案件程序规定》。

首先，"经济困难"的审查主体为法律援助机构。根据《规定》第八条①，审查主体均为法律援助机构，刑事案件的法律援助"经济困难"的审查主体为办案机关所在地法律援助机构；其他案件法律援助"经济困难"的审查主体由"义务机关所在地、义务人住所地或者被请求人住所地"的法律援助机构受理。

其次，"经济困难"的审查对象根据《规定》的第五条②分为两种情况：第一种是以申请人及与其共同生活的家庭成员的人均收入为审查对象，只要申请人及与其共同生活的家庭成员的人均收入符合法律援助地方性法规或者省、自治区、直辖市人民政府规定的经济困难标准，即认定为"经济困难"；第二种是以申请人的个人收入为审查对象，如果申请人的个人收入符合法律援助地方性法规或者省、自治区、直辖市人民政府规定的经济困难标准，即认定为"经济困难"。

再次，"经济困难"所需的证明材料则规定在第九条："公民申请代理、刑事辩护法律援助，应当如实提交下列申请材料：①法律援助申请表。填写申请表确有困难的，由法律援助机构工作人员或者转交申请的机关、单位工作人员代为填写；②身份证或者其他有效的身份证明，申请代理人还应当提交有代理权的证明；③法律援助申请人经济状况证明表；④与所申请法律援助事项有关的案件材料。法律援助申请人经济状况证明表应当由法律援助地方性法规、规章规定的有权出具经济困难证

---

① 参见司法部《办理法律援助案件程序规定》（2012 年）第 8 条："公民因经济困难就《法律援助条例》第十条规定的事项申请法律援助的，由义务机关所在地、义务人住所地或者被请求人住所地的法律援助机构依法受理。《法律援助条例》第 11 条规定的公民因经济困难申请刑事法律援助的，由办理案件的人民法院、人民检察院、公安机关所在地的法律援助机构受理。申请人就同一事项向两个以上法律援助机构提出申请的，由最先收到申请的法律援助机构受理。"

② 参见司法部《办理法律援助案件程序规定》（2012 年）第 15 条："法律援助机构经审查，对于有下列情形之一的，应当认定申请人经济困难：

（一）申请人及与其共同生活的家庭成员的人均收入符合法律援助地方性法规或者省、自治区、直辖市人民政府规定的经济困难标准的；

（二）申请事项的对方当事人是与申请人共同生活的家庭成员，申请人的个人收入符合法律援助地方性法规或者省、自治区、直辖市人民政府规定的经济困难标准的；

（三）申请人持本规定第十条规定的证件、证明材料申请法律援助，法律援助机构经审查认为真实有效的。"

明的机关、单位加盖公章。无相关规定的,由申请人住所地或者经常居住地的村民委员会、居民委员会或者所在单位加盖公章。"

最后,"经济困难"的具体标准规定在《办理法律援助案件程序规定》第十条①。各省市以《规定》第十条为基础,设定的"经济困难"的标准主要有以下类型。

第一种类型,以最低生活保障标准为基准来设定"经济困难"的具体标准。此类标准主要是以司法部《办理法律援助案件程序规定》第十条第一款"城乡居民最低生活保障或者农村居民最低生活保障证"②为证明,要求达到"最低生活保障标准"。通常不同地区会在此基础上,根据各地经济水平进一步细化。例如,《安徽省法律援助条例》第十七条就规定公民获得法律援助的经济困难标准按照设区的市最低生活保障标准的两倍确定。《福州市法律援助条例》第九条也规定按照城乡居民最低生活保障标准的两倍。在海南省三亚市,当地政府结合国务院《法律援助条例》、《海南省法律援助规定》的规定,借鉴各省市法律援助经济困难审查标准制定依据,原则上以当地居民最低生活保障线 1.5 倍为准。

另一种类型是详细列举可归为"经济困难"的人群,但凡符合列举情况的人员即符合"经济困难"条件。这些被认定为"经济困难"的情况大致有:1. 领取最低生活保障金、失业保险金的城镇居民;2. 享受"五

---

①　参见司法部《办理法律援助案件程序规定》(2012 年)第 10 条:"申请人持有下列证件、证明材料的,无需提交法律援助申请人经济状况证明表:

(一)城市居民最低生活保障证或者农村居民最低生活保障证;

(二)农村特困户救助证;

(三)农村"五保"供养证;

(四)人民法院给予申请人司法救助的决定;

(五)在社会福利机构中由政府出资供养或者由慈善机构出资供养的证明材料;

(六)残疾证及申请人住所地或者经常居住地的村民委员会、居民委员会出具的无固定生活来源的证明材料;

(七)依靠政府或者单位给付抚恤金生活的证明材料;

(八)因自然灾害等原因导致生活出现暂时困难,正在接受政府临时救济的证明材料;

(九)法律、法规及省、自治区、直辖市人民政府规定的能够证明法律援助申请人经济困难的其他证件、证明材料。"

②　参见前注,第一款。

保户"、"特困户"救济待遇的农村居民；3. 养老院、孤儿院等社会福利机构除工作人员之外由政府供养的人员；4. 无固定生活来源的残疾人；5. 符合国家规定的优抚、安置人员；6. 因自然灾害等不可抗力造成生活困难的人员；7. 被政府列为扶贫对象的；8. 被工会组织认定为特困职工或者建立特困职工档案的；9. 被妇联组织认定为单亲特困母亲家庭的；10. 被残联组织认定为困难残疾人家庭的等等。另外，在一些地方的文件中，如广东省的《广东省法律援助经济困难标准规定》、天津市的《天津市法律援助若干规定》，均采取这种方法。列举式的优点在于明确而具体，但同时，现实情况总是复杂多变，所以这种列举式很难穷尽实际生活中的"经济困难"的所有情况，可能会遗漏部分有法律援助需要的"经济困难"人群。

还有的地区将这两种类型结合起来，共同构成"经济困难"的标准。例如《甘肃省人民政府办公厅批转省司法厅关于甘肃省法律援助事项补充范围和公民经济困难标准的意见的通知》、《广西壮族自治区法律援助条例》、《重庆市法律援助条例》等。

上述三种类型的标准，都是对司法部《办理法律援助案件程序规定》第十条具体规定的回应。通过这些不同类型的规定，共同为法律援助中"经济困难"认定提供了详细具体的参考依据，"经济困难"标准的规范化，一方面易于申请人理解受援条件，另一方面，也使得法律援助机构对这一标准的审查更为科学规范。

2. 有充分证据证明为保障自己的合法权益确需法律帮助

法律援助一般受援范围的另一条件是申请人"有充分证据证明为保障自己的合法权益确需法律帮助"。这要求申请人申请的必须是合法权益，同时也有充分证据来证明自己的诉求。

（1）合法权益

合法权益，又指合法性。在我国，申请人申请法律援助的事项必须符合法律规定，申请人请求保障的权利应为法定权利，否则法律援助机构将不会为其提供法律援助。

这一规定排除了法律援助申请者提出的违法、非法申请的情况。同时，此规定对各法律援助机构自身也提出了要求，即要求法律援助机构在受理申请时，对申请人的请求事项进行严格的审核，全面排除不合法的法律援助申请，充分支持合法权益的保障。例如，《甘肃省法律援助条例》第二十五条和《江苏省法律援助条例》第三十三条都规定了"申请人若利用提供的法律服务从事违法活动，法律援助机构将终止对其的法律援助"。还有广东省、江苏省、重庆市等地对"合法性"均有规定。可见，在法律援助工作中，法律援助机构会严格审查申请的"合法性"，对企图利用法律援助服务进行违法活动的申请人，撤销其资格，已经接受法律援助的也会终止。

"合法权益"这一要求有其意义，首先，申请人在现实中常为弱势一方，因此，法律援助努力保护申请人权益，但这种保护也是有底线的。一旦申请人的请求超越了"合法"的限度，则会侵害社会其他公民或组织的合法权益。法律援助受援人中对于"合法性"的审查就是为了防止这种情况的发生；其次，"合法性"要求也是对法律援助制度本身的一种保障。设立法律援助制度的初衷是为了帮助公民获得法律服务，而现实中，却有公民恶意利用法律援助服务来达到自己的不法目的，对于"合法性"的审查，是为了防止法律援助被不法分子利用，避免原本的正义武器被用作非法目的。这一要求有益于保障法律援助制度本身的合法性、纯洁性。

（2）充分证据

A. 有充分证据证明自身经济条件

法律援助要求申请人"有充分证据证明自身经济条件"是为了避免有不符合条件的申请人利用法律援助获得免费法律服务的便利，导致法律援助被滥用。因此，申请人需要用充分的证据来证明自身"经济困难"或者符合条例规定的特殊情况。

对于"充分证据"的要求，《法律援助条例》（下称《法援条例》）第十七条规定了："公民申请代理、刑事辩护的法律援助应当提交下列证件、证明材料：①身份证或者其他有效的身份证明，代理申请人还应当提交有代理权的证明；②经济困难的证明；③与所申请法律援助事项有关的案件材料。申请应当采用书面形式，填写申请表；以书面形式提出申请确有困难的，可以口头申请，由法律援助机构工作人员或者代为转交申请的有关机构工作人员作书面记录"。

在申请人提交证据后，法律援助机构也会对提交的证据及材料进行审查，《法援条例》十八条规定："法律援助机构收到法律援助申请后，应当进行审查；认为申请人提交的证件、证明材料不齐全的，可以要求申请人作出必要的补充或者说明，申请人未按要求作出补充或者说明的，视为撤销申请；认为申请人提交的证件、证明材料需要查证的，由法律援助机构向有关机关、单位查证。对符合法律援助条件的，法律援助机构应当及时决定提供法律援助；对不符合法律援助条件的，应当书面告知申请人理由。"

《法援条例》规定说明：符合一般受援范围也要求申请人有充分证据证明自身符合条件，确需法律援助。不仅《法援条例》中有这样的规定，各地方也是这样规定的，并且在一些省区如甘肃、广东、广西、海南等地区的法律援助相关文件中会直接规定，伪造"经济困难"证明的申请者，如果不提交真实的证明材料，将丧失申请法律援助的资格或对申请人终止法律援助。这样的规定避免了浑水摸鱼，可节约法律援助资源。

B. 有充分证据证明申请事项"可能性"

申请人除了要提供充分证据证明自身"经济困难"，还需要提供证据证明所申请权益的"可能性"。这种"可能性"主要体现在两方面：一方面，申请人申请的法律援助诉求是现实的、"可能"被实现的，不能虚构或伪造；另一方面，即法律援助机构在审查材料之后认为有"胜诉可能性"，在这种情况下法律援助机构才会受理此类案件。申请事项要求符合这种可能性也是考虑到实践操作的需要。

首先，申请事项必须是真实的，"可能"被实现的，唯此，法律援助才能真正发挥作用。因此，在很多地方的条例或办法中都有所规定。例如：甘肃省的《嘉峪关市法律援助实施办法》第二十五条："受援助人享有的权利和应承担的义务：③如实向法律援助人员提供申请援助事项的真实情况及证明材料，不得隐瞒、伪造或捏造事实真相"。《广东省法律援助条例》第四十八条、《海南省法律援助规定》第二十六条、《郑州市法律援助办法》第二十三条也都规定了申请人不能用欺骗的手段或虚假的材料。《郑州市法律援助办法》第二十三条还对采取欺诈手段的申请人采取相应的惩罚措施，即要求其支付双倍法律服务的费用。以上四个地区的法律援助文件都规定了申请法律援助的人员应当提供"真实"的申请事项，不能用欺诈手段，以现实中根本没有发生的事项提起申请。这些例证充分说明了符合法律援助资格要求的申请人有充分证据证明申请的法律援助事项是现实的、可能实现的。

其次，"可能性"的另一个方面是法律援助机构认为申请人所申请的事项有"胜诉可能性"。如果法律援助机构审查之后，认为因证据不足、请求不合理、申请人不配合等原因，导致申请事项根本没有"胜诉可能性"，机构就没有继续进行法律援助的必要，否则也在浪费法律援助资源。《法律援助条例》十七条第三项明确规定，法律援助机构应当审查"与所申请法律援助事项有关的案件材料"，并且"对于不完整的材料进行完善"。通过这种方式，法律援助机构对申请事项进行详细审查，判断申请人申请维护的权益是否存在"胜诉可能性"，从而有助于提高法律援助效率。

如果存在"胜诉率"过低的情况，各地方政府在相关文件中，或者规定法律援助机构与申请人协商，努力提高胜诉可能，若申请人不配合将撤销法律援助；或者规定直接终止、中止法律援助。例如《福州市法律援助条例》第二十四条第二款规定，如果受援人不配合法律援助人员使"使法律援助工作难以继续开展的"，导致案件胜诉可能性过低，法律援助机构将终止对其法律援助。《上海市法律援助若干规定》第十二条则提出，当受援人"提出不符合法律规定或者实际情况的要求"且"经解释仍坚持不合理要求，致使法律援助活动难以继续进行"，案件的胜诉可能性太小，法律援助中止。而《重庆市江北区人民政府关于印发〈重庆市江北区法律援助工作实施办法〉的通知》中也提出当受援人"提出维权请求但超出法律法规政策规定范围和幅度的"，法律援助机构不予受理。尽管各地区具体规定不同，但处理结果均是不再提供法律援助服务。可见，各地的法律援助工作都充分考虑到了"胜诉可能性"，尽管法律援助是公益性质的，不以效率为最终的价值追求，但为了提高效率，帮助更多有需要的人，法律援助机构也会严守接受案件的质量，防止所办案件的拖沓和低效率，高质量地完成每个案件。

综合来看，以上关于"充分证据"的所有规定，落脚点均是为了更好地审查申请事项，从而节约法律援助资源，使法律援助制度发挥社会效益最大化。

（二）特殊受援对象

一般受援对象是指申请人具备某种普遍条件，即有资格获得法律援助，换言之，对一般受援对象的规制仅是基础性的。而对那些生理、生存条件等方面处于弱势的特殊社会群体，他们的处境往往比普通人更加艰难，更需要法律上的帮助。因此，我国法律对这些弱势群体的权利保障给予了特别保护。

目前，从立法层面来看，除了《法律援助条例》外，我国特殊受援范围主要采取分类立法的方式，对各特殊受援群体有专门法律、行政法规、规范性文件等进行具体规定，主要有以下几大类：残疾人、老年人和未成年人、工人、军人军属、妇女等。对残疾人的法律援助的规定主要散见于《中华人民共和国残疾人保障法》（2008 年修订）、《残疾人就业条例》（2007 年颁布），同时，相关规范性文件中对此亦有相应的规定，如2009 年发布的《关于印发〈关于加强残疾人法律救助工作的意见〉的通知》。对于老年人和未成年人这两类弱势群体的法律援助相关规定则主要出现在《中华人民共和国老年人权益保障法》（2015 年修正）、《中华人民共和国未成年人保护法》（2012 年修正）等。对于工人、军人军属予以法律援助的规范，则分别有 2008 年发布的《工会法律援助办法》和2016 年发布的《军人军属法律援助工作实施办法》。最后，《中华人民共和国妇女权益保障法》（2005 年修订）和 2008 年发布的全国妇联、中央宣传部、最高人民检察院等印发《〈关于预防和制止家庭暴力的若干意见〉的通知》中有关于妇女法律援助保护的专门规定。

可以说，对这些特殊群体的法律援助保障体现了我国对于人权的司法保障的逐渐重视，我国法律援助制度的不断健全也是法律援助不断发展、社会不断进步的象征。下文，将对特殊受援范围内的不同人群进行具体分析。

1. 特定身体状况

特殊身体状况主要是指盲、聋、哑等残疾人。他们因受到自然生理条件限制容易受到不法侵害，且在遭受侵害后也无法进行有效维权，因此法律援助制度对其进行了特殊保护。

在 2008 年修订的《中华人民共和国残疾人保障法》第六十条中，对残疾人的法律援助进行了如下规定："残疾人的合法权益受到侵害的，有权要求有关部门依法处理，或者依法向仲裁机构申请仲裁，或者依法向人民法院提起诉讼。对有经济困难或者其他原因确需法律援助或者司法救助的残疾人，当地法律援助机构或者人民法院应当给予帮助，依法为其提供法律援助或者司法救助。"从上述法条可以看出，在《残疾人保障法》中，对于残疾人法律援助的条件是"经济困难或者其他原因确需法律援助或司法救助"。而在《法律援助条例》和各地政府公布的法律援助条例或相关文件里，很多省份对于盲、聋、哑等残疾人要求更低甚至没有要求，直接给予法律援助资格，下文将对此进行进一步分析。

《法律援助条例》第十二条规定，被告人是盲、聋、哑人而没有委托辩护人的，或者可能被判处死刑而没有委托辩护人的，人民法院会为其指定法律援助服务，并且无须审查经济状况。这体现了法律援助机构对于残疾人条件的放宽。

在地方，很多省市政府也将盲、聋、哑等残疾人纳入到特殊受援范围中。

有些省市规定不再审查残疾人经济状况。例如，《广东省法律援助条例（2016修订）》第二十一条规定困难残疾人家庭、重度残疾且无固定生活来源或者一户多残家庭就不再审查经济状况。《河南省法律援助条例》第十一条规定对残疾人维护自身合法权益的法律事项都不再审查其经济状况。

有的省市则直接认定无固定生活来源的残疾人属于"经济困难"情形，给予法律援助。在《甘肃省人民政府办公厅批转省司法厅关于甘肃省法律援助事项补充范围和公民经济困难标准的意见的通知》、《海南省人民政府办公厅转发省司法厅关于我省公民经济困难标准和法律援助事项补充范围意见的通知》中均规定无固定生活来源的残疾人属于"经济困难"的范围。当然，部分省市仍需要对残疾人进行经济审查，要求达到"经济困难"标准。例如，安徽省《马鞍山市法律援助受案范围规定》、《黑龙江省残疾人法律援助工作实施细则（试行）》就要求受援的残疾人"经济困难"。

综上，虽然在全国各省市的文件和规定中对于残疾人的法律援助资格或多或少还有一些限制，但总体而言，对于残疾人群体的法律援助条件是逐渐放宽的，各地的法律援助机构对残疾人司法救济也不断加强，这对于保障残疾人群体的合法利益有积极作用。

2. 特定年龄阶段

特定年龄阶段主要是指未成年人和老年人。未成年人和老年人是社会中的弱势群体，世界上很多国家对于未成年人和老年人的法律援助都有特殊规定，同样，在我国，未成年人和老年人亦被纳入法律援助的受援范围之中。

首先，从法律层面看，在《中华人民共和国未成年人保护法》（2012年修正）和《中华人民共和国老年人权益保障法》（2015年修正）中有相关规定。

《未成年人保护法》第五十一条规定："未成年人的合法权益受到侵害，依法向人民法院提起诉讼的，人民法院应当依法及时审理，并适应未成年人生理、心理特点和健康成长的需要，保障未成年人的合法权益。在司法活动中对需要法律援助或者司法救助的未成年人，法律援助机构或者人民法院应当给予帮助，依法为其提供法律援助或者司法救助"。该条款要求法律援助机构保障未成年人的合法权益，对于需要司法救助的未成年人给予帮助，为其提供法律援助服务。

《中华人民共和国老年人权益保障法》第三十九条规定，"老年人因其合法权益受侵害提起诉讼交纳诉讼费确有困难的，可以缓交、减交或者免交；需要获得律师帮助，但无力支付律师费用的，可以获得法律援助。"① 为落实该法的规定，司法部与民政部还联合下发了《关于保障老年人合法权益、做好老年人法律援助工作的通知》，要求法律服务机构承担起为老年人提供法律援助的义务，使符合条件的老年人就地、就近、及时地得到优质的法律援助。这些条文为各级政府针对未成年人和老年人的法律援助提供了基本的价值导向，保障未成年人和老年人获取法律援助的基本权利成为各个法律援助机构的重要责任之一。

其次，除了法律有相应规定，对未成年人和老年人的法律援助保障还体现在相关的行政法规、政府规章或规范性文件等中。

①对未成年人的法律援助保护

《法律援助条例》第十二条就规定刑事诉讼案件被告人为未成年人的，法律援助机构应当提供法律援助，无须对被告人进行经济状况的审查。各地方法律援助机构对于未成年人的保护较为充分，主要体现在以下几个方面：

A.《法律援助条例》规定对刑事诉讼案件中未成年人的法律援助保护。这在各地的法律援助条例中均有规定。

B. 对追索侵权赔偿、人身赔偿的未成年人进行保护。未成年人权利极易受到侵害，法律援助机构为其提供法律援助，帮助其追索侵权赔偿。例如，《厦门经济特区法律援助条例（2010 修订）》、《甘肃省法律援助条例》等地区法规均规定，对追索侵权赔偿、人身赔偿的未成年人给予法律援助服务。

C. 对经济困难的未成年人进行保护。如吉林省的《延边朝鲜族自治州法律援助条例》第八条规定："符合下列条件之一的公民，可以向法律援助机构申请法律援助……（4）经济困难的未成年人和家庭经济困难

---

①　经 2018 年的第三次修正将其调整至第 56 条："老年人因其合法权益受侵害提起诉讼交纳诉讼费确有困难的，可以缓交、减交或者免交；需要获得律师帮助，但无力支付律师费用的，可以获得法律援助。鼓励律师事务所、公证处、基层法律服务所和其他法律服务机构为经济困难的老年人提供免费或者优惠服务。"

或者社会福利机构收养的人员"。当然,此类规定相对较少,总体而言,大多数地区对于未成年人的法律援助都不再要求其"经济困难"。

D. 孤儿、由孤儿院供养的儿童。根据 1991 年公布的《中华人民共和国收养法》规定,孤儿是指"父母死亡或者法院宣告父母死亡且不满十四周岁的儿童"。孤儿缺乏父母的保护,在生活、教育等各方面都欠缺相应的保障,因此,政府对于孤儿给予保护。除了孤儿,孤儿院供养的儿童也受到法律援助机构的关注。对于这两种儿童的保护,很多地区均有规定。如安徽省《马鞍山市法律援助受案范围规定》第二条①、《宁夏回族自治区法律援助条例》第九条②、《广东省法律援助条例》第十二条③ 等,都规定了为孤儿或者孤儿院等福利机构供养的儿童提供法律援助服务。同时,对于这两种未成年人,部分地区法律援助机构免予审查其经济状况,直接认定为"经济困难",给予法律援助。

---

① 参见《马鞍山市法律援助受案范围规定》(2005 年发布)第 2 条:"法律援助的对象是:
（一）正在领取最低生活保障金或失业救济金的人员;
（二）经济困难的优抚对象;
（三）社会福利机构中由政府供养的收养人员;
（四）经济困难的残疾人、孤寡老人、孤儿;
（五）其他确实需要法律援助的人员"。
② 参见《宁夏回族自治区法律援助条例》第九条:"有下列情形之一的经济困难公民,可以申请法律援助:
（一）无其他收入,正在享受城市居民最低生活保障或者失业保险的;
（二）符合农村最低生活保障标准的;
（三）社会福利机构中由政府供养的人员;
（四）孤寡老人、孤儿和农村"五保户";
（五）没有固定收入来源的残疾人、患有严重疾病的人;
（六）其他因经济困难需法律援助的。
公民经济困难的标准,由自治区人民政府按照城乡居民最低生活保障标准确定。
需要扩大受援人范围的,自治区人民政府可以根据实际情况调整公民获得法律援助的经济困难标准"。
③ 参见《广东省法律援助条例》第 12 条:" 福利院、孤儿院、养老机构、光荣院、优抚医院、精神病院、SOS 儿童村等社会福利机构,因维护其合法民事权益需要法律帮助的,法律援助机构根据其申请可以提供法律援助。 社会组织依法对污染环境、破坏生态等损害社会公共利益的行为向人民法院提起民事公益诉讼的,法律援助机构根据其申请可以提供法律援助。"

E. 对受到监护人侵害或受教育权被侵害的未成年人进行保护。社会中,监护人侵害虐待未成年人的情况时常发生,为了保护未成年人不受监护人的伤害,法律援助机构为受到监护人侵害的未成年人提供法律援助服务。例如,《辽宁省法律援助条例》第十六条第三款规定"对于未成年人争取教育权或受监护人侵害的案件,不审查经济状况而给予法律援助"。天津市《关于批转和平区放宽法律援助条件暂行办法的通知》规定"未成年人因遭受家庭暴力、虐待、遗弃案件可以获得法律援助"。

F. 对于未成年人,法律援助机构往往优先为其提供服务。如江苏省南京市的《南京法律援助实施办法》也将未成年人作为法律援助的优先对象。虽然部分地方政府规章或相关文件欠缺对未成年人法律援助提供优先服务的规定,但是,早在 1996 年发布的《司法部、共青团中央关于保障未成年人合法权益做好未成年人法律援助工作的通知》第三款就规定:"各地法律援助专门机构要把未成年人的法律援助案件作为工作重点,采取特殊措施,提供优先、便捷的法律服务"。这些都体现了法律援助机构对于未成年人的特殊照顾。

G. 不审查未成年人经济状况。这主要是考虑到未成年人没有经济来源,目前我国大多数省份例如山西省、山东省、河北省、浙江省、海南省、湖北省、甘肃省、贵州省、重庆市等地区对于未成年人案件或者某些特定的未成年人案件直接免予审查其经济状况。当然,不同省份对未成年人免于经济状况审查的具体情况规定不一,有的地区对没有委托辩护人的未成年人免于审查,如贵州省;有的地区对于孤儿、孤儿院供养的儿童免于审查,如甘肃省;有的地区对于未成年人合法权益受到监护人侵害的免于审查其经济状况,如重庆市。

②对老年人的法律援助保护

法律援助制度中对老年人的保护和对未成年人的保护大多是放在一起规定的,行政法规以及各地方的政府规章、政府文件常常共同强调这两类特殊群体,因此,规定也较为相似。对于老年人的保护大致分为以下几类:1.将追索侵权损害赔偿、人身损害赔偿的老年人纳入受援范围;2.经济困难的老年人;3.维护自身合法权益的老年人;4.有特殊困难的老年人；5.由养老院或者社会福利机构供养的老年人；6.请求赡养费的老年人；7.无固定生活来源的老年人；8.孤寡老人，即无配偶，无子女，无人照顾，年纪超过 60 周岁，丧失劳动能力的老人；9.70 岁以上患有重大疾病的老人等。有的地方例如青海省还会对于孤寡老人和 70 周岁以上患有重大疾病的老人优先提供法律援助服务。对这类老年人，法律援助机构通常免予审查其经济状况，为其提供法律援助服务。

以上是我国法律援助制度对于未成年人和老年人这两类特殊群体的保护，从全国及各地的规定来看，各地的法律援助机构都会给予未成年人和老年人优待，这是我国法律援助制度保护公民人权的具体表现。

3. 地方特征

中国幅员辽阔，各地经济、文化发展不平衡，风俗不一，这导致在诉讼中也会有不同的特点。为了平衡现实中各地区的差异，各地政府常常针对所在地的特殊情况进行规定：根据当地的社会情况，对于某类特定人群进行法律援助保护。这样的规定符合地方特征，能够帮助解决群众在生活中经常出现的问题，对当地的法律援助工作有积极的推动作用。下面，将以我国部分省份地区为例具体介绍法律援助受援范围的地方特色。

（1）内蒙古对牧民的法律援助

在内蒙古自治区，地域广袤，有大片的草原和众多依赖草原为生的牧民，牧民是当地的一个重要群体，牧民的利益保护关乎到整个内蒙古地区的稳定发展，因此，法律援助将牧民纳入受援范围。《内蒙古自治区人民政府办公厅关于印发〈自治区"十三五"时期完善法律援助制度规划〉的通知》强调重点做好农牧民工等群体的法律援助工作，针对其不同特点和需求提供有针对性的法律援助服务，切实维护其合法权益。

同时，为了更好地保障牧民的合法权益，对于涉及牧民重大利益的案件，内蒙古法律援助机构都给予了牧民申请法律援助的资格。例如，《内蒙古自治区人民政府关于进一步加强法律援助工作的意见》提出，对于因假劣种子、农药、化肥等生产资料造成损失请求赔偿的案件和农村土地和牧区草牧场侵权案件，如果牧民或相关人员提出诉讼，法律援助机构将为其提供法律援助。显然，这些行为都对当地牧民的生产生活产生很大影响。可以看到，在内蒙古地区，其特殊的地理环境和人们的生活方式对法律援助制度产生了影响，使得当地的法律援助具有一定的地方特色。

（2）黑龙江对环卫工人的法律援助

在黑龙江，由于环卫工人特殊的工作环境和黑龙江的独特气候，当地政府对于环卫工人给予法律援助上的特殊保护。《黑龙江省法律援助》第三条和第七条分别规定："符合本办法规定的环卫工人，可获得无偿的法律援助服务"、"符合下列条件的环卫工人可以直接获得法律援助：1.在工作岗位上因意外伤害造成自身合法权益受到侵害；2.申请人是申请案件的当事人或法定代理人；3.案件或事件发生在本辖区，并依法由本辖区的司法机关或仲裁机构受理。"哈尔滨市甚至颁布了《哈尔滨市司法局、哈尔滨市城管局关于印发哈尔滨市环卫工人法律援助暂行办法的通知》，对环卫工人的法律援助工作进行具体完善的规定。黑龙江省法律援助制度对于环卫工人的特殊保护可以说是我国法律援助制度的地方特色之一。

（3）湖北省各县区的法律援助

在湖北省，各地方在制定法律援助制度时都增加了一些具有地方特色的规定。在湖北省罗田县，有大量的外出务工的农民工。这些农民工主要是去沿海的大中城市打工。据当地不完全统计，罗田县每年农民工因工伤、交通事故等在外死亡的不少于 100 个，伤残数更多。为了更好地保护这些农民工和他们的家属，当地司法局就将遭受工伤事故、交通事故的外出农民工纳入法律援助的受援范围，以期尽量保障该县外出务工人员的权益。在湖北恩施，法律援助机构可代理拆迁案件，即对于征地补偿的家庭或者拆迁户，法律援助机构为其提供帮助。在荆州市，在放开二胎政策之前，但凡是独女户的家庭，法律援助机构将免予审查其经济状况，而给予其法律援助。

综上所述，其实，各地区的法律援助制度在发展过程中，受当地一些地理、人文、社会等因素的影响，却发展出其有地方特色的一面。这种地方特色多是为了适应当地的社会发展，对实现法律援助的目的有促进作用。当然，也不能排除一些规定是不符合当地发展规律的，如湖北恩施的拆迁户，当地很多居民对此有异议，他们认为拆迁户本身会得到政府的补偿，从而有一定的物质经济基础，但是当地法律援助机构仍然为其提供无偿法律帮助，而全县的法律援助资源又是有限的，这对其他有法律援助实际需要的居民而言又是不公平的。

地方特征虽有利有弊，但总的来说仍是适应地方发展需要的，相信随着我国法律援助制度的不断发展，各地将会逐渐构建起更加适合自身区域发展的法律援助系统，保证在法律援助服务对象、人员结构、机制建设、工作重点等各方面有合理规划，优化法律援助资源配置，增强法律援助工作针对性，在更深层次上促进法律援助事业的进步。

4. 特定职业

法律援助制度作为一项重要的民生工程，也没有忽视对特定行业人群的保护。这些特定职业人群或是难以运用法律维护自身合法利益，或是为社会做出突出贡献而受到法律援助制度的特殊保护。这些特定职业人群积极推动了国家的进步和发展，因此，为特定职业人群提供法律援助，对于保障司法公正、消除社会矛盾、维护稳定的社会秩序有着重要意义。

在我国，法律援助制度主要对以下特定职业人群提供专门保障：农民、工人（尤其农民工）、军人。

（1）对农民的法律援助

在我国，农业、农村、农民始终是国家建设的重要基础性因素。而农民拥有非常有限的社会资源，无法很好维护自身权益。因此，农民案件被列入法律援助的受案范围内。在法律层面，2012 年颁布的《中国农业法》第七十八条明确规定了："违反法律规定，侵犯农民权益的，农民或者农业生产经营组织可以依法申请行政复议或者向人民法院提起诉讼，有关人民政府及其有关部门或者人民法院应当依法受理。人民法院和司法行政主管机关应当依照有关规定为农民提供法律援助。"《农业法》中的规定体现了政府对于农民法律援助工作的重视。同时，各个地方也对农民的法律援助进行了具体规定。例如安徽省《关于降低法律援助门槛和扩大法律援助事项范围的通知》规定为因农村土地承包或流转纠纷而主张权利的农民提供法律援助服务。并且在北京、福建、甘肃、广西等很多省份都规定"农村五保供养对象"无需提交经济状况证明，直接认定为"经济困难"。

各地的法律援助制度都对农民这个群体进行了特殊保护。但值得注意的是，纵观各个省份的相关文件，虽然会在各《条例》、《办法》或《通知》中规定对农民的法律援助保护，但整体上缺乏专门、系统的对于农民法律援助制度的规定。

（2）对工人的法律援助

工人也是法律援助对象中的一个重要群体。职工法律援助，也即工人法律援助，是指在全国总工会、地方总工会职工法律援助机构的指导下，由工会法律服务机构和其法律服务人员，为经济困难的职工给予减、免收费，提供法律帮助的制度。[①] 在我国，全国总工会颁布的《工会法律援助办法》提出："建立法律援助制度，为合法权益受到侵害的职工、工会工作者和工会组织提供无偿法律服务"，《工会法律援助办法》第八条也对工会法律援助机构的具体机构设置和人员配备进行了具体规定，明确界定了工会法律援助的范围："（1）劳动争议案件；（2）因劳动权益涉及的职工人身权、民主权、财产权受到侵犯的案件；（3）工会工作者因履行职责合法权益受到侵犯的案件；（4）工会组织合法权益受到侵犯的案件；（5）工会认为需要提供法律援助的其他事项。"从最早1998年全国总工会《关于推进工会工作法制化的意见》提出"建立职工法律援助制度"以来，工人法律援助一直是我国法律援助工作的一个重要组成部分，对维护工人权益发挥重要作用。

农民工是工人中的重要一类，为了保障农民工利益，早在2004年司法部、建设部就出台了《关于为解决建设领域拖欠工程款和农民工工资问题提供法律服务和法律援助的通知》。该通知第三项规定"各地法

---

① 关怀：《论对我国职工的法律援助》，《法学杂志》2000年第05期。

律援助机构要通过采取各项措施，保障农民工及时获得法律援助。要提高法律援助工作的便民化程度，依托城市社区、乡镇街道司法所，或者通过与当地建设、劳动与社会保障等行政部门联合成立法律援助工作站，保证农民工就近快捷地申请和获得法律援助。应加强日常管理，严格值班制度，在农民工较集中的地区，可实行双休日值班制度；在有条件的地方设立农民工接待室，指定专人负责农民工申请法律援助的接待工作"。可以说，中央层面对于农民工群体给予了高度关注，各地方政府例如山东省、青海省、重庆市、湖北省、浙江省等也颁布了一些文件来保障农民工获得的法律援助权利。总体上，各地关于工人的法律援助的条文主要是围绕着两个方面，一方面是关于工人请求支付欠薪；另一方面是关于工人在工作中的工伤损害赔偿。这两方面的问题恰恰又是工人（尤其是农民工）在日常工作生活中面对的最主要的两个问题，法律援助制度对这两个问题的关注，对于改善工人的生存环境有着现实意义。

　　值得一提的是，由于农民工流动性较强，很多省市规定了在此领域的法律援助区域协作机制。如 2003 年，重庆市司法局颁布的《重庆市农民工法律援助实施方案》就规定"对在外地务工的重庆籍农民工的法律援助按照重庆市法律援助中心参与的由 31 个城市共同签署的'城际间法律援助协作协议'规定的协作方式提供法律援助。"2011 年，浙江省司法厅出台的《关于在全省实施"法律援助情暖农民工工程"的意见》第二项规定："要继续完善法律援助区域协作机制，加强农民工输出地和输入地法律援助机构的工作协调协作，就申请移送、案件调查取证、送达法律文书等事项进行广泛协作，降低办案成本，方便农民工获得法律援助。"可以看到，我国法律援助制度中对于工人（包括农民工）的法律援助的规定是较为完善的，这有利于充分保障工人的合法权益，维护社会和谐稳定。

　　（3）对于军人军属的法律援助

　　第三类特定职业是军人军属，其实军属并不属于特定职业范畴，但因为在法律、行政法规或文件中常常将两者结合在一起探讨，因此，这里也对军属进行一并讨论。建立军人军属法律援助的"绿色通道"，维护军人军属和合法权益,有利于维护国防利益和军事利益。

从中央层面来看,早在 2014 年 9 月,中央就印发了《国务院、中央军委关于进一步加强军人军属法律援助工作的意见》。2016 年 9 月 14日,为了总结对于军人军属法律援助工作的经验并对其进行规范化,司法部与中央军委政法委员会联合印发了《军人军属法律援助工作实施办法》,对军人军属法律援助工作进行制度化、规范化规制。《办法》第五条规定了对于经济困难的军人军属的法律援助:(1)请求给予优抚待遇的;(2)涉及军人婚姻家庭纠纷的;(3)因医疗、交通、工伤事故以及其他人身伤害案件造成人身损害或财产损失请求赔偿的;(4)涉及农资产品质量纠纷、土地承包纠纷、宅基地纠纷以及保险赔付的。同时,《办法》第七条规定了对于部分军人军属不审查其经济状况,主要有以下几类:(1)义务兵、供给制学员及军属;(2)执行作战、重大非战争军事行动任务的军人及军属;(3)烈士、因公牺牲军人、病故军人的遗属。

在以上规定中,对于军人军属的保护较为全面,同时,《办法》对于义务兵或者承担重要任务的军人军属、烈士遗孀等都给予了照顾,不需要审查其经济状况。这些文件为军人及军属提供了法律援助上的保障,体现了优待军人军属的思想。

在地方层面上,对于军人军属法律援助的规定也较充分,地方的文件有《江苏省人民政府、江苏省军区关于进一步做好军人军属法律援助工作的意见》《宁夏回族自治区人民政府、宁夏军区关于进一步加强军人军属法律援助工作的通知》《陕西省人民政府、陕西省军区关于进一步做好军人军属法律援助工作的实施意见》《浙江省司法厅、浙江省军区政治部关于进一步加强涉军法律援助工作的意见》。这些地方文件的总体特征是要求提高涉军案件法律援助工作的质量,放宽对于军人军属经济困难的审核标准,扩大对军人军属法律援助的范围。可以说,无论在中央或者地方,对于军人的法律援助规定都很充分。

综上,对农民、工人、军人这些特定职业的人们给予充分的法律援助服务是我国法律援助制度不断发展进步的结果,对这些人群利益的保障让我们看到,我国的法律援助制度始终是为了人民谋福利,为了民众解决问题，以保障群众切实利益的根本目标的一项制度。

5. 特定性别

所谓特定性别，主要指妇女。尽管在现代社会，要求男女平等，但受几千年文化传统的影响，在日常社会生活中，妇女在婚姻、财产、劳动等各个方面的权益都容易受到侵害，因此我国法律援助制度也将妇女纳入特殊受援范围内。对于妇女法律援助在法律、地方法规、文件中都有规定。

关于妇女权益的法律保障主要是《中华人民共和国妇女权益保障法》(2018 年修订)。在《妇女权益保障法》中，对于妇女法律援助的规定是框架性的，但其中五十二条明确规定："妇女的合法权益受到侵害的，有权要求有关部门依法处理，或者依法向仲裁机构申请仲裁，或者向人民法院起诉。对有经济困难需要法律援助或者司法救助的妇女，当地法律援助机构或者人民法院应当给予帮助，依法为其提供法律援助或者司法救助。"遗憾的是，《法律援助条例》对妇女法律援助没有作出专门规定。

虽然《法律援助条例》和《妇女权益保障法》对于妇女法律援助的规定较为简略，但是各地方的法规或文件中的相关规定较为完善。大部分地区都将妇女纳入法律援助的受援范围中，例如青海省、陕西省、重庆市、辽宁省、福建省、甘肃省、湖北省、湖南省、江苏省等。同时，各地方的规定也有所差别，重庆市的《重庆市法律援助条例》第十一条① 规

---

① 参见《重庆市法律援助条例》第 11 条："公民对下列需要代理的事项，因经济困难没有委托代理人的，可以申请法律援助：

(一)请求国家赔偿的；

(二)请求给予社会保险待遇或者最低生活保障待遇的；

(三)请求给付抚恤金、救济金的；

(四)请求给付赡养费、抚养费、扶养费的；

(五)劳动者与用人单位发生劳动争议，请求保护劳动权益的；

(六)遭受家庭暴力、虐待、遗弃的；

(七)农村土地承包经营权及其流转中合法权益受到侵害的；

(八)交通事故、医疗纠纷、食品药品安全事故、产品质量责任事故中合法权益受到侵害请求赔偿的；

定了"妇女合法权益受到侵害的"，"因经济困难没有委托代理人的，可以申请法律援助"。《辽宁省法律援助条例》第七条[①] 规定的是对"妇女请求人身损害赔偿"的提供法律援助；而福建省厦门市和甘肃省、湖北省都是规定对"妇女追索侵权赔偿"提供法律援助。尽管规定不一，但是妇女的法律援助工作大都受到各地政府的重视。值得一提的是，在上述各地区的法律援助政府规章或者文件中，都会倡导充分发挥妇女联合会在法律援助中的协助作用，通过妇女联合会，积极促进妇女法律援助事业的发展。

6. 其他情况

法律援助的特殊受援范围除了上文中的特定身体状况、特定年龄阶段、特定职业等人群，还有很多其他特殊情况的人群。而对于这些人群的法律援助的规定呈现零散化的特点，在全国的法律援助制度中没有形成统一规定，只是零散地出现在不同地区法律援助的个别文件中，尚未形成较为系统且全面的规定。这些情况大概有以下一些种类；艾滋病患者[②]、因

（九）未成年人、老年人、妇女合法权益受到侵害的；

（十）国家和本市规定因经济困难可以申请法律援助的其他情形。"

① 参见《辽宁省法律援助条例》第 7 条："　公民对下列需要代理的民事、行政等法律事项，因经济困难没有委托代理人的，可以申请法律援助：

（一）依法请求国家赔偿或者行政补偿的；

（二）请求给予社会保险待遇或者最低生活保障待遇的；

（三）请求发给抚恤金、救济金的；

（四）请求给付赡养费、抚养费、扶养费的；

（五）请求确认劳动关系、支付劳动报酬，或者给付经济补偿金、赔偿金的；

（六）请求给予工伤待遇的；

（七）主张因见义勇为行为产生的民事权益的；

（八）因工伤事故、生产安全事故、道路交通事故、医疗事故、食品药品安全事故、环境污染事故等造成人身损害或者财产损失，请求赔偿的；

（九）残疾人、老年人、未成年人、妇女请求人身损害赔偿的；

（十）因土地承包经营、流转等导致合法权益受到侵害主张权利的；

（十一）因家庭暴力、虐待、遗弃和其他严重侵权行为受到侵害主张权利的；

（十二）主张享受义务教育权利的；

（十三）法律、法规规定或者与公民基本生活密切相关的其他事项。"

② 参见天津市《和平区放宽法律援助条件暂行办法》，第 2 条。

不可抗力或意外事件导致贫困者①、因自然灾害导致贫困者②、因征地或拆迁使合法权益受到损害者③……尽管这些情况的规定较为零散、条文规定相对概括，但它们都是为了维护各地处于劣势地位的那部分人群的合法利益，因此，这些规定也是法律援助制度中不可忽视的一部分。而且，这些零散的规定也灵活地填补了制度中一些漏洞，从而保证了法律援助制度在实际运行中能够发挥更好的作用。

（三）作为受援对象的华侨及外国人、无国籍人

华侨是在国外定居的具有中国国籍的自然人，不包括出国旅行、访问人员，政府派往他国协助建设的工人和技术人员，以及国家派驻外国的公务人员和在国外学习的留学生。作为中华人民共和国的公民，华侨依法享有中国公民应有的权利，并履行相应的义务。④外国人即在一国境内拥有他国国籍而不具有居留国国籍的人。⑤无国籍人主要是指不具有任何国家国籍的人或依据任何国家法律都不认为是其公民的人。

保护华侨的正当权利和利益是中国政府的职责，华侨在国内有权利获得需要的法律援助。为了保障华侨的法律援助权利，早在 1990 年，我国就颁布了《中华人民共和国归侨侨眷权益保护法》，并分别在 2000 年和 2009 年进行了两次修改。现行的《中华人民共和国归侨侨眷权益保护法》（2009 年修订）对华侨侨眷的权益保护只是进行了概括规定，并没有涉及到具体的法律援助的内容。但是在配套的国务院颁布的《中华人民共和国归侨侨眷权益保护法实施办法》（2004 年）第二十七条规

---

① 参见《马鞍山市法律援助受案范围规定》，第 2 条；《甘肃省法律援助条例》，第九条；《延边朝鲜族自治州法律援助条例》，第八条；《吉林省人民政府办公厅转发省司法厅关于制定公民经济困难标准和法律援助事项补充范围意见的通知》，第一部分；《山东省法律援助条例》第 11 条等。

② 参见北京市《办理法律援助案件程序规定》第 10 条；《福州市法律援助条例》第十五条；《广东省法律援助条例（2016 年修订）》第 21 条；《广西壮族自治区法律援助条例》第八条；《河北省法律援助条例》第十六条等。

③ 参见《贵州省法律援助条例（修正）》第 11 条；《关于扩大三亚市法律援助事项范围和放宽经济困难审查标准的意见》；《山东省法律援助条例》第八条等。

④ 参见邹瑜主编：《法学大辞典》，中国政法大学出版社 1991 年版。

⑤ 参见孙国华主编：《中华法学大辞典·法理学卷》，中国检察出版社 1997 年版。

定："归侨、侨眷的合法权益受到侵害的，有权要求有关主管部门依法处理，或者向人民法院起诉。对有经济困难的归侨、侨眷，当地法律援助机构应当依法为其提供法律援助。各级归国华侨联合会应当给予支持和帮助。"所以，对于有经济困难的归侨和侨眷，各地方的法律援助机构有义务为其提供法律援助服务。国务院在关于华侨权益保护的文件中也倡导"拓展为侨民服务覆盖面……面向华助中心及华人服务机构培训骨干，引导其加强义工和法律援助等队伍建设，贴近侨胞特别是困难群体需求，提供关爱帮扶救助维权服务"①。综合来看，对华侨的法律援助范围主要就是经济困难并且具有法律服务需求的华侨或侨眷们，对这部分华侨，法律援助机构将积极提供法律援助服务并大力推动为侨胞服务的法律援助队伍的建设和发展，这体现了政府对华侨这一特殊群体的关注和保障。

一般而言，法律援助制度属于一国的国内法，是政府关于自身公民人权保障的制度，它的规定只能适用于本国国民，为本国国民设定法律援助方面的权利和义务，不应该将外国人或无国籍人也纳入范围内。但是，现代社会国际交往日益频繁，各国之间人口流动加速，国家之间的交流也在不断深入，因此，从适应国际交往的需要和维护国际人权精神的角度出发，很多国家也将外国人或无国籍人纳入本国法律援助的范围之内，中国也不例外。

中国现行的刑事诉讼和民事诉讼的法律、法规或规定中，对于外国人和无国籍人有部分规定。在刑事方面，《最高人民法院、司法部关于刑事法律援助工作的联合通知》指出："外国籍被告人没有委托辩护人的，可以经人民法院指定获得法律援助"。该规定意味着，在刑事诉讼中，只要经由法院的指定，外国人即有资格获得我国为其提供的法律援助。在民事方面，《民事诉讼法》第五条规定："外国人、无国籍人、外国企业、法人和组织在人民法院起诉、应诉，同中华人民共和国公民、法人和其他组织有同等的诉讼权利义务。外国法院对中华人民共和国

---

① 参见《国务院关于华侨权益保护工作情况的报告》（2018 年 4 月 25 日）。

公民、法人和其他组织的民事诉讼权利加以限制的，中华人民共和国人民法院对该国公民、企业和组织的民事诉讼权利，实行对等原则"。而且我国在与一些国家签订司法协助协定或条约过程中，对于法律援助问题进行了专门的规定。例如《中意关于民事司法协助的条约》、《中保关于民事司法协助的协定》、《中泰关于民商事司法协助和仲裁合作的协定》、《中埃关于民事、商事和刑事司法协助的协定》等等。通过这些条约或协议，在我国的外国人只要符合了双边司法协助协议的规定，就可以成为我国法律援助的对象。我国对于外国人或无国籍人提供法律援助，适应了国际社会保障人权的需要，体现了我国保障人权的态度与决心。

在我国，《法律援助条例》没有对外国人或无国籍人的法律援助进行明确的规定，但在司法部法律援助中心起草的《中华人民共和国法律援助法》（示范法草案）中有所规定。[①] 在草案中，第二章的规定主要是从刑事诉讼和民事诉讼两个方面对外国人或者无国籍人进行法律援助。在刑事诉讼中，外国人或者无国籍人没有委托代理人或辩护人的，法律援助机构可以根据其他的主动申请或者法院的指定，为其提供法律援助；在民事诉讼中，主要提及的是经济困难而无力支付律师费用的外国人可以获得我国为其提供的法律援助服务。尽管这只是《法律援助法》的草案内容，尚未颁布，但这也为我国《法律援助法》的正式形成提供探索经验，为满足一定条件的外国人或无国籍人提供需要的法律援助将会成为未来我国法律援助制度发展的一个趋势。

六　小结

通过本节论述可以看出，不仅在法律和《法律援助条例》中对于法律援助受援对象有所规定，还有很多地方性政府规章、规范性文件对于法律援助对象进行了进一步规定。

[①]　宫晓冰、郑自文：《中国法律援助立法研究》，中国方正出版社 2001 年版，第 243 页。

　　一般而言，从地方政府的规章和文件来看，各地大都以《法律援助条例》为蓝本，在此基础上对受援范围进行了扩大，对法律援助受援对象的规定，整体而言呈现出一种纵向上不断深入，横向上不断拓宽的趋势。而且各地政府会结合本地的社会、人文、风俗等情况，对《法律援助条例》进行"本地化"，使得法律援助工作更符合社情民意。这是地方政府规章和文件对《法律援助条例》和相应法律的补充与拓展，具有积极意义。

　　但是，某些地区对于法律或者《法律援助条例》的框架性规定没有进一步细化落实，导致了立法缺位，无法很好保障申请人的合法权益。例如上文所提及的对特殊对象妇女权益的保护，《中华人民共和国妇女权益保障法》妇女法律援助工作只有框架性规定，这就需要地方政府制定规章或颁布文件，将妇女的法律援助工作落到实处，但是有部分省份并没有作出相应规定，例如贵州省、海南省、黑龙江省等，这将会导致这部分特殊受援对象难以很好地维护自身权益。

　　综上，法律援助受援对象的体系主要是中央和地方两套体系，中央的法律援助对象体系是基础性、全局性的，各地方规定均以此为基本；同时，地方的法律援助对象体系将在中央规定的基础上不断发展、深入。通过中央、地方两套体系共同运作，为各类法律援助受援对象提供更加全面的法律援助服务。

第三节　法律援助的程序

一　法律援助的申请程序

　　法律援助的申请程序是指，公民向法律援助机构提出请求提供法律援助的申请或刑事诉讼中司法机关通知法律援助机构提供辩护、代理法律援助的过程。法律援助的申请程序包括法律援助的管辖、法律援助的一般申请程序以及司法机关通知辩护、代理法律援助程序三方面的内容。

（一）法律援助的管辖

法律援助的管辖是指各级法律援助机构以及同级法律援助机构之间，受理法律援助事项的分工与权限。法律援助的管辖包含地域管辖与级别管辖两方面的内容，它是通过对级别、地域两个要素的划分与限定，从而将某一法律援助事项由何级、何地法律援助机构受理的问题在法律援助机构内部予以明确。明确法律援助的管辖，对不同法律援助机构受理法律援助事项的权限予以划分，一方面可以避免机构之间因受理权限问题而互相推诿，另一方面便利公民提出法律援助申请。

1. 法律援助的地域管辖

法律援助的地域管辖是指，不同地域的同级法律援助机构之间受理法律援助事项的权限与分工。

（1）中央法律援助条例中的地域管辖

从中央法律援助条例的层面来看，地域管辖的规定主要集中在《法律援助条例》第十四条、《办理法律援助案件程序规定》第八条、第十一条：

> 其中《法律援助条例》第十四条、《办理法律援助案件程序规定》第八条：
>
> 公民因经济困难没有委托代理人，对下列需要代理的事项申请法律援助时，可以向义务机关所在地、义务人住所地或者被请求人住所地的法律援助机构申请法律援助：(1)请求国家赔偿的，向赔偿义务机关所在地的法律援助机构提出申请；(2)请求给予社会保险待遇、最低生活保障待遇或者请求发给抚恤金、救济金的，向提供社会保险待遇、最低生活保障待遇或者发给抚恤金、救济金的义务机关所在地的法律援助机构提出申请；(3)请求给付赡养费、抚养费、扶养费的，向给付赡养费、抚养费、扶养费的义务人住所地的法律援助机构提出申请；(4)请求支付劳动报酬的，向支付劳动

报酬的义务人住所地的法律援助机构提出申请；（5）主张因见义勇为行为产生的民事权益的，向被请求人住所地的法律援助机构提出申请。

《办理法律援助案件程序规定》第十一条：

（刑事诉讼）规定的公民因经济困难申请刑事法律援助的，由办理案件的人民法院、人民检察院、公安机关所在地的法律援助机构受理。

根据以上条文，中央法律援助条例中的地域管辖规定具有以下特点：

①采用了列举式与概括式相结合的立法技术。在民事、行政案件代理的法律援助事项的地域管辖上，概括性的规定了该类法律援助事项由义务机关所在地、义务人住所地或者被请求人住所地的法律援助机构受理，同时列举性的规定了五类具体情形下的法律援助事项的管辖；在刑事案件辩护、代理的法律援助事项的地域管辖上，概括性地规定了该类法律援助事项由办理案件的人民法院、人民检察院、公安机关所在地的法律援助机构受理。

②地域管辖的规定遵循便利、及时的原则。不论是民事、行政案件代理的法律援助事项的地域管辖，还是刑事案件辩护、代理的法律援助事项的地域管辖，有权受理该法律援助事项的法律援助机构都是法律援助事项相关案件的办理机关所在地 ① 的法律援助机构，这一方面便利公民申请法律援助、减少法律援助成本；另一方面也利于法律援助机构及时提供法律援助服务、法律援助人员及时办理案件。

③地域管辖的规定具有笼统与不完整的缺陷。首先，中央《法律援助条例》中的地域管辖仅对《法律援助条例》第十条的五类情形的行政、民事案件代理的法律援助事项的地域管辖予以明确，但是对于该五类情

---

① 行政、民事案件中，案件的诉讼管辖与义务机关所在地、义务人所在地或被请求人所在地的规定一致；刑事案件中，法律援助机构的地域管辖即为办理案件机关所在地的法律援助机构。

形之外的其他行政、民事案件代理的法律援助事项的地域管辖却并未明确；其次，对劳动仲裁、仲裁及行政复议等事项及其他非诉事项的法律援助事项的地域管辖并未予以明确。

（2）地方法律援助条例中的地域管辖①

从地方法律援助条例的层面来看，地域管辖的规定是在《法律援助条例》第十四条、《办理法律援助案件程序规定》第八条、第十一条的基础上进一步的细化与补充，主要有以下几种模式：

①保留中央法律援助条例中的地域管辖规定的基础上，对《法律援助条例》第十四条所规定的民事、行政案件代理的法律援助事项的具体情形进行了列举性补充。该模式的代表有江西省、云南省等的法律援助条例，主要体现为《江西省法律援助条例》第十五条、《云南省法律援助条例》第十四条等。相较《法律援助条例》第十四条所规定的五种情形，采取该模式的地方法律援助条例还补充了以下几种情形：

"①请求因工伤事故、交通事故、医疗事故、产品质量事故等造成人身损害赔偿的；②主张因遭受家庭暴力、虐待、遗弃产生的民事权益的。"②

同时，地方法律援助条例规定，所补充的情形由行为、事故、案件发生地或被请求人住所地的法律援助机构受理。

相较中央法律援助条例中的地域管辖规定，该模式的地域管辖规定对民事、行政案件代理的法律援助事项的具体情形及管辖进行了列举性的补充，一方面扩大了法律援助条例中的地域管辖规定所能调整的范围，另一方面具有较强的操作性，对于具体情形的法律援助事项的申请具有准确的指引作用。但是该种模式依然未摆脱规定笼统与不完整的缺陷，对除所规定的具体情形外的其他情形的法律援助事项的地域管辖未予以明确；同时，由于规定情形的具体与针对，从而较难随现实需要的变化而灵活予以变通。

---

① 地方法律援助条例具体指省、直辖市及部分地级市级别的法律援助条例。

② 《江西省法律援助条例》第9条第（七）（八）项，第15条；《云南省法律援助条例》第14条第（六）（七）项。

②保留中央法律援助条例中的地域管辖规定的基础上，对其他未规定的法律援助事项的地域管辖予以概括性的补充。该模式的代表有安徽省、陕西省、山东省、辽宁省、甘肃省、河南省、海南省、河北省、广西壮族自治区等省区的法律援助条例，主要体现为《安徽省法律援助条例》第二十条等，如：

> 公民申请法律援助，应当按照国家有关规定向法律援助机构提出；国家没有规定的，申请人可以向申请事项发生地、申请事项处理地或者申请人住所地的法律援助机构提出。

相较中央法律援助条例中的地域管辖规定，该模式的地域管辖规定对其未予以明确的其他行政、民事案件代理的法律援助事项及包括非诉的其他法律援助事项的地域管辖予以概括性的补充规定。该种模式下，中央法律援助条例中的地域管辖有规定的遵循中央，未规定的则是以原则性的规定予以指引，在一定程度上避免了某一法律援助事项的地域管辖无章可据的情况发生，使法律援助条例中的地域管辖规定更为完整。但是该种模式的地域管辖规定，除了所保留的中央法律援助条例地域管辖规定外，其他法律援助事项的地域管辖只是进行笼统、原则的规定，具有实际操作难的缺陷。

③对中央法律援助条例中的地域管辖规定予以细化，按照民事、行政诉讼法律援助事项、刑事诉讼法律援助事项及非诉的法律援助事项的标准对地域管辖进行区分、规定，从而形成体系。该模式的代表有浙江省、江苏省、湖北省、广东省、四川省、贵州省、新疆维吾尔自治区等的法律援助条例，较为典型的是《浙江省法律援助条例》第十三条如：

> 人民法院指定辩护的刑事法律援助案件，由该人民法院所在地的法律援助机构受理；民事诉讼、行政诉讼和非指定辩护的刑事诉讼的法律援助申请，由有管辖权的人民法院所在地的法律援助机构受理；前两款规定之外的法律援助事项的申请，由申请人住所地或

者工作单位所在地的法律援助机构受理；国务院《法律援助条例》第三章另有规定的，从其规定。

相较中央法律援助条例中的地域管辖规定，该模式按照不同法律援助事项作为标准，对法律援助的地域管辖予以划分，按照法律援助事项与地域的联系程度，对不同法律援助事项的地域管辖予以明确，一方面保证了地域管辖规定的完整性与体系性，另一方面也保证了实际操作的可行性。同时，该种模式下，对法律援助的地域管辖的规定又保留了灵活变通的特点，采取相对原则性的规定而非具体情形的列举式的规定，从而能够面对现实需要的变化。

(3)中央与地方地域管辖规定的联系与差异

纵观中央法律援助条例与地方法律援助条例中的地域管辖规定，中央法律援助条例中的地域管辖规定在民事、行政案件代理的法律援助事项列举式的规定及在刑事案件辩护的法律援助事项概括性的规定，虽然存在不完整、笼统的缺陷，但却对地方法律援助条例中的地域管辖规定产生指引作用，构成后者基本组成部分或者特殊的例外有所保留。相较中央法律援助条例中的地域管辖，地方法律援助条例中的地域管辖是在前者基础上，根据本地实际需要进行细化、补充，包括对《法律援助条例》第十四条具体情形及管辖进行列举式补充、对《法律援助条例》未规定的法律援助事项的地域管辖进行笼统的概括性补充、对《法律援助条例》中地域管辖的规定进行具体细化及未规定的法律援助事项的地域管辖进行较为具体的概括性补充。在地方对中央法律援助条例中的地域管辖规定补充、细化的三种模式中，相较于最前者不完整与僵化、中间者的笼统与难操作性，最后者相对兼具完备、灵活变通及较强操作性的优势。

2.法律援助的级别管辖

法律援助的级别管辖是指，不同级别的法律援助机构之间受理法律援助事项的权限与分工。

从中央的法律援助条例层面来看，无论是司法部发布的《法律援助条例》、《办理法律援助程序规定》，还是其他行政法规、规章及司法解释，都未对法律援助的级别管辖予以明确规定，即中央的法律援助条例中的级别管辖规定处于模糊地带①。级别管辖的不明确，一方面容易导致不同级别的法律援助机构受理权限的模糊性，从而有可能造成法律援助机构之间的互相推诿；另一方面消减了公民申请法律援助的便利。

从地方的法律援助条例层面来看，对于级别管辖的处理，形成了两种模式：

（1）按照法律援助案件的影响程度、人民法院或义务机关的级别，对有管辖权的法律援助机构的级别进行确定。采取该种模式的地方法律援助条例较多，代表有江西省、山东省、辽宁省、河北省、广东省、四川省、山西省、天津市等省市的法律援助条例。在这种模式下，有管辖权的法律援助机构的级别受到法律援助案件的影响程度或者办案机关、义务级别的级别两个因素的影响，前者如江西省《法律援助事项受理、审查、指派办法》第七条，后者如《广东省法律援助条例》第二十七条、二十八条：

> 江西省《法律援助事项受理、审查、指派办法》第七条：
> 县级法律援助机构受理本辖区法律援助案件和县级人民法院指定辩护的刑事法律援助案件；设区市法律援助机构受理本辖区有重大影响或者涉外的法律援助案件和中级人民法院指定辩护的刑事法律援助案件；省法律援助处受理全省有重大影响的法律援助案件和省高级人民法院指定辩护的刑事法律援助案件。
> 《广东省法律援助条例》第二十七条、第二十八条：
> 人民法院、人民检察院、公安机关通知辩护的刑事法律援助案件，由人民法院、人民检察院、公安机关所在地的同级司法行政部门所属法律援助机构统一受理；人民法院通知代理的强制医疗案件，由人民法院所在地的同级司法行政部门所属法律援助机构统一受理。

① 根据《法律援助条例》第14条、《办理法律援助程序规定》第8条、第11条，法律援助事项由义务机关、义务人、被请求人所在地或办案机关所在地的法律援助机构受理，但并未规定是由与办理机关同级还是上下级的法律援助机构受理。

> 非通知辩护、非通知代理的刑事诉讼案件,由办理案件的人民法院、人民检察院、公安机关所在地的同级司法行政部门所属法律援助机构受理,非刑事的诉讼案件,由有管辖权的人民法院所在地的同级司法行政部门所属法律援助机构受理……

(2)与中央法律援助条例中的级别管辖规定一样,未对级别管辖予以明确规定。该种模式的代表有安徽省、云南省、陕西省、海南省、贵州省、河南省、重庆市、新疆维吾尔自治区等省区市的法律援助条例。在这种模式下,地方的法律援助条例仅是指明法律援助事项由义务机关、办案机关所在地或义务人、被请求人所在地的法律援助机构受理,却并未明确是由所在的何级法律援助机构受理。

比较中央与地方法律援助条例中的级别管辖,可以发现中央法律援助条例对地方法律援助条例的制定具有原则性的指引作用,地方法律援助条例在中央法律援助条例的内容框架下在级别管辖的规定上形成了两种不同的模式,一者对中央法律援助条例中模糊的级别管辖规定予以明确,另一者则保留了中央法律援助条例中模糊的级别管辖的规定,这与地方法律援助制度的发展程度、相关法律法规的完善程度具有很大的关系。

3. 法律援助的其他管辖规定

(1)选择管辖与共同管辖

选择管辖与共同管辖是根据不同对象,而对同一事件所做出的定义。选择管辖是指,对申请人而言,可以在多个有管辖权的法律援助机构中选择其一申请法律援助;共同管辖是指,对法律援助机构来说,对于同一法律援助申请,两个法律援助机构都具有管辖权。

选择管辖或共同管辖的规定,其目的是为了解决两个以上法律援助机构收到同一法律援助申请时,由哪个法律援助机构受理的问题。关于该问题的处理,中央的法律援助条例在《办理法律援助案件程序规定》第八条予以了明确:"申请人就同一事项向两个以上法律援助机构提出申请的,由最先收到申请的法律援助机构受理。"地方的法律援助条例在该问题的处理上遵循了《办理法律援助案件程序规定》所确立的"先申请、先受理"的原则,但该原则也存在缺陷:(1)后申请的法律援助机构先于或与先申请的法律援助机构同时受理的应如何处理;(2)两个以上法律援助机构同时收到同一法律援助申请时应如何处理。关于该原则的缺陷,地方的法律援助条例[①]皆根据实际需要,参照《中华人民共和国民事诉讼法》对此予以补充:"后收到申请的法律援助机构应当不予受理,已经受理的,应当终止法律援助;同时收到申请的,由同时收到申请的,法律援助机构协商确定;协商不成的,由其共同的上一级司法行政部门或法律援助机构指定受理。"[②]

(2)裁定管辖

裁定管辖是指法律援助机构通过裁定的方式确定某一法律援助事项的管辖权。具体而言,包括指定管辖、管辖权的转移。

①指定管辖

指定管辖是指在特殊情况下,由上级司法行政部门或法律援助机构通过裁定的方式确定某一个或两个以上的下级法律援助机构对某一具体的法律援助事项行使管辖权。中央的法律援助条例中并无指定管辖的规定,但地方法律援助条例[③]根据本地法律援助工作的实际需要,对此予以规定。

指定管辖适用于两种情形:(1)法律援助机构之间因受理申请发生争议,协商解决不了的,由其共同的上一级司法行政部门或法律援助机构指定受理;(2)上一级法律援助机构认为有必要的,可以指定下一级法律援助机构办理某一法律援助事项,也可以指定一个法律援助机构协助

---

① 如安徽省、浙江省、贵州省、海南省、江西省、江苏省、湖南省、湖北省、河南省、广东省、陕西省、山东省、辽宁省、甘肃省、云南省、上海市、重庆市、新疆维吾尔自治区等的法律援助条例。

② 参见《安徽省法律援助条例》第24条,《湖北省法律援助条例》第17条,《广东省法律援助条例》第30条。

③ 如安徽省、浙江省、贵州省、海南省、江西省、江苏省、湖南省、湖北省、河南省、广东省、陕西省、山东省、辽宁省、甘肃省、云南省、上海市、重庆市、新疆维吾尔自治区、广西壮族自治区等的法律援助条例。

另一个法律援助机构办理同一法律援助事项或指定两个以上的法律援助机构共同办理同一个法律援助事项。

②管辖权的转移

管辖权转移是指根据上级法律援助机构、司法行政部门的决定或同意,将法律援助事项在上下级法律援助机构之间进行转移,其实质是对级别管辖的一种变通和个别调整。中央的法律援助条例中并未对管辖权的转移予以明确规定,但山东省、贵州省、海南省、广东省、上海市等地方的法律援助条例对此予以规定。

在规定了管辖权的转移的地方法律援助条例中,条例对该制度采取了两种不同的文字表达:一是采用了"委托、移送"的文字表达,较为典型的有山东省、上海市的法律援助条例;二是与参照《中华人民共和国民事诉讼法》第三十八条管辖权转移规定的表达,此类表达具有代表性的有广东省、贵州省的法律援助条例。

管辖权的转移适用于三种情形:(1)上一级法律援助机构认为有必要提级受理的,可以直接办理下一级法律援助机构管辖的法律援助案件;(2)下一级法律援助机构认为案情重大、情况复杂、跨行政区域的,办理法律援助案件确实困难的或者其他特殊原因的,可以请求上一级法律援助机构指定办理或直接办理,或由所属司法行政部门经过上一级司法行政部门的批准,由上一级司法行政部门所属法律援助机构受理;(3)上一级法律援助机构认为有必要的,可以将其受理的法律援助事项指定下一级或者其他法律援助机构办理。

(3)委托管辖与联合管辖

①委托管辖

委托管辖是指,已经受理法律援助申请的法律援助机构在与相关法律援助机构协商一致的基础上,将其受理的法律援助事项全部转交或部分委托给其他法律援助机构办理。中央的法律援助条例中并无委托管辖的规定,但陕西省、辽宁省等地方的法律援助条例根据本地法律援助工作的实际需要,对此予以规定。如:

《陕西省法律援助实施办法》第十六条：

法律援助机构之间根据需要可以委托、移送法律援助事项……

相较于管辖权的转移规定，委托管辖的适用条件未局限于上下级法律援助机构，而是有关的法律援助机构之间。委托管辖的规定，一方面有利于法律援助资源的有效调配，另一方面也使法律援助工作更为灵活变通。但是由于委托管辖规定的不完善，实际操作中给法律援助机构留存过多自由裁量的空间，反而会使法律援助的效率下降。

②联合管辖

联合管辖是指两个或两个以上法律援助机构由于特殊原因，可以联合受理同一个法律援助事项。中央的法律援助条例并未对联合管辖的规定予以明确，该制度为陕西省、甘肃省、四川省、贵州省、新疆维吾尔自治区的法律援助条例的创新，如《贵州省法律援助条例》第二十一条："两个或两个以上法律援助机构在必要时可以联合办理同一法律援助事项。"

（二）法律援助的一般申请

法律援助的申请，是指公民向法律援助机构提出请求提供法律援助的过程。法律援助的申请包括法律援助权利的告知义务、法律援助申请的方式与途径、法律援助申请的材料提交、特殊对象的法律援助申请四方面的内容。

1.法律援助权利的告知义务

法律援助权利的告知义务是指，司法机关、有关行政机关工作人员在办理案件或者其他行政事务过程中，法律援助机构或法律服务机构在提供法律咨询过程中，以及法律服务工作者在执业过程中，发现当事人符合法律援助的申请条件的，应该告知其具有获得法律援助权利的义务。

法律援助权利的告知义务的原因是我国公众的法律意识尚未到达相当的水平，对于法律援助制度的存在以及申请方式、条件等了解不深，规定有关主体的告知义务正是对公众合法权益能够获得有效救济的强力保证。法律援助权利的告知义务规定并未集中规定于中央或地方的法律援助条例之中，而是分散于《中华人民共和国民事诉讼法》、《中华人民共和国刑事诉讼法》、《中华人民共和国律师法》等法律、法规及其他规范性文件当中。

（1）权利告知的义务主体

法律援助权利告知的义务主体是在法律援助过程中，根据法律、法规及其他规范性文件的要求，具体承担权利告知义务的主体。明确权利告知的义务主体，一方面是为了通过对法律援助更为熟悉的法律工作者将法律援助制度告知公众，从而使公众能够更为全面的了解并接受法律援助，从而推动法律援助工作的发展；另一方面也能够增强这些义务主体在法律援助工作中的责任感。

权利告知的义务主体包含以下四种：

①公安机关、人民检察院及人民法院等司法机关；[①]

②行政机关、仲裁机关等争议解决机构；[②]

③法律援助机构、公证机关等法律服务机构、妇联等社会组织下设的法律援助工作站；[③]

④律师、基层法律服务工作者。[④]

（2）法律援助权利的告知方式

法律援助权利的告知，可以采取口头或者书面形式，告知的内容应当易于被告人理解。以口头形式告知的，有关机关应当制作笔录；以书面形式告知的，有关机关应当制作告知书。告知笔录和告知书应当由被告知人签名确认，并归入所涉案件的案卷。

（3）权利救济方式

---

①　《关于刑事诉讼法律援助工作的规定》第3条、《关于民事诉讼法律援助工作的规定》第5条等规定。

②　广东省《关于为经济困难的国家赔偿请求人提供法律援助的若干规定》第4条、黑龙江省哈尔滨市《关于法律援助机构与劳动仲裁、劳动监察部门相互写作的实施意见》第1条等规定。

③　《浙江省公证法律援助实施办法》第8条等规定。

④　《律师和基层法律服务工作者开展法律援助工作暂行管理办法》第7条、《山东省法律援助条例》第14条等规定。

法律援助权利的告知义务的明确，是为了保障公众能够及时获得法律援助，从而维护自己的合法权益的权利。如果权利告知的义务主体并未履行其告知义务，导致公众造成不必要的合法权益的损失的，应当对该部分不必要损失提供救济。目前，我国法律、法规及其他规范性文件虽然规定了四种主体的告知义务及部分义务主体未履行告知义务的权利救济手段，但是并未就四种主体未履行告知义务的责任及其他义务主体未履行告知义务的权利救济手段予以明确规定。不过已有例外。浙江省《关于加强和规范刑事法律援助工作的意见》第二十条，对刑事诉讼中司法机关未履行权利告知义务的权利救济手段进行了明确："犯罪嫌疑人、被告人及其近亲属、法定代理人，强制医疗案件中的被申请人、被告人的法定代理人认为公安机关、人民检察院、人民法院应当告知其可以向法律援助机构申请法律援助而没有告知，或者应当通知法律援助机构指派律师为其提供辩护或者诉讼代理而没有通知的，有权向同级或者上一级人民检察院申诉或者控告。人民检察院应当对申诉或者控告及时进行审查，情况属实的，通知有关机关予以纠正。"

2. 法律援助申请的方式与途径

（1）法律援助申请的方式

法律援助申请的方式，集中规定在《法律援助条例》第十七条、《办理法律援助案件程序规定》第九条。根据条例规定，公民可以采取书面或口头两种方式向法律援助机构申请法律援助："原则上应采取书面申请的方式，填写法律援助申请表；以书面形式提出法律援助申请确有困难的，可以口头申请，由法律援助机构工作人员或者代为转交申请的有关机构工作人员作书面记录。"在法律援助申请方式的规定上，地方的法律援助条例基本上遵循了中央的处理方式。

（2）法律援助申请的途径

法律援助申请的途径包括直接申请、代为申请与转交申请三种方式。

①直接申请

直接申请是指，由公民本人亲自向法律援助机构提出法律援助申请的途径。直接申请是最基本的法律援助申请途径。《法律援助条例》第十四条、第十五条、《办理法律援助案件程序规定》第八条对该项申请途径予以规定，但并未对公民向法律援助机构提出法律援助申请的具体途径予以明确。相较于中央的法律援助条例对直接申请方式的模糊化，地方的法律援助条例在规定上则根据本地实际需要与社会发展而更为具体化与多样化，如：

> 《湖北省法律援助条例》第十五条：
> 　　公民申请法律援助由本人或者其委托人直接向法律援助机构提出；确有困难的，也可采用电话申请、邮寄申请、网上申请以及由法律援助机构上门受理等方式。采用电话申请、邮寄申请、网上申请等方式的，法律援助机构应当作书面记载。作出提供法律援助决定后，应当通知申请人进行书面确认，并按规定补办有关手续。

②代为申请

代为申请是指，由于特殊原因，公民委托代理人向法律援助机构提出法律援助申请的途径。公民由于能力、行动等原因的限制，无法由其本人直接提出法律援助申请，因而委托代理人代为申请，实际上是公民间接提出法律援助申请的途径。中央的法律援助条例对代为申请的规定集中于《法律援助条例》第十六条、《关于刑事诉讼法律援助工作的规定》第二条，根据条例，代为申请的适用情形包括："①申请人为无民事行为能力人或者限制民事行为能力人的，由其法定代理人代为提供申请；无民事行为能力人或限制民事行为能力人与其法定代理人之间发生诉讼或者因其他利益纠纷需要法律援助的，由与该争议事项无利害关系的其他法定代理人代为提出申请；②刑事诉讼中经济困难的犯罪嫌疑人、被告人、公诉案件中的被害人以及自诉案件中的自诉人，可以由其法定代理人、近亲属代为申请。"相较中央的法律援助条例，地方的法律援助条例在代为申请的规定上基本上遵循了前者，但是如云南省等地法律援助条例基于代为申请的第一种适用情形未考虑没有法定代理人的情况,对此予以了补充:"没有法定代理人或者监护人的,由申请人所在地的居委会、村委会或者民政部门代为申请。"①

③转交申请

转交申请是指,申请人的法律援助申请由有关单位或个人转交至法律援助机构。有关单位或个人在办理案件或其他法律事务、为申请人提供法律服务的过程中,可以受理申请人提交的法律援助申请以及相关的材料,并及时转交给法律援助机构。转交申请是公民间接提出法律援助申请的另一种途径。由于转交申请涉及法律援助机构外的其他单位或个人,故转交申请的规定并未集中于《法律援助条例》《办理法律援助案件程序》内,而是分散于多部法律、法规及规范性文件之中。根据这些法律、法规及规范性文件,转交申请的适用情形包括:"①被羁押的犯罪嫌疑人、被告人、服刑人员、劳动教养人员、强制隔离戒毒人员申请法律援助的,可以通过办理案件的人民法院、人民检察院、公安机关或者所在监狱、看守所、劳动教养管理所、强制隔离戒毒所转交申请;②工会、共青团、妇联、残联、侨联等社会组织下设的法律援助工作站可以依据自身章程为职工、未成年人、妇女、残疾人、归侨侨眷等无偿提供法律服务;经审查认为符合法律援助的条件的,应当向法律援助机构移交职工、未成年人、妇女、残疾人、归侨侨眷等的法律援助申请。③③申请人可以直接向公证机关、律师事务所、基层法律服务所等法律服务机构提出法律援助申请。申请人申请法律咨询、代拟法律文书的,法律服务机构可以直接决定予以办理;申请人申请其他法律援助事项的,法律服务机构认为符合法律援助条件的,应当书面报请法律援助机构审查确定,但法律服务机构自愿提供法律援助的除外。④"

另外,《法律援助条例》第十五条、《关于刑事诉讼法律援助工作的

---

① 《云南省法律援助条例》第19条。
② 《法律援助条例》第15条、《办理法律援助案件程序》第11条、《关于刑事诉讼法律援助工作的规定》第4条等。
③ 《军人军属法律援助工作实施办法》第13条、《关于加强残疾人法律救助工作的意见》第5条等。
④ 《浙江省公证法律援助实施办法》第5条等。

规定》第五条明确了转交申请的程序："转交机关应在收到在押犯罪嫌疑人、被告人提交的法律援助书面申请，并经办案机关同意后 24 小时内将法律援助申请转交所在地的法律援助机构，并通知申请人的法定代理人或近亲属协助将所需要的相关证件和证明材料提供给法律援助机构；犯罪嫌疑人的法定代理人或近亲属地址不详无法通知的，转交机关应当在转交申请材料时一并告知法律援助机构。"地方的法律援助条例在转交申请程序的规定上，相较中央的法律援助条例并无过大差别。

3. 法律援助申请的材料提交

(1)法律援助申请所需提交的材料

根据《法律援助条例》第十七条，申请人申请代理、刑事辩护等法律援助，除了填写法律援助申请表之外，还需提交下列证件、证明材料：身份证或者其他有效的身份证明，代理申请人还应当提交有代理权的证明；经济困难的证明；与所申请法律援助事项有关的案件材料；法律援助机关认为必要的其他材料。

申请人申请公证、司法鉴定、劳动仲裁等法律援助的，所需提交材料与申请代理、刑事辩护等法律援助所需提交的材料一致，但申请人申请法律咨询的除外。

(2)经济困难证明材料

根据本书受援范围一节，在一般情况下，申请人是否符合经济困难条件，在很大程度上决定了其能否获得法律援助。对于申请人是否符合经济困难条件的认定，则需要申请人提供相应的经济困难证明。

经济困难证明应当如实载明申请人家庭人口、劳动能力、就业状况、家庭财产、家庭月(年)人均可支配收入和来源、生活变故等详细情况。《办理法律援助案件程序规定》第九条对经济困难证明材料的来源予以明确："经济困难证明材料应当由法律援助地方性法律、规章规定的有权出具经济困难证明的机关、单位加盖公章；无相关规定的，由申请人住所地或者经常居住地的村委会、居委会或者所在单位加盖公章。有权出具经济困难证明的机关、单位在收到申请人请求出具经济状况证明的申请后，对符合条件的，应当及时出具证明；不出具证明的，应当书面告知申请人，并说明理由；申请人对不出具经济困难证明不服的，可以向上一级人民政府或者民政部门申请复查，复查决定应当在收到申请之日起及时以书面形式作出。"其中，法律援助地方性法律、规章规定的有权出具经济困难证明的机关、单位包括申请人住所地或经常居住地的乡镇人民政府、街道办事处以及民政部门。

另外，对于申请人是否符合经济困难条件的认定，除了相应的经济困难证明，申请人还可以提交《办理法律援助案件程序规定》第十条所规定的证件、证明材料。

（3）法律援助申请材料的提交程序

根据《办理法律援助案件程序规定》第十二条规定，申请人应当如实提交申请材料，并对申请材料的真实性负责。法律援助机构应当一次性告知申请人法律援助所需提交的材料。法律援助机构受理法律援助申请后，应当向申请人出具收到申请材料的书面凭证，载明收到申请材料的名称、数量、日期。

4.特殊对象的法律援助申请

法律援助的特殊对象是指根据法律援助法律、规章及其他规范性文件规定，在法律援助服务的提供上享有优待的对象。法律援助的特殊对象包括军人军属、残疾人、老年人、妇女、未成年人等，这些主体由于其对国家、社会具有特殊贡献或者属于社会弱势群体，基于保护弱势、保护合法权益的精神，更需要向这些主体提供法律援助服务，同时国家也针对这些主体分别制定了法律援助规章及其他规范性文件。对于这些特殊对象的法律援助申请，根据相关法律、规章及其他规范性文件的规定[1]，法律援助机关、法律服务机构以及妇联等社会组织下设的法律援助工作站应当优先受理。

（三）刑事法律援助的通知辩护、代理

刑事法律援助的通知辩护、代理是指，司法机关在办理刑事案件的过程中，对于符合法律援助条件的当事人，通知法律援助机构为其提供

---

[1]　《军人军属法律援助工作实施办法》第9条等规定。

辩护、代理法律援助的过程。通知辩护、代理的主体有公安机关、人民检察院与人民法院。

1. 通知辩护、代理的情形

《中华人民共和国刑事诉讼法》第三十四条、第四十三条、二百六十七条、第二百六十八条、《关于加强和规范刑事法律援助工作的意见》第五条根据对通知义务机关承担义务的强制性，将通知义务区分为应当通知与可以通知两种情形，具体内容已在本书受案范围一节内详细叙述。

应当通知与可以通知情形的区分，是基于权益救济的紧急性程度的考虑所产生的结果。在应当通知的情形中，若不提供法律援助，则权益必定会因此遭受不必要的巨大损失；而在可以通知的情形中，若不提供法律援助，权益可能会因此遭受不必要的损失。

2. 通知辩护、代理的程序

在中央的法律援助条例层面，通知辩护、代理的程序体现于《法律援助条例》第二十条："由人民法院指定辩护的案件，人民法院在开庭10日前将指定辩护通知书和起诉书副本或者判决书副本送交其所在地的法律援助机构；人民法院不在其所在地审判的，可以将指定辩护通知书和起诉书副本或者判决书副本送交审判地的法律援助机构。"但是该程序规定仅限于人民法院通知辩护的情形，而对公安机关、人民检察院通知辩护、代理的程序及人民法院通知代理的程序予以明确。地方的法律援助条例在通知辩护、代理的规定上相较中央更为完备、细致，其完备程度不仅体现在对中央程序仅局限在人民法院主体的补充，也体现在对通知的时间、所需提交材料等因素上的细致化。

3. 通知辩护、代理的材料提交

公安机关、人民检察院与人民法院在通知法律援助机构提供辩护、代理法律援助时，除了需要提交申请人符合法律援助条件的证明材料或者情况说明，还需要提交通知辩护公函或通知代理公函（不同地方称呼不同）；采取强制措施决定书、起诉意见书、起诉书、强制医疗申请书等文书副本或复印件。

二 法律援助的审查程序

法律援助的审查程序是指，法律援助机构在收到法律援助申请或刑事案件中指定辩护、代理的通知后，就申请是否符合法律援助的条件，决定是否提供法律援助的过程。法律援助的审查程序包括审查职责分配、审查的内容范围、审查程序及审查决定与救济四个部分组成。

（一）审查职责分配

审查职责分配是指法律援助机构、法律服务机构以及社会组织下设的法律援助工作站审查法律援助申请的权限与分工。

在收到法律援助申请或刑事案件中指定辩护、代理的通知后，法律援助机构、法律服务机构以及社会组织下设的法律援助工作站对除法律咨询、代书外的法律援助申请及时审查。在法律援助申请的工作中，法律援助机构主要承担实质性审查的工作，法律服务机构、法律援助工作站则主要承担法律援助的形式性审查工作。如：

《青海省妇女法律援助工作办法》第三条：

法律援助工作站的主要职责……（五）对法律援助申请进行下列形式审查：1.申请人资格（有无身份证、户籍证或暂住证）；2.经济困难证明或者相关材料；3.被侵权的证明材料；4.法院或仲裁机关立案的材料；5.提交的材料是否齐全等；（六）负责向同级法律援助机构移送符合条件的法律援助案件，并出具初步审查建议函及提供维护妇女合法权益过程中形成的其它有关材料。

《青海省妇女法律援助工作办法》第六条：

法律援助的程序……（三）工作站自收到申请十日内，作出是否予以法律援助的决定。对符合条件者，工作站二日内将申请材料报送法律援助机构审查。对不符合条件者，工作站可作出不予法律援助的决定，及时通知申请人，并说明不予法律援助的理由。申请人对工作站作出的不予法律援助有异议的，可以要求重新审查一次，或直接向法律援助机构提出申请。

由上述条文及其他规范性文件^①可知，法律援助工作站审查法律援助申请停留在初步审查的阶段，即形式审查的阶段，主要是对申请人提交的法律援助申请材料的完整性进行审查，尚未涉及实质内容方面的审查；而法律援助机构则承担了法律援助的实质审查职能，主要对申请人提交的法律援助申请材料的真实性予以审查，并作出是否予以法律援助的决定。

审查职责分配并未在中央的法律援助条例中予以体现，它是地方的法律援助条例在实际法律援助工作中，根据实际需要及经验积累而成为法律援助规定的一部分的结果。

（二）审查的内容范围

法律援助审查要求全面、公正，需要对法律援助申请材料的完整性、真实性以及有效性予以全面审查。审查的全面要求决定了法律援助审查内容的广泛性，即法律援助审查的内容包含实体与程序两方面内容，具体分为法律援助的管辖、申请人经济困难状况、受案范围、案件基本情况。

1. 法律援助的管辖

法律援助机构对于法律援助事项是否具有管辖权，是法律援助机构能否向申请人提供法律援助的前提。法律援助机构受理法律援助事项，首先应根据法律援助法律、规章及其他规范性文件所规定的管辖范围，审查该法律援助申请是否由本机构管辖；经审查发现本机构对该法律援助申请不具有管辖权的，应当及时告知并帮助申请人向有管辖权的法律援助机构申请。

2. 经济困难状况

一般情况下，申请人能否获得法律援助取决于其是否满足法律援助法律、规章及其他规范性文件所规定的经济困难，这是法律援助制度

---

① 如《关于加强残疾人法律救助工作的意见》第5条、《浙江省公证法律援助实施办法》第5条等。

的初衷所在，也是对受援范围的限制性规定。根据《法律援助条例》第十三条，"经济困难的标准，由省、自治区、直辖市人民政府根据本行政区域经济发展状况和法律援助事业的需要作出规定。"法律援助机构应当按照各地法律援助条例中所规定的经济困难标准对申请人个人或申请人及共同生活的家庭收入是否满足当地经济困难标准、是否具有替代性证明材料予以审查。

3. 受案范围

法律援助的受案范围是对法律援助机构的职能权限所作的限制性规定，法律援助申请应当在法律援助的受案范围之内，对于超出受案范围的申请，法律援助机构应当拒绝提供法律援助服务并告知理由。值得注意的是，对于特殊对象的法律援助申请，法律援助的受案范围呈现逐步扩大的趋势，将与他们权益密切相关的事项纳入法律援助的受案范围之中，这是法律援助保障弱势群体合法权益的重要体现。

4. 案件基本情况

法律援助申请的审查，还应当审查案件的基本情况。审查案件的基本情况一方面是对案件具备一个清晰、明确的了解，另一方面是为了排除案件所存在的一些影响法律援助提供的因素，如案件的诉讼时效等。

（三）审查程序

1. 法律援助审查的一般程序

法律援助审查的一般程序的规定体现在：1.《法律援助条例》第十八条、二十五条、《办理法律援助案件程序规定》第十三条、第二十四条对法律援助机构审查法律援助申请的一般程序予以规定，地方的法律援助条例与此基本一致；2.《浙江省公证法律援助实施办法》第五条等；3.《青海省妇女法律援助工作办法》第三条、第六条、《军人军属法律援助工作实施办法》第十三条等。

审查的一般程序内容可总结为：

1. 对公民申请的法律咨询服务，无需经过审查，应该及时办理；复杂疑难的，可以预约择时办理；

2. 除法律咨询服务外其他的法律援助申请，应当自受理申请之日起

7 日内进行审查，需要异地协作调查取证的可以适当延长审查期限。认为申请材料中存在可以当场更正的错误时，应当允许申请人当场更正；申请材料不齐全或者不符合法定形式的，应当一次性告知申请人需要补正的全部内容，或者要求申请人作必要的说明，申请人补充材料、作出说明所需的时间不计入审查期限；申请人未按要求作出补充或者说明的，视为撤销申请；认为申请人提交的证件、证明材料需要查证的，由法律援助机构向有关机关、单位查证。

3. 法律服务机构、法律援助工作站受理法律援助申请的，对申请人提交的法律援助申请材料进行形式审查，认为符合法律援助条件的，且属于本机构能够直接办理的，应当直接予以办理；除此之外的其他符合条件的法律援助申请，应当及时将初审意见及申请材料报送至法律援助机构进行实质性审查决定是否提供法律援助。

4. 军人军属、残疾人、妇女等特殊对象的法律援助申请应当优先审查，且根据法律援助法律、法规及其他规范性文件的规定，放宽审查标准。

2. 回避制度

中央的法律援助条例并未对回避制度予以明确规定。法律援助审查的回避制度是地方的法律援助条例，根据工作实际需要，参照《中华人民共和国民事诉讼法》设置的。与民事诉讼法中回避制度设置的目的相同，法律援助审查的回避制度是为了防止申请人或其相对人一方与审查工作人员具有利害关系而影响法律援助审查结果的公正性。各地的法律援助条例所规定的回避制度，适用情形虽然有所差别，但都是遵循排除利害关系的原则预先设置的。回避制度的程序为受理和审查法律援助申请的工作人员的回避，由法律援助机构决定；法律援助机构负责人的回避，由法律援助机构所在地的司法行政部门决定。

3. 异地协作制度

《办理法律援助案件程序规定》第十四条、第二十八条确立了异地协作制度。异地协作制度是法律援助机构在实施法律援助的过程中，对于涉及在机构所在地之外的事项需要调查取证的，请求该事项所在地的法律援助机构协助处理的制度。异地协作制度的设置是对法律援助资源的有效调配。异地协作制度的程序是："法律援助机构需要异地协作时，应当向被请求的法律援助机构发出协作函件，说明案件基本情况、需要调查取证的事项、办理时限等。被请求的法律援助机构应当予以协作。因客观原因无法协作的，应当向请求协作的法律援助机构书面说明理由。"

相较中央法律援助条例中的异地协作制度，地方的法律援助条例对异地协作制度的范围基本上进行了扩大。山西省、江西省、河南省的地方法律援助条例与中央一致，将异地协作的范围局限在调查取证上；安徽省、甘肃省、贵州省、浙江省、江苏省、山东省、宁夏回族自治区等的地方法律援助条例则将异地协作的范围扩大至公证、非诉调解、文书送达、申请执行等事项上。

4. 先行提供法律援助制度

《办理法律援助案件程序规定》第十八条确立了先行提供法律援助制度。先行提供法律援助制度是法律援助机构在审查法律援助申请的过程中，发现该法律援助申请存在紧急或者特殊原因时，先行提供法律援助的制度。先行提供法律援助制度是为了应对由于紧急或特殊原因，申请人因此遭受不必要的权益损失所设置的紧急权利救济制度与灵活变通手段。先行提供法律援助制度适用的情形，中央的法律援助条例采用了列举及兜底条款的方式予以规定，地方的法律援助条例在列举的情形上虽有所差别，但实质上都是若不立即救济、申请人将遭受不必要的权益损失的紧急或特殊情形。

法律援助机构先行提供法律援助，并不意味着受援人就免除了对法律援助申请的审查，受援人应当在法律援助机构确定的期限内补交规定的申请材料；法律援助机构经审查认为受援人不符合经济困难标准的，应当终止法律援助，并书面通知申请人或者代理申请人并说明理由。因先行提供法律援助而发生的费用，由申请人负担。

（四）审查决定及救济

1. 法律援助审查的决定

《法律援助条例》第十八条、《办理法律援助案件程序规定》第十三条、

第十六条规定，法律援助机构审查法律援助申请，对符合条件的，应当及时决定提供法律援助，并制作给予法律援助决定书；对不符合法律援助条件的，应当决定不予法律援助，并制作不予法律援助决定书。不予法律援助决定书应当载明不予法律援助的理由及申请人提出异议的权利。

　　法律援助机构决定提供法律援助的，除了上述条文规定的向申请人提供基于法律援助决定书外，在满足法律援助法律、规章及其他规范性文件的规定的情形下，还应通知、函告以下对象：1. 被羁押的犯罪嫌疑人、被告人、服刑人员，劳动教养人员、强制隔离戒毒人员通过办理案件的人民法院人民检察院、公安机关或者所在监狱、看守所、劳动教养管理所、强制隔离戒毒所转交申请的，法律援助机构作出审查决定后，还应同时函告有关人民法院、人民检察院、公安机关及监狱、看守所、劳动教养管理所、强制隔离戒毒所[①]；2. 军人军属、妇女、残疾人等特殊对象申请法律援助的，法律援助机构作出审查决定后，还应当及时告知军队有关部门、工会、共青团、妇联、残联、侨联等组织[②]。

　　法律援助机构决定不予提供法律援助的，需要将不予提供的理由告知申请人。中央的法律援助条例并未对不予提供的理由予以明确列举，地方的法律援助条例对不予提供的理由规定上也根据本地实际而有所差别，但就实质而言，不予提供的原因主要是未满足提供法律援助的条件。纵观各地的法律援助条例就不予提供的理由规定，主要可以分为以下两类：1. 申请人或申请事项不符合法律援助的条件，如申请事项超出规定范围、申请人不符合法律援助条件；2. 是案件已过时效或终止，如法律援助事项已办结或者处理完毕，申请人以同一事实和理由再次申请法律援助的；申请事项未被受理或已经终止的；申请事项已超过诉讼时效、起诉期限、劳动争议仲裁申请时效或者仲裁时效的。

　　2. 不予提供法律援助的救济

　　《法律援助条例》第十九条、《办理法律援助案件程序规定》第十九

---

　　① 《办理法律援助案件程序规定》第 17 条、《关于刑事诉讼法律援助工作的规定》第 14 条等。

　　② 《军人军属法律援助工作实施办法》第 9 条等。

条确立了不予提供法律援助的权利救济程序："申请人对法律援助机构不予法律援助的决定有异议的，可以向主管该法律援助机构的司法行政机关提出。司法行政机关经审查认为申请人符合法律援助条件的，应当以书面形式责令法律援助机构及时对该申请人提供法律援助，同时书面告知申请人；认为申请人不符合法律援助条件的，应当维持法律援助机构不予法律援助的决定，书面告知申请人并说明理由。"

相较中央法律援助条例中的权利救济程序，地方的法律援助条例采取了相同的规定，但是江苏省、广东省、宁夏回族自治区等的法律援助条例在采取该种程序规定的同时，对该权利救济程序中的救济级别予以扩大，产生了两种不同的权利救济程序：1. 原法律援助机构重新审查后，再向主管该机构的司法行政机关复议的两级权利救济程序，该模式的代表是宁夏回族自治区的法律援助条例[①]；2. 先向主管法律援助机构的司法行政机关复议，再向本级人民政府、上一级司法行政部门复议或提起行政诉讼的两级权利救济程序，该模式的代表是江苏省、广东省的法律援助条例[②]。上述两种权利救济程序都将权利救济的级别扩大到了两级，即法律援助机构复议——机构所属的司法行政机关复核——本级人民政府、上一级司法行政部门复核或向人民法院提起行政诉讼。权利救济级别的扩大，一方面有助于保障申请人的合法权益以及纠正责任机关在职能履行过程中的错误，但是另一方面也容易导致行政、司法资源的浪费。

三　法律援助的实施程序

法律援助的实施过程，是指法律援助机构对符合法律援助条件的受援人提供各种形式法律援助的行为过程。[③]法律援助的实施程序是法律援助价值的实现过程，也是法律援助程序的主体部分。法律援助的实施

---

①　《宁夏回族自治区法律援助条例》第 15 条规定。

②　《江苏省法律援助条例》第 24 条、《广东省司法厅关于办理法律援助事项程序的规章》第 30 条规定。

③　宫晓冰：《中国法律援助制度培训教程》，中国检察出版社 2002 年版，第 204 页。

程序主要包括法律咨询、代拟法律文书法律援助的实施、其他非诉法律援助以及诉讼法律援助的实施。

（一）法律咨询、代拟法律文书法律援助的实施

法律咨询是法律援助机构提供的一种无条件、门槛的法律援助服务，公民寻求法律咨询无需提供材料、法律援助机构也无需进行审查即可提供。法律咨询的法律援助实施程序明确于《法律援助条例》第二十五条、《办理法律援助案件程序规定》第二十四条以及地方法律援助法律、规章[①]之中。法律咨询的实施程序为："法律援助机构、法律服务机构、社会组织所属的法律援助工作站受理法律咨询法律援助的，应当立即办理；复杂疑难的，可以预约择时办理。在提供法律咨询服务的过程中，认为申请人可能符合代理或者刑事辩护法律援助的条件的，应当告知其可以依法申请法律援助。"法律咨询的形式并不局限于公民本人亲自到法律援助机构内面对面询问的方式，还包括电话、邮件、网上询问等方式。如"12348"法律援助咨询电话在解答问题、宣传法律、解答疑惑、疏导怨忿、化解矛盾等方面发挥着其独特的作用。

代拟法律文书是法律援助机构提供的另一种无条件、门槛的法律援助服务。代拟文书的法律援助的提供，由法律援助机构、法律服务机构以及法律援助工作站直接予以办理。

（二）其他非诉法律援助以及诉讼法律援助的实施

1. 法律援助的案件指派

法律援助的案件指派是指，在法律援助机构作出提供法律援助的决定后，由法律援助机构指派或受援人在法律援助机构所公布的法律援助人员名单中选取的方式，确定案件承办人的过程。根据法律援助案件承办人员确定方式不同，法律援助的案件指派可以分为法律援助机构的指派与受援人的点援两种方式。

（1）法律援助机构的指派

法律援助机构的指派是指由法律援助机构指定法律援助案件的承

---

① 江苏省《关于法律援助接待工作的若干规定》第 5 条等规定。

办人的方式。根据《法律援助条例》第二十一条、《办理法律援助案件程序规定》第二十条、第二十一条、第二十二条规定，法律援助机构在作出提供法律援助的决定后，应当自作出提供法律援助决定之日起及时指派相关人员承办法律援助案件。具体而言包括："对于民事、行政法律援助案件，法律援助机构应当自作出法律援助决定之日起及时指派律师事务所、基层法律服务所、其他社会组织安排其人员承办，或者安排本机构的工作人员承办；对于刑事法律援助案件，法律援助机构应当自作出给予法律援助决定或者收到通知辩护、代理文书之日起及时指派律师事务所安排律师承办，或者安排本机构的法律援助律师；[①] 对于公证、司法鉴定、仲裁等非诉讼法律援助事项，法律援助机构应当自作出给予法律援助决定之日起及时指派法律服务机构安排其人员提供法律援助事项；[②] 对于同一案件的双方当事人均为受援人的，法律援助机构应当指派不同的法律服务机构承办。"[③]

　　法律援助机构指定法律援助案件的具体承办人员，应当考虑法律援助案件的性质及难易程度、受援人的意愿以及具体承办人员的专业特长等因素。比较中央与地方法律援助条例中对承办人的条件规定，中央的法律援助条例仅规定了死刑案件中承办人员的条件，而地方的法律援助条例则更为细致、完备，除了死刑案件中承办人员的条件限制外，在未成年人的刑事案件、重大复杂案件的案件承办人员方面也予以了条件限制。

　　在指定法律援助案件的具体承办人员后，法律援助机构应将具体承办人员的姓名、所属单位以及联系方式告知受援人；公安机关、人民检察院、人民法院依法通知辩护、代理的案件，还应函告通知辩护、代理的机关；军人军属、残疾人等特殊对象申请法律援助的案件，还应告知军

---

①　《办理法律援助案件程序规定》第 20 条。

②　《重庆市司法局关于开展公证法律援助工作有关事项的通知》第 3 条第（三）项；《浙江省公证法律援助实施办法（试行）》第 11 条，《浙江省司法鉴定法律援助工作规定》第 8 条等。

③　《杭州市法律援助条例》第 32 条；《武汉市法律援助条件》第 25 条等。

队有关部门、妇联等组织。具体承办人员确定后，应当立即与受援人或者其法定代理人、近亲属签订法律援助协议，明确双方权利、义务，但是因受援人的原因无法按时签订的除外。

由法律援助机构指派的方式确定案件的承办人员，一方面有利于保障法律援助程序连贯、迅速地进行，及时保障受援人的合法权益，防止因时间拖延导致法律援助资源的浪费；另一方面由于法律援助机构对于法律援助人员、法律服务机构的专业能力、经验水平以及资质程度等方面较为熟悉，能够依据法律援助案件的性质、难易程度指派与之相适应的法律援助人员、法律服务机构，更利于受援人法律援助案件的处理。但是，这种方式难以照顾受援人的意愿。

（2）受援人的点援

受援人的点援是指由受援人从法律援助机构所公布的法律援助人员名单中挑选案件具体承办人的方式。法律援助机构在作出提供法律援助的决定后，应向受援人公布法律援助人员名单，受援人在名单中挑选承办人后，由法律援助机构在考虑受援人意愿的基础上，根据案件情况确定案件的具体承办人员。

受援人的点援方式确定案件的承办人员，充分照顾了受援人的意愿。但是由于受援人不熟悉法律援助人员的专业能力、经验水平等信息，故无法保障所选取的法律援助人员与该法律援助案件的适应性，且受援人在挑选法律援助人员过程中容易拖沓，从而无法及时保障受援人的合法权益、导致法律援助程序无法连贯、迅速的进行。为了在保证法律援助的质量与效率，同时也能兼顾受援人的意愿，法律援助的实际工作中往往同时采用两种方式。

（3）法律援助案件指派的撤销

法律援助案件指派的撤销是指，法律援助案件的具体承办人确定后，根据受援人的申请或案件承办人员的原因，法律援助机构决定撤销该案件承办人资格的过程。

《办理法律援助案件程序规定》第三十二条、《关于刑事法律援助工作的规定》第十七条规定了法律援助案件指派的撤销的情形，广东省、浙江省等地方法律援助条例根据工作实际需要对这些情形予以了细化。法律援助案件指派的撤销情形大致可分为三类：(1)案件承办人因自身原因无法继续承办或继续承办将对案件结果产生不利于受援人的影响的。该类情形包括："法律援助人员依法丧失辩护人或代理人资格的；法律援助人员因疾病、出国留学、长期外出等特殊原因无法继续承办法律援助事项的；法律援助人员与承办的法律援助事项有利害关系的；法律援助人员与承办的法律援助事项有利害关系的。"①(2)案件承办人不依法履行义务的。该类情形包括："法律援助人员在承办法律援助事项的过程中违反法律法规规定的义务，导致受援人合法权益因此受到损害的；法律援助人员在承办法律援助事项的过程中被行政处分或者纪律处分的。"②(3)依据受援人申请，决定更换案件承办人的。

符合第(1)、(2)类情形的，由法律援助机构负责人决定是否撤销。决定撤销法律援助案件指派的，应当另行指派法律援助人员，同时应当书面告知原案件承办人，并函告其所在单位和相关部门，原案件承办人自收到通知后应立即将案件交回作出指派的法律援助机构或与另行指派的法律援助人员办理案件交接手续。

符合第(3)类情形的，法律援助机构应当查明原因后再决定是否更换承办人员。发现有正当原因的，应当作出更换承办人员的决定，同时书面告知原案件承办人员，并组织相关人员办理法律援助案件材料转交手续；决定不予更换法律援助人员的，应当书面告知受援人，并告知决定不予更换的理由及权利救济的方式。受援人无正当理由拒绝法律援助机构指派的法律援助人员的，不得就同一事项在此申请法律援助。

2.法律援助人员、受援人的权利义务

法律援助的实施，需要明确法律援助人员、受援人员的权利义务。权利义务的明确，是为了明确法律援助人员、受援人员的行为边界，指引双方的行为，避免不必要的冲突、矛盾的发生，推动法律援助程序的顺利进行。法律援助人员、受援人的权利义务分散于多部法律、规章及

---

① 《广东省法律援助条例》第39条第(一)(二)(四)项。
② 同上书，第39条第(三)项。

规范性文件中。

(1)法律援助人员的权利义务

法律援助人员的权利包括:(1)要求受援人、法律援助机构以及有关国家机关、单位提供必要的配合和协助。① 包括要求受援人提供与法律援助案件有关的证据或者材料、请求法律援助机构出具所需的函件以及要求有关国家机关和单位依法给予协助;(2)依法获得法律援助办案补贴;②(3)拒绝承办没有事实和法律依据的事项;③(4)受援人违反法律援助条例或者不履行法律援助协议,情节严重的,可以向法律援助机构申请终止法律援助服务;④(5)在履行法律援助职务时,受到单位和个人非法干预或打击的,有权向相关部门提出控告,要求依法追究有关人员的责任;⑤(6)刑事诉讼中,依法享有的会见、通信权,调查取证权,提出意见权等权利;(7)法律、法规规定或者法律援助协议约定的其他权利。

法律援助人员的义务包括:(1)遵守职业道德和执业纪律,遵守法律服务职业规范,履行法律援助义务,为受援人提供符合标准的法律服务;⑥(2)接受司法行政部门、法律援助机构的指导和监督,及时向法律援助机构和受援人通报法律援助事项的进展情况。法律援助事项为诉讼案件的,应当告知受援人在诉讼中的权利以及可能产生的法律风险;⑦(3)不得利用办理法律援助案件收取受援人及其亲属等的财物或者牟取其他不正当的利益;⑧(4)保守法律援助事项所涉及的国家秘密、商业秘密和当事人隐私;⑨(5)未经法律援助机构批准,不得委托他人办理、延

---

① 《重庆市法律援助条例》第41条第(一)项;《辽宁省法律援助条例》第29条第(三)项等。

② 《办理法律援助案件程序规定》第24条、35条。

③ 《辽宁省法律援助条例》第29条第五项。

④ 《重庆市法律援助条例》第41条第(二)项;《杭州市法律援助人员开展法律援助工作管理办法》第21条第(六)项等。

⑤ 《杭州市法律援助人员开展法律援助工作管理办法》第21条第(六)项。

⑥ 《法律援助条例》第22条。

⑦ 《重庆市法律援助条例》第42条第(二)项;《成都市法律援助条例》第8条等。

⑧ 《法律援助条例》第22条。

⑨ 《军人军属法律援助工作实施办法》第4条;《辽宁省法律援助条例》第30条第(二)项。

期办理或者终止办理法律援助事项；①(6)办理法律援助事项，应当向有关司法机关、行政机关或仲裁机构提交由法律援助机构出具的公函或文书；②(7)选择有利于受援人的服务方式。对于案情简单、事实清楚、争议不大的案件以及其他适合和解、调解的案件，应当尽量采取和解、调解方式结案；③(8)对案情主要证据认定、适用法律等方面有疑问，或者涉及群体性、有重大社会影响等复杂、疑难情形的法律援助案件，应当报告法律援助机构，组织集体研究讨论以确定承办方案；④(9)法律、法规规定或者法律援助协议约定的其他义务。

(2)受援人的权利义务

受援人的权利包括：(1)了解法律援助事项办理情况。对于涉及军人军属、妇女、残疾人等重点主体的法律援助案件，军队有关部门、妇联、残联等有权了解案件的进展情况以及案件的处理结果；⑤(2)要求法律援助机构更换不依法履行职责的法律援助人员；⑥(3)要求法律援助机构、法律服务机构和法律援助人员以及有关部门对其提供的个人信息保密；⑦(4)法律、法规规定或者法律援助协议约定的其他权利。

受援人义务包括：(1)及时提供有关证据材料，如实陈述案件事实和相关情况；(2)配合法律援助人员调查案件事实；⑧(3)经济状况或者案情发生变化时，应当及时告知法律援助人员或者法律援助机构；⑨(4)因法律援助案件或者事项的解决获得较大利益时，应当向法律援助机构支付成本费；⑩(5)法律、法规规定或者法律援助协议约定的其他义务。

---

① 《辽宁省法律援助条例》第30条第(六)项；《安徽省法律援助条例》第40条等。

② 《四川省法律援助条例》第26条。

③ 《关于开展"法律援助便民服务"主题活动的实施方案》第(八)条。

④ 《办理法律援助案件程序规定》第31条。

⑤ 《安徽省法律援助条例》第34条；《青海省妇女法律援助工作办法》第6条等。

⑥ 《办理法律援助案件程序规定》第32条。

⑦ 《武汉市法律援助条例》第26条；《山西省法律援助条例》第33条第(二)项等。

⑧ 《上海市法律援助条例》第11条；《湖北省法律援助条例》第31条等。

⑨ 《江苏省法律援助条例》第27条；《广西壮族自治区法律援助条例》第14条第(三)项等。

⑩ 《河南省法律援助条例》第34条；《哈尔滨市法律援助条例》第26条第(四)项。

3. 法律援助实施的保障

法律援助实施的保障是指，法律援助人员在承办法律援助案件的过程中，相关单位、个人应当为其提供费用上的减免及程序上的便利，以保障法律援助案件的顺利进行。法律、规章及其他规范性文件赋予相关单位、个人以保障法律援助实施的义务，在于法律援助作为一项扶助贫弱、保障社会弱势群体合法权益的社会公益事业，它需要社会各方力量共同参与进来互相支持、配合以达到对社会资源的合理性分配，而非仅因其是政府职责就由政府包揽一切。

法律援助实施的保障包括费用的免收、减收、缓收，案件信息告知义务及协助机制三方面内容。

（1）费用的免收、减收、缓收

法律援助人员在办理法律援助事项的过程中，经出具法律援助机构的有关证明，相关单位、个人应当为其提供便利，并且免收、减收或缓收有关费用。具体的情形包括："（1）法律援助机构决定提供法律援助的案件，经受援人申请，人民法院或者仲裁机构应当依照法律规定进行审查，结合案件具体情况作出缓交、减交、免交案件诉讼费、仲裁费的决定；（2）符合法律援助条件的公民申请公证事项的，公证机构应当依照法律规定减收或者免收公证费；（3）符合法律援助条件的公民申请司法鉴定、勘验、检测、评估的，相关机构应当依照有关规定缓收、减收或者免收应由其承担的鉴定费、勘验费、检测费、评估费；（4）司法机关和行政部门以及财政拨款的事业单位，对法律援助人员办理法律援助事项需要查阅、调取、复制档案资料、出具证明等所涉及的费用，应当予以免收；（5）法律、法规规定的其他减收、免收、缓收费用的情形。"①

（2）案件信息告知义务

案件承办机关在办理案件的过程中，有义务告知法律援助人员案件的基本信息。案件信息告知义务的明确是为了协助法律援助人员快速、

---

① 《诉讼费用缴纳办法》第47条规定了法律援助案件缓收诉讼费用；《中华人民共和国公证法》第34条规定了法律援助案件减免公证费用；另参见《安徽省法律援助条例》第36条；《重庆市法律援助条例》第34条等。

全面了解法律援助案件的基本信息，从而能够更好的维护受援人的合法权益。案件信息告知义务的具体情形包括："（1）公安机关在撤销案件或者移送审查起诉后，人民检察院在作出提起公诉、不起诉或者撤销案件决定后，人民法院在终止审理或者作出裁决后，以及公安机关、人民检察院、人民法院将案件移送其他机关办理后，应当及时将办理结果以及相关法律文书送达法律援助人员、法律服务机构；（2）仲裁机构在调解或作出仲裁裁决后，应当及时将调解、仲裁裁决结果告知法律援助人员、法律服务机构；（3）申请国家赔偿或工伤赔偿案件的法律援助案件中，依法负有赔偿和支付义务的单位应当在作出决定后，及时书面告知承办案件的法律援助人员、法律服务机构处理结果；（4）人民法院决定变更开庭时间、变更犯罪嫌疑人或被告人强制措施等决定的，公安机关、人民检察院、人民法院应及时告知法律援助人员、法律服务机构；（5）法律、法规规定的其他案件信息告知的情形。"[①]

（3）协助机制

法律援助人员在办理法律援助案件的过程中，相关单位、个人应为其提供支持或协助。协助机制及具体情形包括："（1）为法律援助人员查阅、摘抄、复制案件的诉讼文书、技术鉴定性材料提供便利条件；（2）为法律援助人员与在押的犯罪嫌疑人会见和通信提供便利条件；（3）协助提供通晓聋、哑手势的人员或者翻译人员；（4）依据法律规定，在作出相关决定时听取承办案件的法律援助人员的意见；（5）法律援助机构在人民法院、看守所、拘留所等单位派驻值班律师提供法律援助的，相关单位应当予以协助；（6）法律法规规定的其他应当提供便利的情形。"[②]

4.法律援助的终止

法律援助的终止是指，由于满足提供法律援助的原因消灭或发现受援人严重违反法律援助义务的，经法律援助机构审查核实后，决定终止

---

① 《关于刑事诉讼法律援助工作的规定》第18、21条等。
② 《关于在部分地区就加强和规范刑事诉讼法律援助工作进行试点的通知》第22条；江西省《关于加强和规范刑事法律援助工作的若干规定》第17条等。

提供法律援助。确立法律援助终止制度，目的在于合理分配法律援助资源、对受援人严重违反法律援助义务的行为予以惩罚。

《法律援助条例》第二十三条、《办理法律援助案件程序规定》第三十三条规定了法律援助的终止情形，具体可以分为三类：1.满足提供法律援助的原因消灭的。如受援人的经济收入状况发生变化，不再符合法律援助条件的；受援人又自行委托律师或者其他代理人的；案件终止审理或者已被撤销的；人民法院撤销司法救助的。2.受援人严重违反法律援助义务的。如受援人利用法律援助从事违法活动的；受援人故意隐瞒与案件有关的重要事实或者提供虚假证据的。3.受援人请求终止法律援助的，但公安机关、人民检察院、人民法院应当通知辩护的情形除外。

法律援助人员在办理法律援助案件的过程中，发现有法律规定的终止法律援助的情形，应当向法律援助机构报告。法律援助机构经审查核实，决定终止法律援助的，应当在制作终止法律援助决定书并送达受援人，终止法律援助决定书应同时载明终止法律援助的理由及受援人提出异议的权利，同时应函告法律援助人员和相关部门，并组织法律援助人员办理结案手续。

由于对于受援人在受援期间因经济状况改善，不再符合法律援助条件的，经法律援助机构批准，可以终止法律援助，但仍可以继续提供有偿法律服务。由于受援人采取欺骗手段获得法律援助的，法律援助机构在终止法律援助后，应责令该受援人支付应当承担的法律服务费用。

受援人对法律援助机构终止提供法律援助的决定有异议的，异议程序的规定参照不予提供法律援助的异议程序。

5.法律援助的完结

根据《法律援助条例》第二十四条、《办理法律援助案件程序规定》第三十四条确定了法律援助的完结程序。法律援助的完结程序包括立卷材料的提交、办案补贴的支付以及材料归档三部分。

（1）立卷材料的提交

法律援助人员在法律援助事项办结完毕后应当向法律援助机构提

交立卷材料，根据法律援助事项的不同，材料提交的程序分为：

①对于法律咨询、拟写法律文书的法律援助完结，法律援助机构、法律服务机构以及法律援助工作站的接待人员在接待受援人时应做好来访登记工作，在完成法律咨询、拟写法律文书法律援助后，应当及时将群众来访事项、来访人所提供的材料、处理情况及处理结果等材料立卷归档保存或归档于提供法律援助案件（事项）的卷宗；

②对于公证、司法鉴定等的法律援助完结，法律服务机构在办结法律援助事项后，法律服务机构应当自法律援助事项办结之日起及时到受理申请的法律援助机构办理结案手续，并提交法律援助申请表、给予法律援助决定书或指派通知书、承办法律援助事项的法律服务机构工作人员名单、法律援助处理情况、结案报告等结案材料。

③对于仲裁、行政复议或诉讼代理、辩护等法律援助的完结，法律援助人员在办结法律援助案件后，应当自结案之日起及时向法律援助机构提交有关的法律文书副本或复印件以及结案报告等材料。

关于结案日的确定，"诉讼案件以受到判决书（裁定书、调解书）之日为结案日；非诉讼法律事务以委托事项办结之日为结案日；受援人因法定情形而被法律援助机构终止、撤销法律援助，或者人民法院撤销指定辩护的，以法律援助人员接到终止或撤销法律援助通知书之日为结案日。"①

（2）办案补贴的支付

法律援助机构收到法律援助人员提交的立卷材料后，应当在法定期限内进行审查；审查合格的，应自审查合格之日起及时向受指派办理法律援助案件的律师或者接受安排办理法律援助案件的社会组织人员、承办该公证事项的法律服务机构支付法律援助办案补贴。法律援助人员为法律援助机构工作人员的，不领取办案补贴；但由于办案产生的成本费用，按本机构有关规定据实报销。

法律援助办案补贴的标准由省、自治区、直辖市人民政府司法行政

---

① 《办理法律援助案件程序规定》第34条。

部门会同同级财政部门，根据当地经济发展水平，参考法律援助机构办理各类法律援助案件的平均成本等因素核定，并可以根据需要调整。

（3）材料归档

根据《办理法律援助案件程序规定》第三十六条之规定：“作出指派的法律援助机构应当对法律援助人员提交的立卷材料及受理、审查、指派等材料进行整理，一案一卷，统一归档管理。”具体的材料归档管理办法由地方的法律援助条例根据本地实际情况具体规定。

四　法律援助的监督程序

法律援助的监督程序是指有法定监督权限的机构对法律援助机构及其工作人员履行职责的情况，以及法律援助案件的具体承办人员提供法律援助服务的情况进行的检查和监督的过程。[①] 法律援助的监督程序贯穿了法律援助程序的始终，它的目的在于使法律援助制度化、规范化。法律援助的监督程序包括法律援助的监督主体、监督内容两部分。

（一）法律援助的监督主体

我国法律援助的监督主体包括县级以上人民政府司法行政部门，各级法律援助机构，受援人，办理案件的司法机关、行政机关以及仲裁机构和相关社会组织、单位、个人。

根据《法律援助条例》第三条、第四条的规定，“法律援助是政府的责任，县级以上人民政府应当采取积极措施推动法律援助工作，为法律援助提供财政支持，保障法律援助事业与经济、社会协调发展”，“国务院司法行政部门监督全国的法律援助工作。县级以上地方各级人民政府司法行政部门监督管理本行政区域内的法律援助工作”，可以看出，县级以上地方各级人民政府及其所属的司法行政部门是法律援助责任主体，是推动法律援助工作、调配法律援助资源主要力量，对于其职权管辖范围内法律援助的开展起着总揽全局的作用，也是法律援助的最为权

---

① 　宫晓冰：《中国法律援助制度培训教程》，中国检察出版社 2002 年版，第 223 页。

威的监督主体，主要负责宏观上的监督工作，对法律援助工作的进展进行全面监督。

　　根据《法律援助条例》第五条的规定，"法律援助机构负责受理、审查法律援助申请，指派或者安排人员为符合本条例规定的公民提供法律援助"，各级法律援助机构是开展法律援助工作的直接责任主体，直接参与其职权管辖范围内法律援助资源的调配及法律援助工作的开展，并对法律援助工作进行监督。各级法律援助机构的监督，既包括基于受理法律援助工作而对其内部工作人员和它所指派的法律援助服务人员、法律服务机构所实施的法律援助监督，也包括基于省级法律援助机构的层级关系在其职权范围内对下级法律援助机构及其工作人员的工作以及本辖区内的法律援助实施活动的监督。这种监督主要是一种层级监督和专业性监督，是对法律援助工作最经常的监督。①

　　根据《中华人民共和国公证法》《中华人民共和国律师法》等规定，承办法律援助案件的公证人员、司法鉴定人员、律师等法律援助人员在办理公证、司法鉴定等法律援助的过程中，应当接受司法行政部门、法律援助机构以及省、市公证协会、司法鉴定协会、律师协会等业务上的指导与监督，这是基于法律援助事项的专业性以及法律援助人员与相关单位的隶属性所要求的业务上的指导与监督。

　　根据《军人军属法律援助工作实施办法》《加强残疾人法律救助工作的意见》等规定，受援人及军队相关部门、残联等组织有权对法律援助的过程进行监督。受援人作为法律援助的对象，法律援助的进展与受援人的合法权益保障息息相关，故对于法律援助人员在办理法律援助案件中存在的不履行法律援助义务或违反法律援助法律的行为，受援人有权向主管的司法行政机关、法律援助机构反映，以维护其合法权益；军队相关部门、残联等组织在牵涉军人军属、残疾人等的法律援助事项中，为维护他们的合法权益，应当有权对法律援助的实施进行监督，法律援助机构决定向特殊对象提供法律援助、更换或撤销法律援助人员、终止

----

　　①　宫晓冰：《中国法律援助制度培训教程》，中国检察出版社 2002 年版，第 224 页。

法律援助程序时应当通知这些组织。

（二）法律援助的监督内容

1. 法律援助人员的资格审查

地方的法律援助条例明确了法律援助人员的资格审查规定。

如《深圳市法律援助条例》第三十四条、第三十六条、第三十七条确立了法律援助人员的准入标准，包括是否取得相关法律援助工作的资格、从事相关法律工作的年限、相关法律工作的专业水平等；确立了定期考核制度，考核标准以法律援助人员、法律服务机构的办案质量评估为依据，结合法律援助人员的资格水平，相应变更或调整法律援助人员、法律服务机构的名单。

《宁夏回族自治区人民政府办公厅关于进一步做好法律援助工作的通知》第四条对法律援助人员的办案数量进行了规定，"法律援助人员要尽职尽责办理法律援助案件，社会执业律师每年办理法律援助案件不少于 3 件，基层法律服务工作者每年办理法律援助案件不少于 5 件。"

2. 法律援助实施过程的监督

法律援助的监督贯穿于法律援助的各个阶段，包括申请阶段的监督、审查阶段的监督、实施阶段的监督。

关于申请阶段的监督，《关于法律援助接待工作的若干规定》第六条、第七条规定，法律援助的接待工作实行"首问负责制"，即由首位接待来访的工作人员负责接待解答代书和电话记录，负责法律援助案件的初审和登记，接待人员应将来访人需要了解的法律问题、申请法律援助的条件和程序、诉讼中可能产生的风险一次性告知来访人，并做好接待材料及申请材料的整理、归档工作。

关于审查阶段的监督，法律援助机构受理法律援助申请，应在法定期限内予以审核并作出决定；审理、批准法律援助申请的人员符合回避的情形的，由法律援助机构的负责人批准，予以回避；对法律援助机构作出的不予提供法律援助的决定不服的，赋予申请人以异议复核权利，以对抗、修正法律援助机构的错误行为。

关于实施阶段的监督，根据《办理法律援助案件程序规定》第三十一条,实行法律援助案件限时办结制度,法律援助人员、法律服务机构应在法定时间内办结法律援助事项;实行重大案件集体讨论制度,法律援助人员、法律服务机构在办理法律援助事项过程中,对于主要证据认定、适用法律等方面有重大疑义的,涉及群体性事件的或有重大社会影响的案件,应当向法律援助机构报告,并组织集体讨论,确定承办方案;实行服务承诺制度,明确法律援助人员及受援人之间的权利义务,对违反法律援助条例规定的义务或法律援助协议约定的义务的行为,予以责任追究;实行投诉处理制度,法律援助机构、法律服务机构应当设立投诉窗口,受理受援人及办案机关的投诉,予以及时调查、核实、处理投诉事项,并向投诉人反馈处理结果;加强法律援助事项档案的管理,督促承办人员、机构在结案后尽快提交相关案卷材料。

3. 法律援助办案质量的监督

法律援助办案质量的监督是指,国家和地方法律援助管理机构依据法定的行政权力,以实现国家的法律援助职能、保证法律援助当事人的合法权益为目的,通过检查、评估、考核和处罚等多种措施对法律援助的办理质量进行监督和管理的活动。[①]法律援助办案质量的监督主要采取办案质量标准评估机制,事前法律援助事项实施的专员全程跟踪、反馈机制,事后回访、审查机制。

(1)办案质量标准评估机制

各地司法行政部门、法律援助机构应当根据本省、市法律援助工作的性质、发展程度,制定并公布法律援助办案质量标准,引导并监督法律援助人员、法律服务机构按照该办案质量标准办理法律援助案件,保障法律援助办案质量。

(2)事前专员全程跟踪、反馈机制

法律援助机构在指派、安排法律援助人员、法律服务机构办理法律援助事项时,就案件性质,指派法律援助机构专职人员进行全程质量跟踪监督,通过参加旁听、上门或电话督查回访等方式,对法律援助人员、

[①]　宫晓冰:《中国法律援助制度培训教程》,中国检察出版社 2002 年版,第 233 页。

法律服务机构实施法律援助事项是否遵循法定程序、是否履行相关法律援助义务以及办理法律援助事项时是否尽职尽责等方面内容进行全面的监督审查，及时纠正其问题，并对已办结的案件予以验收，评估结果以书面形式存入法律援助申请事项的相关档案中。建立投诉处理制度，受理受援人、办案机关对法律援助人员、法律服务机构不履行或违反法律援助义务行为的投诉，予以及时调查、核实、处理投诉事项，并向投诉人反馈处理结果。同时，通过发放监督卡收集受援人，承办案件的司法机关、行政机关和仲裁机构对于办理案件的法律援助人员的投诉、意见反馈，纳入该法律援助办案质量的评估依据之中予以综合考量。

（3）事后回访、审查机制

法律援助机构对于已办结的法律援助事项，应采取征询办案机关和回访受援人，案件抽查等方式，定期进行质量监督审核，根据审核结果，追究相关人员责任，督促法律援助人员、法律服务机构保障法律援助办案质量。

第三章　我国法律援助的实证分析

20世纪90年代,法律援助开始出现在中国。此后经过十余年的发展,到2003年,国务院《法律援助条例》(以下简称《法援条例》)的正式出台才标志着我国形成了较为系统的法律援助制度,进入了一个法制化、规范化的新阶段。但作为一个舶来品,这一年轻制度在中国土地上仍然呈现出一些“水土不服”的症状,需要与我国的法律体系、司法系统等相适应。并且随着经济社会发展,条例本身也逐渐凸显出不足。为此,考察现有政府主导的法律援助制度的有效性很有必要。而根据《法援条例》的有关规定,司法行政人员既是法律援助实践中的监督者和管理者,很多又是法律援助工作的具体实施者,特别基层对法律援助制度的实施情况最为了解。因此,开展针对从事法律援助工作的司法行政人员的问卷和访谈,从这一角度研究法律援助制度的实施情况,具有不言而喻的重要性。

基于各种原因,我们选取了湖北省作为实证分析的对象,根据调查对象的不同,我们[①]设计了律师卷、行政机关工作人员卷、法官卷和民众卷四种调查问卷,于2017年7月至2017年9月完成了相关的问卷调查和田野访谈。其间,我们一共走访了13个法律援助中心,8家律师事务所,访谈人次195人,收回律师问卷40份、行政机关工作人员问卷71份以及法官卷10份和民众卷115份,共计236份调查问卷。本章主要是对法律援助制度运行的实证研究,通过对问卷调查数据和深度访谈材料的实证分析,讨论目前我国法律援助制度的实际运行效果。

---

① 团队成员有武汉大学法学院教师项焱、黄启辉,硕博士生敖海静、周永全、熊雨、王雨潇等。实地调研获得了湖北省法律援助中心的大力支持,特此鸣谢!

第一节　我国法律援助的社会认知度调查报告——民众卷

1994 年年初，司法部提出要建立有中国特色的法律援助制度，并于 2003 年通过了《法律援助条例》。此后，党的十八届三中、四中全会作出了"健全国家司法救助制度，完善法律援助制度"的战略部署。2015 年，中央深改小组第十二次会议审议通过了《关于完善法律援助制度的意见》，正式吹响了深化我国法律援助制度改革的号角。《关于完善法律援助制度的意见》的基本原则是"坚持以人为本。把维护人民群众合法权益作为出发点和落脚点，积极回应民生诉求，完善便民利民措施，推进公共法律服务体系建设，加强民生领域法律服务，努力为困难群众提供及时便利、优质高效的法律援助服务，将涉及困难群体的矛盾纠纷纳入法治化轨道解决，有效化解社会矛盾，维护社会和谐稳定。"由此可见，维护民众合法权益、保障民生是法律援助的主要目的。

作为一项重要的民生工程，法律援助工作得到了中央和地方的高度重视。近年来，各地认真贯彻《法律援助条例》和《关于完善法律援助制度的意见》，法律援助覆盖面逐步扩大，服务质量不断提高，为保障和改善民生、促进社会公平正义发挥了积极作用。但是，与人民群众特别是困难群众日益增长的法律援助需求相比，法律援助工作还存在制度不够完善、保障机制不够健全、援助范围亟待扩大等问题[1]。而普通民众作为法律援助的潜在受众，其对法援的认知及认可程度直接关系今后法律援助工作的开展。因此，为给法律援助工作指明正确方向，为《法律援助法》的制定提供参考素材，系统考察作为法律援助的潜在受众——普通民众对法律援助相关知识的了解和认可程度显得尤为重要。

---

[1] 参见《中共中央办公厅、国务院办公厅印发〈关于完善法律援助制度的意见〉》，2015 年 6 月 29 日。

一　民众卷分析框架

此次调研主要运用实地问卷调查的方法，具体而言，是采取"随意抽样"的方式进行。问卷由客观题和主观题两种类型的题目构成。其中，客观题主要分为三个部分，第一部分是普通民众的基本情况，如年龄、文化程度、职业、性别等。第二部分旨在了解普通民众对法律援助相关内容的认知程度，具体而言，通过了解受访对象对提供法律援助的机构、法律援助的性质、援助范围、援助对象等方面的认知，考察普通民众对法律援助的了解程度。并将受访者的年龄、文化程度、职业、性别等因素与其对法律援助的认知程度做双变量分析，以挖掘造成这一结果的原因。第三部分旨在了解普通民众对法律援助实际作用的评价及认可度，通过受访对象从自身和旁观者两个不同视角对法律援助实际作用的评价以及他们申请法律援助的意愿，全面反映普通民众对法律援助的认可度。主观题部分只有一道题，旨在了解受访对象对法律援助的意见和建议。他们对这一题的作答，一定程度上反映了我国法律援助存在的某些问题。综上所述，此次调研的总体研究思路就是：通过抽样式的定量研究，考察普通民众对法律援助相关知识的了解程度以及对法律援助实际作用的评价及认可度。

二　民众卷理论预设

（一）大部分普通民众对法律援助有一定程度的了解

我国的法律援助制度初创于20世纪90年代，经过20多年的发展，及至2015年《关于完善法律援助制度的意见》的通过，我国法律援助事业获得了长足的发展，逐渐惠及更多人。在现实生活中，应该有部分民众自身或周围人曾接受过法律援助，因而可能知晓法律援助的相关知识。此外，从1986年"一五"普法开始，至2016年"七五普法"为止，我国曾开展几次大规模的普法运动，致力于向民众普及基本法律知识，以提高其法律素养。在国家的号召下，基层组织会积极组织相关普法宣传活动，使基本法律知识进入普通百姓家。因此，我们假设大部分民众对法律援助有一定程度的了解。

（二）文化程度、职业等因素影响普通民众对法律援助的认知

法律援助是国家建立的保障经济困难公民和特殊案件当事人获得必要的法律咨询、代理、刑事辩护等无偿法律服务，维护当事人合法权益、维护法律正确实施、维护社会公平正义的一项重要法律制度。由此可见，法律援助的受众主要是经济困难公民和特殊案件当事人。而经济状况较差的群体由于自身需要，更可能主动去了解法律援助。因此，我们假设不同的职业群体由于其经济状况不同，可能会对法律援助产生不同的认知。此外，普通民众可以通过多种渠道了解法律援助，其中包括媒体报导、社区宣传、亲身实践或者阅读书籍等，而这些获取信息的方式与其文化程度密切相关。比如说，高校学生就可以亲自参与法律援助实践，公务员经常成为社区普法的主体等。因此，我们假设文化程度也会影响其对法律援助的认知。

三　民众卷结果分析

法律援助调查问卷（民众卷），主要由武汉大学法学院学生利用暑假完成，问卷的采集时间为 2017 年 7 月至 8 月。在具体实施中，我们安排调研学生在湖北省武汉、十堰、恩施、利川、荆州、监利、黄冈、鄂州等多个县市发放问卷。此次实地调研，共发放问卷 115 份，回收有效问卷 113 份，受访对象的基本信息如下：

（一）受访对象的基本情况

表 3-1-3-1

性别		年龄（岁）				文化程度		
男	女	18及以下	18—30	30—40	40—60	初中及以下	高中（中专）	大专
64	49	1	72	24	16	6	11	19
55.7%	42.6%	0.9%	62.6%	20.9%	13.9%	5.2%	9.6%	16.9%

表 3-1-3-2

文化程度		职业状况					
本科	研究生及以上	公务员	工人	自由职业者	农民	学生	其他
56	21	21	8	17	1	25	41
48.7%	18.3%	18.3%	7%	14.8%	0.9%	21.7%	35.7%

（二）普通民众对法律援助的认知程度

公民寻求法律援助救济的前提是公民知晓法律援助制度的存在。普通民众在遇到纠纷时不知存在法律援助制度是阻碍法律援助事业发展的重大障碍。有鉴于此，考察普通民众对法律援助相关知识的认知程度，是此次调研的重要内容。以下几道题目，主要从不同角度考察受访者对法律援助制度的认知程度。

1. 对法律援助站的了解程度（仅有 26.1% 的受访者知道家附近有法律援助站）

问题 1：您知道您家附近有法律援助工作站吗？

表 3-1-3-3

是否知道家附近有法律援助工作站	人数	比例
知道	30	26.1%
好像听说有	26	22.6%
不知道	57	49.6%
缺失	2	1.7%
合计	115	100.0%

设计该题目的主要目的是了解受访者不知道法律援助工作站的比例，从而反映出法律援助的宣传效果和实际覆盖情况。调查结果显示，有 26.1% 的受访者知道家附近有法律援助站，这个比例乍看之下不算太低。但与好像听说有或不知道家附近有法律援助站的受访者高达 72.2% 的比例相比，就显得较低了，这超出了我们调研之前的预设。我们猜测，造成这一现象的原因有二。从主观上分析，普通民众的需求影响其对法律援助站的认知。即使我国大部分地区已建立了法律援助站，但如果没

有申请法律援助的需求，普通民众不会主动了解法律援助制度，因而对
法律援助站的认知程度较低。客观上而言，我国目前法律援助的宣传力
度不够，某种程度上也促使大部分受访者对法律援助站的认知不足。一
些地区虽建有法律援助站，但未面向普通民众大力宣传，导致很多民众
根本不知道家附近法律援助站的存在。如编号为 106 的问卷受访者建
议："社区设站点的话，标志可以更清晰，让大众知道。"因此，仅设置
法律援助工作站，但如不显著标示或者大力宣传，起不到应有的作用。
这也说明，法律援助工作任重而道远，要让普通民众知晓法律援助工作
站，不仅需要大力推行普法宣传，切实提高普通民众的法治意识，还要
加大对法律援助工作站的宣传力度，使普通民众知晓法律援助工作站的
存在。

我们将该题与受访者的性别结构、年龄结构、文化程度、职业状况
进行了双变量分析。结果显示，受访者的文化程度、性别与对法律援助
站的认知关联程度较低[①]；受访者的年龄结构、职业状况与对法律援助站
的认知关联程度较高。

受访对象的年龄状况与其对家附近是否有法律援助站的认知呈现
反比例关系，也即年龄越大，不知道家附近有法律援助站的比例越低。
其中，18 岁及以下的受访者中，无一人知道家附近有法律援助站；而
18—30 岁、30—40 岁、40—60 岁的受访者不知道家附近有法律援助
站的比例分别为 56.9%、41.7%、31.3%，呈现一种递减趋势。我们猜
测，这与受访者的阅历以及生活方式有关。一般而言，年龄越大的人，
经历越丰富，见识相对较广。而且年龄大的人更倾向出门参加群体活动
或出门散步，因而可能对家附近的情况更为了解。有鉴于此，我们建
议相关部门将法律援助的宣传工作与群体活动相结合，将法律援

---

① 在调研中，各学历的群体不知道家附近有法律援助站的比例相差不大，初中及以下、
高中(中专)、大专、本科、研究生及以上的人中不知道家附近有法律援助站的比例分别为
50%、54.4%、42.1%、50%、47.6%。性别差异也不大，其中，男性不知道家附近有法律援
助站的比例为 45.3%，女性为 57.1%。

助宣传融入群体活动中，使广大民众可以在参与集体活动的过程中学习法律援助的相关知识。

此外，受访者的职业状况与其是否知道附近有法律援助站密切相关。自由职业者和公务员不知道家附近有法律援助站的比例较低，分别为17.6%、28.6%；与之相反，工人、学生和其他职业的人不知道家附近有法律援助站的比例较高，分别为62.3%、56%、68.3%。我们猜测这与受访者的工作特点和性质有关。自由职业者工作比较灵活，拥有相对较多的自由支配时间接触社会。而且其没有固定的单位作为保障，因而更有可能主动了解法律援助的知识以维护自身权益。至于公务员群体，国家对其自身法治素养要求更高，经常会有相关的培训。其次，公务员也是国家普法运动的主体，在向公民普法之前，其自身必须掌握相关的法律援助知识。至于工人，由于其工作较稳定，即使遇到工作纠纷，出于不愿将事情闹大的考量，可能更多地是通过工会来解决。而学生群体，其活动区域主要在学校，社会关系较简单，解决法律纠纷的需求不大，因而并不会主动了解法律援助。

2. 对法律援助提供机构的认知（仅有27.8%的受访者知道"法律援助站"应当提供法律援助）

问题2：您认为下列哪些机构应当提供法律援助？

表 3-1-3-4

认为应当提供法律援助的机构	人数	比例
法院	11	9.6%
律师事务所	12	10.4%
法律援助站	32	27.8%
司法局	6	5.2%
其他	3	2.6%
缺失	51	44.3%
合计	115	100.0%

设计此题的初衷是为了解普通民众对法律援助服务提供机构的了

解程度。结果显示，选择"法律援助站"只有 32 人，仅占 27.8%。选择"法院"、"律师事务所"、"司法局"以及"其他"的分别为 11 人、12 人、6 人和 3 人，所占比例分别为 9.6%、10.4%、5.2% 以及 2.6%。值得注意的是，前一题的问题当中，已出现了"法律援助站"这一机构，从某种意义上讲，可能起到了一定的提示作用。尽管选择"法律援助站"选项的人数较其他四个选项明显多一些，但令我们意外的是，竟有 51 人未作答，占 44.3%，甚至超过了选择"法律援助站"的比例，这至少表明该部分人根本不知道或不确定提供法律援助的机构。根据以上数据，我们不难推测，大部分民众对于法律援助提供机构的认知依然不清晰。对法律援助提供机构尚且都不了解，更遑论寻求法律援助了。这一结果超出了我们调研前的理论预设，究其原因，可能与基层地区法律援助工作站的建设滞后以及宣传工作不到位有关。因此，后一阶段为推进法律援助工作，必须加强对法律援助主体的宣传工作。

我们将该题与受访者的性别结构、年龄结构、文化程度、职业状况进行了双变量分析。结果显示，受访者的文化程度、性别状况、年龄状况与法律援助提供机构的认知关联程度较低[①]；职业状况与对法律援助提供机构的认知关联程度较高。其中公务员、工人和学生知道法律援助站应当提供法律援助的比例相对而言较高，分别为 33.3%、37.5%、29.2%；与之相比，农民、其他职业以及自由职业的人不知道家附近有法律援助站的比例较高。其中，农民中无一人知道法律援助站应当提供法律援助，自由职业者知道法律援助站应当提供法律援助的人仅占 11.8%。再结合上一题，我们发现农民对法律援助站的认知程度最低。值得注意的是，上一题中，知道或听说过家附近有法律援助站的受访者

---

① 在调研中，文化程度为初中及以下、高中（中专）、大专、本科、研究生及以上的受访者知道法律援助工作站应当提供法律援助的比例分别为 33.3%、50%、21.1%、23.2%、47.6%。此外，在女性中，有 36.7% 的人知道法律援助站应当提供法律援助；在男性中，有21.9% 知道法律援助站应当提供法律援助。18 岁及以下的受访者仅 1 人，该人不知道法律援助站应当提供法律援助。18—30 岁、30—40 岁、40—60 岁的受访者知道法律援助站应当提供法律援助的比例分别为 29.2%、25%、25%。

为 56 人，占比为 48.7%；而知道法律援助站应当提供法律援助的仅有 14 人，占比为 12.2%。这反映了受访对象即使知道家附近有法律援助工作站的存在，也不知道法律援助工作站的职能和作用。这无疑表明法律援助工作站形同虚设，难以起到应有的作用。因此，对法律援助站的宣传，不能停留于仅让民众知道其存在，而应该侧重宣传其职能及作用。

3. 普通民众了解法律援助工作的途径

问题 3：请问您是通过以下哪种途径了解"法律援助"这项工作的？

表 3-1-3-5

普通民众了解法律援助的途径	人数	比例
电视、报刊等大众媒体	35	30.4%
政府相关部门的宣传	12	10.4%
朋友或邻居介绍	12	10.4%
其他	15	13.0%
缺失	41	35.8%
合计	115	100.0%

该题旨在考察受访者了解法律援助的途径，为以后法律援助的宣传工作指明方向。调查结果显示，通过电视、报刊等大众媒体了解法律援助工作的人数达 35 人，占 115 位总受访人数的 30.4%；通过其他途径了解法律援助工作的有 15 人，所占比例为 13%；通过朋友或邻居的介绍了解法律援助工作的有 12 人，所占比例为 10.4%；而通过政府相关部门的宣传了解法律援助工作的有 12 人，仅占受访总人数的 10.4%。这表明电视、报刊等大众媒体的宣传效果较好，而政府相关部门对法律援助的宣传效果较差。

值得注意的是，我国强调法律援助是政府的责任。如《法律援助条例》第三条第一款明确规定："法律援助是政府的责任，县级以上人民政府应当采取积极措施推动法律援助工作，为法律援助提供财政支持，保障法律援助事业与经济、社会协调发展。"此外，第八条也规定："国家支持和鼓励社会团体、事业单位等社会组织利用自身资源为经济困难的公民提供法律援助。"由此可见，法律援助工作的责任主体是政府。因此，在法律援助的宣传工作上，政府也应是主力军。但是调研结果显示，在民众了解法律援助的多种途径中，电视、报刊等大众媒体的宣传效果较好，而政府相关部门对法律援助的宣传效果较差。我们分析，这与互联网时代人们获取信息的方式有关。随着互联网的普及和人工智能、大数据的发展，人们获取信息的渠道更加多元，传统的线下宣传模式正逐渐丧失优势。在日常生活中，普通民众更多地是通过"三微一端"等大众媒体获取信息。在这种背景下，如果政府单纯依靠举办讲座或宣讲会等传统方式进行线下宣传，自然难以达到理想的宣传效果。因此，为了使法律援助宣传工作取得实效，政府相关部门应创新宣传方式，积极利用新媒体和大众传媒等方式进行宣传。

当然，民众获取信息方式的转变只是原因之一，政府相关部门对法律援助的宣传效果较差，与政府相关部门宣传工作流于表面有关。表现之一就是政府部门的法律援助宣传工作主要集中在城市，而对于农村或山区的宣传却很少涉及，针对基层的宣传更是少之又少。其中多份问卷的建议就反映了这一问题，如"希望法律援助能够深入到农村基层，帮助更多贫困地区农村朋友"；"希望法律援助更多的面向农民、工人等弱势群体"。表现之二就是他们的法律援助工作只停留在办公室接待和应对节日和检查的层面，并未真正深入群众，如编号为77的受访者就称，"希望能够到一些真正需要帮助的地方（区域）讲解法律援助内容"；编号为108的受访者也认为"宣传应当到最需要的人群中，这点需和基层社区和舆论合作，不能流于表面"。因此，为了使政府相关部门发挥法律援助宣传工作中的主体作用，后一阶段应强化政府向民众普及法律援助知识的管理责任，并建立宣传责任追究机制，使法律援助宣传落到实处。

另一方面，调研结果显示，电视、报刊等大众媒体的宣传效果较好，这可能与近年来大众媒体的迅速发展有关。不论从成本还是受众的覆盖面而言，电视、报刊等大众媒体的宣传无疑是最佳选择。编号为55的受访者就表示："自己周围没有接触过法律援助，对这些的不多的了解多是来自电视上的一些节目，在平时生活中很少听到这方面的信息，感觉大多数人都一样。"可见，电视、报刊等大众媒体在向普通民众进行法律援助宣传方面发挥了重要作用。当然，大众传媒进行宣传的背后，也离不开政府相关部门的委托和大力支持。这也启示我们，在以后的法律援助宣传工作中，应进一步加强政府与相关媒体、企业的合作，形成多方合力，运用现代技术和传播手段做好时代的法律援助宣传工作。

4. 法律援助受援人员的覆盖面（仅有 9.7% 的受访者表示自己及周边的亲人好友接受过法律援助）

问题 4：请问您以及您周边的亲人朋友接受过法律援助吗？

表 3-1-3-6

自身及周边亲人朋友接受法律援助的情况	人数	比例
有	11	9.6%
没有	68	59.1%
不清楚	34	29.6%
缺失	2	1.7%
合计	115	100.0%

通过了解受访者及其周边亲朋好友是否接受过法律援助，可以分析得出法律援助受援人员的覆盖面。调查结果显示，受访者中表示自己及周边的亲人好友接受过法律援助的有 11 人，仅占 9.7%；而表示没有接受过法律援助或不清楚周边亲人朋友是否接受过法律援助的竟有 102 人，所占比例高达 90.3%。如果说这组数据涵盖的体量较小，不具有代表性的话，那么 2016 年全国法院立案数量与法律援助案件数量的对比就很能说明问题。2016 年全国法院共登记立案 1630.29 万件（受理案件 2305.6 万件）[①]，而全国共办理法律援助案件仅 130 万余件[②]，占比不到十

---

① http://www.mzyfz.com/cms/benwangzhuanfang/xinwenzhongxin/zuixinbaodao/html/1040/2017-03-13/content-1257443.html，最后访问时间 2019 年 8 月 31 日。

② http://www.xinhuanet.com/2017-10/06/c_1121765460.htm，最后访问时间 2019 年 8 月 31 日。

分之一，这反映出我国法律援助的覆盖面仍然比较有限。

为进一步加强法律援助工作，中共中央办公厅于 2015 年 6 月 29 日印发《关于完善法律援助制度的意见》。其第二部分明确提出要扩大法律援助范围，并从扩大民事、行政法律援助覆盖面，加强刑事法律援助工作以及实现法律援助咨询服务全覆盖等三个方面予以落实。本书第二章已对我国目前法律援助的扩大范围进行系统阐述。但令我们意外的是，法律援助的实际覆盖面仍然较窄。造成政策与现实背离的原因可能有以下几点：其一，与我们前述法律援助宣传工作不到位有关。如编号为 44 的受访者就表示："由于很多人都不知道，因此还需要多普及群众以及学生"。具体而言，由于宣传工作与受众脱节，当经济困难民众自身合法权益遭到侵害时，不知道求助于法律援助部门。如编号为 53 的受访者就认为："可以加大一下法律援助的宣传力度，因为大多数人在需要法律援助时，没有更多的途径去获得帮助，大多数会选择请律师，而律师的费用对于他们来说也是比较困难的。"看来，这些真正需要法律援助的人，在其合法权益受到侵害时，不能通过法律援助制度得到及时维护。其二，法律援助案件的质量不高，导致民众对法律援助制度缺乏信赖。由于法律援助队伍人员编制不足、专职律师缺乏，以及经费的制约，导致律师办案热情低。现实中，有些承办人员在办理法律援助案件工作中走过场，不认真负责，直接影响案件质量。此外，也有一些法律援助承办单位将法律援助案件大多交由年轻律师和实习律师办理，由于缺乏资深律师的指导，办案质量不高也就不言而喻了。在这种背景下，普通民众很难对法律援助产生好感。因此，即使碰上法律纠纷，也不会首选法律援助。这启示我们，在推进扩大法律援助范围的工作中，不仅要重视立法工作，更应该注重现实中法律援助的实施效果，提高法律援助案件的办理质量，建立让百姓信赖的法律援助制度。

5. 对法律援助性质的认知（尚有 46.1% 的受访者不清楚法律援助不需要收费）

问题 5：法律援助需要收费吗？

表 3-1-3-7

法律援助是否需要收费	人数	比例
需要	4	3.5%
不需要	62	53.9%
看情况收费	21	18.3%
不知道	26	22.6%
缺失	2	1.7%
合计	115	100.0%

　　我国的法律援助具有公益性和无偿性，因此，法律援助并不需要收费。透过受访者对该题的作答，我们可以了解其对法律援助性质的认知情况。调查结果显示，回答法律援助不需要收费的有 62 人，占 53.9%，但仍有 51 人不清楚法律援助为免费的性质，比例高达 46.1%。现实生活中，普通民众可能听过"法律援助"，但并不清楚法律援助的性质。而对法律援助的性质定位不清，一定程度上会削弱普通民众将法律援助作为救济手段的意愿。尤其是经济困难的民众，当其认为法律援助需要收费时，就很容易选择私了或息事宁人，而不愿花钱解决。而经济困难的民众又恰恰是法律援助最主要的受众，因此，这种对法律援助性质的错误认识，极大的阻碍了法律援助事业的健康发展。

　　我们猜测，近一半的受访者对法律援助的性质认知不清，不仅与法律援助宣传工作欠缺有关，还与现实中存在的法律援助实施不规范有关。在我国法律援助的三个专业实施主体中，律师无疑是提供法律援助的主力军。法律援助属于无偿性质，尽管国家对法律援助案件有补贴，但补贴数额相当有限，有时连律师支出的交通费都难以冲抵。因此，在法律援助过程中，难以避免某些律师以各种名目向受援者收费，以补贴办案费用的差额。这种事一旦发生，不仅会使受援人对法律援助的性质产生错误认知，而且极有可能被受援人传播开去，影响身边更多的人。因此，要使普通民众对法律援助的性质有一个正确的认识，不仅要加强对法律援助无偿性质的宣传工作，还要整治律师在法律援助过程中的不规范行为，并加大对法律援助的财政投入力度。

我们将该题与受访者的性别结构、年龄结构、文化程度、职业状况进行了双变量分析。结果显示，受访者的性别结构与年龄与对法律援助性质的认知关联程度较低[①]；受访者的职业、学历与对法律援助性质的认知关联程度较高。在各种职业中，公务员和工人群体能正确认识法律援助性质的比例较高，分别为66.7%、52.5%。相比之下，学生、其他职业、自由职业群体中能正确认识法律援助性质的比例较低，分别为32%、29.3%和11.8%。如上所述，这与公务员自身素质和职责有关。此外，大体而言，学历较高的人比学历较低的人对法律援助的性质认知程度更高。其中，学历为初中及以下的人中，仅有33.3%的人知道法律援助不需要收费；而学历为高中（中专）、大专、本科，研究生及以上的人中，知道法律援助不需要收费的比例较高，分别为54.5%、63.2%、53.6%、57.1%。整体来看，这与我们之前的假设相印证，即受教育水平越高，获取信息的途径越多，可能对法律援助的认知程度更高。至于大专学历的人中，知道法律援助不需要收费的比例比研究生和本科更高，我们猜测这与大专群体学习内容有关。一般而言，本科生和研究生所学的侧重于理论，大专生侧重于实用型人才。这种差异，会使本科生、研究生专注于书本和校园，与之相反，大专群体可能更关注社会资讯，因而可能对法律援助的性质更加了解。

6. 对法律援助受案范围的认知（全面掌握法律援助受案范围的受访者仅占19.1%）

问题6：你知道以下哪几项属于法律援助范围吗？（可多选）

---

① 在调研中，男性中，有45.3%知道法律援助不需要收费；女性中，有67.3%知道法律援助不需要收费。（18岁及以下受访对象1人，该人不知道法律援助不需要收费）18—30岁的人中，有54.2%知道法律援助不需要收费；31—40岁的人中，有62.5%知道法律援助不需要收费；40—60岁的人中，50%知道法律援助不需要收费。

表 3-1-3-8

法律援助的范围	人数	百分比
依法请求国家赔偿	61	50.0%
请求给予社会保险和最低生活保障待遇	79	68.7%
请求给予抚恤金、救济金	68	59.1%
请求给付赡养费、抚养费、扶养费	66	57.3%
请求支付劳动报酬	85	73.9%
请求交通事故、工伤事故、医疗事故等损害赔偿	81	70.4%
主张见义勇为产生的民事权益	50	43.5%
请求获得刑事辩护、刑事诉讼代理	52	45.2%
请求办理与公民人身、财产相关的公证事项	41	35.7%

为了解民众对法律援助受案范围的认知程度，我们将该题设置了九个选项（可多选），分别为：依法请求国家赔偿；请求给予社会保险和最低生活保障待遇；请求给予抚恤金、救济金；请求给付赡养费、抚养费、扶养费；请求支付劳动报酬；请求交通事故、工伤事故、医疗事故等损害赔偿；主张见义勇为产生的民事权益；请求获得刑事辩护、刑事诉讼代理；请求办理与公民人身、财产相关的公证事项。根据《法律援助条例》和《湖北省法律援助条例》，以上八项均属于法律援助的范围。然而，调查结果显示，全部选项均选择只有 22 人，这意味着全面掌握法律援助受案范围的受访者仅有 22 人，仅占 19.1%，而大部分受访者对法律援助范围的了解并不全面。

就法律援助范围的单个事项而言，知道依法请求国家赔偿；请求给予社会保险和最低生活保障待遇；请求给予抚恤金、救济金；请求给付赡养费、抚养费、扶养费；请求支付劳动报酬；请求交通事故、工伤事故、医疗事故等损害赔偿；请求获得刑事辩护、刑事诉讼代理等事项分别属于法律援助范围的对象超过一半。因此，尽管大部分受访者不能全面掌握法律援助的受案范围，但是他们都对法律援助的受案范围有了一定程度的认识。在这些受案范围中，知晓请求给予社会保险和最低生活保障待遇；请求支付劳动报酬；请求交通事故、工伤事故、医疗事故等损害赔偿等属于法律援助范围的受访者占比较高。这可能与现实生活中这几类纠纷较为常见，且大众媒体对其宣传较多有关。相对而言，知晓主张见义勇为产生的民事权益，请求办理与公民人身、财产相关的公证事项等属于法律援助的受援对象占比较小。我们推测，可能有以下几个原因：其一，是法律援助的宣传未涉及这两个方面，即使民众碰上见义勇为产生民事权益的纠纷或者需要办理与公民人身、财产相关的公证事项，也不会想到求助于法律援助。其二，这两类事项较之于请求支付劳动报酬等较少出现，致使民众对其需求有限，自然难以知道其属于法律援助的范围。

7. 对法律援助对象的认知（全面掌握法律援助对象的受访者仅占35.7%）

问题 7：你知道下列哪几项属于法律援助对象吗？（可多选）

表 3-1-3-9

法律援助对象	人数	比例
领取最低生活保障金和失业保障金的人员	83	72.1%
经济困难的优抚对象	85	73.9%
社会福利机构中由政府供养的收养人员	57	50.0%
因自然灾害或其他不可抗力造成经济困难，正在接受国家救济的人员	79	68.7%
经济困难的残疾人、孤寡老人、孤儿	90	78.3%
刑事案件的被告人是盲、聋、哑人或者未成年人而没有委托辩护人的，或者被告人可能判处死刑而没有委托辩护人的	81	70.4%
其他因经济困难无力支付法律服务费用的人员	85	73.9%

该题旨在考察受访者对法律援助对象范围的了解程度。如果普通民众不了解法律援助的对象，遇到纠纷时很难想到寻求法律援助救济。因此，知晓法律援助的对象是寻求法律援助救济的前提。本题中的七个选项，即：领取最低生活保障金和失业保障金的人员；经济困难的优抚对象；社会福利机构中由政府供养的收养人员；因自然灾害或其他不可

抗力造成经济困难，正在接受国家救济的人员；经济困难的残疾人、孤寡老人、孤儿；刑事案件的被告人是盲、聋、哑人或者未成年人而没有委托辩护人的，或者被告人可能判处死刑而没有委托辩护人的；其他因经济困难无力支付法律服务费用的人员等，均来自《法律援助条例》的明确规定。调研结果显示，全部选项均选择的受访者有41人，这意味着全面掌握法律援助对象的受访者只有41人，仅占35.7%；而多达64.3%的受访者不能全面掌握法律援助的对象。

尽管如此，受访者对法律援助的对象还是有相当程度的了解。比如，高达78.3%的受访者知道经济困难的残疾人、孤寡老人、孤儿属于法律援助的对象，73.9%的受访者知道经济困难的优抚对象和其他因经济困难无力支付法律服务费用的人员属于法律援助的对象，72.1%的受访者知道领取最低生活保障金和失业保障金的人员属于法律援助的对象。即使是了解程度最低的社会福利机构中由政府供养的收养人员，也有一半受访者知道其属于法律援助的范围。这表明大部分受访者对法律援助对象有一定程度的了解。

对该结果做进一步分析，可知对社会福利机构中由政府供养的收养人员的法律援助宣传工作仍十分欠缺，导致还有相当一部分人不知其属于法律援助的对象。因此，在以后的法律宣传工作中，应加大对社会福利机构中由政府供养的收养人员法律援助的宣传力度。

8. 普通民众对高校援助机构的认知（仅有20%的受访者知道高校法律援助机构的存在）

问题8：您知道有高校法律援助机构存在吗？

表3-1-3-10

对高校法律援助机构的认知	人数	比例
知道	23	20.0%
听说过	27	23.5%
不知道	63	54.8%
缺失	2	1.7%
合计	115	100.0%

　　除了由政府司法行政部门设立的法律援助机构外,民间法律援助机构也是提供法律援助的重要力量。《法律援助条例》第八条规定:"国家支持和鼓励社会、事业单位等社会组织利用自身资源为经济困难的公民提供法律援助。"这表明国家鼓励民间法律援助机构的发展,而高校法律援助机构又是其中不可忽视的一部分。所谓高校法律援助组织,是指在我国法律法规及相关政策的鼓励和倡导下,各高等学校利用自身资源设立的以学生为主体、依托学校设立,面向社会开办的,为社会弱势群体提供无偿法律服务的组织。[①] 就作用而言,高校法律援助机构是政府法律援助机构的重要补充。因此,我们有必要了解受访者是否了解高校法律援助机构的存在,这也可以反映普通民众对法律援助机构的认知程度。调查结果显示,知道高校法律援助机构的有23人,仅占总受访人数的20%;而仅仅只是听说过或不知道高校法律援助的共有90人,所占百分比高达88.3%。我们将该题与受访者的性别结构、年龄结构、文化程度、职业状况进行了双变量分析,结果显示,受访者的性别结构、年龄结构、文化程度、职业状况与其对高校法律援助机构的认知关联程度较低[②]。

　　为了弄清高校法律援助与政府法律援助的关系,我们将该题与知晓法律援助站的数据进行比较,发现知道家附近有法律援助站的受访者比例(26.1%)略高于知道高校法律援助机构的比例(20%)。对于这一结果,我们有些意外。众所周知,我国采取以政府为主体、高校法律援助机构为补充的法律援助制度。在这种制度框架之下,民众对政府法律援助机

[①] 甘自恒等:《关于高校法律援助组织发展的调查》,载《今日南国》2009 年 04 月版。

[②] 在调研中,男性中,21.9% 知道高校法律援助机构的存在;女性中,18.4% 知道高校法律援助机构的存在。(18 及以下受访对象 1 人,该人不知道高校法律援助机构的存在);18—30 岁的人中,有 22.2% 知道高校法律援助机构的存在;31—40 岁的人中,有 8.3% 知道高校法律援助机构的存在;46—60 岁的人中,有 31.3% 知道高校法律援助机构的存在。学历为初中及以下的人中,有 16.7% 知道高校法律援助机构的存在;学历为高中(中专)的人中,有 9.1% 知道高校法律援助机构的存在;学历为大专的人中,有 36.8% 知道高校法律援助机构的存在;学历为本科的人中,有 14.3% 知道高校法律援助机构的存在;学历为研究生及以上的人中,有 28.6% 知道高校法律援助机构的存在。公务员中,有 23.8% 知道高校法律援助机构的存在;工人中,有 12.5% 知道高校法律援助机构的存在;自由职业者,有 29.4% 知道高校法律援助机构的存在;学生中,有 28% 知道高校法律援助机构的存在;其它职业中,有 12.2% 知道高校法律援助机构的存在。

构的知晓度应是较高的,而对于高校法律援助机构的知晓度则可能相对较低。然而,调查数据却呈现出了不同的结果。即普通民众对处于主体地位的政府法律援助机构的知晓度偏低,而对仅起补充作用的高校法律援助机构的知晓度较高。这反映出我国高校法律援助机构在实践中发挥了应有的作用,民众对其较高的知晓度足以说明这一点。然而,高校法律援助机构的数量毕竟有限,且其囿于地域限制,无法深入到广大农村,因此,法律援助宣传的主体工作还得政府相关部门落实。不过,高校法律援助机构的经验却非常值得政府相关部门借鉴。比如,高校法律援助机构采取让学生在社区定点值班的方式,将法律援助服务送到居民家门口,主动为需要帮助的人提供法律咨询和服务。这种方式无疑比单纯做讲座、办宣讲会的宣传效果更好。这是在城市的做法,其实农村也一样,可以在不同村设点派专人值班,为村民提供法律咨询及其它服务。

（三）普通民众对法律援助实际作用的评价及认可度

1. 亲友对法律援助的评价

问题1：如果您周边的亲人朋友申请过法律援助,您觉得他们对法律援助的评价如何?

表 3-1-3-11

作为旁观者,对法律援助的评价	人数	比例
好	8	7.0%
一般	16	13.9%
说不清	14	2.2%
没有申请过,不知道	74	64.3%
缺失	3	2.6%
合计	115	100.0%

这道题分为两个层次,首先,周边的亲人朋友是否申请过法律援助。其中有74人表示周边亲人朋友没有申请过法律援助,因而不知道如何评价,占比为64.3%。这表明法律援助的实际覆盖面仍然很窄,仍有相当一部分人没有接受过法律援助。其次,如果周边亲人朋友申请过法律

援助，对于这种受访者而言，他们认为其亲人朋友对法律援助工作评价如何。周边亲人朋友申请过法律援助的一共有38人，其中评价为"好"的有8人，仅占21.1%；而评价一般和无法直接评判好与坏的共计30人，占78.9%。这是以旁观者的视角来审视法律援助的效果，就此而言，大部分受访者认为接受过法律援助的人对其认可度不高，这也从侧面反映出法律援助的实施效果不佳。

我们将该题与受访者的性别结构、年龄结构、文化程度、职业状况进行了双变量分析。结果显示，受访者的性别结构、年龄结构、文化程度、职业状况与其以旁观者身份评价法律援助的主观态度关联程度较低[①]。

2. 受访者对法律援助实际作用的认知

问题2：您认为法律援助制度能否有效保证弱势群众的合法权益？

表 3-1-3-12

法律援助能否有效保证弱势群体的合法权益	回答人次	百分比
有效保证	27	23.5
效果一般	46	40.0
没有效果	4	3.5
说不清楚	36	31.3
缺失	2	1.7
合计	115	100.0

---

① 在调研中，男性中，有10.9%认为周边亲人朋友对法律援助评价好，女性中，有2.0%认为周边亲人朋友对法律援助评价好。学历为初中及以下的人中，有16.7%认为周边亲人朋友对法律援助评价好；学历为高中（中专）的人中，有9.1%认为周边亲人朋友对法律援助评价好；学历为大专的人中，有15.8%认为周边亲人朋友对法律援助评价好；学历为本科的人中，有5.4%认为周边亲人朋友对法律援助评价好；学历为研究生及以上的人中，无一人认为周边亲人朋友对法律援助的评价好。公务员中，有14.3%认为周边亲人朋友对法律援助评价好；工人中，有12.5%认为周边亲人朋友对法律援助评价好；自由职业者中，有17.6%认为周边亲人朋友对法律援助评价好；农民和学生中，无一人认为周边亲人朋友对法律援助评价好；其他职业中，有2.4%认为周边亲人朋友对法律援助评价好。（18岁及以下的受访对象仅为1人，该人表示周边亲人朋友没申请过，不清楚）18—30岁的人中，有6.9%认为周边亲人朋友对法律援助评价好；31—40岁的人中，有8.3%认为周边亲人朋友对法律援助评价好；40—60岁的人中，有6.3%认为周边亲人朋友对法律援助评价好。

受访者对法律援助实际作用的认知，很大程度上决定了其是否会选择法律援助作为解决纠纷的手段。为了解受访者对法律援助实际作用的认知，我们设计了法律援助制度能否有效保证弱势群众的合法权益这一问题。这是从受访者自身角度出发，来对法律援助的实际作用作出的评价。调查结果显示，受访者中认为效果一般的有 46 人，占比为 40%；认为没有效果的有 4 人，占总受访人数的 3.5%；说不清楚法律援助制度能否有效保障弱者合法权益的有 36 人，占总受访人数的 31.3%，而认为法律援助制度能有效保证弱势群众的合法权益的仅 27 人，只占总受访人数的 23.5%。这表明大部分受访者对法律援助实际作用持保留态度。值得注意的是，在我们前面的调查中，表示自己或周边亲人朋友接受过法律援助的有 11 人，而认为法律援助制度能够有效保证弱势群众的合法权益的受访者却有 27 人。这反映部分受访者虽然没有接触过法律援助，但仍然对法律援助充满期待。

我们将该题与受访者的性别结构、年龄结构、文化程度、职业状况进行了双变量分析。结果显示，受访者的年龄结构、文化程度、职业状况与其对法律援助的实际作用的认可度关联程度较低[1]；受访者的性别结构与其对法律援助实际作用的认可度较高。其中，男性对法律援助实际作用的认可度更高，有 34.4% 的人认为法律援助制度能有效保证弱势

---

[1]　在调研中，学历为初中及以下的人中，有 33.3% 认为法律援助制度能有效保证弱势群众的合法权益；学历为高中（中专）的人中，有 9.1% 认为法律援助制度能有效保证弱势群众的合法权益；学历为大专的人中，有 36.8% 认为法律援助制度能有效保证弱势群众的合法权益；学历为本科的人中，有 23.2% 认为法律援助制度能有效保证弱势群众的合法权益；学历为研究生及以上的人中，有 14.3% 认为法律援助制度能有效保证弱势群众的合法权益。公务员中，有 33.3% 认为法律援助制度能有效保证弱势群众的合法权益；工人中，有 12.5% 认为法律援助制度能有效保证弱势群众的合法权益；自由职业者中，有 23.5% 认为法律援助制度能有效保证弱势群众的合法权益；学生中，有 20% 认为法律援助制度能有效保证弱势群众的合法权益；其他职业中，有 30% 认为法律援助制度能有效保证弱势群众的合法权益。（18 岁以下仅 1 人，该人表示对法律援助是否能有效保证弱势群体的利益说不清楚）18—30 岁的人中，有 22.2% 认为法律援助制度能有效保证弱势群众的合法权益；30—40 岁的人中，有 20.8% 认为法律援助制度能有效保证弱势群众的合法权益；40—60 岁的人中，有 31.3% 认为法律援助制度能有效保证弱势群众的合法权益。

群众的合法权益；与之相比，女性对法律援助实际作用的认可度普遍较低，仅有 8.2.% 认为法律援助制度能有效保证弱势群众的合法权益。再联系上一题，10.9% 的男性认为周边亲人朋友对法律援助评价好，而仅有 2.0% 的女性认为周边亲人朋友对法律援助评价好。综合这两题的结果，不难发现，与女性相比，男性对法律援助实际作用的认可度更高。为了探明背后的原因，我们将该现象与男女两性对法律援助的认知程度联系起来考察。结果显示，与男性相比，女性对法律援助的认知更深入①。这意味着，对法律援助认知程度更高的女性比男性对法律援助的实际作用认可度更低。

综合以上两道题目，不管是从旁观者的视角，还是本人的角度出发，大部分受访者对法律援助的实际作用评价不高。我们推测，可能有以下几个方面的原因：其一，法律援助案件的办案质量不高。如上所述，法律援助属于无偿性质，且国家补贴较低，导致大部分律师参与法律援助事务的积极性不高。即使被迫参与，也不会像办理有偿服务的案件那么尽心。甚至还有的律师只是为了完成任务，并不在乎当事人的权益是否得到保障。其二，法律援助的时效性较差。如果一个普通的案件，耗时几年才解决。即使当事人权益得到保障，法律援助的实际效果也会大打折扣。其三，法律援助对象过高的期望。在实践中，相当一部分民众认为，法律援助机构只有帮助自己实现了诉求，其才算合格。即使律师已经尽力而为，但只要没有达到自己的要求，就对法律援助不满意。

3. 受访者申请法律援助的意愿（尚有 32.2% 的受访者没有明确表示愿意申请法律援助）

问题 3：如果您符合援助条件，遇到困难您愿意申请法律援助吗？

---

① 比如，在女性中，有 36.7% 的人知道法律援助站应当提供法律援助；而在男性中，仅有 21.9% 知道法律援助站应当提供法律援助。男性中，有 45.3% 知道法律援助不需要收费；女性中，有 67.3% 知道法律援助不需要收费。男性只是在知道家附近有法律援助机构或听说过高校法律援助机构的比例上比女性稍高。比如，知道家附近有法律援助站的男性比例为 32.8%，女性为 18.4%。知道高校法律援助机构的存在的男性比例为 21.9%；女性为 18.4%。

表 3-1-3-13

符合援助条件, 是否愿意申请法律援助	回答人次	百分比
愿意	78	67.8
看情况	31	27.0
不愿意	4	3.5
缺失	2	1.7
合计	115	100.0

普通民众申请法律援助的意愿直接决定了其选择法律援助的行为，因此，我们有必要考察受访者申请法律援助的意愿。调查结果显示，当符合援助条件，遇到困难愿意申请法律援助的有 78 人，占 67.8%；而没有明确表示愿意申请法律援助的尚有 35 人，占总受访人数的 30.3%，其中 4 人明确表示不愿意，还有 31 人表示要看情况。这表明尚有一部分人对法律援助心存疑虑，不信任法律援助制度，但大部分人在遇到法律问题时愿意申请法律援助。

一般认为，如果对法律援助的认可度不高，就很有可能不愿意申请法律援助。但是调研结果却与之相反，虽然大部分民众对法律援助的认可度不高，但竟有相当多的民众表示符合法律援助条件时愿意申请法律援助。这表明我国法律援助的社会需求仍然很大。尽管对法律援助的认可度不高，但由于贫困，无力聘请律师，又不得不解决法律纠纷，只得寻求法律援助。

（四）受访者对法律援助的意见和建议

为进一步了解受访者对法律援助的真实想法，我们设计了这道开放题。透过受访者对法律援助的意见和建议，我们可以窥探目前法律援助工作存在的问题。在 113 份有效问卷中，共有 35 位受访者对该题进行了作答。除去其中 3 份表示对法律援助不了解，以及 2 份表示没有意见的问卷以外，还有 30 份有效卷提出了意见和建议。总的来说，这些回答可以分为两类。其中之一与宣传工作有关，他们建议加强法律援助的宣传力度，使其深入基层，以便真正需要的民众知晓该制度。另外一类是关于法律援助工作的具体要求，主要有三点建议；其一，使法律援助形成一套完整的服务，注重援助后续的跟进和帮扶；其二，增强法律援助工作人员的专业性；其三，进一步扩大法律援助范围。受访者对法律援助提出的意见，从侧面反映出我国法律援助存在的某些问题。比如宣传不到位，流于形式，未能真正深入基层，对民众的普及力度也不够。另外，也反映出我国目前法律援助机制不健全等问题，如法律援助服务不连贯、法律援助组工作人员专业化不强、法律援助范围不够大，等等。

四　民众卷调查结论

（一）受访者对法律援助的相关内容了解程度较低

从调研结果可以看出，仍有大部分受访者不知道有法律援助或者不清楚法律援助的相关内容，其中包括对法律援助的提供机构、性质等认知不清以及不能全面掌握法律援助的受案范围、受援对象。就法律援助的主体而言，仅有26.1%的受访者知道家附近有法律援助站。

与之相对，民众对于高校法律援助机构的知晓度较高，这反映出高校法律援助发挥了应有的作用，其在社区摆点派学生值班的做法值得借鉴。就法律援助的性质而言，认为法律援助不需要收费的仅占53.9%。此外，仅有19.1%的受访者全面掌握法律援助受案范围，而全面掌握法律援助对象的受访者也仅占35.7%。这一方面暴露出我国目前法律援助的宣传工作不够，另一方面也反映了大部分普通民众的法治意识不强。

（二）受访对象对法律援助的实际作用评价不高

从调研结果来看，大部分受访对象对法律援助的实际作用认可度不高。如果周边亲人朋友申请过法律援助，对于这种受访者而言，认为其亲人朋友对法律援助工作评价为"好"的仅占7%，绝大部分受访对象要么回答一般、无法直接评价好坏。当被问到法律援助制度能否有效保证弱势群众的合法权益时，仅有23.5%的受访对象认为能有效保证，但绝大部分受访对象表示法律援助效果一般、没有效果或说不清楚，这也从侧面反映出法律援助的实施效果不佳。

(三)法律援助的社会需求大

调查结果显示,尽管受访对象对法律援助的实际作用评价不高,但其申请法律援助的意愿较高,这反映出我国法律援助的社会需求很大。符合援助条件,遇到困难时愿意申请法律援助的受访对象占 67.8%,超过总受访人数的一半。这表明尽管有相当一部分受访者对法律援助心存疑虑,但当其符合条件时,由于实际需求和条件所致,其仍会选择法律援助。

第二节 我国法律援助的社会认知度调查报告——律师卷

法律援助在政府保障公民合法权益、发展社会公益事业,实现公民在法律面前人人平等原则,健全完善社会保障体系,健全社会主义法制,保障人权等方面有着极为重要的作用。但是,当下法律援助制度还存在诸多不足。因此,完善法律援助体系,对建设社会主义法治强国意义重大,是实现社会公平正义的内在要求,也有利于更好地保障人民当家做主的地位,从而构建社会主义和谐社会。

依据我国《刑事诉讼法》和《法律援助条例》等法律、法规的规定,律师应依法履行法律援助义务,为受援人提供符合标准的法律服务,依法维护受援人的合法权益。本篇报告以实证分析为研究方法,旨在通过分析受访律师的调查问卷,获取律师行业的法律援助服务现状,从而发现目前存在的问题,并提出相应的建议,以期为相关研究与立法提供借鉴。

一 律师卷分析框架

基于调查问卷,通过了解受访律师的基本情况(包括律师的从业年限、任职律所的规模、所任职务)以及受访律师在法律援助中的参与情况(包括律师承办法律援助案件的类型、数量和遇到的困难),一方面为分析律师对法律援助制度的认知(包括律师的法律援助意愿、动因、律师对法律援助制度的实施效果、影响法律援助制度发展的制约因素、NGO 法律援助组织的认识和律师对法律援助制度的改善建议等)提供基础信息和推理依据,而且律师对法援的基本认识将影响其在法援案件中的表现。另一方面,在分析以上三个方面时,将理论预设与其作对比,看两者能否相互印证,从而发现调研中存在的情况与问题,最后得出结论。

二　律师卷理论预设

理论预设是针对调研主题的前沿性和核心性分析,它可以帮助我们更好地分析问题。通过理论预设,一方面,我们可以更清晰地认识调研问题的总体概况,即调研的主题、背景、目的和重难点;另一方面,理论预设隐含了我们对调研问题的基础认知,当理论预设与调研结果的分析不一致时,推测理论预设出现偏差,可能需要修正。因此,在前述分析框架的指引下,结合本次调研的宗旨和材料,我们可做出如下理论预设:

(一)律师的基本情况与其从事法律援助的行为紧密相关

律师的基本情况主要是指律师自身的执业年龄,在律所的职位和所在律所的规模。了解律师的基本情况是我们认知律师在法律援助服务中作用的重要基础,同时也可能会对律师主动承办法律援助案件的积极性产生较大的影响。我们推测,在一般情况下,律师的执业年龄越长,所处职位越高,收入水平越可观,所在律所的规模越大,其从事法律援助的意愿和动机就越弱。

(二)法律援助制度对弱者权益保护存在较多不足之处

根据司法部在全国开展的法律援助"规范与质量"调研检查活动,基层法律援助机构存在多种弊端,很大程度上制约了规范化建设的进程。[①] 当前法律援助制度对弱者权益保护存在以下不足:首先是保护范围不全面的问题,根据第二编对我国目前法律援助范围的阐述,仍然存

① 林静:《法律援助的现状与存在问题:基于对法律援助工作者的实证研究》,《浙大法律评论(第四卷)》。

在一些案件类型并没有被纳入现阶段法律援助的体系内；其次是保护力度不够，由于目前的法律援助案件审核形式相对简单等原因，造成法律援助案件多而混杂，进而导致真正需要援助的人未能及时获得应有的援助；最后，法律援助案件质量监督体系的不完善间接导致法律援助制度对弱者权益保护的效果不佳。推测由于上述法律援助制度本身的缺憾，影响了目前我国法律援助的实施效果。

（三）政府补贴影响律师从事法律援助的意愿

根据现有规章规定，从事法律援助工作的律师可以获得一定的补贴，但是在现有制度下，每件案件的补贴数额可能并不符合律师的实际需求，律师办理案件所产生的花销可能远远超过补贴的数额，所以假设增加案件补贴会提高律师们的积极性。

三 律师卷结果分析

在本次调研中，问卷填写对象和访谈对象都是位于湖北省各个市县的社会执业律师，他们分别来自武汉、十堰、恩施、荆州、黄冈、监利、利川、罗田等，其中共有 40 人参与了问卷填写，且皆为有效问卷。

本部分对结果的分析，主要分为两大部分，即客观方面与主观方面，前者包括律师的基本情况和律师的法律援助服务状况；后者主要指律师对法律援助的基本认识。首先是对客观方面的分析。

（一）关于律师的基本情况

本部分包括律师的从业年限、任职律所的规模、所任职务等方面。

表 3-2-3-1

您从事律师职业的时间？	人数	比例
＜ 3 年	5	12.5%
4—5 年	6	15%
6—10 年	15	37.5%
＞ 10 年	14	35%
合计	40	100%

1. 执业年限

设计本问题的目的是为了解受访律师的执业年龄，为分析律师在法律援助中服务情况提供信息。根据问卷统计结果，37.5% 的受访律师执业年限为 6—10 年，35% 的人执业年限在 10 年以上，5 年以下执业年限的律师占 27.5%。这说明受访律师整体上处于事业成熟期，执业经验较丰富。在对受访律师执业年限与从事法律援助工作的意愿所做的双变量分析中[1]，执业年限越短的人越倾向于从事法律援助工作，对法律援助的积极性越强，这与理论预设 1 是一致的。同时，从对受访律师执业年限和其承办案件原因的双变量分析可以看出[2]，一般执业年限越短的律师选择帮助弱势群体作为援助动因的比例就越高，可能是由于大部分律师刚进入社会执业时比较年轻，法律人的职业使命感比较强烈。

2. 所任职务

表 3-2-3-2

您在律师事务所担任的职务？	人数	比例
合伙人	34	85%
独立执业律师	4	10%
兼职律师	1	2.5%
律师助理	0	0
未填	1	2.5%
合计	40	100%

本题的目的是通过了解受访律师的职务，以此反映受访律师的资历。根据调查问卷，85% 的受访对象是律所合伙人，其所占比例最大，

---

[1]　执业年限在 10 年以上的人有 57% 选非常愿意，29% 选有时间会主动做，14% 选指派下来会做；执业年限在 6—10 年的人中 33.33% 选非常愿意，66.67% 选有时间会主动做；执业年限在 4—5 年的人中 33.33% 选非常愿意，50% 的人选有时间会主动做，0.17% 的人选指派下来的才做；执业年限在 3 年以下有 80% 的人选非常愿意，20% 的人选有时间会主动做。

[2]　执业年限在 3 年以下的人中全都选择能帮助弱势群体；执业年限在 4—5 年的人中 60% 选择能帮助弱势群体，40% 选择能增加办案经验；执业年限在 6—10 年的人中 91.67% 选择能帮助弱势群体，8.33% 选择工作任务；执业年限在 10 年以上的人中 77.78% 选择能帮助弱势群体，8.33% 选择工作任务和能增加办案经验。

这说明绝大多数的被调查对象在律所的职务都比较高。兼职律师仅一人,比例为2.5%,而且调查对象中无律师助理。这组数据与对律师执业年龄的调查数据是比较契合的,通过对受访律师执业年限与其在律所所担任职务的双变量分析可以看出①,一般来说,执业年限越长的律师,是合伙人的比例就越高,说明执业年限影响资历,进而对律师在律所担任的职务产生影响。

3. 所在律所的规模

表 3-2-3-3

您所在的律师事务所的规模?	人数	比例
1—29 人	34	85%
30—45 人	4	10%
46—90 人	1	2.5%
> 90 人	0	0
未填	1	2.5%
合计	40	100%

律师事务所的规模大致能够反映当地律师行业的发展状况,从而进一步表明当地民众对法律服务的需求。问卷结果显示,85%的受访律师,其所在的律所规模为1—29人的小型律所,30人以上的律所占比为12.5%。这表明绝大部分受访律师来自规模为中小型的律所。从访谈内容中可以得知,湖北大部分地区的律师事务所规模并不大,这和律师人数少有很大关系,例如某州某县全县律师才十四五个,彼此之间都相互认识。以上现象和经济发展状况有很大的关系。

以上关于受访律师基本情况的分析,特点比较突出。第一,执业时间比较长;第二,大多数都是合伙人;第三,所任职的律所规模相对较小。

---

① 执业年限在3年以下的受访律师中,80%是合伙人,20%是独立的执业律师;执业年限在4—5年的受访律师中,全部都是合伙人;执业年限在6—10年的受访律师中,86.67%是合伙人,6.67%是独立的执业律师,6.67%是兼职律师;执业年限在10年以上的受访律师中,84.62%是合伙人,15.38%是独立的执业律师。

通过双变量分析，我们可以发现以上特点与律师从事法律援助的意愿或动机都存在着一定的相关关系，这证明了理论预设 1 的部分合理性。

(二)律师在法律援助中的服务情况

受访律师在法律援助中服务情况主要从案件数量、案件类型和援助中的遇到的问题三个方面出发进行分析。

1. 案件数量

表 3-2-3-4

您平均每年代理的法律援助案件的数量为?	人数	比例
1—2 件	6	15%
3—5 件	21	52.5%
6—10 件	6	15%
> 10 件	7	17.5%
合计	40	100%

了解律师代理的法律援助案件数量可以帮助我们更好地认识律师的援助意愿和其义务履行状况。从问卷结果来看，有 52.5% 的受访律师平均每年代理的案件数量为三至五件，32.5% 的受访律师平均每年代理 6 件以上的案件，仅有 15% 的律师每年代理的案件为两件及其以下。根据对受访律师代理的法律援助案件数量与其代理意愿的双变量分析[1]，办理案件数量在 10 件以下的律师的意愿和代理法援案件的数量相关关系很弱，但每年代理 10 件以上法援案件的律师，全都选择非常愿意从事法律援助。这是因为他们愿意从事法援工作，所以办案主动性更强，积极性更高，所以每年办理案件的数量也更多。

---

[1] 受访律师中每年代理法律援助案件数量为 1—2 件的人中，50% 选择非常愿意，33.33% 选择有时间会主动做，16.67% 选择指派下来才做；每年代理法律援助案件数量为 3—5 件的人中，42.86% 选择非常愿意，52.38% 选择有时间会主动做，4.76% 选择指派下来才做；每年代理法律援助案件数量为 6—10 件的人中，16.67% 选择非常愿意，66.67% 选择有时间会主动做，16.67% 选择指派下来才做；每年代理法律援助案件数量为 10 件以上的人中，全都是选择非常愿意。

　　关于对律师每年代理的 10 件以下的案件，由于各地的情况不同，所以很难说明案件数量反映的问题。从访谈内容来看，首先，行政规章的规定是影响律师承办法援案件的重要因素。根据司法部 2004 年出台的《律师和基层法律服务工作者开展法律援助工作暂行管理办法》，律师每年应当接受法律援助机构的指派，办理一定数量的法律援助案件。2018 年湖北省荆门市司法局印发的《荆门市律师和基层法律服务工作者开展法律援助工作管理办法》明确要求，律师每年办理法律援助机构指派的法律援助案件不少于两件。有律师就表示自己每年至少要承办两件法律援助案件数量，否则就可能被罚款。其次，受访律师代理法援的案件数量可能受到地区经济的影响。由访谈可知，在某州某县，一年才 200 多个案件，业务比较好的律师每年办理的收费案件也才是 20 多件，大部分律师即使为了生计也是愿意承办法援案件的。

　　2. 案件类型

表 3-2-3-5

您代理的法律援助案件主要类型是?	人数	比例
刑事辩护、刑事诉讼代理	9	22.5%
请求给付赡养费、抚养费、扶养费等	3	7.5%
交通事故、工伤事故等损害赔偿	8	20%
支付劳动报酬	2	5%
其他	0	0
未填	18	45%
合计	40	100%

　　该问题有助于了解律师代理法律援助案件的范围与案件分布情况，从而进一步了解律师在法律援助中的服务情况。本问卷所设计的选项均在法律规定的法援受案范围内，主要体现在《法律援助条例》与《湖北省法律援助条例》中，大致分为民事、刑事、行政和其他事项。具体事项本书在第二编已进行说明，此处不再展开。

　　根据问卷结果，刑事辩护、刑事诉讼代理案件占比为 22.5%，交通事故、工伤事故等损害赔偿为 20%，请求给付赡养费、抚养费、扶养费等占 7.5%，支付劳动报酬的占 5%，剩余 45% 的人未进行选择，尽管选项中有"其他"选项，但是并未有受访律师选择该选项，所以可以大致确定 45% 的受访律师中有部分人并非因为没有相关选项才选择不填。那么，是什么原因导致上述现象的发生呢？我们推测原因如下：由于法律援助的形式除提供刑事辩护和刑事代理、民事和行政诉讼代理外，还包括非诉讼法律事务援助，如法律咨询服务，因此，部分律师未回答该问题可能是因为他们并未代理法律援助案件，而只是为被援助对象提供法律咨询服务等。

依据以上所述和访谈内容，律师代理的法律援助案件的范围具有如下特点：

第一，法律援助范围比较广泛。尽管从问卷结果来看，律师实际承办法律援助案件的范围小于法律规定的范围，主要集中在刑事、刑事诉讼、请求给付"三费"、交通事故和劳动报酬等领域。但从访谈内容来看，律师承办的法援案件范围存在比较广泛的一面。除常见案件外，各个地区都有自己特殊增补的援助范围，比如某县针对农民工规定了较为详细的援助办法，某些州因为林地转让频繁，就将林地纠纷纳入法律援助受案范围，某市将计划生育的独女户以及上访户也纳入到法律援助的受援范围。关于问卷结果与访谈内容不一致，可能与问卷的设计形式有关，毕竟访谈相较于问卷，内容更具开放性，交流更深入，因此获知的信息也更广泛。

第二，大部分受访律师对扩大援助范围持肯定态度。在访谈中，不少律师主张将公益诉讼、非诉业务纳入法律援助范围，并进一步扩大对军人军属的援助范围。如前所述，中共中央办公厅、国务院办公厅印发的《关于完善法律援助制度的意见》规定要扩大民事、行政法律援助覆盖面，加强刑事法律援助工作，实现法律援助咨询服务全覆盖。而且《法律援助条例》第六条第二款的兜底性规定也允许各个省级行政区的人民政府根据各地区的特殊情况有权制定相应的补充规范。这说明受访律师的建议与中央文件的精神是比较契合的。

3. 办案中遇到的问题

表 3-2-3-6

您在办理法援案件中遇到的问题?	人数	比例
有关部门不配合	7	17.5%
当事人不愿说明全部真相	2	5%
经费短缺	17	42.5%
其他	6	15%
未填	8	20%
合计	40	100%

　　了解受访律师在办理法律援助案件过程中遇到的主要问题,既可以帮助我们分析影响律师办理法援案件积极性的因素,也能反映法律援助制度现存的弊端。问卷结果显示,42.5% 的受访律师认为经费短缺是最主要的困难,其次是有关部门不配合,占比 17.5%,12.5% 的受访律师选择了其他,具体表现是律师介入案件时间太短,不能保证有效阅卷及调查取证时间。另外也有个别受访律师认为当事人不愿说明全部真相是他们在办理法律援助案件中遇到的主要问题。从对受访律师办案遇到的问题和其认为律师不愿意承办法援案件的原因所作的双变量分析① 可以看出,大部分将经费短缺作为办案遇到的主要问题的律师,也都认为经费补贴少是律师不愿意承办法援案件的主要原因。关于经费短缺,其对律师的影响主要体现在案件补贴上,从访谈内容来看,经费短缺也是困扰诸多律师的重要问题。据某市一位律师反映,由于其承办的一件法

---

　　① 将法援当事人难以沟通作为不愿意从事法援原因的受访律师中有 20% 认为有关部门不配合是律师办理各类法援案件时遇到的主要问题,分别有 40% 将经费短缺和其他作为办理法援案件时遇到的主要问题;将不是律师义务,而是政府责任作为律师不愿意从事法援原因的受访律师仅有 1 人,并且其认为当事人不愿讲明全部真相是律师办理法援案件时遇到的主要问题;而将经费补贴很少作为律师不愿因从事法援的受访律师中有 19.05% 认为律师在办理法援案件中遇到的主要问题是有关部门不配合,而有 61.90% 认为经费短缺是律师在办理法援案件时遇到的主要问题。

律援助案件需要去西安出差，整个案件下来，来回五次的车费是 500 元的案件补贴所远不能及的，更不用说案件材料的打印费和食宿费了。另外，在一些案件中调取证明材料也会产生费用。如某市律师所言，在办理婚姻家事案件时，会涉及档案查询，而当时查询一次是 20 块钱，如果还要去民政局开婚姻登记证明的话，同样也是收费的，因此，各项费用累加在一起，也是一笔不菲的开支。

有关部门不配合也是律师办案时遇到的主要问题。法律援助不仅仅是法律援助机构的责任，同时需要其他部门的配合，尤其是公检法机关。在访谈中就有律师建议在制度设计上为承办法律援助案件的律师建立一个绿色通道，解决现实中援助律师办案难的问题。一个典型的事例是在一起交通事故赔偿案件中，当事人由于事故导致身体残疾，行动不方便，援助律师为立案在法院和当事人之间来回折腾了三趟，就是因为法院认为当事人未在委托书上写"代理计算"，所以需要律师重新找当事人亲自签字。如果法院和法援机构之间有关于律师在办理法律援助案件时可以享受相关优先权利的协议，那么法律援助律师的负担无疑可以得到很大程度的减轻。另外，访谈结果也表明，律师在法律援助案件中遇到的困难还包括法律援助案件质量评估程序太繁琐，如很多律师反映申请表太多，填写表格的时间甚至比办理案件的时间还要长。

这一问题反映的是律师在法律援助中遇到的困境，属于客观层面，观察这一数据不难发现，其与律师对法律援助制度的意见与建议有密切的关联。前者为因，后者为果，因为在实际情况中遇到了经费不足的情况，所以在建议中提到增加经费和改善待遇。对以上三个问题的分析是归属于客观层面的分析，其以客观事实为基础，同时与律师对法律援助的基本认识息息相关，是我们了解并分析法律援助制度在现实中运行机理的重要手段，接下来我们将主要对主观层面，即律师对法律援助的基本认识进行分析。

（三）律师对法律援助的基本认识

本部分包括律师的法律援助意愿、动因、律师对法律援助制度的实施效果、影响法律援助制度发展的制约因素和 NGO 法律援助组织的认识以及律师对法律援助制度的改善建议等方面。

1. 律师的法律援助意愿

表 3-2-3-7

您是否愿意从事法律援助工作?	人数	比例
非常愿意	20	50%
有时间会主动做	17	42.5%
指派下来的才做	3	7.5%
不愿意	0	0
合计	40	100%

设计本题的目的是想了解律师从事法律援助工作的积极性。从调查结果来看,受访律师对承办法律援助案件的积极性是比较高的,绝大多数律师都愿意从事法律援助工作,有 50% 的律师选择了"非常愿意",还有 42.5% 的律师选择了"有时间会主动做","指派下来的才做"选项所占比例为 7.5%。

根据法律援助的相关法律规定,参加法律援助是律师不可推卸的义务,拒绝进行法律援助是违反法律的行为,这可能是受访律师未选择"不愿意"选项的重要原因。另外,还有一部分选择"有时间会主动做"。按照当前法律规定,律师参与法律援助的途径主要有两种:法援直接指派与点援制。前者是法援机构直接指定律师进行法律援助;后者是由法律援助机构的负责人员将律师的名单给当事人看,由当事人自由选择。但是现实中由于当事人也不知道哪个律师水平高,所以大部分人选择的律师都是由法援机构的人员推荐的,于是点援制逐渐流于形式,其实质与法援指派趋向一致。这表明律师参与法援工作的途径是被动参与,但也并非不能主动参与。根据法律规定,律师在办理一般案件接待当事人时如果发现当事人属于法律援助的范围,应该主动告知当事人,这可以被视为律师主动参与法援的表现。

从问卷结果可以看出,律师从事法援工作的积极性是很高的,其中职业使命感是主要原因之一。从对受访律师从事法援的意愿和法援对受访律师的影响所做的双变量分析^①可以看出，越是认为法援能提升其社会价值和增强其荣誉感的律师，其从事法援工作的意愿就越强。同时根据对律师承办法援案件原因的问卷结果分析，大部分律师参加法律援助的原因是帮助弱势群体，而大部分律师在回答承办法援案件对其有何影响时，也多从实现个人价值和社会责任感角度填写。从访谈内容也可以看出，不少律师都认为法律援助是他们的职业使命。

2. 援助动因

表 3-2-3-8

您不愿意承办案件的原因是?	人数	比例
法援当事人难以沟通	5	12.5%
不是律师义务，而是政府责任	1	2.5%
经费补贴很少	21	52.5%
其他	4	10%
未填	9	22.5%
合计	40	100%
您选择承办法援案件的原因是?	人数	比例
能帮助弱势群体	26	65%
工作任务	2	5%
能增加办案经验	3	7.5%
能拿到补贴	0	0
未填	9	22.5%
合计	40	100%

了解受访律师承办案件的原因，可以帮助我们更好地理解律师法律援助制度的运行状况。从前一问卷结果可知，受访律师对承办法律援助

---

① 选择非常愿意从事法援工作的受访律师中有 60% 认为法援能增强其社会荣誉感和社会价值等，25% 认为从事法援工作能增加经验等，还有 15% 认为没什么影响；选择有时间会主动做的受访律师中有 17.64% 认为太浪费时间等，23.51% 认为能增加经验等，还有 58.85% 认为法援能增加其社会责任感等；指派下来才从事法援的受访律师中有 33.33% 认为影响时间，33.33% 认为可以增强社会荣誉感，还有 33.33% 没有填写。

案件的意愿是非常强烈的，那么这种对法律援助工作的高度热情究竟是基于何种原因呢？为了更科学全面地认知这一重要问题，本问卷在设计时采用了辩证法的思维，从正反两方面设计问题，不仅设计了"您办理法律援助案件的原因是什么？"，而且也设计了"您认为律师不愿意从事法律援助的原因有哪些？"，如此设计将使得调查结果更准确全面，从而提高论证的充分程度。

首先，从受访律师办理法律援助案件的动因可以得知，65%的受访律师选择法律援助的原因是希望能给予弱势群体帮助，至于将法律援助视为一项工作任务，通过承办法援案件能增加办案经验和获取政府补贴等理由，并不构成受访律师办理法律援助的重要原因。从受访律师们对代理法援案件对他们影响的回应来看，"增加社会责任感""实现社会价值""体现自身价值""做点公益"等是最多的，这间接证明了律师选择能够给予弱势群体帮助作为其承办法律援助案件的原因。

其次，从受访律师不愿意承办法律援助案件的角度出发，认为"经费补贴很少"的占到1/2，从前文可知，律师们并非是因为想要获得补贴才承接法律援助案件的，但在此问中律师们不愿承接法律援助的案件的原因又变成了经费补贴太少，这两种选择看似矛盾但实际上并不冲突，这恰恰说明律师在当前法律援助工作中所处的一种尴尬境地，从问卷结果和访谈内容看，大部分律师是想参与到法律援助事业中来的，据此增强对自己职业能力和职业定位的认可，实现个人的社会价值。但是，律师也是市场经济的参与者，其服务也蕴含了较高的价值，他们可以接受微薄的补贴，但如果律师投入到法律援助案件中的时间和精力远超微薄的补贴，甚至像一些律师说得"遇到跨省跨地区的案件，补贴连油钱都不够"时，律师们主动参与法律援助事业的积极性必将受到较大的打击。这与理论预设3基本保持一致。"法援当事人难以沟通"这一因素占比为12.5%，一般在法律案件中当事人由于为自己的私利考虑而不信任律师，甚至在案件中胡搅难缠的现象也不少见，法援案件的当事人普遍属于经济较困难的人群，所受的教育和社会认知也相应较低，所以当事人会更难沟通。令人不解的是，竟然有律师认为法律援助工作不是律师的义务。根据《法律援助条例》第六条规定，律师应当依照律师法和本条例的规定履行法律援助义务，为受援人提供符合标准的法律服务，依法维护受援人的合法权益，接受律师协会和司法行政部门的监督。因此，认为律师无义务从事法律援助工作是错误的想法，尽管持有这一错误想法的律师占比很低，但律师作为较高水平的法律从业者，其法律常识和法律素养都应该远超普通民众，这不禁让人深思当前我国法律服务市场中存在的法律服务提供者良莠不齐的状况。

3. 法律援助制度的实施效果

表 3-2-3-9

您认为法援制度能否有效保证弱势群众的合法权益？	人数	比例
有效保证	29	72.5%
效果一般	10	25%
没有效果	0	0
说不清楚	1	2.5%
合计	40	100%

设计这一问题的目的是想了解律师对当前法律援助制度实施效果的认识。从统计数据来看，四分之三的受访律师认为法律援助是有效保证弱势群体合法权益的重要制度，认为法律援助制度的弱者权益保护效果一般的占四分之一，这说明大部分受访律师对法律援助的整体实施效果持有较为肯定的态度。从对受访律师从事法援工作的意愿与其认为法援制度实施效果的双变量分析可以看出，律师越愿意从事法援工作，其对法援制度实施效果的态度就越乐观①。从对民众的问卷结果和访谈内容来看，大部分民众对法律援助制度的实施效果所持态度并不乐观，仅有不到四分之一的受访民众认为法律援助制度能够有效保障弱势群体的合法

① 选择非常愿意从事法援工作的人中有 70% 认为法律援助能够有效保障弱势群众的合法权益，30% 认为法律援助制度对弱势群体合法权益的保护效果一般；有时间会主动从事法援工作的人中有 82.35% 认为法援制度能够有效保障弱势群体的合法权益，17.65% 认为效果一般；通过指派才从事法援工作的人中有 33.33% 认为法律援助能有效保障弱势群体的合法权益，33.33% 认为法援制度对弱势群体合法权益的保护效果一般，还有 33.33% 认为没有效果。

权益，而 40% 的受访民众认为法律援助制度对弱势群体合法权益的保护效果一般，31.3% 的受访民众则表示说不清楚。从前述对比不难发现，律师与民众对当前法律援助制度实施效果的认识出现了较大的分歧，其中主要表现在法律援助制度能否有效保证弱势群体合法权益这一点上，我们认为导致分歧出现的原因如下：从民众卷的数据可知，较多受访民众对法律援助制度并不熟悉，此种情况下，他们之所以说不清楚法律援助制度对弱势群体合法权益的保护效果究竟如何，更多是因为他们在客观上就对法律援助制度知之甚少，而非因主观原因难以做出评价。而受访律师作为专业法律人才，对法律援助制度了解更多，所以他们关于法律援助制度对弱势群体合法权益保护效果的认识要优于普通民众。

　　但仍需要重点关注的是，依然有四分之一的受访者认为法律援助制度对弱者的权益保护效果一般，以及为何一部分律师认为代理法律援助案件"占用时间"、"影响不大"，或"没有实质性影响"。从对某市一位执业时间较长的律师的访谈可以得知，大部分法律援助案件争议较小，事实相对清楚，标的额也不大，但大多数情况下，案件相对人经济状况也很困难，执行起来比较困难。当事人也未对法援律师寄予厚望，多数情况下就是"走一个程序，有一个生效判决"。如此一来，法律援助制度保护当事人权益的目的就很难实现。这在某种程度上解释了一些受访律师为什么认为法律援助制度对弱者的权益保护效果一般。

　　4. 影响法律援助制度发展的制约因素

表 3-2-3-10

您认为制约法律援助发展的最主要因素是？	人数	比例
政府投入不足	22	55%
法律援助管理机制	5	12.5%
律师无偿服务，责任心不强	2	5%
法律援助律师素质不高	0	0
其他	2	5%
未填	9	22.5%
合计	40	100%

　　设计本题的目的是便于了解律师认知中法律援助制度现存的弊端。统计数据及访谈内容表明，在影响法律援助制度实施的诸多制约因素中，55%的受访律师认为政府投入不足是阻碍法律援助事业发展的最主要的因素，占比次高的是政府的法律援助管理机制不完善，只有很少一部分律师选择了"律师无偿服务，责任心不强"和"法律援助律师素质不高"。结合第16题的问卷结果，大部分律师对法律援助的意见或者建议中最多的一条就是增加投入，具体作用有"扩大援助范围"、"吸引有经验的资深律师提高办案质量，建立法援办案行政联动机制"、"提高异地案件补贴"等。从现实情况出发，律师对非法援案件的收入数倍于法律援助案件，而且不少省市建立了法律援助案件质量评查标准，该标准通常又是与案件费用挂钩的，律师要想获得微薄的补贴，需要填写繁杂的表格与提交冗杂的材料，这些时间花费是不必要且可通过技术手段予以节约的。由此可见，增加法律援助制度的经费投入是重中之重。

　　当前法律援助工作中政府投入不足的表现主要为以下两点：第一，法律援助的经费无法得到有效保障。国家关于法律援助的办案补贴有明确的规定，但经费来源却模糊不清。这极易导致法律援助机构的职能失灵，在没有经费保障的情况下，法律援助机构的工作人员的积极性首先会受到打击。其次，新人的招录也会更加困难。同时，由于缺乏固定的经费，律师的案件补贴也可能很难如期准数发放。第二，法律援助案件的补贴标准及其调整机制不健全。在各个调研地获取的信息表明，法律援助案件的补贴是很难满足援助律师在办理案件中的相关支出，在援助一些经济情况较困难的当事人时，律师甚至要自己出钱给予当事人生活上的支持，为此，有人戏称法律援助就是一种"赔本的买卖"。社会生活是发展变化的，每一个案件也都有其特殊性，固定不变的补贴不能适应现实情况，只会不停地打击想要积极承担责任的援助律师。

　　另一个制约法律援助制度发展的重要因素是法律援助管理机制。根据《法律援助条例》的规定，法律援助是政府的责任，县级以上人民政府应当采取积极措施推动法律援助工作，为法律援助提供财政支持，保障法律援助事业与经济、社会协调发展。由此可知，法律援助是政府的一项职责，不仅仅是司法行政机关的专职，在法律援助案件中，当事人是否属于受援助的范围、援助律师补贴的正常发放等都需要政府机关的不同部门相互配合。但在实际情况中，各部门之间并没有形成真正的协调关系，国家制定的法律援助减免政策很难得到真正落实，制度资源得不到合理利用的后果就是法律援助的需求难以满足。加之在制度实行过程中，不同部门的利益导向不一样，对待法律援助政策的态度也会不同，法律援助部门要想从中调和就更难上加难了。

5. 对 NGO 法律援助组织的认识

表 3-2-3-11

您是否知道 NGO 法援?	人数	比例	您认为高校法援机构 有无存在必要?	人数	比例
知道	14	35%	有必要，它可以补充政府 法律援助的不足	33	82.5%
听说过	9	22.5%	没必要，政府法律援助 可以覆盖全部法律援助需要	3	7.5%
不知道	17	42.5%	说不清楚	4	10%
合计	40	100%	合计	40	100%

考察律师对非政府法援组织的认识，是为了解政府对非政府法援组织的宣传状况。NGO 法律援助机构的出现是一个双向运动产生的结果，首先是法律援助制度本身具有的价值，它能有效维护弱者合法权益，维护法律正确实施，维护社会公平正义。其次，当前人民群众的法律意识逐渐觉醒，对法律的态度由传统的"厌讼"、"贱讼"向追求法律的保护转变，对民主、法治、公平、正义产生了迫切需求，同时也有一部分人或为正义、或为责任感，也愿意供给自己所"贮藏"的法律资源，于是非政府法律援助开始出现并发展。常见的非政府法律援助机构有高校的法律援助组织和其他社会组织提供的法律援助。

关于律师对 NGO 法律援助的认识，主要有两个认知过程，其一是受访律师是否知道 NGO 法援的存在，调查问卷的结果显示，有 57.5%的受访对象听说过有非政府提供的法律援助的存在，而 42.5%的受访律师不知道非政府提供的法律援助的存在。那么 42.5% 这一比例是高还是低呢？考虑到我国非政府法律援助机构的发展正处于探索阶段，因此前述比例并不算低。例如作为我国经济最发达的地区之一的江苏省，其法律资源供给不可谓不充足，但是其域内首家民办法律援助机构也是直到 2018 年 8 月才成立的。同时，依据民众卷的数据显示，有 43.5%的受访民众知道或者听说过高校法律援助机构的存在，54.8%的受访民众不知道有高校法律援助机构的存在。通过前述数据对比可知高校法律援助机构相较于非政府法律援助机构的普及程度更高，这可能是因为高校法律援助机构和非政府法律援助机构是种属概念，后者较前者的抽象性更强，所以产生了认知上的差异。第二个认知是受访律师对高校法律援助机构有无存在之必要的态度，其中 82.5% 的受访律师认为高校法律援助机构有存在的必要性，因为它们可以补充政府法律援助的不足，只有 7.5% 的人认为高校法律援助机构没有存在的必要。律师对非政府法援机构的了解与律师对高校法援组织存在必要性的认识之间的双变量分析[①]表明，律师对非政府法援机构的了解程度和其认为高校法援机构存在必要性有较为密切的联系。但是大多数不知道非政府法援机构存在的律师，却认为高校法援机构有存在必要性。这可能因为很多律师听说过高校法援机构，但是不知道高校法援机构属于非政府法援机构的一部分。

6. 对法律援助制度的建议

关于律师对法律援助制度的意见和建议，在问卷中主要是开放性问题。它可以帮助我们更好地认识法律援助制度的实施效果和了解律师对

---

① 知道非政府提供的法援存在的受访律师中有 85.71% 认为高校法援机构有存在的必要，14.29% 认为没必要；听说过非政府提供的法援机构存在的律师中有 77.78% 认为高校法院机构有必要存在，11.11% 认为没必要存在，11.11% 说不清楚；不知道非政府提供的法援机构存在的律师中有 82.35% 认为高校法援机构有存在的必要，17.65% 说不清楚。

法律援助制度改进的建议。对本部分的分析大体可以从两个方面出发，一是受访律师们对法律援助的意见及建议，二是受访律师对监督法援案件办理质量的建议。前者是总括性建议，涵盖后者；后者是针对性建议，深化前者。

首先是针对法律援助的总括性建议。从问卷调查结果和访谈记录可知，受访律师的建议主要集中在以下三个方面：一是落实好法律援助的配套服务与措施建设工作。如增加法援经费，提高法援律师的待遇；建立绿色通道，多部门相互配合，降低成本；建立法援工作业务学习、交流沙龙，沟通交流执业经验和方法，共同提高办案质量，提升职业形象和素养；涉及"死缓无"的刑事案件的指派时间应当提前，保证律师有足够的阅卷时间，不能到了法院再指派。二是提高法律援助案件的质量。加强对法援案件的实质性审查与监督，以"质"为主，使得真正需要援助的人能获得高质量的法律援助，同时加强对法律援助案件办理质量的监督。三是扩大法律援助范围。如扩大军人军属法援范围。以上三个方面是法律援助制度目前需要密切关注的，它们关涉到法援的"质"和"量"以及保证"质"和"量"的前提，对法援案件进行实质性审查是"质"，扩大援助范围是"量"，建设好法律援助的配套服务与措施是保证法律援助质量的重要条件。

其次，关于如何监督法律援助案件办理质量，受访律师的建议主要可以分为五类。第一类认为现有的监督机制已经足够，或只需要很简单的方式监督。受访律师之所以提出此类建议，可能是因为当前的法律援助案件评估机制已经可以达到有效监督法律援助案件质量的标准，也可能是现有的监管体系太过繁杂，令援助律师无暇应付。从访谈中我们可以得知，不止一两个地区的律师抱怨现有的案件评估机制太过繁琐，在办理完案件后，律师还要填写大量的材料，一方面是法律强制规定必须这样做，另一方面援助律师如果不向法律援助机构提交有关的法律文书副本或者复印件以及结案报告等材料，就无法获得或少得相应的案件补贴。从问卷的一些回答中可以看出律师们对现有案件评估程序的不满，如"无需监督""我认为目前归档的法律文书已经足够""目前的制度已经能保证办案质量监督"等。

第二类是加强案件材料管理，尤其是卷宗管理。此类建议所占比重较大，卷宗材料不仅反映律师办理法援案件的流程，而且也清晰地表明律师在办理案件时的认真程度，是最详尽的客观材料，所以通过对卷宗的管理，可以比较有效地实现对法律援助案件的质量评估与监督。

第三类是建立当事人回访制度。此类建议的比重最大，与前述的具有重要意义的客观材料——卷宗相对应，对当事人的回访是最重要的主观材料，因为当事人是法律援助案件的主体，是案件的亲身经历者，律师对案件的参与度以及对案件进程中各事项的负责程度，当事人自然是最一目了然的，但是，又由于当事人的主观随意性太强，其对案件的评价极容易受到案件判决结果左右，即当案件结果不符合当事人的意愿时，尽管援助律师已经尽力而为，但当事人依然很容易对法律援助的办案质量作出负面评价。例如，某市一位律师在采访中谈及当事人的投诉行为时，一位医疗纠纷类案件的当事人不顾事实漫天要价，在法律援助律师努力争取下，仍未能使其满意，该当事人遂投诉对其提供援助的律师。

第四类是法援和第三方机构进行监督。法援机构对案件办理质量的监督主要是加强从指派开始到转变的全过程回馈、跟踪机制，通过对案件全过程的跟踪了解，可以大大提高对法律援助办案质量的监督，有利于保障案件办理质量，切实保护当事人的合法权益。但是此种做法的缺陷一目了然，当前各地区的法律援助机构都呈现出了"人少案多"的态势，加之，扩大法援案件范围和援助对象范围的呼声愈来愈高，法援机构的人案矛盾只会愈加激化。第三方机构的监督主要是通过引入第三方评估机制，定期抽查评估，这种监督方式避免了法援机构监督的缺点，可以减轻法援机构人手压力，同时为缓解经费紧张的状况，这种第三方评估机制应该作为一种辅助机制，与其他方式相配合运行。

最后一类建议是建立案件评估机制，制定案件评定标准。这种案件质量监督机制相对节省金钱和人力成本，只需制定相应的法律援助案件办理质量评估标准，赋予各细节项一定的分值，最终只需统计相应的分值就可以对案件办理质量作出评价。当前，我国中东部大部分地区已经建立了这种案件质量评估标准，总体效果反映不错，但是这种监督方式容易流于形式，而且很难建立统一标准的评价体系。

四　律师卷调查结论

以上针对律师在法律援助服务中主客观层面的介绍，大致分析了律师对法律援助的认知，在思路和细节已经明晰的情况下，本文得出如下结论：

（一）律师的执业年限影响其从事法援工作的意愿

从问卷结果来看，受访律师的执业年限与其在律所担任的职务对其从事法律援助的行为产生了一定的影响。执业年限较短的律师，其从事法律援助的意愿亦较强，而且执业年限越短的律师在从事法律援助的动机方面更倾向于选择帮助弱势群体。

（二）当前法律援助制度在援助范围、援助资格审查与案件质量监管方面存在缺陷

从问卷结果和访谈内容可知，当前法律援助制度存在较多缺陷，并进一步降低其对弱者权益的保护力度。首先是援助范围，尽管现有法律援助制度的保护范围已经很广泛，但是仍然有必要扩大法律援助的范围，比如军人军属的法律援助范围还不够全面。其次是对法律援助对象资格的审查力度不足，致使一些不具备援助条件的人获得援助，如此既浪费法律援助的现有资源，又挤占真正需要援助的人的受援空间，使得真正需要援助的弱势群体无法获得及时的保护。最后，法律援助案件质量监督体系不健全，导致无法充分调动法律援助律师的积极性以保障弱势群体的合法权益。例如一些地区法律援助案件质量监督力度过大，不容易调动律师的积极性；而另一些地区案件质量监管力度过小，受援对象的合法权益又无法得到及时的保障。

（三）经费补贴不足是制约法律援助制度发展的重要短板

根据问卷结果和访谈内容，从律师的援助意愿和动因可以看到，律师作为有较高法学素养的群体，其社会责任感和使命感强于一般人，因此，从主观上讲，律师参与法律援助的积极性比较强。但是客观上存在较多阻碍律师进行法律援助的因素，其中案件补贴就是最重要的一个。诸多律师在访谈中都谈及自己在办理法律援助案件过程中"入不敷出"的尴尬境况，经费不足和政府投入不够成为律师们办理法律援助案件的重要制约因素，如此不仅打击律师办理法援案件的积极性，而且会进一步影响律师在法院案件中的服务情况，进而影响对当事人权益的保护。

第三节　我国法律援助的社会认知度调查报告
——行政机关工作人员卷

在本次法律援助调研中，我们选取了湖北省作为研究对象，涉及黄冈、鄂州、恩施、十堰等多个市区和乡镇，共发出问卷 271 份，回收问卷 236 份，其中司法行政人员 71 份。在问卷调查之外，我们还以走访乡镇（如恩施州鹤峰县太平镇，荆州市监利县新沟镇等）司法部门的形式认识了解基础法律援助工作的实际情况，对数十位司法行政人员进行了深度访谈，以便更深入了解问卷数据背后的原因。

在此基础上，本认知报告主要以实证分析为研究方法，分析司法行政人员对于法律援助制度的认知，希望能为将来法律援助立法完善、制度创新和观念转变等提供有益参考。

一　行政卷分析框架

本报告主要从司法行政人员的视角分析法律援助工作的实际运行效果。第一部分介绍司法行政人员的基本情况，包括性别、年龄、工作年限等，总结归纳其特征，并结合访谈记录对其进行分析。第二部分从司法行政人员的问卷数据和访谈中了解法律援助的客观实施状况，比如主要办理的案件类型，公共法律服务的普及状况等，在一定程度上展现法律援助实践样貌。第三部分进一步探究司法行政人员主观上的认知，既有对法律援助实施效果的主观评价，又有对社会参与、案件受理范围扩大的一些态度。结合描述性分析，尽可能地挖掘各类要素之间的联系，进行双变量分析，以更深入地了解造成某些现象或影响司法行政人员主观认知的原因，最终得出较为客观真实的分析结论。

二　行政卷理论预设

（一）司法行政人员的基本情况可能会影响其认知度

作为接触法律援助工作最为全面的队伍，司法行政人员对法律援助的理论和实践都应当是比较了解的，包括法律援助范围、法律援助流程、法律援助相关单位、法律援助实施效果等。而司法行政人员的工作年限、办理案件数量可能会影响到其对受援范围扩大、与其他部门配合程度、法律援助实施效果等认知情况。举例来说，如果某司法行政人员办理案件数量较多，其通常不希望扩大受援范围，因为可能会加重其负担。

（二）规范与实践存在一定差距，法律援助实施效果略显不足

《法援条例》作为 2003 年出台的行政法规，至今已有十几年未曾修改，而经济社会状况却日新月异，包括法律援助范围、法律援助主体在内的很多条款很可能已无法适应现实情况。加上各地经济社会发展水平参差不齐、法律援助工作开展方式多样等因素影响，法律援助从理论、规范到实践的过程中可能会有所变化，法律援助实施效果略显不足。

（三）经费问题或成法律援助发展最大障碍

司法行政人员无论是履行管理职能还是直接办理法律援助案件，都必须以充足的法律援助资金作为前提，才能够有效开展各项工作。而随着国家对法律援助案件数量和质量提出更高要求，法律援助工作对经费增长的需求也水涨船高。因此，在众多掣肘因素中，经费问题可能正是法律援助发展的最大障碍。

三 行政卷结果分析

（一）司法行政人员基本情况

表 3-3-3-1

性别		年龄（岁）				工作年限（年）			
男	女	22—30	30—40	40—50	50 以上	1—3	3—7	7—10	10 以上
49	21	5	14	27	25	16	16	12	25
69%	29.6%	7.0%	19.7%	38%	35.2%	22.5%	22.5%	16.9%	35.2%
所在司法局法援专职人数（人）				办理案件数量（起）					
1—3	3—7	7—10	10 以上	10 以下	10—20	20—40	40 以上		
24	30	5	11	41	10	1	4		
33.8%	42.3%	7.0%	15.5%	57.7%	14.1%	1.4%	5.6%		

本题设立的目的在于了解受访司法行政人员的基本情况，为之后分析其认知情况奠定基础。从表一中，我们可以清晰地看到，基层司法行政人员主要呈现出以下几点特征：

1. 年龄结构老化

从年龄结构来看，22—30 岁 5 人，占受访者的 7.0%；30—40 岁 14 人，占受访者的 19.7%；40—50 岁 27 人，占受访者的 38%；50 岁以上 25 人，占受访者的 35.2%。40 岁以上的人数比例占总体的 73.2%。由此可见，湖北地区司法行政人员的工作队伍以中年群体为主，青年群体略显不足。访谈中，某市某县法律援助中心工作人员也表示目前存在的主要困难是人员年龄偏大。具体而言，该县法律援助中心共有四人，两个专职律师，两个内勤人员，平均年龄为 46 岁。而造成这一现象的原因在与司法行政人员的访谈中可以看出一二。

首先，法律援助机构的性质和人员编制不明是原因之一。从访谈情况来看，有的市县法律援助机构为行政机构。有的地区则属于事业单位，其中又分全额财政供给和差额财政供给。法律援助机构本身的性质并未形成统一标准。这一不确定性进一步对机构人员的编制造成了影响。就访谈过的市县而言,人员编制存在以下几点问题:(1)行政编制较少,不能有效满足人员需求;(2)因事业单位级别较低,致使人员级别相应较低;(3)行政人员兼职法律援助工作现象突出。总的来说,法律援助机构的性质和人员编制不明不仅不利于机构人员开展工作,也对其积极性造成了一定打击。

其次,工作待遇也会对此产生影响。其一,行政编制、事业编制、合同工三者在地位和薪资福利方面存在差距。上文中提到的编制问题给基层法律援助机构工作人员造成了困扰。其二,法律援助机构工作人员并不享有办案补贴。在《关于完善法律援助补贴标准的指导意见》(司发通〔2019〕27号)中就有明确规定,法律援助补贴是法律援助机构支付给社会律师、基层法律服务工作者、社会组织人员等法律援助事项承办人员所属单位的费用,其中并不包含法律援助机构工作人员及其他承办法律援助事项的具有公职身份的基层法律服务工作者、社会组织人员。这在很大程度上打击了担任公职的法律援助人员的积极性。

综上,由于机构和编制以及工作待遇方面的问题,青年群体在一定程度上不愿意从事法律援助工作,而那些因为兼职、年龄较大不愿变动等原因而留下的中年群体,成为目前法律援助工作的主力军,形成了年龄结构老化的格局。

2. 工作年限较长

从工作年限来看,工作1—3年的有16人,占比22.5%;3—7年的亦为16人,占比22.5%;7—10年的有12人,占比16.9%;10年以上的有25人,占比35.2%。各个年龄阶段的工作人员均有,其中以10年以上的居多,总体呈现出工作年限偏长的倾向。这与年龄结构老化可能存在一定联系,具体详见下文。

如果对年龄和工作年限进行双变量分析(如表二和图一所示),会发现位于22—30岁年龄段80%的受访者工作年限为1—3年,30—40岁71.4%的受访者在3年以上,40—50岁70.3%的受访者在7年以上,50岁以上73%的受访者在7年以上。这说明工作年限基本上还是随着年龄增长而变长,这符合一般性认识。但更引人注目的是,30岁以上工作 1—3 年的仍然有 12 人，占比 16.9%，甚至超过 22—30 岁的 5 人。这说明在 30 岁以上的群体中也有一部分人才刚刚从事这项工作不久。正如某市法律援助中心工作人员所说，"有的（人）到了年龄，就到法律援助中心，吃一碗案件的饭，做个稳定的工作。"也就是说，即使是新人，受访者也很多都在 30 岁以上。这实际上是对法律援助年龄结构老化这一特征的有力佐证。

表 3-3-3-2

年龄 / 工作年限		1—3 年	3—7 年	7—10 年	10 年以上	缺失	总数
22—30 岁	人数	4	1	0	0	0	5
	比例	80%	20%	0	0	0	100%
30—40 岁	人数	4	7	2	1	0	14
	比例	28.8%	50%	14.3%	7.1%	0	100%
40—50 岁	人数	5	3	7	11	1	27
	比例	18.5%	11.1%	25.9%	40.7%	3.7%	100%
50 岁以上	人数	3	5	3	13	1	25
	比例	12%	20%	12%	52%	4%	100%
合计		16	16	12	25	2	71

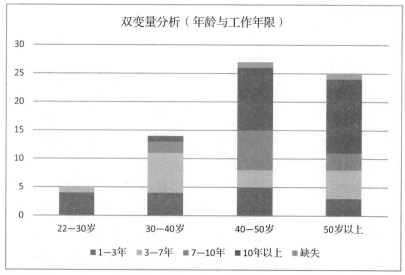

图 3-3-3-1

3.专职人数相对较少

据表格数据显示,24 人所在司法局专职人员人数为 1—3 人,30 人所在司法局专职人员人数为 3—7 人,5 人所在司法局专职人员人数为 7—10 人,11 人所在司法局专职人员人数在 10 人以上。从整体来看,各地司法局情况不一,有的仅 1—3 人,有的则超过了 10 人。这可能会与司法局级别、地方经济社会状况、法律援助发展等因素有关。单就比例而言,以 3—7 人为多,1—3 人次之。可见,司法局从事法律援助工作的专职人数相对较少。可能有以下主客观因素的影响:(1)参与法律援助工作的意愿不强。如某市某县法律援助中心工作人员所说,"法律援助的专职人数是在逐年下降的,有的同志并不愿意从事法律援助工作。"(2)政策本身的导向性。湖北省司法厅规定:市州法律援助机构人员配备不少于 5 人(专职律师不少于 2 人),县(市、区)法律援助机构人员配备不少于 3 人(专职律师不少于 1 人)。[①]并未对法律援助机构人员人数作出过高要求。此外,据某县工作人员所说,专职人员已经逐渐转向管理职能,从事法律援助案件的专职律师,已经呈现下降趋势。

4.办理案件数量较少

单就办理案件数量的问卷数据分布来看,有接近 60% 的受访者每年只办理 10 件以下的案件,办理案件数量与社会执业律师相比较少。这主要是基于以下原因:(1)法律援助机构本身专职律师数量较少。正如访谈中提到的那样,目前专职律师人数呈现下降趋势,更多的法律援助工作人员转向纯粹的行政事务,这将促使各地法律援助机构将更多的案件交予社会执业律师。(2)整体而言,社会执业律师的专业素养高于专职律师。访谈中一工作人员表示,重大疑难案件一般会指派社会执业律师来负责,专职律师仅承担部分简单案件。(3)国家政策鼓励社会执业律师承办法律援助案件。访谈中各法律援助机构提到的一个问题就是专职律师没有案件补贴,而社会执业律师享受补贴,这实际上也是政策的一个明显偏向。(4)部分专职律师精力有限。据某受访人员反映,该

[①]　湖北省司法厅《关于进一步加强法律援助案件质量管理的意见》,鄂司发[2015]63 号,2015 年 6 月 23 日。

地区专职律师除办理法律援助案件外，还需承担一定的行政工作，因此在指派时一般不会承办太多的案件。

综上，实践中大部分地区的司法局或法律援助中心在指派案件时会倾向于将案件交给社会执业律师来做。以某市为例，2012年到2016年间，案件数量就从5128件达到9090件，几乎翻倍。而近三年社会执业律师所承担的法律援助业务量可以占到80%—90%。当然，地区差异也是各地法律援助机构指派时可能考虑的问题。访谈中有工作人员提出，其所在地区专职律师有6名，因仅有一家律师事务所，所以2/3的工作为专职律师所承担。这就是因地区特殊情况而产生的特例。问卷数据中有4名受访人员选择了40起以上可能就受到这方面的影响。

此外，在访谈中，各法律援助机构的工作人员还提出了另外一个与案件数量相关的重要问题，即案件数量的不合理增长。其原因实际上与法律援助范围扩大密不可分，故集中放在下文中进行讨论，但这一现象是值得注意的。

（二）法律援助工作实施状况

1. 案件类型

表 3-3-3-3

办理法律援助案件类型	人数	比例
依法请求国家赔偿的	12	16.9%
请求给予社会保险待遇或者最低生活保障待遇的	24	33.8%
请求发给抚恤金、救助金的	18	25.4%
请求给付赡养费、抚养费、扶养费的	47	66.2%
请求支付劳动报酬和维护其他劳动保障权益的	51	71.8%
主张因见义勇为行为或者为保护社会公共利益产生民事权益的	10	14.1%
因遭受家庭暴力、虐待、遗弃主张民事权益的	33	46.5%
因交通事故、工伤事故、医疗损害、食品安全、环境污染、产品质量以及农业生产资料等造成人身损害或者财产损失请求赔偿的	49	69.0%
刑事案件的被告人是盲、聋、哑人或者未成年人而没有委托辩护人的	36	50.7%
被告人可能判处死刑而没有委托辩护人的	23	32.4%
其他	4	5.6%

图 3-3-3-2

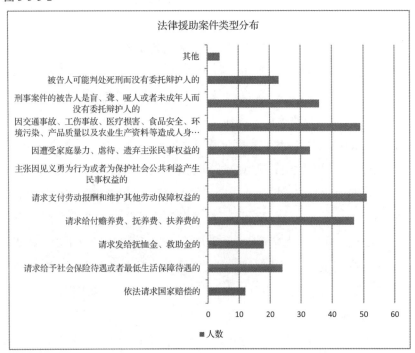

法律援助案件类型分布

该题设置的目的在于从司法行政人员的角度了解法律援助实践中的案件类型状况,以帮助我们更好地看到规范是否切实执行以及是否具有现实意义。从以上图表中,我们不难看出受访者参与的主要案件类型,结合此次访谈内容,可以得出以下几点结论:

首先,从整体的案件种类来说,《法援条例》中规定的每一项案件类型均有受访者选择,可见《法援条例》规定的案件类型在实践中有所践行。而从访谈反馈的情况来看,目前法律援助的受案范围呈现出扩大化趋势。据一些法律援助工作人员反映,除了国家和湖北省规定的案件类型外,还会纳入其他类型的一些案件,比如民事、行政案件中的征地拆迁,刑事案件中的非法吸收公众存款等。

其次,案件类型依地区而异。由于各市州、县政府均可根据本地实际来细化案件类型,各地往往出现"特色案件"。比如某市就将拆迁户纳入了地方法律援助条例中;某市对于计划生育的独女户,不管困难标准，只看身份。此外，还有很多市州、县将经济困难标准由最低生活保障的 1.5 倍扩大到了两倍。

再次，关于具体的案件类型分布，从上述图表来看，受访者所代理的案件大致集中在民事、刑事和行政三块，以民事居多，刑事次之，行政偏少。在民事案件中，赡养费、抚养费、扶养费"三费"的给付，请求支付劳动报酬等劳动争议，家暴、虐待、遗弃等婚姻家庭纠纷，以及交通事故、工伤事故、医疗损害等侵权损害赔偿占比都较高。这说明此类案件在现实中时有发生，较为普遍。访谈中工作人员的回答对此也有所佐证。基本上所有访谈中法律援助工作人员谈及的案件类型都包含婚姻家庭纠纷、人身损害等侵权纠纷、劳动争议这几类。在刑事方面，盲聋哑、死缓无这类案件基本都是由法院或检察院指派，因此也不少。此外，访谈中还提到了部分贩毒吸毒、盗窃等情形。行政方面，比如房屋拆迁或是"民告官"的情况就相对较少。据某市法律援助机构工作人员所说，这一方面是因为民众接触行政诉讼还比较少，对其不太了解，另一方面则是出于传统观念的影响，毕竟"民告官"在人们心目中是很难成功的。当然，案件类型的分布也会与地区状况有密切联系。某市法律援助机构工作人员反映，该市未成年人犯罪居高不下，交通事故、工伤事故频发，刑事案件占比不断上升；某县因为有早婚现象，同居关系习以为常，因此在解除婚姻关系和子女抚养纠纷这方面案件非常多；还有某县外出务工现象普遍，因此在农民工维权这方面还专门成立了领导小组，甚至进行联合办案，异地援助。由此可见，各地区其实都存在共性和个性之处，集中在某几类领域，而在某种案件类型上有所突出。

此外，还有一个我们值得关注的问题，就是这些案件类型的实践情况。既存在"有而未行"，也存在"未有而行"。一方面，某些案件类型可能作为一个地方典型特色规定在地方性规范中，但在现实中基本不用。以前文提到的拆迁户为例，该市（州）就将其纳入了地方法律援助条例中，但实践中根本不宣传。原因就在于拆迁案件所涉及对象往往也是有钱人，尽管矛盾突出，还针对政府，但如果贯彻，实际上就违背了法律援助救助弱势群体的初衷。另一方面，现实中可能存在不属于法律援助范围但实际上办理的案件。有的是确实有困难，但不符合受援案件类型；有的是不属于受援范围但社会影响恶劣的群体性事件；有的甚至是根本不属于受援范围，仅仅是为了省钱，因为跟领导打过招呼，强行办理的法律援助案件。

　　总的来说，从数据和访谈情况来看，案件类型由于受到现实中一些其他因素的影响而与法律规范有所出入，也会因为各地自身特点而略有不同，但整体呈现出降低标准、扩大范围的趋势，其中又以赡养费、抚养费、扶养费"三费"的给付，请求支付劳动报酬等劳动争议等类型居多。

　　2. 公共法律服务普及情况

表 3-3-3-4

所在司法局购买公共法律服务情况	人数	比例
是	34	47.9%
否	21	29.6%
不清楚	13	18.3%
缺失	3	4.2%
合计	71	100%

　　近年来，国家政策对购买公共法律服务及其平台建设有所青睐，但实践情况究竟如何尚未可知，故设计了这一问题。调查结果显示，有接近一半比例的受访者所在司法局购买了公共法律服务，但也有30%左右并未购买，接近20%的人不清楚是否有此情况，可以说是大致相当。由于该数据是在2017年期间收集，实际上说明自2014年后，虽然司法部接连推出关于推进公共法律服务体系和平台建设的意见，但到2017年度，我国还没有实现公共法律服务的全覆盖，仍然有部分地区尚未购买公共法律服务。

　　从本质上来说，法律援助本身就是一项公共法律服务。司法部《关于推进公共法律服务体系建设的意见》中也明确表示，公共法律服务具体包括为经济困难和特殊案件当事人提供法律援助；开展公益性法律顾问、法律咨询、辩护……而购买公共法律服务实际上是通过发挥市场机制作用，将政府直接提供的法律服务事项将由具备条件的法律服务组织、机构等社会力量承担，律师事务所、公证机构等都在其中。从问卷调查和具体访谈内容来看，湖北地区购买公共法律服务的情况还是有所欠缺，发达地区和欠发达地区差距较大。经济发展情况较好的市县，一方面有充足的资金用于购买公共法律服务，另一方面也有足够的社会律师资源。比如访谈到的某市 2015 年就购买了公共法律服务，做到了每村每社区都有律师接待，进行法律咨询，该市还有一百多位社会执业律师，承接了近90% 的案件，特别是重大疑难案件。甚至还有律师资源向邻近地区渗透。而有些偏远市县则只有很少的社会律师，主要都是依靠法律援助中心和基层法律服务所的专职律师来办理案件，情况大相径庭。但从访谈过程中，我们还发现购买公共法律服务其实是未来的一种发展趋势，很多地区的专职人员都在转向行政工作就是征兆之一。

3. 经费状况

表 3-3-3-5

所在司法局社会捐助经费状况	人数	比例
是	7	9.9%
否	56	78.9%
不清楚	8	11.3%
合计	71	100%

在问及"所在司法局除了有专项法律援助经费，是否有社会捐助经费"时，有接近80% 的绝大多数受访者都予以否认，只有为数不多的 7 人所在司法局存在社会捐助经费状况。还有 8 人可能从事其他工作，并不了解具体情况。这在一定程度上说明湖北地区的法律援助经费主要都来自专项资金，缺乏社会力量的支持。一些工作人员的访谈记录也佐证了这一点。大部分地区的法律援助机构工作人员都反映，经费主要来源于同级财政预算和中央、省的转移支付，还有小部分提到了"中彩金"和基金会。前两者也就是所谓的专项经费，后两者属于社会捐助。一般

来说,同级财政预算与地方经济发展水平息息相关,经济发达地区同级财政预算充足,而欠发达地区则明显不足,经费不提升很普遍,甚至有的还在下降。比如某区从市里获得的经费从 2014 年的 24 万直线下降到 2017 年的 18 万。中央、省里的转移支付是部分地区的次要经费来源,因为其主要是调整地区不平衡而产生的区域补偿政策。此外,"中彩金"项目(即中央专项彩票公益金法律援助项目)以及法律援助基金,一般对案件质量要求较高,由各法律援助机构自行申报,完成相应任务才能够获得资金,且申报过程繁琐。因此部分地区可能达不到要求或是害怕麻烦,不愿意领取"中彩金"项目的任务。这在一定程度上影响了社会捐助经费的比例。

4.宣传活动

表 3-3-3-6

所在司法局开展宣传活动(每年)	人数	比例
1—3 次	12	16.9%
3—5 次	16	22.5%
5 次以上	43	60.6%
合计	71	100%

从数据反馈信息来看,有超过 60% 的司法局每年开展过 5 次以上的宣传活动,所有受访者所在司法局每年都至少开展 1 次宣传活动。由此可见,实践中法律援助宣传次数并不少,宣传力度是比较大的。主要的方式可能有摆放宣传册,发放宣传单,向学校、机关单位等开展普法、法律援助讲座,送法下乡,结合媒体开展宣传等,访谈中提到的宣传类型也相当多样化。但具体的宣传效果不好衡量。

对于民众来说,他们已经充分认识到了能够申请法律援助,通过法律维权的意识也有所提高,如果出现权益受到侵害的情形不会再像以前那样轻易放弃。但是宣传到了一定程度,反而产生了反效果,即民众对法律援助的滥用,最后甚至使得法律援助成为了维稳的工具。举例来说，某些经济条件本身比较好的家庭经常上访，而为了解决这个矛盾，法律援助机构往往也无奈将此类根本不属于受援范围的案件通过法律援助解决了。这其实产生了一个非常恶劣的影响。即民众会对法律援助本身产生错误认识，无论是否符合援助条件，都一窝蜂地申请法律援助，实际上既造成了法律援助资源的浪费，也违背了法律援助的初衷，使得应该得到援助的对象反而没有获得帮助。这也是访谈中很多工作人员都在强调的问题。

此外，某县工作人员还提出了要加强公检法、信访等与法律援助相关的机关单位的宣传力度。"法官要学法，法官要普法"，只有普法的人自身法律援助认识足够，才能够向民众普及正确的法律援助知识。现实中可能存在这种情形，"某些法院的立案庭只要碰到老人，就让其去法律援助机构，也不管是否符合受援条件。"换句话说，不能将法律援助当作解决所有问题的"万金油"，这是法律援助相关部门和民众也需要知晓的。当然，这也可能是部门间相互推诿、互不作为的一种表现。总的来说，实践中法律援助的宣传力度较强，但宣传的对象和内容以及是否"宣传到位"都值得认真商榷。

5. 服务质量监管措施

表 3-3-3-7

所在司法局服务质量监管措施	人数	比例
庭审旁听	30	42.3%
案卷检查	65	91.5%
质量评估	62	87.3%
办案质量与办案补贴挂钩	45	63.4%
征询司法机关意见	27	38.0%
回访受援人	61	85.9%
聘请社会监督员	24	33.8%
其他	1	1.4%

图 3-3-3-3

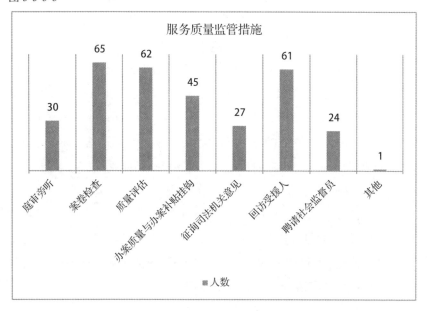

2015 年，中办、国办印发的《关于完善法律援助制度的意见》中提到，要综合运用质量评估、庭审旁听、案卷检查、征询司法机关意见和受援人回访等措施以完善服务质量监管机制。而后全国各地也相继出台有关法律援助质量评估标准、质量考评办法等法律规范。但实践中这几种措施运用情况如何尚不明确。调查结果显示，受访者所在司法局主要采用的服务质量监管措施是案卷检查、质量评估和回访受援人，这也是访谈中工作人员最多提及的监管措施。一方面这些方式较为传统，基层工作人员可能已经形成习惯，另一方面案卷检查、质量评估和回访受援人在现实中也具有较好的操作性，不需要花费太多的资源。特别是案卷检查，可以说是服务质量监督的最主要手段。部分受访者认为，案卷材料虽然是形式审查，但实际上其内容可以反映具体的办案流程，书写的诉讼材料可以看出是好是坏，通过审查就可以大致了解该律师是否尽职尽责。当然，案卷检查的确为司法行政人员评估和监管律师办案提供了便利，免去了全程跟踪的麻烦。但繁重的表格填写却也给律师带来了不便，其需要耗费大量的时间填写表格，且很多内容还是重复的。此外，

对受援人回访的评价毁誉参半。一方面受援人是法律援助的受众，是能够直接反映法律援助案件效果的关键人物，也有权利对自己享受的法律服务予以评价；但另一方面，受援人往往只看重案件结果，而不关注案件过程，即使律师在其中付出很多，可能也无法得到受援人的认可。换句话说，受援人回访是极为主观的，如果将其作为监管服务质量的重要指标，可能会存在不公平的现象。至于庭审旁听、征询司法机关意见、聘请社会监督员等方式，很多地区也会有所运用，不过基于资源有限、部门协调、时间成本等因素的考量，实践中并没有案卷检查，质量评估和回访受援人更为普遍。

总而言之，正如访谈中某工作人员所说，监管非常需要人力资源的支持。目前大部分地区司法行政人员人数有限，而法律援助流程又较多，对案件服务质量的监测有限。动态监控就目前来说还不能完全做到，实践中主要运用的还是静态审查手段。

6. 司法行政人员所认为的受援人满意度

表 3-3-3-8

所认为的受援人满意度	人数	比例
非常满意	14	19.7%
满意	52	73.2%
一般	1	1.4%
不满意	0	0
非常不满意	0	0
缺失	4	5.6%
合计	71	100%

作为享受法律服务的对象，受援人对案件的满意度在一定程度上反映了法律援助实施效果，但也带有主观性较强的特点。向法律援助工作人员询问受援人满意度更不免带有工作人员自身的主观影响，可能与其对法律援助实施效果的信心度有关。从图表上看，有 73.2% 的受访者选择了满意，19.7% 的受访者选择了非常满意，仅有一人认为一般。显而

易见,受访者对自身案件效果很有信心,可能实践中大部分受援人也对案件较为满意。但在访谈中,我们从工作人员的口中听到的更多是受援人满意度的消极一面。受访的工作人员普遍反映受援人的期望值较高,一旦案件没有胜诉或者结果不令其满意,就会直接反馈在当事人的回访中,影响最终的受援人满意度。从访谈内容来看,受援人满意度会受到很多因素的影响,既有客观的,也有受援人自身主观的。在客观方面,比如案件执行不到位。据某市专职律师反映,很多像交通事故或离婚之类的常规性的案件,案件争议并不大,事实也比较清楚,但对方也存在经济困难的情况,这在执行上就表现为执行难,受援人的权益很难实现,进而影响其对法律援助的评价。在主观方面,存在部分受援人自身诉求不合理的情况,如无法实现其目的,受援人可能会作出恶意评价的行为。

(三)司法行政人员对法律援助的认知状况

1.法律援助实施

(1)法律援助制度实施效果的评价

表 3-3-3-9

能否有效保障弱势群体利益	人数	比例
有效保障	56	78.9%
效果一般	15	21.1%
没有效果	0	0
说不清楚	0	0
不知道	0	0
合计	71	100%

《法援条例》在开篇便表明了法律援助的目的在于保障经济困难的公民获得必要的法律服务,弱势群体是法律援助主要针对的人群。调查结果显示,有接近80%的受访者认为法律援助制度能够有效保障弱势群体利益,另有21.1%的受访者认为效果一般。这说明大多数司法行政人员还是对法律援助制度持乐观态度,信心度较高。而这份信心是否受

到司法行政人员自身状况的影响呢？笔者对此进行了双变量分析，结果发现工作年限和办案数量与司法行政人员对法律援助实施效果的评价相关性并不高，年龄与实施效果评价可能存在微弱的负相关，即年龄越大，对实施效果的评价越低，具体情况如下表所示。这可能是因为年轻者比起年长者更多一些理想化，刚接触这个行业的也较多，因此对法律援助制度的信心更充足。

表 3-3-3-10

年龄 / 实施效果评价		有效保障	效果一般	没有效果	说不清楚	不知道	总数
22—30 岁	人数	5	0	0	0	0	5
	比例	100%	0	0	0	0	100%
30—40 岁	人数	11	3	0	0	0	14
	比例	78.6%	21.4%	0	0	0	100%
40—50 岁	人数	23	4	0	0	0	27
	比例	85.2%	14.8%	0	0	0	100%
50 岁以上	人数	17	8	0	0	0	25
	比例	68%	32%	0	0	0	100%
合计	人数	56	15	0	0	0	71
	比例	78.87%	21.13%	0	0	0	100%

此外，也有部分司法行政人员觉得法律援助的效果一般，这可能源于法律援助在现实中面临的一些阻碍。从访谈中，其实也能明显感觉到司法行政人员对法律援助工作"又爱又恨"的情绪。有的工作人员觉得"因为自己做了很长时间的法律援助，指派、审核、办案都做过，发现其实法律援助真的能够解决很大的问题，包括很多矛盾"，但也有另一些人觉得目前的法律援助范围在无序扩大，反而影响了对弱势群体利益的保护。能否有效保障弱势群体利益实际上受到很多因素的制约，比如专职律师的补贴问题，由于付出与收获不成正比，一些专职律师可能会选择"走过场"、"走程序"的形式化，而不去花心思保障当事人权益。但

事实上一个更致命的潜在隐患是，法律援助正在脱离其本质，成为社会问题的宣泄口，在很大程度上承担了很多维稳的工作。这对于有效保障弱势群体利益是极为不利的。从问卷中，我们能够看到司法行政人员对于法律援助实施效果的信心，这是好的，毕竟作为法律援助战线的前哨，基层的信心就是法律援助前进的动力。而访谈中暴露出的很多问题，也在警醒法律援助工作不能失去初心，要真正将弱势群体利益放在第一位。

（2）不同案件类型法律援助申请的态度

表 3-3-3-11

所在司法局对不同案件类型的态度	人数	比例
只要符合援助条件，均予以援助	57	80.3%
具体情况，具体分析	11	15.5%
没有效果	0	0
说不清楚	0	0
缺失	3	4.2%
合计	71	100%

如果仅看法条，似乎各种案件类型都处在同一起跑线上，但实际处理可能有所差异。从问卷数据上来看，一般来说只要符合援助条件的案件类型，法律援助工作人员都会予以援助，这也占了80.3%的高比例。但还有15.5%的人选择了"具体情况，具体分析"，也就是说其所在司法局可能并不都是一视同仁，需要考虑到其他因素。这其实能够与前文提到的案件类型关联起来。比如说某市（州）列入地方法律援助条例的拆迁类案件，虽然说数量可能不多，但是可能会发生群体性事件，时间也会拉得很长，非常麻烦，因此该市（州）就会倾向于不宣传，不希望遇到此类案件。这是案件类型本身的难易程度会影响到司法局如何处理的态度。而对法律援助机构而言，更令人头疼的其实是很多不属于法律援助范围的案件类型也按照法律援助类案件处理。以某市某县为例，部分民众存在原本经济条件很好，但因为投资失败而变成经济困难的情形，

但这类经济纠纷又不属于法律援助的受案范围，领导考虑到群体性事件的社会影响就让法律援助机构按照法律援助来处理。这其实就是具体问题，具体分析。其中掺杂了太多其他因素，人情、维稳等等都是法律援助工作中需要考虑的。还有的可能是符合法律援助条件的，但是诉求很难得到支持，部分工作人员也会劝说当事人不申请法律援助，或者即便受理了，也基本上是走程序，将矛盾转移到法院。

（3）上诉案件法律援助申请的态度

表 3-3-3-12

是否会建议受援人向上一级法援中心申请	人数	比例
会	22	31.0%
一般不会	37	52.1%
不会	10	14.1%
不清楚	0	0
缺失	2	2.8%
合计	71	100%

调查结果显示，即使是上诉的法律援助案件，有 66.2% 的受访者不会或一般不会建议受援人向上一级法援中心申请，只有 31% 的受访者会这样做。可见现实中湖北很多地区并没有严格遵循审级指派，因为按照《湖北省法律援助条例》的规定，公民申请法律援助的事项属于诉讼事项的，应当向审理案件的人民法院所在地的法律援助机构提出，既然已经是上诉案件，那么就应该由上一级法院的同级法律援助中心申请。这可能有以下几类原因：①对于法律援助案件，法律援助机构一般只做形式审查，关注点放在对象和案件类型是否符合援助范围，可能忽略了审级这一问题，而且案件数量的指标压力也促使法律援助机构会更倾向于受理案件，能处理就处理；②虽然知道有审级，但并不觉得是很严重的问题，也不会建议受援人向上一级申请，以减少麻烦；③虽然知道有审级，但是这个案件可能从一审时就已经指派了律师，让更熟悉的同一律师跟随案件，既方便当事人，也无需重新指派。

表 3-3-3-13

专职人员人数 / 案件受理范围扩大态度		十分需要	需要	不太需要	不需要	说不清楚	缺失	总数
1—3 人	人数	2	8	8	5	0	1	24
	比例	8.33%	33.33%	33.33%	20.83%	0	4.17%	100%
3—7 人	人数	4	8	11	7	0	0	30
	比例	13.33%	26.67%	36.67%	23.33%	0	0	100%
7—10 人	人数	0	2	0	2	1	0	5
	比例	0	40%	0	40%	20%	0	100%
10 人以上	人数	4	5	1	1	0	0	11
	比例	36.36%	45.45%	9.09%	9.09%	0	0	100%
缺失	人数	0	0	1	0	0	0	1
	比例	0	0	100%	0	0	0	100%
合计	人数	10	23	21	15	1	1	71
	比例	14.08%	32.39%	29.58%	21.13%	1.41%	1.41%	100%

图 3-3-3-4

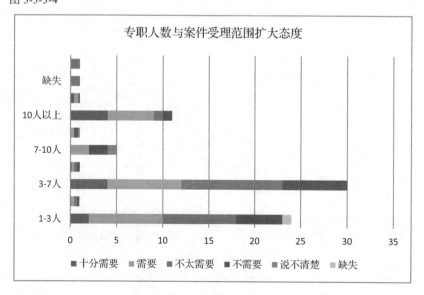

表 3-3-3-14

办理案件数量 / 案件受理范围 扩大态度		十分需要	需要	不太需要	不需要	说不清楚	缺失	总数
10 起以下	人数	4	12	14	9	1	1	41
	比例	9.76%	29.27%	34.15%	21.95%	2.44%	2.44%	100%
10—20 起	人数	1	3	4	2	0	0	10
	比例	10%	30%	40%	20%	0	0	100%
20—40 起	人数	0	0	1	0	0	0	1
	比例	0	0	100%	0	0	0	100%
40 起以上	人数	1	2	1	0	0	0	4
	比例	25%	50%	25%	0	0	0	100%
缺失	人数	4	6	1	4	0	0	15
	比例	26.67%	40%	6.67%	26.67%	0	0	100%
合计	人数	10	23	21	15	1	1	71
	比例	14.08%	32.39%	29.58%	21.13%	1.41%	1.41%	100%

图 3-3-3-5

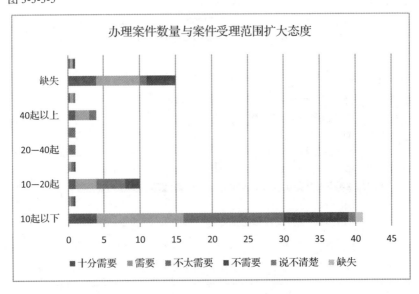

　　数据清楚地显示，1—3 人中有 54.16%、3—7 人中有 60% 选择了"不需要"或"不太需要"扩大受理范围，这都略高于总体认为的 50.7%（不需要和不太需要）。而 7—10 人中"需要"和"不需要"各占一半，10人以上有 81.81% 的人选择了"十分需要"和"需要"，几乎没有人选择"不太需要"和"不需要"。这在一定程度上与我们的理论预设吻合，所在司法局专职人数超过 10 人的受访者要明显更希望扩大受理范围，而人数相对较少地区的受访者则不太愿意案件受理范围进一步扩大。可能是因为缺失数量较多，40 起以上和 20—40 起的人数过少，不希望案件受理范围扩大的人数并没有随着个人办理案件数量的增加而有所增长。但结合我们前面对办理案件数量的分析，其实即便是 10 起以下，对于法律援助办案人员个人而言也是非常多的。我们也可以发现办理案件在10 以下和 10—20 起的受访者分别有 56.1%、60% 认为案件受理范围不宜再扩大。这也明显高于总体的 50.7%。也就是说，办理案件数量较多也会让法律援助工作者不愿意扩大受理范围。综上，司法行政人员的基本情况的确可能对其认知产生影响。

　　如果再结合访谈资料，我们会发现访谈对象基本都一边倒向不扩大案件受理范围。对此，笔者有以下分析：

　　我们应该认识到，案件受理范围扩大是目前政策支持下一个大的趋势，也是基层法律援助工作普遍存在的现象。主要表现为对象、案件类型的扩大，经济标准的降低。对象除了条例中规定的以外，进一步扩大到农村留守儿童、孤寡老人、三农对象、农村妇女等等，案件类型也更加多样化，经济标准则基本按照当地工作标准予以降低。这其实一方面来源于人民日益增长的各项生活需求的增长，原本的条例已经远远不能满足现实需要，另一方面也是由于国家政策的转变，全面扩大法律援助的覆盖面。《关于完善法律援助制度的意见》中就明确提出要进一步放宽经济困难标准，降低法律援助门槛，以惠及更多困难群众。这一举措从表面上来看是非常符合法律援助设立目的的，也能够为国家推进公共服务，建设法治社会提供助力。但是理想与现实往往存在差距，案件受理范围的扩大实际上带来了很多问题，可能这只是改革过程中应当经历的阵痛,但在很多基层人员看来,这是一场十分艰难而苦涩的战斗。这可能也是很多人反对案件受理范围扩大的原因。

首先,法律援助发展至今,本身遗留问题不少,特别是在经济欠发达地区,一开始就先天不足。内部隐患重重,改革"变轨超车"却迫在眉睫。试图跟上国家改革的步伐,只能将压力堆积在广大基层。在访谈到的各地区,没有一个不是业务量年年在增长的,甚至以10%、20%的比例高速增长。案件数量指标一直在上升,但人员、经费两大重要支撑仍然停滞不前。这就给基层法律援助工作人员造成了巨大的压力,每年不仅要完成巨额的工作量,还要解决人员不足、经费不够的问题。以某市为例,近五年法律援助案件从1492件发展到2619件,已经快接近倍数增长。对于人口多、经济发达的地区可能还行,一是案件数目能达标,二是法律资源相对充足,能够支撑如此多的案件。人口少和欠发达地区则叫苦不迭,没有足够的案件上报,也没有充足的资源供法律援助事项。为此,很多地区为了完成指标任务,就采取了不恰当的方式。大部分是将调解案件纳入案件范围,这在理论上至少还可以理解。

其次,法律援助受理范围扩大初衷是正确的,却在推行过程中逐渐变味,无序扩大的恶果反过来拖慢了法律援助事业前进的脚步。由于案件受理范围扩大,案件数量急剧增加,仅靠法律援助中心的专职律师和下面的基层法律服务工作者显然远远不够,更多地需要依靠社会执业律师和其他社会力量。社会律师一旦广泛参与其中,加之法律援助的无偿性影响,势必会对社会律师原本的有偿业务市场产生冲击。从民众的角度来说,受理范围扩大后更多的民众成为法律援助的对象,一旦审查申请时不够严格,就极易造成民众对法律援助的滥用,从而导致法律资源的浪费。而且,由于法律援助受援范围日渐扩大,又缺乏强有力的管控,部分人员开始浑水摸鱼,出现前文中提到的不符合法律援助案件也作为法律援助处理的情形。此外,由于对法律援助理解偏差,部分领导甚至将法律援助工作当作了维稳的工具,只在乎是否解决了社会矛盾,无视法律援助本身的意义。

综上所述,受援范围的无序扩大不仅会加重法律援助先天不足的隐患，而且会带来妨碍社会律师正常业务、法律援助案件质量下降等不利影响。这里我们应该注意到，法律援助的受援范围应该扩大，还有更多的弱势群体需要得到帮助，如新建立的军人军属援助站，这可能也是一半受访者选择扩大受援范围的原因。但法律援助受援范围的扩大应该注意"度"，不能无限制地扩张，既要与地方发展水平相适应，因地制宜，考虑基层的承受力，又要始终保持与法律援助的目的一致性，回归法律援助的本质。

（4）相关单位配合的满意度

表 3-3-3-15

相关单位配合满意度	人数	比例[①]
非常满意	10	14.1%
满意	28	39.4%
一般	27	38.1%
不满意	4	5.6%
非常不满意	0	0
缺失	2	2.8%
合计	71	100%

该题之所以设立，是为了解实践中法律援助相关单位之间的协调状况。调查结果显示，53.5%的受访者对相关单位的配合表示满意，但也有39.4%的受访者觉得一般，有5.6%的受访者表示不满意。这说明在实践中法律援助机构与相关单位的配合度不是很高，还需要进一步加强。访谈中也有不少工作人员提出与相关单位沟通不多，需要加强部门协调。从规范来看，与法律援助相关的单位可能有法院、检察院、公安、财政、民政、人力资源和社会保障、信访等等。其中公检法是与法律援助具体办理案件最为密切的机关单位。实践中最常见的就是在刑事案件中，检察院和法院进行指定辩护，侦查阶段、审查起诉阶段或者审理阶段都有可能。对案件质量进行监管也需要征询其意见。因此，事实

---

① 保留一位小数。

上公检法几乎贯穿了整个法律援助过程，与其进行信息交流就显得格外重要。而在访谈中，有公检法与法律援助机构配合好的，比如有的为了节省费用，搭乘法院的车一起去开庭，还会在法院、检察院放置宣传册。也有不融洽的情况，比如某市工作人员谈到法院和法律援助机构相互转移矛盾的现象。还有的受访者就提出要建立与公检法之间的绿色通道，以方便办案律师调查取证、与检察官、法官进行沟通。此外，除了公检法，也存在与民政部门的对接，进行信息互通，法律援助机构能够快速获得经济困难人员名单，节省时间和精力。当然，访谈中也存在公检法指派了律师，没有告知法律援助机构的情形。总的来说，实践中各地区之间相关单位的配合度是有差异的，整体上有所欠缺。

2. 经费覆盖面

表 3-3-3-16

经费是否可以覆盖所有需要帮助的人群	人数	比例
可以	22	31.0%
有些年份可以，有些年份不可以	11	15.5%
不太可以	36	50.7%
完全不可以	2	2.8%
不清楚	0	0
合计	71	100%

众所周知，经费问题一直都是法律援助理论和实务界关注的焦点。《法援条例》规定，县级以上人民政府应当为法律援助提供财政支持，并且此经费应当专款专用。此外，还鼓励社会对法律援助活动捐助。而为了解决经费问题，从中央到地方也出台了不少关于经费问题的法律规范，包括经费保障、监督管理、补贴标准等等。但现实中，法律援助经费仍然制约着法律援助的发展。主要表现为经费普遍偏少且不再上涨，各地情况参差不齐等情形，最终的结果就是经费覆盖面不足，无法覆盖到所有需要帮助的人群。问卷数据在一定程度上反映了这一点，有50.7%的受访者认为经费不太可以覆盖，还有15.5%的受访者认为有些年份可以，有些年份不可以，认为可以的受访者只占31.0%。这一分布可能受

到了地区差异和年份差异的影响。总体来看，经费覆盖面远不能满足基层需要。这在访谈中得到了进一步的佐证。几乎每个地区的工作人员都在强调"案件数量在涨，经费却一直没涨"的问题，而且说到其他工作开展遇到的困难也总是绕回经费问题。有些地区会通过办公经费来弥补一部分，有的则通过统一会见、统一开庭以及就近指派等方式节省成本。可见，各地都存在经费缺口，经费的增长速度远远低于案件数量增长的速度。此外，地区差异和年份差异也在访谈中有所体现，较发达地区同级财政经费的支持力度明显高于欠发达地区，而本地每年经济状况以及是否有中央转移支付也会造成不同年份的经费覆盖面差异。

（1）社会参与

表 3-3-3-17

政府法律援助与民间法律援助关系	人数	比例①
鉴于法律援助工作的特殊性，法律援助工作应当只由政府展开	8	11.3%
应当以政府法律援助为主，民间法律援助为辅，两者通力合作	45	63.4%
民间法律援助有存在的必要，可以分担部分政府法律援助	9	12.7%
政府法援已经可以覆盖需要帮助的人群，不需要民间法律援助力量的参与	0	0
民间法律援助不规范，力量薄弱，发展前景小，没有存在的必要	0	0
缺失	9	12.6%
合计	71	100%

表 3-3-3-18

是否欢迎其他组织（尤其是高校）加入法律援助工作	人数	比例
十分欢迎	46	64.8%
欢迎	25	35.2%
一般	0	0
不欢迎	0	0
合计	71	100%

———————

① 保留一位小数。

由于本身资源有限,国家一直非常鼓励和支持社会团体、事业单位等社会组织加入法律援助工作,具体的有工会、共青团、妇联、残联等社会团体,高等院校、企业事业单位等其他社会组织,以扩大法律援助的机构队伍,满足广大民众需求。而司法行政人员作为法律援助工作的重要主体,又怎样看待社会力量的参与呢? 表格中的数据显示,76.1%的受访者认可民间法律援助,可以作为政府法律援助的补充,分担一部分压力。另有100%的受访者对其他组织加入法律援助工作持欢迎态度。综合来看,实践中司法行政人员普遍乐于接受社会力量的参与。只有极少一部分认为法律援助工作必须由政府开展。司法行政人员如此欢迎民间力量,很大程度上是由于其压力过大。法律援助本来就是一项民生工程,中国人口基数又这么大,困难群体数量庞大。更何况现在受援范围还在不断扩大,更多的民众被纳入到法律援助对象中来,仅依靠国家自身力量显然不能做到,势必要向社会转移部分压力。目前,大部分地区社会执业律师已经成为主力,也不断有优秀的法律援助志愿者加入其中,比如高校法律援助中心。当然,司法行政人员对民间力量欢迎的前提是保证政府的主导地位,这既是政府责任的应有之义,也是个人立场的体现。此外,访谈中也有工作人员不看好民间法律援助力量,认为部分管理不到位的组织反而对法援工作开展不利,政府援助已绰绰有余。这可能是有11.3%的受访者选择"法律援助工作只应当由政府展开"的原因之一。

(2)制约因素

表 3-3-3-19

制约法律援助开展的主要原因	人数	比例
政府投入不够	56	78.9%
宣传与告知力度不够	30	42.3%
门槛过高,申请条件苛刻,受理范围较窄	5	7.0%
受指派律师积极性不高	34	47.9%
受援人对法律援助工作的不信任	22	31%

续表

其他行政司法机关的协同性不足	28	39.4%
分阶段指派律师不合理，法律援助的不连续性	8	11.3%
法律援助中心专职律师过少，工作人员法律素养较差	15	21.1%
其他	2	2.8%

图 3-3-3-20

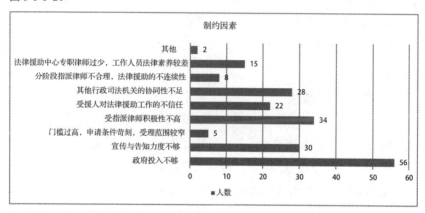

数据显示，司法行政人员所认为的制约因素有政府投入不足、受指派律师积极性不高、宣传与告知力度不够、其他行政司法机关的协同性不足等，其中政府投入不足是最为主要的原因，受指派律师积极性不高次之。另外，还有两位受访者提出了机构设置问题、体制不畅导致积极性不高的问题。事实上，我们发现大部分问题都在前文中有所反映，这似乎有些"兜底"性质。首先，政府投入不够，可以分为人员、机构、经费三部分，这里笔者认为可能主要反映的是经费不足的问题。无论是问卷调查情况，还是访谈中，最为突出的制约因素就是资金的问题。因为资金就足以影响人员、机构等其他配套事项。不仅司法行政人员普遍年龄老化、专职人数少受到经费的制约，社会执业律师参与法律援助的积极性也与办案补贴息息相关。可以说，后面几项原因或多或少都与政府投入有关。也不难理解其会排在受访者选择的第一位。其次，宣传与告知力度的选项如此之多倒是有些出乎意料，毕竟在前面的统计中，受访

者所在司法局开展的宣传活动是比较多的，可能宣传内容和对象单一、宣传不到位更能够成为法律援助工作的制约因素。除了之前提到过的部门协调和专职人数问题之外，受援人对法律援助工作的不信任也在访谈中提到过。受援人往往因为法律援助是无偿的而对律师产生怀疑，如果结果不好可能就认为律师不认真办案，从而影响到了法律援助的实施效果。此外，访谈中某市工作人员也说到过"分阶段指派律师不合理"的情况，主要就是侦查阶段、审查起诉阶段、审判阶段各自分开，每阶段一个律师，给当事人利益造成了损害。也就是说，缺乏一个良好的衔接机制，这与部门协调也有重要的联系。

四 行政卷调查结论

通过对以上调查结果的分析，可得出以下综合性结论：

（一）趋势：受援范围扩大，专职人员转向行政职能，公共法律服务购买进一步增多，国家逐渐将压力向社会转移

如果从一个更宏观的角度去看法律援助，我们会发现法律援助实践中已产生了很多趋势。第一，受援范围呈现扩大化。随着社会发展，民众逐渐有了更高的生活需求和法律意识，受援范围扩大是为了更大程度地覆盖低收入群体，让更多人享受到社会福利，在某种程度上也可以助推"法治强国"。但从上到下层层深入后，受援范围逐渐偏离原有轨迹，出现了一些不良倾向。无论是受援对象，还是案件类型，都在不断地扩充，逐渐让受援范围变得边界模糊，而法律援助的形式审查以及宣传内容的偏差也加剧了受援范围的无序扩张。这一方面造成了案件数量的急剧增加，给基层带来沉重压力，也威胁到了案件质量的有效保障；另一方面挤压了法律有偿业务市场的生存空间，给社会律师，特别是中小所的律师带来了不良影响，在让其承担社会责任的同时又压缩其业务范围，实际上严重打击了律师参与法律援助工作的积极性。第二，专职人员逐渐转向行政职能。由于专职人数有限且素质一般不如社会律师，还要负担繁重的行政业务，基层编制也迟迟得不到解决，国家政策已有意让专职人员朝着行政人员转变，法律援助机构也逐渐转向管理机构，专职人员没有补贴也是一大表现。第三，购买的公共法律服务会继续增多。国家已经意识到引入市场机制对于法律援助工作的良性作用，如果能够通过公平竞争，将更优质的社会资源运用于法律援助，既可以减轻政府负担，节约政府资源，又可以达到更好的实施效果。这与专职人员的转变实际上是同一目标下的两个侧面，彼此关联。第四，国家逐渐将压力向社会转移。这可以说是前两点的总括。对国家来说，因为法律援助是政府责任，现实中往往都是以政府为主导，而引入市场机制、让更多社会力量参与后，国家似乎逐渐在"释放双手"，让法律援助自发形成有序市场，以使国家能够将更多资源投入到其他重要事项中。但就目前来看，政府对法律援助的管控程度仍然很高，不管今后是否会放权，政府主导将是今后很长时间的主旋律。在这种情况下，社会力量的介入反而更像是政府责任的具体承担者，帮助政府分担社会矛盾产生的压力。当然，这也只是笔者的一点猜测，至少目前国家是有意让社会力量成为法律援助的主力的，购买公共法律服务就是表现。

（二）矛盾：法律资源的有限性和民众需求日益增长的矛盾

在前文的分析中，我们可以看到很多对矛盾，受援范围扩大与律师正常业务的冲突，人员、经费不足与案件增加的矛盾，法院等相关部门与法律援助机构之间的矛盾等等。但如果要找其中的共性，我们会发现其实最主要的矛盾是法律资源的有限性和民众需求日益增长之间的矛盾。法律援助的初衷就是为了满足民众在法律方面的需求，保证弱势群体不因为其他因素而丧失满足自己需求的机会，实现社会公平正义。为了达到这个目的，国家花费大量的人力、物力、财力等法律资源，但资源是有限的，民众的需求是无穷的。一旦资源跟不上民众需求增长的速度，就会产生各种问题。例如，身份制约对法律援助工作的影响。国家公务员编制是有限的，这也是一种资源，法律援助编制的不足导致部分法律援助工作者无法享受公务员待遇，加之无法获得办案补贴，积极性就会下降，下降就会影响办案质量。而这又会影响新人加入法律援助队伍，让法律援助缺乏充足的人手。最终就可能影响到部分民众的需求实现。因此，前文中提到的政府投入不足、受指派律师积极性不高、宣传与告知力度不够、其他行政司法机关的协同性不足等制约因素，其实都可以归结为法律资源的有限性。政府购买公共法律服务实际上也是在积极寻求新的法律资源。

第四章 完善我国法律援助制度的 对策与建议

第一节 完善"国家责任",实现法律援助的法治化

近年来,随着法治理念的不断深入,我国法律援助制度取得了长足的发展,其责任归属问题成为决定着这一制度建立和实施的根本性、全局性问题。研究法律援助制度的责任问题,首先要解决我国法律援助制度的责任归属问题。现代法治国家均承认法律援助制度是国家的一项责任,我国的法律援助制度同样以国家责任为基础。作为一项免费的法律服务可以说没有国家责任的强有力的保障,就没有法律援助制度迅猛发展的今天。本章将从国家责任视角入手,对法律援助制度现状进行分析研究,以期对我国法律援助制度的进一步发展完善有所裨益。

一 法律援助制度国家责任的理论依据

(一)社会契约下的国家责任

"怎样找到某种形式的结合,使这种结合能够动用全部成员的集体力量来保护其结合者的人身和利益;而且在这种结合下,每个人在和别人结合的时候并不是使自己服从于其他人,而是仅仅服从于他自己,并且仍然像从前一样自由。"这便是卢梭认为社会契约所要解决的根本问题。①其旨在阐释:当每个人都将把自己全部奉献给他人的时候,他实

---

① 〔法〕卢梭:《社会契约论》,徐强译,九州出版社 2007 年版,第 37 页。

际上是没有奉献给任何人,相反,在每一个结合者身上,他都同样获得了自己曾让与他人的权利,在一定程度上这种所得与所失是对等的,甚至其所得超出当初所让与的。

我们不难总结出,国家权力的源泉是公民权利的让渡,公民为了在社会活动中获得法律上的权利保障,让渡了自己的一部分权利,国家权力的实现是每个公民让渡的权利汇集成一种公共资源,国家即是每个人让与原本属于自己权利的集合体。国家自出现以来,就承担着保护其居民(臣民或公民)的生命、人身和财产安全的职责。按照霍布斯、洛克、卢梭等自然法学派的理论,社会生产技术的发展导致了私有制和不平等的出现,人类脱离了自然状态而展开竞争与倾轧。人们为了维护各自的利益,就缔结契约,制订法律,把自己的一切交给集体,换取对个人权利的保障。这样就产生了国家,即国家源于契约。人们与国家之间的关系便是契约的关系,以契约建立的国家,任务是遵守自然法,保护公民的生命、安全、财产、自由、平等和追求自由的权利。这里阐述的国家责任主要是国内法上的责任,一方面是指国家维护社会的秩序及其国民的安全责任;另一方面是指如果当人们的权利受到了侵害,说明国家没有能够信守诺言,履行好自己的职责,国家就有责任进行救济。

人类社会的存在就必定产生冲突。冲突有轻微的,也有严重的,轻微表现在侵权等,严重就可能构成了犯罪,救济是解决冲突的一种方式。为了维护社会的稳定和秩序,就需要有解决冲突和弥补受损利益的机制。因此,救济既是一种权利,又是为权利提供一种恢复和补偿的机制。个人权利是一种自然权利,具有一种初始正义和基础正义的品质,让渡国家之后,国家便负有保障权利的义务,这种义务就是以充分及时地保障人们的权利。当人们权利受到侵害,国家负有责任追究或惩罚犯罪,通过赔偿、惩罚尽量使人们的权利恢复到被犯罪侵害前的状态[1]。国家既然确立以司法的方式恢复和补偿受侵害人的权利,国家就有责任保障他们获得此救济,即实现他们的诉权,不能让他们因为各种原因比如贫困

---

① 程滔:《刑事被害人的权利及其救济》,中国法制出版社 2011 年版,第 45—47 页。

被挡在"法律大门"之外。

（二）人权视野下的国家责任

人权，它是人的价值在社会上的承认，是人自出生就具有的权利，是人基于生存和发展所必备的权利，作为一种普遍的人类权利，每个人理应受到人权的保障。法律援助制度以保障人权为最终使命，是人类政治文明和法律文明不断完善与发展的必然结果，它为公民提供平等地保护自己合法权益的制度条件，使法律面前人人平等的理念得以在现实中实现。人权是所有人与生俱来的，其内容和目标是人的生存和发展，不论国籍、住所、性别、民族、肤色、宗教、语言或其他身份，作为一个抽象的概念，其无法实现在现实中。人权只是写在纸上的应有权利，它只是为每位公民平等地享受这种权利提供了可能性，它的真正价值是在如何使这种应然的权利变为实然的权利，即实现人权的保障。

人权是人的自然权利，是指"人因其为人而应享有的权利"，它是社会与历史的产物。马克思认为人权是市民社会成员的权利，即脱离了人的本质和共同体的利己主义的人的权利。为了更好的保障公民的合法权利，2004年十届全国人大二次会议通过的宪法修正案第一次将"国家尊重和保障人权"正式写入宪法，使"尊重和保障人权"由党和政府的一贯方针上升为人民和国家的意志，并确定为宪法的一项基本原则。以根本大法的方式郑重宣告"尊重和保障人权"在政治与法律上的重要地位，使得"尊重和保障人权"成为国家追求的价值理念与政治目标。"在宪法中，人权表现为个人自由和个人权利以及国家对这种自由和权利的保障"。"人权入宪"是中国社会主义人权事业发展的标志性事件，以宪法的形式确立"以人为本"思想的重要地位，并将其制度化，使"国家尊重与保障人权"成为今后指导政府正确处理与公民关系的最高原则之一。

"依法治国"的理念要求我们按照法律治理国家，以人民意志与社会发展规律为依据。换言之，社会主义法治就是人民意志的体现，其最终的使命是保障人权，作为全体公民的权利，其与每一个人都息息相关。作为人类所享有的普遍的权利，每个人都应该受到合乎人权的对待。人权作为抽象的概念只有通过人人平等地享有生存的权利和良好的物质与生活的权利才能起到应有的作用，这是人作为人所应当享有的尊严。

人权的核心内容在于使每个人都能得到平等对待，从而实现对权利的平等保障。权利作为一个抽象的概念，只有当其真正成为一种现实的保障，才会具有其真正的意义，才会实现其应有的价值。法作为社会产物，是人赖以生存的客观基础，一些公民由于经济状况、文化层次、生存环境的参差不齐，不能完全依靠自己的能力拿起法律武器来保护自己的合法利益，使得"法律面前人人平等"无法实现，人的权利无法稳定流畅的行使。[1] 法作为一种国家意志，当国家通过宪法赋予每个公民同等享有法律保护的权利，就应该有义务去维护每个公民的权利得以实现。因此，国家通过法律援助的方式去帮助那些在法律上的弱势群体，通过法律手段去维护自己权益，使其合法权益不受侵害，实现法律所规定的各项权利。国家作为各种权利和义务的主体，它不但享有管理社会事务的权利，也有保障每一个公民合法权益实现的义务，保护公民的个人权利有利于国家更好地实现其管理社会的权力，更有利于国家实现统一的法律体系和强大的国家凝聚力。

另一方面，作为一项开放的事业，中国的人权事业发展离不开国际人权事业的帮助，为了实现自由、正义及和平，为了人身固有的尊严，为了人人都可享有公民的基本权利，按照世界人权宣言，联合国大会于 1966 年 3 月 23 日决议通过《公民权利和政治权利国际公约》，条约第 14 条第 3 款对保障人权有明确规定，[2] 并开放给各国签字、批准和加入。顺应时代的发展，1998 年我国承诺加入该条约。一切社会活动都要遵循一定的法律规范，法律援助制度是该《公约》的一项具体规定，我国作为该《公约》缔约国理应承担履行其国际社会缔约的义务。国家有义务、

---

① 彭正波：《权利让渡的政治学分析》，《山西师大学报》（社会科学版）2013 年第 4 期，第 28 页。

② 《公民权利和政治权利国际公约》第 14 条第 3 款：被告知和获得法律援助的权利是任何受到刑事指控的人所应完全平等地有权获得的一项最低限度的人权保障措施，所有被告人均有权"出席受审并亲自替自己辩护或者经由他自己选择的法律援助进行辩护；如果他没有法律援助，要通知他享有这种权利；在司法利益有需要的案件中，为他指定法律援助，而在他没有足够的偿付能力的法律援助案件中，不要他自己付费"。

有责任赋予需要帮助的公民以法律上的帮助, 使公民能够依法行使申诉权, 以确保他们合法权利的实现。面对人类的社会行为, 法虽不能满足人类的任何需求, 但是人的需求与法律却存在着深层次的联系, 对人民的行为方式给予严格的规范, 保障人的需求的充分实现。当公民因为经济或其他原因无法直接获得法律帮助时, 国家作为法律援助制度的义务主体应当为寻求帮助的群体提供法律帮助。

二　当下法律援助制度政府责任的弊端

由于我国《法律援助条例》是国务院颁布, 因此法律援助中政府的责任就理所当然地被理解为行政机关尤指司法行政机关的责任。国家责任比政府责任宽泛, 法律援助限定为政府责任, 责任主体则被极大限缩。国家责任是由一个完整的国家系统所承担的责任, 其责任主体是国家内设所有机构, 包括权力机构、执行机构、司法机构等在内的集合体。英国思想家洛克认为:"当每个人和其他人同意建立一个由一个政府统辖的国家的时候, 他使自己对这个社会的每一成员负有服从大多数的决定和取决于大多数的义务。"① 而政府仅仅是整个国家体系中的一个部分, 是国家权力的执行机关, 承担着国家公共权力的执行和社会治理的任务。与此相应的是, 相对于国家责任而言, 政府责任实质上只是一种执行责任, 在考察如何运用国家权力承担法律援助的责任时, 政府仅能承担其中的部分重要责任而不是全部责任。

(一)政府责任不利于充分调动各方积极性

与国家相比, 政府作为法律援助的责任主体具有很大的局限性。这种局限性首先体现在, 法律援助由政府作为责任主体无法完全体现其制度的设立目的, 也不能有效地实施法律援助服务。从国家立法机关看, 对法律援助相关制度进行立法是法律援助健康长远发展的必由之路, 如英国《接近正义法》, 美国《公共辩护人法》、《法律服务公司法》等。我

---

① 洛克:《政府论》(下篇), 叶启芳、瞿菊农译, 商务印书馆 1964 年版, 第 60 页。

国至今未有一部"法律援助法"出台，二是阻碍法律援助机构间协调、法律援助制度继续向前发展的重要因素。从国家司法机关来看，保障公民在诉讼过程尤其是刑事诉讼中获得辩护权利，保证两造平等对抗是司法机关的责任。

法律援助与司法机关的审判和监督行为密不可分，使法律援助制度与司法诉讼制度良好配合是司法机关的不可推卸责任；从国家行政机关来看，设置体系完整的法律援助机构，保障法律援助的资金来源，监督法律援助日常工作的开展等是政府在法律援助中应尽的义务；从公安机关来看，2012年修改的《刑事诉讼法》将法律援助的阶段扩大到侦查阶段，特别是刑事辩护全覆盖后，公安机关义务更重。此外，从各类社会组织看，法律援助起源于律师和社会组织的慈善行为，律师和各类法援组织至今仍是法律援助的实施主体，政府责任限制了社会力量在法律援助中发挥力量的范围。① 由此可见，法律援助的责任主体明显不应局限在政府一方。

（二）政府责任不利于法律援助中各机关之间协调配合

法律援助事业不单单关系到政府设立的法律援助机构，而是一项需要协调各方的系统工程，单单依靠行政力量是无法独立完成的，立法机关、司法机关等其他国家机关和社会组织必须参与其中、协调配合。除司法行政机关外，司法机关与立法机关同样承担着对应的法律援助职责，其中，司法机关责任在提高法律援助工作实施运行方面具有不容忽视的重要作用。由于目前《法律援助条例》主要是对司法行政部门在实施相应的法律援助工作过程中的一些行为进行规范，但是并未对诉讼的三大主体，即法院、检察院、公安等部门的行为和权利、义务作出明确规定，就造成法律援助工作实践中滋生衔接不当、协调配合失调的问题。

在法律援助工作中，司法机关的积极配合是顺利开展法律援助工作的关键，这一点在刑事案件中显得尤为突出，如司法机关在办理案件中，

---

① 孙文恺、李卫东：《对中国法律援助制度之"政府责任"的反思》，《学习与探索》2009年第4期。

对于符合法律援助标准的对象，公安机关、人民检察院、人民法院积极履行告知义务，如果他们不予告知，当事人不会知道自己享有法律援助的权利，当然不会提出申请；如果当事人提出申请而相关方怠于转达给司法行政部门，也会造成法律援助实施的障碍。

再有，人民法院内部也有法律援助性质的司法救济机制，但是由于和司法行政机关的法律援助没有统一起来，特别是对受援人经济困难规定的标准和相关申请程序的不一致，致使受援人得不到援助，司法行政机关的人员也很无奈。因此缺乏国家责任的宏观意识是我国法律援助制度运作程序不统一、不完整的重要原因。

（三）政府责任造成法律援助机构性质不一、职能混乱

在政府主导的法律援助运作体制下，我国法律援助组织机构的运行效率直接影响法律援助服务的供给效率和供给能力。我国目前法律援助机构的职能具有双重性，既包括管理，也包括提供服务，该双重性导致法律援助机构的机构性质及职责定性都模糊不清，突出表现在两个方面：一是我国法律援助机构的性质不统一，存在行政性质法律援助机构、参照公务员管理法律援助机构和全额拨款事业单位三类，这种局面不仅在全国范围内广泛存在，甚至某些设区的市内部所属各区县法律援助机构的性质也不尽相同，而不同的机构性质导致人员的入口、管理、待遇等方面也不同，影响法律援助机构的正常运转和工作人员的工作积极性，进而影响法律援助服务的供给能力；二是我国法律援助机构的职能不统一，一些市级法律援助机构既是管理机构又是实施机构，职责混杂、政出多门，不仅影响了机构设置的科学性与高效性，而且影响法律援助经费的管理使用。[①]因此宜将法律援助定位为国家责任，以统筹全局，协调各方。

除此之外，政府责任下的法律援助制度还存在经费保障不足，法律援助质量不高，法律援助监管模式缺乏，律师义务过重等问题，而法律

---

① 参见朱昆、郭婕：《我国法律援助机构设置中存在的主要问题及对策建议》，《政府与法治》2013 年第 5 期。

援助国家责任的明确可以使上述问题迎刃而解。

三　从政府责任向国家责任的发展转向

（一）法治化发展

从各国法律援助制度的效力层级来看，对其进行专门立法是法律援助制度的合理发展路径，类似立法如英国的《接近正义法》、美国的《公设辩护人法》、《法律服务公司法》等。目前，我国对于法律援助制度规定的最高效力为政府规章，即国务院制定的《法律援助条例》，在此之下还存在各类"通知"与"办法"，总体来说立法层级还偏低，全部在政府主导下开展，与国外已进行专项立法国家大力支持的情况相形见绌。

法律援助层级效力较低在实践中出现了上位法与下位法不统一、各地援助规定差异较大等问题。《法律援助条例》的实施在我国已十余年，虽取得了不俗的成就，但问题依然存在。2012年新修订的《刑事诉讼法》中法律援助的范围开始进一步扩张，但在《法律援助条例》中的援助范围并没有相应的改动，由此造成了下位法与上位法规定不统一的现象。[①]此外，我国的《老年人权益保障法》中对老年人获得法律援助的条件规定为老年人提起诉讼缴纳诉讼费确有困难，但在《法律援助条例》中却对老年人获得法律援助的案件范围与经济条件作出了规定，限缩了《老年人权益保障法》中的受援范围。法律体系中这些问题必须在更高层级的立法层级中予以解决，实现法律援助事业的法治化发展。国家法律援助责任主体定位的变化带来的是法律援助事业规范体系和制度体系的整体法治化，立法机关承担起法律援助的立法责任，制定全国上下统一贯彻施行的《法律援助法》，标准化法律援助的机构设置人员配备、提供强

---

①　参见顾永忠、陈效：《中国刑事法律援助制度发展研究报告（下）》，《中国司法》2013年第2期，第40页。《刑事诉讼法》第35条对我国法律援助制度的改革突出表现为法律援助范围的扩大。其一，从援助对象方面扩大了法定法律援助的范围，即在原来"未成年人""盲、聋、哑人"以及"可能判处死刑的人"的基础上增加了"尚未完全丧失辨认或者控制自己行为能力的精神病人"和"可能被判处无期徒刑的人"。

有力的法援资金支持，逐步扩大法律援助范围，解决上位法下位法之间法律不协调不统一的矛盾，全面提升我国法律援助事业的整体水平。

（二）独立化发展

目前，在我国，各地组织形式不同，法律援助机构的设置与运行也存在着性质不一、模式迥异、法律援助机构不独立的问题，导致法援工作开展的良好与否多取决于行政部门的重视程度，缺乏自身独立性。一定程度上来说，因为法律援助只是条例层面的规定，缺乏独立的专门化立法，在机构设置上并不具有强烈的独立性。专项立法意味着专门机关，机构与立法是相互配套相互平衡的关系，"只有通过单列法律援助中心才能彻底解决法律援助人员、经费问题，做到专款专用，专人专业。"① 机构的独立性才能得以彰显。

在法律援助责任明确界定为国家责任后，依照独立的国家责任形式设置独立的法律援助机构来统一管理国家或各地区的法律援助事业也是应有之义。独立的法援机构有利于保证法援管理和服务的优质高效，解决了如今政府既管理又服务的双重角色困境，能够通过一种全新、高效、独立的法律援助工作模式优化原先政府责任下依赖性较高、独立度不强、积极性较差的问题。

（三）协调化发展

法律援助作为国家责任而非单一的政府责任，责任主体定位的变化带来的是责任主体外延的扩大化发展，进而将引入更为全面多元的制度发展空间。在单一的政府责任背景下，法律援助的主要实践人是执业律师，因此多被人诟病，存在通过行政管理强制转嫁责任的嫌疑。除此以外，面对强制施加的义务，律师积极性不高，导致法律援助案件质量参差不齐，甚至存在消极辩护的情形，法律援助的制度实效大打折扣。在政府责任主导的理念下，主导者政府与实践者律师之间存在矛盾的张力关系，我国《律师法》中专门规定律师事务所应当按照国家规定履行法

---

① 石贤平：《当期我国法律援助功能性障碍与政府部门缺位的调查与思考》，《法学杂志》2010 年第 1 期，第 55—60 页。

律援助义务,律师如果不履行相应义务就应承担相应责任。① 这在实践中引起了实务界的诸多不满,并造成了法律援助服务质量不高的问题。如何解决法律援助责任的双重主体问题,是重新赋予法律援助制度发展生机与活力的关键。

与政府责任不同的是,国家责任的本质是统筹国家整体力量来保障公民平等地享有权利,由国家来承担法律援助的组织责任、立法责任、经济责任,作为国家重要组成部分的立法机关、执法机关、司法机关均可以多方联动参与到援助过程之中,在法律援助责任承担上不是失衡的政府责任而是根据不同的职能性质来均衡分配责任与义务,共同为保障公民权利来更好地履行职责。同时,把法律援助责任定位为国家责任,则明确了法律援助制度的主要力量在于国家,国家有义务为社会弱者提供优质高效的法律服务,花费资金为公民购买法律服务是国家的职责所在,主要形式即表现为专门为公民购买社会律师的法律服务。而在政府责任之下,强制律师履行法律援助义务所夹杂的行政法印记无法解决法律援助责任定位的问题,反而引发了各种法律关系的冲突。法律援助责任主体定位是涉及法律援助制度发展的根本问题,单纯地将法律援助责任作为政府责任的形式来管理,具有无法调和政府与律师二元法律援助责任主体的问题,将责任形式全面界定为国家责任后,明确了国家是承担法律援助责任的单一主体,更有利于法律援助内部责任关系协调发展。

我国自 20 世纪 90 年代建立法律援助制度以来,长久地氤氲于政府责任的主体定位之下,随之而来的是法律援助事业发展的行政化色彩浓重,国家色彩缺失。单纯地将法律援助这一涉及国家人权司法保障的重要制度作为政府责任来实践运用,既违背了在人权保障理论下法律援助权利作为发展权与福利权所要求的国家保障义务,也与现实世界国际通行的法律援助国家责任的潮流相违背。实现法律援助责任主体从政府向国家的过渡,将从根本上协调目前政府与律师二元责任主体的矛盾,化

---

① 参见《律师法》第 42 条、第 45 条。

解上位法与下位法之间的立法冲突，增加法律援助工作本身的独立性，充分提升法律援助制度建设的国家意义，达到依法施援，依法受援的法治化发展高度。

第二节　动员社会力量，扩大法律援助知晓率和参与度

习近平总书记指出，"要坚持司法为民，改进司法工作作风，通过热情服务，切实解决好老百姓打官司难问题，特别是要加大对困难群众维护合法权益的法律援助。"[1] 为此，不仅司法机关要加大力度做好法律援助工作，"要努力让人民群众在每一个司法案件中都感受到公平正义"。当前，虽然政府设立的法律援助机构层级丰富，数量剧增，但仍然不能解决广大人民群众对法律援助的需求，况且，因为法律援助审批条件的限制，很多急需法律帮扶的人被拒于法律援助的大门之外。社会事务需要社会人士来参与解决，社会力量参与解决法律援助问题已成为时代的需求。

一　社会力量参与法律援助的价值追求

社会力量参与法律援助，一是因为政府法律援助的有限性，社会上的绝对困难群体政府尚服务不过来，社会上的相对贫困、相对困难者有寻求社会力量给予法律援助的强烈要求，二是社会力量参与法律援助有法律支持。社会力量参与法律援助还有另外一个原因，就是他们对自身行为的价值期许。

第一，社会力量参与法律援助是对公平正义的追求。法律援助活动通过法律援助工作者的努力，力求为当事人谋得正当合法的权益，坚守

---

[1]　周济生：《略论做好法律援助工作"最后一公里"》，《中国司法》2016年第2期，第44页。

了人们对公平、正义的追求。第二，社会力量参与法律援助是对法治精神的弘扬。社会力量参与法律援助的过程促进了法治的社会化进程。它普及了法律知识，培养了社会民众的法律意识，一事当先，不是用武力快意恩仇，而是拿起法律的武器来捍卫自己的合法权益，用法律来保护自己，打击敌人。第三，社会力量参与法律援助意在促进和谐社会建设。一个社会的和谐与否，一方面是看社会各方面，各阶层之间的包容程度。一个社会，各社会阶层不能相互包容，不能容忍对方的存在，必将走上不可调和的矛盾冲突。社会走向动荡，最后，谁也没有幸福可言。而一个社会的各阶层之间寻求妥协的方法就是大家共同遵守的法律，这样，法律就有了联系双方的功效，可是双方对法律的理解、认识和运用能力并不一致，必须对弱势一方给与帮扶，这样法律才能成为社会各方共同的信仰，因为"法律必须被信仰，否则它形同虚设。"

社会力量参与法律援助保护弱者，意味着保护弱者就是保护自己，一个社会的公平、正义程度要看最弱势者的幸福程度。弱者受到保护，当每一个个体成为弱者时，他就会体会到当初他站在强者一边去保护弱者的必要了。正是因为社会参与力量有自己的价值追求，所以他们才会在无利可图的法律援助上参与行动，也正是因为他们信仰的力量，捍卫法律尊严，让法律在每一个角落都发出正义的光芒，让这个世界上每一个微弱的声音因之变得坚强，让正义伸张，让社会和谐。

二　扩大法律援助知晓率与参与度的路径选择

作为一项重要的民生工程，要想让法律援助充分发挥社会安全阀作用，不仅需要"国家队"的努力，还需要"社会队"乃至"个人队"的奉献。为此，《法律援助条例》规定："国家支持和鼓励社会团体、事业单位等社会组织利用自身资源为经济困难公民提供法律援助。"《关于完善法律援助制度的意见》进一步将提供法律援助的主体拓宽，"鼓励和支持人民团体、社会组织开展法律援助工作"，并强调要"加大政府购买法律援助服务的力度"。

（一）鼓励和支持人民团体、社会组织开展法律援助工作

在我国法律援助制度初创之际，公益性社会团体（如不少高等院校附属的法律援助中心）就发挥着重要作用。当《法律援助条例》明确规定法律援助是政府职责后，民间社会组织首先恪守自己的"权力"边界，将自身法律援助工作范围从政府法定的援助义务中退出来，进而将工作重点放在对政府法律援助没有顾及或不可能顾及的事项提供法律援助、敦促政府积极履行法律援助义务、根据自身特长提供特色法律援助等方面①，从而实现政府主导与社会参与的相得益彰。

第一，目标明确的服务对象。社会力量组建的法律援助中心，它的服务对象主要是相对贫困、相对困难群体（相对于政府规定的贫困与困难状况来说的，政府法律援助对受援对象的经济状况有严格的要求），这个群体经济上比低保户好一点，仅仅是好一点而已，如果没有法律援助，他们可能在昂贵的诉讼费用面前选择放弃使用法律手段来解决问题。服务对象也包括少部分符合政府法律援助标准而没有能在政府法律援助中心获得援助的群体。因为政府的法律援助有明确的援助界限，比如说月收入 500 元以下的符合条件，那么，一个收入 501 元的人可能就不符合，社会力量组建的法律援助中心就可以解决这些在界限之外的实际上也有困难的人群。

服务对象的另一个选择就是社会影响面大的法律事件的群体，社会性法律事件的受害群体。比如，妇女儿童权益问题、农民工讨债问题、家庭暴力问题、女童问题等。民间法律援助中心有比较机动的工作方针，可以组织相关专家对特定问题做深入研究，有助于对此类问题的批量解决，也有利于对一定社会问题从根本上进行研究，有解决社会问题的宏大追求。

第二，丰富全面的服务内容。民间法律援助的服务内容可以比较丰富，既有一般法律援助服务的内容，又有超过政府一般法律援助服务的内容。具体地说，法律援助有：咨询业务、诉讼代理业务、非诉讼代理

---

① 参见林莉红、黄启辉：《民间法律援助与政府法律援助之关系研究》，《环球法律评论》2005 年第 6 期。

业务、公证证明、纠纷调解、法律宣传等。民间法律援助的服务内容可以延伸到法律事件的前置状态，即当一件事还没有产生纠纷时，如何合理地解决问题，以避免问题的恶化，把问题化解在需要动用法律工具之前，这是社会力量的法律援助机构有能力和也有资源去做的事。

第三，简化的审批手续。民间法律援助中心具有民间姿态，它平易近人，对审批法律援助的案件或事件要求比较宽松。简化的审批程序，宽松的审批条件，都大大提高了民间法律援助接受案件或事件的效率，大大提升了民间法律援助机构的人气，极大增强了民间法律援助机构的社会影响力。民间法律援助机构是社会力量参与法律援助的平台，是社会力量参与法律援助的自组织机构。在充分发挥社会力量办好法律援助中起到了重要作用。

（二）优化政府责任与律师义务的关系

优化法律援助实施中的国家供给和社会供给，还需处理好政府责任和律师义务的关系。在我国法律援助工作的具体实施中，各级政府以提供财政支持、设立法律援助机构、支持或鼓励民间社会组织提供法律援助、奖惩法律援助工作中的"好坏"现象为履行职责的主要形式，但具体承担法律援助工作的义务，则因"指派或安排关系"而落在了律师身上，这种现象被称为"政府请客，律师买单"。在人民群众特别是困难群众法律服务需求持续高涨的形势下，完全由国家供给来满足这种需求显然不太现实，律师也应当承担法律援助的义务，它根源于律师的职业伦理要求和社会责任。律师职业的社会属性、职业特性和维护正义使命决定了律师应承担法律援助的义务。但广大律师承担法律援助义务，在法治建设深入发展的今天，不应被硬性作为一种"行政摊派"。毕竟，"经济上和社会上的贫困不能单纯地依靠法律改革来完成，更不能依靠律师提供无偿法律援助来完成"[1]。基于特定形势而形成的"政府责任——律师义务"的法律援助话语和运行机制并非长久之计。

实际上，在我国部分经济发达地区，这种情况正在发生某些积极的

---

[1] 贺海仁：《法律援助：政府责任与律师义务》，《环球法律评论》2005 年第 6 期。

变化。例如,上海试行的律师向法律援助中心捐赠资金代替直接承办法律援助案件的做法(这有点类似"法律捐助税")。但考虑到日益增长的法律援助需求,"法律捐助税"的做法显然有些消极。为此,上海市通过提高办案补贴、组建骨干律师队伍、聘请知名律师、表彰会等形式形成了政府与律师的良好合作关系①,双方互相助力,有力地促进了社会公正。在新形势下,《关于完善法律援助制度的意见》虽然仍强调"律师每年应承办一定数量的法律援助案件",这表明国家在律师法律援助义务方面的基本立场没有变;但就法律援助机构和律师之间关系而言,已经从具有浓厚"行政摊派"色彩的"指派或安排"转向了"组织引导"。

　　因此,我们可以预见,正在发生的深化改革将把我国的法律援助制度引向如下方向:在法律援助实施体制上,党政机构以宏观规划统筹全局,政府司法行政部门履行监管职责,法律援助机构负责组织实施,律师及基层法律工作者具体承办;在法律援助队伍上,以专职律师办理法律援助案件为主,以私人律师、大学生志愿者办理法律援助案件为辅;在法律援助具体实施中,以国家供给为主,以向社会购买法律援助服务为辅。此外,法律援助制度还将于社会组织管理体制改革(其目标是"将国家的归国家,将社会的归社会")、司法体制改革结合起来(其目标是建设公正、权威、高效的司法体制),形成制度合力。

第三节　加大财政支持力度,提高法律援助办案质量

　　法律援助工作在当前中国被视为一项重要的民生工程,随着改革的深化推进,这项民生工程也引起了中央的高度重视,2015年便形成了《关于完善法律援助制度的意见》,这标志着我国的法律援助从"部管工程"上升为"国家工程"。在前述《意见》中,未来若干年我国法律援助的工作重点有了顶层设计。纵览该《意见》,我国法律援助工作将在以下层

---

　　① 参见李俊:《国家与律师:从零和博弈到协同发展——以法律援助的博弈均衡为视角》,《政治与法律》2008 年第 6 期。

面展开。

一　加强领导与监管，配齐配强法律援助人员

　　公正不能仅存在于纸面上，更重要的是获得社会实现。由于我国现存制度资源是党纪国法并行，地方各级党政机关的重视与否，对法律援助工作的成效有重要影响，甚至说是决定性的。为此，在加强当前法律援助工作"人"的方面，《意见》首先强调党委要把法律援助工作纳入党的群众工作范围，政府要把法律援助工作纳入地方经济社会发展总体规划，并统筹法律援助工作中的各项具体问题，如法律援助补充事项范围、经济困难标准动态调整机制、法律援助责任履行考评机制等。进而要求监管部门、法律援助机构和具体施援人员（主要是律师和基层法律服务工作者）各司其职而又密切协作，并以部门协调作为重要补充。在保持当前律师主要承担法律援助义务的格局下，《意见》强调要建设法律援助人才库，并培养一批擅长办理法律援助案件的专业人员。这就意味着，我国法律援助的责任主体首先应实现从政府向国家的转变，进而应优化法律援助的管理体制和服务提供方式。在管理体制上，可在保持管理和服务双重职能定位的基础上，区分专门办理案件的服务人员与负责行政事务的管理人员，服务人员专注于办理案件，不参与管理工作；此外，既然法律援助机构履行行政职能，可考虑将它们逐步转化为行政机构；为了厘清权责，可考虑取消法律援助管理机构，按照政策规划和具体实施相分离的要求合理划分司法行政机关与法律援助机构的管理职能①。在法律援助服务提供方式上，应坚持市场化探索（即政府向社会购买法律援助服务）、行政化保障（法律援助机构直接提供法律援助服务）为主、以社会化补充为辅的多元协同治理模式。更为重要的是，《意见》要求各级各类主体依法开展法律援助工作，真正做实政府职责，让社会弱者享受发展成果。

---

　　①　参见吴宏耀、赵常成：《法律援助的管理体制》，《国家检察官学院学报》2018 年第4 期。

二　完善经费保障体制及配套建设

我国的法律援助经费来源主要是政府财政拨款。一直以来，法律援助经费总额不断增加，但这种绝对量的增加并没有改变法律援助经费短缺的现状。与我国财力大幅增强的客观形势相比，法律援助经费的增长仍是缓慢的、法律援助经费占财政收入的比例及案均法律援助经费仍然极低。正所谓"巧妇难为无米之炊"，欠缺足够的经费支持，所有旨在扩大法律援助范围、提高援助质量的举措便成了"无源之水"、"无根之木"。为此，《意见》确定了"明确责任、分类负担、收支脱钩、全额保障"的经费保障原则，要求中央财政加强对中西部地区法律援助经费投入力度、省级财政加强对不发达地区的转移支付力度、市县两级财政将法律援助经费全部纳入同级财政预算，并动态调整法律援助案件的补贴标准、加强基础设施建设来办好这项民生工程。关键的问题是，在制度允许的空间内，能否像先前获得较大成功的教育投入一样，逐年增加法律援助经费投入，并形成"许增不许减"的惯例，最终使法律援助经费投入占财政支出的比例达到世界上法治发达国家或地区 0.1%—1% 的一般水准。

除了积极争取政府财政拨款外，可考虑广泛募集社会资金支持、补充法律援助资金，具体办法可以是社会捐助，如法律服务组织行业风险资金、法律援助专项基金，也考虑试行并逐步推广受援人费用分担制度、诉讼保险制度、公益性的营销活动、法律援助义务代偿金制度等[1]，多方面开源。只有这样，我国法律援助经费长期短缺的局面才将会根本改观，提高法律援助案件质量的目标也将可期。

三　合理分配法律援助资源

当前我国法律援助资源(人员和经费)存在着办案经费远低于管理

---

[1]　参见樊崇义：《我国法律援助立法重点和难点问题研究》，《中国法律评论》2019 年第 3 期。

费用、刑事法律援助资源远低于民事法律援助资源等现象。固然"良好管理是良好行政的基础"、"民生问题无小事",但降低管理成本、将更多资源投放到办案方面,同时将办案资源向刑事法律援助倾斜,是法治发达国家和地区的基本经验。《意见》提出扩大民事行政法律援助的覆盖面,加强刑事法律援助工作,实现法律援助咨询服务全覆盖,既体现出未来我国法律援助工作中心向案件办理倾斜资源的构想,又体现出突出刑事法律援助的思路。不过,在逐步拓展民事行政法律援助领域、服务重点群体的基础上,逐年加大刑事法律援助的资源倾斜力度并形成定制,是充分保障弱势公民合法权益、充分发挥法律援助的社会安全阀功能的关键一招。2017 年 10 月,最高人民法院和司法部联合印发了《关于开展刑事案件律师辩护全覆盖试点工作的办法》,旨在推进为更多的犯罪嫌疑人、被告人提供辩护,对加强我国的人权司法保障具有重要意义。但面临刑事辩护法律援助仍然没有达到应有的广度和深度、仍然与保证司法公正和满足人民需求还有相当大距离,我国仍需要在加快推进刑事辩护法律援助的全覆盖、资金保障、多元化服务提供模式、质量监督等方面进一步完善[①]。与此同时,可通过强化各级政法机关的重视度、组织对刑事法律援助实施情况的执法检查等配套举措,来营造法律援助的"国家工程"形象。

第四节　完善信用体系和罚则,追究滥用法律援助当事人的法律责任

在我国法律援助工作实施过程中,也逐渐暴露了其制度本身存在的一些问题。除了前述的责任定位偏差、社会力量参与度低和财政支持力度不够外,近年来,当事人滥用法律援助时有发生,主要表现为以隐瞒、

---

① 参见陈光中、张益南:《推进刑事辩护法律援助全覆盖问题之探讨》,《法学杂志》2018 年第 3 期。

欺骗或者其他不正当手段获得法律援助,借助法律援助方式随意起诉、缠诉,以及无限扩大诉讼请求标的,这样既损害了法律的严肃性,打消了法律援助律师的积极性,也造成了司法资源的严重浪费,甚至最终危害司法公正。①2020 年 5 月 28 日通过的《中华人民共和国民法典》第一百三十二条更是规定"民事主体不得滥用民事权利损害国家利益,社会公共利益或者他人的合法利益",可见,"禁止权利滥用原则"将被视为我国民法中的一项基本原则,②故此,完善、加强对于法律援助当事人的规范,即法律援助当事人在受援助过程中应承担的义务,同样也是亟待解决的问题之一。

一　立法明确法律援助当事人的权利与义务,禁止滥用法律援助

回顾我国有关法律援助的立法,可以发现,2003 年出台的《法律援助条例》中的"法律责任"(第五章)部分,仅仅规制了法律援助机构及其工作人员(第二十六条)、律师事务所(第二十七条)、律师(第二十八、二十九条)、司法行政部门工作人员(第三十条)的法律责任,对于法律援助当事人的相关义务却未予以规范。我国各个地区的政府通常是参照此条例来进行本地区相关立法,所以大多数有关法律援助的地方立法也未对其进行规范。虽然有的省份对其有相关规定,如《湖北省法律援助条例》第三十九条第 2 款规定:"公民以隐瞒、欺骗或者其他不正当手段获得法律援助的,法律援助机构在终止法律援助后,应当向当事人追收相关法律援助费用",但整体而言,我国目前对法律援助当事人滥用法律援助的法律责任仍未予以明确立法。

有学者认为,诉讼中存在三种变量:资源、程序和正义的产生,③在

---

① 胡昌明:《司法资源是如何被滥用的——以民事审判中被滥用的四项诉讼权利为例》,载最高人民法院主编《全国法院第十九届学术讨论会论文集》,第 48 页。

② 《宪法》第 51 条亦规定:"中华人民共和国公民在行使自由和权利的时候,不得损害国家的、社会的、集体的利益和其他公民的合法的自由和权利。"

③ 〔日〕棚濑孝雄:《纠纷的解决与审判制度》,王亚新译,中国政法大学出版社 2004 年版,第 268 页。

司法资源相对稳定的前提下，要产出更多的正义，只能通过变革既有的程序，使其变得更为合理，从而避免司法资源被过度浪费，一般而言，对诉权滥用的禁止无外乎从三方面入手，即诉前阻却、诉中修补及诉后处罚。有关当事人的滥用法律援助的"诉前阻却"与"诉中修补"可以经由法律援助的审查程序（参见本书第二编第三章第二节）和法律援助的实施程序（本书第二编第三章第三节）予以调整，而对"诉后处罚"，应在未来我国法律援助立法中，着重于明确法律援助当事人的权利与义务，通过对诉后处罚进行立法修补，来遏制滥用法律援助的行为。传统的禁止滥用诉权的应对方式有三种：一是在民事诉讼法中确定诉讼诚信原则，经由法院直接判决；[①] 二是创立针对滥用诉权的损害赔偿责任制度；[②] 三是上述两者的结合。[③]

就法律援助领域而言，笔者更倾向于第一种方式，提供法律援助的主体是政府，接受法律援助的主体是公民，在主体资格上两者是有差异的，司法行政机关对滥用法律援助的当事人，不宜适用损害赔偿责任制度进行索赔。但可以通过立法确定，如当事人以隐瞒、欺骗或者其他不正当手段获得法律援助的，借助法律援助方式随意起诉、缠诉等方式违反了诚实信用原则和禁止权利滥用援助的，法院在驳回当事人诉讼请求时，可以对其恶意行为进行罚款处罚。

二　依托社会信用体系建设工程，杜绝司法资源浪费

2013 年党的十八届三中全会提出："全面深化改革的总目标是完善和发展中国特色社会主义制度，推进国家治理体系和治理能力现代化。"2014 年国务院发布了《社会信用体系建设规划纲要（2014—2020 年）》（以下简称《规划纲要》），标志着社会信用体系建设被正式定位为全面

---

① 参见胡昌明：《司法资源是如何被滥用的——以民事审判中被滥用的四项诉讼权利为例》，载最高人民法院主编《全国法院第十九届学术讨论会论文集》，第 49 页。

② 贺光辉：《遏制恶意诉讼：不应忽视精神创伤——关于恶意诉讼侵权之精神损害赔偿探讨》，《中国律师》2006 年第 12 期。

③ 参见张悄：《论我国民事诉讼立案制度的完善》，2011 年安徽大学硕士学位论文。

提升治理能力的系统工程，[①]2016 年国务院下发《关于加快推进失信被执行人信用监督、警示和惩戒机制建设的意见》（以下简称《意见》）的规范性文件，将失信主体信息监管纳入法治化轨道。从《规划纲要》等文件内容来看，国家希望社会信用体系在社会治理各方面均发挥积极作用。

在实行市场经济的当今社会，各种矛盾解决机制的设计无不打上经济利益的烙印，往往都附有一定的成本。作为社会公正底线的司法机制也不例外，主要表现为法院诉讼费和律师服务费及鉴定费用的收取等。无疑，对于大部分弱势群体而言，附带有各种经济成本的司法机制遥不可及，法律赋予他们的各种权利犹如空中楼阁，在受到侵害时除了逆来顺受，只能在状告无门时采取法外手段私力解决。这类矛盾引发的各种冲突，必将严重地危害社会治安，成为许多犯罪现象滋生的根源。

因此，只要司法制度被预设成本，只要有社会弱势群体的存在，从维护社会稳定的角度出发，就必须实行法律援助。法律援助，作为维护社会弱势群体合法利益，防范和化解社会矛盾的重要社会治理手段，更应当依托现有的社会信用体系建设工程，将滥用法律援助当事人信息纳入社会信用体系，通过配套立法，对于多次滥用法律援助的，司法行政管理部门应当建立黑名单，将其排除在法律援助受援范围之外。综上，保护法律援助当事人合法行使权利无可厚非，但也应考虑到权利本身所具有的扩张性，在保护当事人权利与合理利用本就不丰富的司法资源之间谋求平衡。

---

① 戴昕：《理解社会信用体系建设的整体视角——法治分散、德治集中与规制强化》，《中外法学》2019 年第 6 期。

附录一:《法律援助法》立法建议稿 ①

要　目

第一章　总则

第一条　为保障经济困难或者其他原因的公民获得必要的法律援助,依据宪法,制定本法。

第二条　本法所称的法律援助,公民依据法律、法规的规定获得的法律服务,包括下列事项:

(一)诉讼、非讼、仲裁以及其他案件的代理、辩护;

(二)调解、和解的代理

(三)法律文书的撰写

(四)法律咨询

(五)公证

(六)其他法律服务。

第三条　法律援助是政府义务,县级以上人民政府应积极采取措施推动法律援助工作。

---

① 起草人:"人权视野下的法律援助研究"项目组,主要成员包括项焱、黄启辉、周永全。

政府应保障法律援助经费，法律援助经费应当专款专用，接受财政、审计部门的监督。

第四条　国务院司法行政部门监督管理全国的法律援助工作。县级以上地方各级人民政府司法行政部门监督管理本行政区域的法律援助工作。

第五条　直辖市、设区的市或者县级人民政府司法行政部门根据需要确定和设立本行政区域的法律援助机构。法律援助机构负责法律援助工作的实施、开展和监督。

第六条　中华全国律师协会和地方律师协会应当按照律师法和律师协会章程对依据本法实施法律援助工作予以协助。

律师事务所、律师应当依照律师法和本法的规定，履行法律援助义务，提供法律服务，接受律师协会和法律援助管理部门的监督。

第七条　国家鼓励社会对法律援助活动提供捐助。

第八条　国家支持和鼓励社会团体、企业等社会组织利用自身资源为社会提供免费的法律服务。

国家应该支持和鼓励律师事务所、律师在法定法律援助之外为社会提供免费的法律服务。

国家应该支持和鼓励高等院校法律院系利用教师、学生资源为社会提供免费的法律服务。

第二章　法律援助范围

第九条　下列事项，经济困难的公民可以向法律援助机构申请代理援助：

（一）依法请求国家赔偿的；

（二）请求给予社会保险待遇或者最低生活保障待遇的；

（三）请求发给抚恤金、救济金的；

（四）请求给付赡养费、抚养费、扶养费的；

（五）请求支付劳动报酬的；

（六）主张因见义勇为行为产生的民事权益的；

（七）其他法律、法规规定的。

省、自治区、直辖市人民政府可以对前款规定以外的法律援助事项作出补充规定。

第十条　刑事诉讼中辩护人的法律援助，依据刑事诉讼法第35条和第36条规定申请和办理。

公诉案件中的被害人及其法定代理人或者近亲属，自案件移送审查起诉之日起，因经济困难没有委托诉讼代理人的，可以申请法律援助。

自诉案件的自诉人及其法定代理人，自案件被人民法院受理之日起，因经济困难没有委托诉讼代理人的，可以申请法律援助。

第十一条　经济困难的公民可以申请法律咨询和法律文书的撰写等法律援助服务。

第三章　法律援助的申请和审查

第十二条　本法中公民经济困难的标准，由省、自治区、直辖市人民政府根据本行政区域经济发展状况和法律援助事业的需要规定。

申请人住所地的经济困难标准与受理申请的法律援助机构所在地的经济困难标准不一致的，按照受理申请的法律援助机构所在地的经济困难标准执行。

第十三条　依本法第九条申请法律援助的，应当按照下列规定提出：

（一）请求国家赔偿的，向赔偿义务机关所在地的法律援助机构提出申请；

（二）请求给予社会保险待遇、最低生活保障待遇或者请求发给抚恤金、救济金的，向提供社会保险待遇、最低生活保障待遇或者发给抚恤金、救济金的义务机关所在地的法律援助机构提出申请；

（三）请求给付赡养费、抚养费、扶养费的，向给付赡养费、抚养费、扶养费的义务人住所地的法律援助机构提出申请；

（四）请求支付劳动报酬的，向支付劳动报酬的义务人住所地的法律援助机构提出申请；

（五）主张因见义勇为行为产生的民事权益的，向被请求人住所地的法律援助机构提出申请；

（六）其他法律、法规和规章有规定的，以其规定提出申请。

第十四条　申请法律咨询和法律文书撰写等法律援助的，申请人可以就近向法律援助机构提出申请。

第十五条　申请人为无民事行为能力人或者限制民事行为能力人的，由其法定代理人代为提出申请。无民事行为能力人或者限制民事行为能力人与其法定代理人之间发生诉讼或者因其他利益纠纷需要法律援助的，由与该争议事项无利害关系的其他法定代理人代为提出申请。

第十六条　公民申请代理法律援助应当提交下列证明材料：

（一）身份证或者其他有效的身份证明，代理申请人还应当提交有代理权的证明；

（二）经济困难的证明；

（三）与所申请法律援助事项有关的案件材料。

（四）其他法律、法规规定提交的材料。

申请应当采用书面形式，填写申请表；以书面形式提出申请确有困难的，可以口头申请，由法律援助机构工作人员或者代为转交申请的有关机构工作人员作书面记录。

第十七条　公民申请刑事辩护的法律援助应当提交下列证明材料：

（一）身份证或者其他有效的身份证明，代理申请人还应当提交有代理权的证明；

（二）申请案件进入刑事诉讼程序的证明材料；

（三）与所申请法律援助事项有关的案件材料；

（四）其他法律、法规规定提交的材料。

申请应当采用书面形式，填写申请表；以书面形式提出申请确有困难的，可以口头申请，由法律援助机构工作人员或者代为转交申请的有关机构工作人员作书面记录。

第十八条　公民申请法律咨询和法律文书撰写等法律援助的，可以口头申请。接受申请后，法律援助机构工作人员应该当场做出是否援助的决定。

第十九条　法律援助机构收到本法第十七条、第十八条的法律援助之日起7个工作日内进行审查，并作出是否给予法律援助的决定。

法律援助机构经审查认为申请人提交的申请材料不齐全或者内容不清楚的，应当一次性发出补充材料通知或者要求申请人作出说明。申请人补充材料、作出说明所需的时间不计入审查期限。申请人未按要求补充材料或者作出说明的，视为撤销申请。

法律援助机构认为申请人提交的申请材料需要查证的，应当向有关机关、单位调查核实。查证核实期间不计算在决定期间内。

第二十条　法律援助机构经审查，对于有下列情形之一的，应当认定申请人经济困难：

（一）城市居民最低生活保障证或者农村居民最低生活保障证；

（二）农村特困户救助证；

（三）农村"五保"供养证；

（四）人民法院给予申请人司法救助的决定；

（五）在社会福利机构中由政府出资供养或者由慈善机构出资供养的证明材料；

（六）残疾证及申请人住所地或者经常居住地的村民委员会、居民委员会出具的无固定生活来源的证明材料；

（七）依靠政府或者单位给付抚恤金生活的证明材料；

（八）因自然灾害等原因导致生活出现暂时困难，正在接受政府临时救济的证明材料；

（九）申请人及与其共同生活的家庭成员的人均收入符合法律援助地方性法规或者省、自治区、直辖市人民政府规定的经济困难标准的。

第二十一条　法律援助机构经审查，对符合法律援助条件的，应当决定给予法律援助，并制作给予法律援助决定书；对不符合法律援助条件的，应当决定不予法律援助，并制作不予法律援助决定书。

不予法律援助决定书应当载明不予法律援助的理由及申请人提出异议的权利。

第二十二条　给予法律援助决定书和不予法律援助决定书应当送达申请人；属于本法第十七条规定情形的，法律援助机构还应当同时函告有关人民法院、人民检察院、公安机关及监狱、看守所、劳动教养管理所、强制隔离戒毒所。

第二十三条　申请符合《法律援助条例》第九条、第十条规定，且具有下列情形之一的，法律援助机构可以决定先行提供法律援助：

（一）距法定时效届满不足 7 日，需要及时提起诉讼或者申请仲裁、行政复议的；

（二）需要立即申请财产保全、证据保全或者先予执行的；

（三）其他紧急或者特殊情况。

先行提供法律援助的，受援人应当在法律援助机构确定的期限内补交规定的申请材料。法律援助机构经审查认为受援人不符合经济困难标准的，应当终止法律援助。

第二十四条　申请人对法律援助机构不予法律援助的决定有异议的，可以向主管该法律援助机构的司法行政机关提出。

司法行政机关经审查认为申请人符合法律援助条件的，应当以书面形式责令法律援助机构及时对该申请人提供法律援助，同时书面告知申请人；认为申请人不符合法律援助条件的，应当维持法律援助机构不予法律援助的决定，书面告知申请人并说明理由。

申请人不服司法行政机关决定，可以依法提起行政复议或者行政诉讼。

第四章　法律援助的实施

第二十五条　民事、刑事、行政代理援助案件中，法律援助机构应当自作出给予法律援助决定之日起 7 个工作日内指派律师事务所、基层法律服务所、其他社会组织安排其所属人员代理，或者安排本机构的工作人员代理。

刑事辩护法律援助案件中，法律援助机构应当自作出给予法律援助决定或者收到指定辩护通知书之日起 3 个工作日内指派律师事务所安排律师辩护，或者安排本机构的法律援助律师辩护。

第二十六条　法律援助机构应当根据本机构、律师事务所、基层法律服务所、其他社会组织的人员数量、资质、专业特长、承办法律援助案件的情况、申请人意愿等因素合理指派或者安排代理机构、人员。

法律援助机构、律师事务所应当指派或者安排具有一定年限刑事辩护执业经历的律师担任死刑案件的辩护人。

第二十七条　法律援助机构、律师事务所、基层法律服务所或者其他社会组织应当自指派或者安排法律援助人员之日起 5 个工作日内将法律援助人员姓名和联系方式告知申请人，并与申请人或者其法定代理人、近亲属签订委托代理协议，但因申请人的原因无法按时签订的除外。

第二十八条　法律援助人员应当在受委托的权限内，通过和解、调解、申请仲裁和提起诉讼等方式依法最大限度维护申请人合法权益。

法律援助人员代理申请人以和解或者调解方式解决纠纷的，应当征得申请人同意。

第二十九条　法律援助机构对公民申请的法律咨询服务，应当即时解答；复杂疑难的，可以与申请人预约择时办理。在解答法律咨询过程中，认为申请人可能符合代理或者刑事辩护法律援助条件的，应当告知其可以依法提出申请。

第三十条　法律援助人员应当尽量会见申请人。会见时，应当制作会见笔录。会见笔录应当经申请人确认无误后签名或者按指印；申请人无阅读能力的，法律援助人员应当向申请人宣读笔录，并在笔录上载明。

指定辩护的案件中，法律援助人员应当在首次会见犯罪嫌疑人、被告人时，询问是否同意为其辩护，并记录在案。犯罪嫌疑人、被告人不同意的，应当书面告知人民法院、人民检察院、公安机关和法律援助机构。

第三十一条　法律援助人员承办案件，应当根据需要依法进行调查取证，并可以根据需要请求法律援助机构出具必要的证明文件或者与有关机关、单位进行协调。

法律援助人员认为需要异地调查取证的，可以向作出指派或者安排的法律援助机构报告。作出指派或者安排的法律援助机构可以请求调查取证事项所在地的法律援助机构协作。

法律援助机构请求协作的，应当向被请求的法律援助机构发出协作函件，说明案件基本情况、需要调查取证的事项、办理时限等。被请求的法律援助机构应当予以协作。因客观原因无法协作的，应当向请求协作的法律援助机构书面说明理由。

第三十二条　人民法院开庭审理的刑事案件中，法律援助人员应当做好开庭前准备；庭审中充分陈述、质证；庭审结束后，法律援助人员应当向人民法院提交刑事辩护或者代理书面意见。对于人民法院决定不开庭审理的指定辩护案件，法律援助人员应当自收到法律援助机构指派函之日起 10 日内向人民法院提交刑事辩护书面意见。对于其他不开庭审理的刑事案件，法律援助人员应当按照人民法院规定的期限提交刑事辩护或者代理书面意见。

第三十三条　代理民事和行政案件的法律援助人员应当做好开庭前准备；庭审中充分陈述、质证；庭审结束后，法律援助人员应当向人民法院提交书面代理意见。

第三十四条　法律援助人员应当向代理人通报案件办理情况，答复代理人询问，并制作通报情况记录。

第三十五条　法律援助人员应当按照法律援助机构要求报告案件承办情况。

法律援助案件有下列情形之一的，法律援助人员应当向法律援助机构报告：

（一）主要证据认定、适用法律等方面有重大疑义的；

（二）涉及群体性事件的；

（三）有重大社会影响的；

（四）其他复杂、疑难情形。

第三十六条　申请人有证据证明法律援助人员不依法履行义务的，可以请求法律援助机构更换法律援助人员。

法律援助机构应当自受援人申请更换之日起 5 个工作日内决定是否更换。决定更换的，应当另行指派或者安排人员承办。对犯罪嫌疑人、被告人具有应当指定辩护的情形，人民法院、人民检察院、公安机关决定为其另行指定辩护人的，法律援助机构应当另行指派或者安排人员承办。

更换法律援助人员的，原法律援助人员所属单位应当与申请人解除或者变更委托代理协议，原法律援助人员应当与更换后的法律援助人员办理案件材料移交手续。

第三十七条　有下列情形之一的，应当终止法律援助：

（一）申请人不再符合法律援助经济困难标准的；

（二）案件依法终止审理或者被撤销的；

（三）申请人自行委托其他代理人或者辩护人的；

（四）申请人要求终止法律援助的；

（五）申请人利用法律援助从事违法活动的；

（六）申请人故意隐瞒与案件有关的重要事实或者提供虚假证据的；

（七）法律、法规规定应当终止的其他情形。

有上述情形的，法律援助人员应当向法律援助机构报告。法律援助机构经审查核实，决定终止法律援助的，应当制作终止法律援助决定书，并发送申请人，同时函告法律援助人员所属单位和有关机关、单位。法律援助人员所属单位应当与申请人解除委托代理协议。

申请人对法律援助机构终止法律援助的决定有异议的，按照本规定第二十四条的规定办理。

第三十八条　法律援助人员应当自法律援助案件结案之日起 30 日内向法律援助机构提交立卷材料。

诉讼案件以法律援助人员收到判决书、裁定书、调解书之日为结案日。仲裁案件或者行政复议案件以法律援助人员收到仲裁裁决书、行政复议决定书原件或者复印件之日为结案日；其他非诉讼法律事务以受援人与对方当事人达成和解、调解协议之日为结案日；无相关文书的，以义务人开始履行义务之日为结案日。法律援助机构终止法律援助的，以法律援助人员所属单位收到终止法律援助决定函之日为结案日。

第五章　法律责任

第三十九条　法律援助申请人利用法律援助从事违法活动或故意隐瞒与案件有关的重要事实或者提供虚假证据获得法律援助的，由司法行政机关处 1000 元以下罚款；构成犯罪的，依法追究刑事责任。

第四十条　法律援助机构及其工作人员有下列情形之一的，对直接负责的主管人员以及其他直接责任人员依法给予纪律处分：

（一）为不符合法律援助条件的人员提供法律援助，或者拒绝为符合法律援助条件的人员提供法律援助的；

（二）办理法律援助案件收取财物的；

（三）从事有偿法律服务的；

（四）侵占、私分、挪用法律援助经费的。

办理法律援助案件收取的财物，由司法行政部门责令退还；从事有偿法律服务的违法所得，由司法行政部门予以没收；侵占、私分、挪用法律援助经费的，由司法行政部门责令追回，情节严重，构成犯罪的，依法追究刑事责任。

第四十一条　律师事务所拒绝法律援助机构的指派，不安排本所律师办理法律援助案件的，由司法行政部门给予警告、责令改正；情节严重或拒不改正的，给予 1 个月以上 3 个月以下停业整顿的处罚。

第四十二条　法律援助律师有下列情形之一的，由司法行政部门给予警告、责令改正；情节严重或拒不改正的，给予 1 个月以上 3 个月以下停止执业的处罚：

（一）无正当理由拒绝接受、擅自终止法律援助案件的；

（二）办理法律援助案件收取财物的；

（三）虚构法律援助案件的；

（四）违反委托协议内容的。

有前款第（二）、（三）项违法行为的，由司法行政部门责令退还违法所得的财物，可以并处所收财物价值 1 倍以上 3 倍以下的罚款。

第四十三条　律师办理法律援助案件违反职业道德和执业纪律的，按照律师法的规定予以处罚。

第四十四条　司法行政部门工作人员在法律援助的监督管理工作中，有滥用职权、玩忽职守行为的，依法给予行政处分；情节严重，构成犯罪的，依法追究刑事责任。

第六章　附则

第四十五条　本法自年月日起施行。

附录二:《湖北省法律援助案件质量标准》①

《一般性规定》

1. 目的与作用

1.1 标准的目的:保障经济困难或特定案件的公民获得必要的法律服务,指引法律援助机构、法律援助人员从事法律援助活动,提升法律援助质量。

制定说明:《法律援助条例》规定援助对象为经济困难的公民,《刑事诉讼法》规定特定案件类型的案件可以获得法律援助,各地方性法规或者规范性文件,也把一些特殊类型的案件纳入法律援助范围,所以本标准中将法律援助的对象定为经济困难和特定案件。

标准设定主要在通过设定法律援助活动的标准,来规范法律援助机构和法律援助人员的法律援助行为,进而提升法律援助服务的质量。

1.2 标准的作用:为法律援助机构、律师事务所、律师、其他法律援助人员从事法律援助相关活动和公民提供行为准则,规范法律援助案件质量评估,提高法律援助的可操作性和实效性。

---

① 湖北省法学会 2017 年一般项目"湖北省法律援助案件质量标准研究"(HBFXH17-309)的部分成果。课题成员有王执、史森林、潘泓、陈继来、项焱、黄启辉、周永全、陈曦。本标准旨在厘清法律援助机构、法律援助律所、法律援助律师和受援人彼此之间法律关系的前提下,结合法律服务的特点,公正、专业和合理地评价法律援助案件质量。

2.　制定依据

本标准主要依据下列法律、法规、规章以及规范性文件制定。

《刑事诉讼法》

《民事诉讼法》

《行政诉讼法》

《劳动争议调解仲裁法》

《人民调解法》

《律师法》

《法律援助条例》

《关于完善法律援助制度的意见》

《湖北省法律援助条例》

《办理法律援助案件程序规定》

《法律援助文书格式》

3.　术语与定义

本标准中的术语和定义源自上述制定依据以及其他相关法律法规的规定，与法律法规规定一致。如不一致，以法律法规规定为准。

3.1　法律援助指按法律、法规、规章以及其他规范性文件的规定为经济困难或特殊案件的公民提供无偿法律服务的活动。

3.2　法律援助机构指负责指导、协调、管理和组织实施本行政区域内法律援助工作的机构。

3.3　受援人指经法律援助机构审查批准，获得法律援助资格的公民。

3.4　值班律师指经法律援助机构委派，以固定或者轮流方式提供法律咨询，撰写法律文书等免费法律活动的律师。

3.5　法律援助律师指经法律援助机构委派，提供诉讼或者非诉讼案件代理或者刑事辩护等免费法律帮助的律师。

3.6 法律援助人员指经法律援助机构委派，承担办理法律援助案件的律师、公证员、司法鉴定人员、基层法律服务工作者等。

4. 适用范围

本标准适用于湖北省司法行政部门指导、管理和评估法律援助工作，法律援助机构组织实施和管理法律援助工作，律师事务所、基层法律服务所、其他社会组织和法律援助人员提供法律援助服务。

5. 咨询

5.1 法律援助机构可以委派值班律师于指定地点提供法律咨询。

制定说明：在实践中，各地方法律援助机构根据自身的特点和社会需要，在不同的场所设置了提供法律咨询服务的站点，本条规定即对此实践的回应和规范。

委派，包括委托和指派。《湖北省法律援助条例》和《办理法律援助案件程序规定》中法律援助机构选任或者指定法律援助人员时，都使用"指派"一词。指派一词，有命令的意思，而法律援助结构与法律援助人员之间有可能是委托关系，也有可能是命令关系，故本标准中使用"委派"，含委托和指派两个含义。

5.2 值班律师应依事实、法律和职业伦理为咨询者提供法律解答，不得无故拒绝提供法律咨询。

制定说明：值班律师接受法律援助机构的委派，以自己的法律专长，提供法律咨询服务，提供法律咨询服务时，应该依据事实、法律和职业伦理进行，不得无故拒绝。

5.3 当场难以及时解答的咨询事项，提供咨询服务的法律援助人员应该承诺在5个工作日之内，通过合适的方式予以回复。

制定说明：本条参考《浙江省法律援助服务规范》第6.2.4规定，要求提供咨询服务的法律援助人员应该在 5 个工作日之内回复当场难以答复的咨询。

5.4　初步符合法律援助案件申请条件的,值班律师应告知其申请流程及需要准备的材料,引导至受理处所办理。

制定说明:提供法律咨询的法律援助人员有义务指引或者协助符合法律援助条件的公民办理法律援助申请。

5.5　值班律师对于非法律咨询、法律援助事项,应引导咨询者向其他渠道求助。

制定说明:当咨询人所咨询内容不属于法律问题或者法律援助事项的,法律援助人员应该引导其通过其他正确的渠道解决。

5.6　值班律师应如实记录咨询者基本信息以及相关咨询内容。

制定说明:为了加强法律咨询服务的管理,也为了避免之后起争议,参考此规定,本条设置了咨询记录的要求。

6.　申请、受理、审查和委派

6.1　符合法律援助案件受理条件的公民可以根据相关规定在法律援助机构以及法律援助机构设定的有关办公处所(以下统称法律援助机构)申请获得法律援助代理以及刑事辩护服务。

被羁押的犯罪嫌疑人、被告人、服刑人员,劳动教养人员、强制隔离戒毒人员申请法律援助的,可以通过办理案件的人民法院、人民检察院、公安机关或者所在监狱、看守所、劳动教养管理所、强制隔离戒毒所转交申请。

制定说明:法律援助活动中,法律援助机构为了充分保障法律援助服务的落实,会在法律援助机构之外设置相关办公处所,方便公民申请法律援助。

6.2　法律援助机构受理申请时,受理人员应当场向申请人出具加盖专用业务印章的申请材料接收凭证,载明收到申请材料的名称、数量、日期。

制定说明：本条在程序规定的规定之上加了"加盖专用业务印章"的要求，具体规范了接收凭证的出具要求。

6.3　法律援助机构应对申请人提交的申请材料及时进行审核。申请材料符合受理条件的，当场予以受理。不符合受理条件，但当场可以补正的，应当允许申请人当场补正；其他不符合受理条件的，应一次性告知申请人在一定期限内作出补充或者说明。

制定说明：本条在省法律援助条例规定之上增加了指定补充材料时间的要求。

6.4　法律援助机构收到申请人的补充材料之日起5个工作日内进行审查，并作出是否给予法律援助的决定；涉及重大疑难或需要调查核实的，可以适当延长审查期限。（《湖北省法律援助条例》第21条第3、4项）申请人未按要求补充材料或者作出说明的，或未在指定时间内提交补充材料或说明的，视为撤销申请。

制定说明：本条规定在程序规定的基础之上增加了"未在指定时间内提交的"情形。

6.5　法律援助机构经审查，认为申请符合条件的，制作给予法律援助决定书；不符合条件的，制作不予法律援助决定书。不予法律援助决定书应载明不予法律援助的理由及提出异议的权利。对被羁押及关押的申请人，作出不予法律援助决定时，还应当同时函告有关人民法院、人民检察院、公安机关及监狱、看守所、强制隔离戒毒所。

制定说明：不予法律援助决定书应当载明不予法律援助的理由及申请人提出异议的权利。

6.6　符合先行提供法律援助条件的，可以决定先行提供法律援助，并要求受援人在规定的期限内补交申请材料。

制定说明：因特殊情况，法律援助机构可以决定先行给予提供法律援助，但受援人必须在制定的时间内补交相关申请材料。

6.7　法律援助机构应斟酌受援人意愿等因素合理通过指派、商定或者招投标等方式确定承办机构和人员。

制定说明：将合理指派或者安排改为"指派、商定或者招投标等方式确定"。其原因在于，法律援助服务中大部分是政府购买民间法律服务的方式实现，一般理应通过政府采购程序实现，且有一些地方共同招标的方式确定，但是考虑到法律服务的特殊性，应该多种方式灵活运用。

6.8　法律援助机构应该与委派的律师事务所或其他社会组织签订法律援助服务委托协议。

制定说明：考虑到法律援助服务实际为政府购买，给公民提供的法律服务，通过合同的方式确立有助于厘清彼此之间的关系。

6.9　承办机构和承办人员应自收到委派或者安排通知后3个工作日内联系受援人或者其法定代理人、近亲属，告知其免收费用，签订委托代理或辩护协议，明确约定双方的权利义务。

制定说明：本条将签订委托协议或者辩护协议单独列出来规范，旨在强调签订委托协议或者辩护协议的重要性。

7.　结案和归档

7.1　法律援助人员应当自案件办结之日起30日内向法律援助机构提交相关结案材料，供法律援助机构审查结案。

刑事案件以移送审查起诉日、决定提起公诉日和裁判文书送达法律援助人员之日为案件终结日。其他诉讼案件判决书、裁定书、调解书等法律文书送达法律援助人员之日为结案日。仲裁案件以仲裁文书或者调解文书送达法律援助人员之日为结案日；其他非诉讼法律事务以受援人与对方当事人达成和解、调解协议之日为结案日。法律援助机构终止法律援助的，以法律援助人员所属单位收到终止法律援助决定函之日为结案日。

制定说明：本规定在借鉴了安徽省规定之后，细化了不同类型案件的结案日。

7.2　法律援助人员应该按照《湖北省法律援助案件档案管理办法》第13条的规定提交结案材料。

7.3　法律援助机构接受法律援助人员提供的结案材料后，应在30日内审查，符合结案条件的，准许结案；不符合结案条件的，应要求法律援助人员补充相关案件材料。如材料无法补充，法律援助人员应做出书面说明。

7.4　法律援助机构准许结案的，应该在相关规定的期限内，按照标准和程序给法律援助人员支付法律援助补贴。

7.5　已结案的法律援助案件，法律援助机构应及时归档。

8.　服务质量控制

8.1　法律援助机构应对法律援助服务质量进行控制和监督。参与法律援助的律师事务所和法律援助人员应接受法律援助机构的检查和监督。

制定说明：本条旨在强调法律援助机构的监督职责和从事法律援助律所和法律援助人员的接受检查和监督的义务。

8.2　法律援助机构应建立法律援助服务质量日常监督管理机制，对法律援助服务质量进行全程监控。监控的主要方式有：案件追踪、庭审旁听、电话追访、网上监督、社会监督。

制定说明：本条规定借鉴了浙江省规定的 7.2，在其基础之上将电话回访改为电话追访，因为案件过程中质量的控制，应该为追访比较准确。另外，增加了案件追踪一项，是考虑到旁听与电话追访，并不能涵盖案件全程追踪。

8.3　法律援助机构应定期开展满意度调查和回访，及时向法律援助人员发布调查结果。

8.4　法律援助机构发现法律援助人员在提供法律援助过程中有故意或者过失行为，造成受援人以及援助补贴费用损失的，有权追究法律援助人员的法律责任。

9.　服务质量评估

9.1　法律援助服务质量的评估对象，是指以本标准第 5 到第 10

的行为标准为基础，法律援助人员在提供法律援助服务过程中的具体行为。

9.2　刑事辩护法律援助质量评估对象：

（1）查阅相关办案机关的案卷；

（2）告知犯罪嫌疑人、被告人相关权利；

（3）会见在押或被监视居住的犯罪嫌疑人、被告人；

（4）会见笔录；

（5）调查收集相关证据；

（6）如果开庭审理，出庭提纲；

（7）向相关办案机关提出辩护意见；

（8）结案材料是否完整。

9.3　民事代理法律援助质量评估对象：

（1）会见笔录；

（2）查阅对方提交法院的证据材料；

（3）如果开庭，出庭提纲；

（4）向法院提交代理意见；

（5）结案材料是否完整。

9.4　行政代理法律援助质量评估对象：

（1）会见笔录；

（2）查阅对方提交法院或复议机关的证据材料；

（3）如果开庭，出庭提纲；

（4）向法院或复议机关提交代理意见；

（5）结案材料是否完整。

9.5　劳动仲裁代理法律援助质量评估对象：

（1）会见笔录；

（2）查阅对方提交劳动仲裁机构的证据材料；

（3）如果开庭，出庭提纲；

（4）向劳动仲裁机构提交代理意见；

（5）结案材料是否完整。

9.6　和解、调解质量评估对象：

（1）会见笔录；

（2）向受援人告知争议中的权利义务关系；

（3）和解、调解内容经受援人同意的凭证；

（4）结案材料是否完整。

9.7　刑事辩护、民事代理、行政代理和劳动仲裁代理法律援助案件，已判决结案的，辩护意见和代理意见被采纳的程度可以作为质量评估的重要加分项。

《刑事法律援助案件服务质量标准》

侦查阶段

1.（了解案情）委托协议签订后，法律援助人员应当及时向侦查机关了解嫌疑人涉嫌的罪名，已查明的主要事实，以及被采取、变更、解除的强制措施等有关情况。

制定说明：刑事诉讼法赋予辩护律师的权利，在刑事法律援助服务过程中，应该成为法律援助人员的义务，即法律援助人员应该向侦查机关了解相关情况。考虑到，法律援助人员的实际情况，本规定没有对具体时间做出规范，要求法律援助人员根据案件需要以及自身的时间，合理地及时安排时间实施。

2.（案情笔录）向侦查机关了解案情时，法律援助人员应该制作相关记录，记录应该包括：（1）犯罪嫌疑人涉嫌的罪名；（2）采取强制措施的相关情况；（3）了解的基本案情。

制定说明：本规定旨在通过要求法律援助人员制作工作记录的方式落实的汇报，同时也通过笔录的制作规范和提升法律援助人员的活动质量。

3.（会见）向侦查机关了解案情后，法律援助人员应及时会见犯罪嫌疑人，告知其权利义务，为其提供相应法律咨询，听取其对案件的陈述，了解案件的相关情况。如有必要，法律援助人员应该多次会见犯罪嫌疑人。

制定说明：法律案件中，法律援助人员会见犯罪嫌疑人不仅有利于更为全面地了解案件事实，保障犯罪嫌疑人权益，也有助于提升法律援助案件的服务质量。

为了充分保障犯罪嫌疑人权益，本规定在《刑事诉讼法》规定的基础之上进一步规范会见时，法律援助人员的服务应该涉及的内容，也强调了根据案件需要，多次会见的必要性。

4.（确认辩护）首次会见犯罪嫌疑人时，应询问是否同意为其辩护，并记录在案。犯罪嫌疑人不同意的，应当书面告知办案机关和法律援助机构。

制定说明：刑事法律援助活动的展开，以作为受援人的犯罪嫌疑人对法律援助人员的认可和信任为前提，如果近亲属申请或者指派的法律援助人员，犯罪嫌疑人不同意，便无法继续法律援助工作。

5.（会见笔录）法律援助人员会见犯罪嫌疑人时，应制作会见笔录。会见笔录必须有嫌疑人的签名或捺印，且笔录内容应包括：

（1）会见时间和地点。

（2）犯罪嫌疑人的基本情况。

（3）被采取强制措施的法律手续是否完备，程序是否合法。

（4）犯罪嫌疑人的陈述。

（5）有无刑讯逼供、超期羁押以及其他合法权益受侵害等情况。

制定说明：会见笔录是会见内容的书面记载，是了解会见活动，控制会见服务质量的方式之一，本规定，详细而具体地对笔录应该记载的事项加以设定，其目的在于规范会见活动，提升会见的功能。

6.（变更强制措施申请）法律援助人员认为犯罪嫌疑人被采取的强制措施需要变更或者没有羁押必要的，应向侦查机关提出申请变更强制措施或者羁押必要性意见。

制定说明：法律援助过程中，法律援助人员发现受援人符合上述情况的，理应保障受援人合法权益，提出相关申请。

7.（代为申诉、控告）发现犯罪嫌疑人有遭受刑讯逼供或者其他合法权益受到侵害的情形时，法律援助人员应代理罪犯嫌疑人向有权机关申诉、控告。

制定说明：法律援助过程中，法律援助人员发现受援人符合上述情况的，理应保障受援人合法权益，提出相关申请。

8.（刑事和解）符合刑事和解条件的援助案件，法律援助人员应告知犯罪嫌疑人及其近亲属,协助其达成刑事和解。

制定说明:为了充分保障罪犯嫌疑人的合法权益,争取其权益的最大化,法律援助人员应该告知犯罪嫌疑人及其近亲属,帮助其促成和解。

9.(提交法律意见)侦查终结之前,法律援助人员应根据事实和法律,以书面形式向侦查机关提出自己对于援助案件的法律意见。

制定说明:法律援助中一般将刑事案件分为三个独立的案件,故有必要强化法律援助人员在侦查终结之前,向侦查机关提出的法律意见,为管控法律援助行为,提高法律援助质量,本规定特别强调以"书面形式"提交法律意见。

审查起诉阶段

1.(阅卷)委托协议签订后,法律援助人员应当及时到检察机关查阅、摘抄、复制案卷材料。

制定说明:审查起诉阶段,为了便于法律援助工作的及时、高质展开,法律援助人员接受指派签订委托协议之后,应立即到检察机关查阅、摘抄和复制相关案件材料。

2.(阅卷笔录)阅卷时,法律援助人员应当及时制作阅卷笔录,阅卷笔录应包括:

(1)阅卷时间和地点。

(2)犯罪嫌疑人的基本情况。

(3)涉嫌罪名、羁押情况。

(4)控方证据体系、指控罪名有无疑点。

(5)有无法定和酌定情节。

制定说明:要求法律援助人员在检察机关阅卷时制作阅卷笔录,有助于法律援助人员认真阅卷,落实阅卷权,提高法律援助质量。

在阅卷笔录的内容上,作出上述要求,目的是进一步对阅卷行为的内容加以控制。

3.(会见)阅卷结束之后,法律援助人员应及时会见犯罪嫌疑人,告知其权利义务，为其提供相应法律咨询，听取其对案件的陈述，了解案件的相关情况，向犯罪嫌疑人核实其被指控为犯罪的证据。如有必要，法律援助人员应该多次会见犯罪嫌疑人。

制定说明：法援案件中，法律援助人员会见犯罪嫌疑人不仅有利于更为全面地了解案件事实，保障犯罪嫌疑人权益，也有助于提升法律援助案件的服务质量。

4.（确认辩护）首次会见犯罪嫌疑人时，应询问是否同意为其辩护，并记录在案。犯罪嫌疑人不同意的，应当书面告知办案机关和法律援助机构。

制定说明：刑事法律援助活动的展开，以作为受援人的犯罪嫌疑人对法律援助人员的认可和信任为前提，如果近亲属申请或者指派的法律援助人员，犯罪嫌疑人不同意，便无法继续法律援助工作。

5.（会见笔录）会见犯罪嫌疑人时，应制作会见笔录，会见笔录应当经犯罪嫌疑人确认无误后签名或捺印。笔录内容应包括：

（1）会见时间和地点。

（2）犯罪嫌疑人的基本情况（身份信息、涉嫌罪名等）。

（3）被采取强制措施的法律手续是否完备，程序是否合法。

（4）犯罪嫌疑人陈述。

（5）犯罪嫌疑人人身权利及诉讼权利是否受到不法侵犯，有无申诉、控告，是否需要申请非法证据排除。

（6）核实被指控犯罪的证据情况。

制定说明：会见笔录是会见内容的书面记载，是了解会见活动，控制会见服务质量的方式之一，本规定，详细而具体地对笔录应该记载的事项加以设定，其目的在于规范会见活动，提升会见的功能。与侦查阶段不同，审查起诉阶段，犯罪嫌疑人可以知晓被指控的犯罪证据，故本阶段的会见内容增加了核实被指控犯罪的证据情况。

6.（证据调取）法律援助人员发现可以证明犯罪嫌疑人无罪、罪轻或者减轻、免除其刑事责任的证据线索时，一般应当先行申请人民检察院调取。不予调取的，应依法自行调查取证。

制定说明：法律援助人员发现了对犯罪嫌疑人有利的证据时，有义务申请检察院调取，如果检察院没有调取时，法律援助人员可自行调取。

7.（证据提交）法律援助人员收集到的犯罪嫌疑人不在犯罪现场、未达到刑事责任年龄、属于依法不负刑事责任的精神病人的相关材料，应当及时提交人民检察院。

制定说明：《刑事诉讼法》第40条规定，辩护人收集的有关犯罪嫌疑人不在犯罪现场、未达到刑事责任年龄、属于依法不负刑事责任的精神病人的证据，应当及时告知公安机关、人民检察院。法律援助人员收集到了上述相关证据时，应当及时提交检察院。

8.（刑事和解）符合刑事和解条件的援助案件，法律援助人员应告知犯罪嫌疑人及其近亲属，协助其达成刑事和解。

制定说明：为了充分保障罪犯嫌疑人的合法权益，争取其权益的最大化，法律援助人员应该告知犯罪嫌疑人及其近亲属，帮助其促成和解。

9.（提交法律意见）审查起诉终结之前，法律援助人员应根据事实和法律，以书面形式向检察机关提出犯罪嫌疑人无罪、罪轻或者减轻、免除其刑事责任的材料和意见。

制定说明：法律援助中一般将刑事案件分为三个独立的案件，故有必要强化法律援助人员在审查起诉终结之前，向检察院提出的法律意见，为管控法律援助行为，提高法律援助质量，本规定特别强调以"书面形式"提交法律意见。

审判阶段

1.（阅卷和会见）委托协议签订之后，人民法院开庭之前，法律援助人员应到人民法院查阅、摘抄、复制案卷材料，应会见过被告人。阅卷和会见的要求参照审查起诉阶段阅卷和会见的规定。

制定说明：现实中将刑事法律援助分为侦查、审查起诉和审判三个阶段，法律援助人员接受委托时，案件已经进入审判阶段，必须要求法律援助人员在开庭之前阅卷以及会见受援人，否则，法律援助质量不能保障，本条即规定，在接受委托后，开庭之前，必须阅卷和会见，以保障受援人合法权益。

2.(证据调取)侦查、审查起诉期间公安机关、人民检察院收集的证明被告人无罪或者罪轻的证据材料未提交的，法律援助人员应先申请人民法院调取。不予调取的，法律援助人员可以自行调取。

制定说明：辩护人认为在侦查、审查起诉期间公安机关、人民检察院收集的证明犯罪嫌疑人、被告人无罪或者罪轻的证据材料未提交的，有权申请人民检察院、人民法院调取。法律援助人员发现对被告人有利的证据未提交或者收集时，在审判阶段，应申请法院调取，如果法院未调取的，可以自行调取。

3.(庭前会议)开庭之前，人民法院决定召开庭前会议的，法律援助人员应参加，就案件的管辖、回避、证据、证人、鉴定人出庭、非法证据排除等问题发表意见。

制定说明：法院决定召开庭前会议的，法律援助人员有义务参加庭前会议，并就相关问题，发表意见。

4.(刑事和解)符合刑事和解条件的援助案件，法律援助人员应告知犯罪嫌疑人及其近亲属，协助其达成刑事和解。

制定说明：为了充分保障罪犯嫌疑人的合法权益，争取其权益的最大化，法律援助人员应该告知犯罪嫌疑人及其近亲属，帮助其促成和解。

5.(提交和解协议)达成和解协议的案件，法律援助人员应向人民法院提交和解协议，请求法院从宽处理。

制定说明：在审判阶段或者之前的侦查或审查起诉阶段，被告人与受害人达成了相关和解协议的，法律援助人员应当向法院提交和解协议，并请求法院从宽处理，充分保障被告人合法权益。

6.(庭前准备)开庭审理之前，法律援助人员应知晓合议庭组成人员名单，并告知被告人，询问其是否申请回避。如申请回避的，法律援助人员应协助申请回避。

制定说明：根据刑事诉讼法的规定，法院应该提前将合议庭组成名单告知被告人以及辩护人，以便决定是否提出回避申请。为了充分保障被告人合法权益,利用好回避制度,法律援助人员有义务了解合议庭组成,以及其成员是否应该回避,并征求被告人的意见。

7.(出庭提纲)开庭之前,法律援助人员应制作出庭提纲。出庭提纲应包括:

(1)发问提纲;

(2)质证意见;

(3)辩护意见。

制定说明:出庭之前,法律援助人员应该为出庭做好充分的准备工作,但是现行法律法规规章以及规范性文件都未细化这些准备到底是什么,以什么为载体。本规定对法律援助人员提出了制作出庭提纲的要求,但是因为案件复杂程度有所不同,以及法律援助人员各人出庭习惯,对于刑事案件而言,发问提纲、质证和辩护意见的提前准备是必要的,所以只对提纲作出最低限度的要求,即至少包括初步的发问提纲、质证和辩护意见。

8.(出庭)法律援助人员必须按时出庭,全程参与庭审活动。出庭时应着装庄重、举止文明,尊重审判人员及其他诉讼参与人,遵守法庭纪律,不中途退庭、不扰乱法庭秩序。

制定说明:《律师执业行为规范》对律师出庭提出了具体要求,本条规定借鉴此规定,要求法律援助人员按时出庭,且注意出庭礼仪和纪律。

9.(法庭调查)法律援助人员应该根据证据、事实和法律进行法庭陈述、发问和回答,围绕证据的真实性、关联性和合法性以及证据证明力大小进行质证。

制定说明:法律援助人员在庭审中应对证据的合法性,以及依据认定的事实和基于事实的法律适用发表意见。

10.(法庭辩论)法庭辩论阶段,法律援助人员应结合庭审情况,依据证据、事实和法律进行辩论,发表辩护意见。

制定说明:法庭辩论是我国三大诉讼程序中的一个阶段,在此阶段,当事人有权辩论以及发表对案件处理的意见。为了维护受援人的权益,作为诉讼代理人的法律援助人员也有义务代理受援人结合法庭的审理情况，依据事实和法律，行使辩论的权利，发表对案件的辩护意见。

11.（庭审笔录）庭审结束，法律援助人员应该根据法庭审理情况，如实制作庭审笔录。庭审笔录的内容包括：(1)庭审时间、地点；(2)参加庭审的相关人员；(3)法庭调查和法庭辩论阶段的大概情况；(4)其他可以如实反映庭审的内容。

制定说明：庭审是案件代理工作中最为重要的环节，也是代理行为质量高低的决定性环节，记录庭审尤为重要。本条希望通过庭审记录督促律师提高庭审质量，也希望通过庭审记录规范法律援助代理行为，管理或者监督法律援助行为。

12.（提交辩护意见）庭审结束后，法律援助人员应该及时向法庭提交书面辩护意见。

制定说明：虽然向法庭提交书面辩护意见不是诉讼法或者相关法律行为规范的硬性要求，但是在司法实务中，法官一般会要求提交，或者代理律师为了法官能更全面把握其代理意见主动提交辩护意见。本条要求法律援助人员在庭审结束后向法院提交书面辩护意见，一方面可以方便法官掌握辩护意见，另一方面也促动法律援助人员更高质量地完成辩护工作，为受援人积极服务。

13.人民法院决定不开庭审理的案件，法律援助人员应当自收到不开庭通知书之日起10日内或者人民法院指定的期限内向人民法院提交书面辩护意见。

制定说明：根据《办理法律援助案件程序规定》第二十九条的规定，法律援助人员有义务在法院指定或者程序规定设定的期限内提交辩护意见。

14.（刑事代理）刑事被害人代理、自诉代理等刑事法律援助案件参照上述规定进行。

制定说明：刑事案件中的代理活动，相对较为简单，可以参照辩护活动的相关要求加以规范，故不作详细规范。

《民事法律援助案件服务质量标准》

1.(会见受援人)委托代理协议签订后,法律援助人员应及时会见受援人或其法定代理人。会见时,法律援助人员应向受援人或其法定代理人了解案情,解答其法律咨询,告知其诉讼权利义务,分析诉讼风险。会见结束,法律援助人员应制作会见笔录。会见笔录应当经受援人确认无误后签名或者按指印;受援人无阅读能力的,法律援助人员应当向受援人宣读笔录,并在笔录上载明。会见笔录应该包括以下内容:(1)会见的时间、地点和参与谈话人员;(2)谈话的基本内容;(3)了解的案件基本情况。

制定说明:《办理法律援助案件程序规定》第二十六条第1款规定了法律援助人员与受援人的会见制度,但是,没有对会见时间以及相关行为作出规定。为了让法律援助人员及早从受援人处了解案件情况,启动援助工作,让受援人能清楚诉讼权利以及风险,本条在《程序规定》的基础上进一步明确了会见时间、会见应涉及的事项以及细化了会见笔录的具体内容。另外,关于会见时间上使用"及时",没有具体确定是多少日之内,是考虑给予法律援助人员根据不同案情以及自己的时间安排,灵活处理。

2.(协助立案)援助案件未在人民法院立案的,法律援助人员应代为撰写民事起诉状,并协助受援人办理立案。撰写起诉状时,应尊重受援人的意见,依法而合理地提出诉讼请求;受援人以及法定代理人提出不合理要求时,法律援助人员应予以解释。

制定说明:《湖北省法律援助案件质量管理办法》第三十一条规定,法律援助机构不代理申请人办理立案程序。但是在实际法律援助中,法律援助的启动之前,受援人可能并未立案,本条希望将法律援助的代理工作延伸至立案之前,而且《湖北省法律援助条例》第二十六条明确了代写文书是法援的形式之一,故特别强调法律援助人员代为书写起诉文书和协助立案的规定。诉讼请求在一定程度上涉及对实体权利的处分，且利益程度较大，因此本条特别要求起诉状中诉讼请求的确立，必须经受援人同意。

3.(诉讼费用)援助案件符合诉讼费用缓交、减交或者免交条件的，法律援助人员应该协助受援人申请缓交、减交或者免交诉讼费用。

制定说明：《民事诉讼法》第一百一十八条第2款规定，当事人交纳诉讼费用确有困难的，可以按照规定向人民法院申请缓交、减交或者免交。法律援助过程中，如果受援人符合诉讼费用缓、减、免交条件的，为了保护受援人合法权益，法律援助人员应告知其权利，并协助其申请诉讼费用的缓、减、免交。

4.(调查取证)法律援助人员应根据案件需要进行调查和收集证据，并制作取证笔录。调查取证时如有必要，可以请求法律援助机构出具的证明文件或者与有关机关、单位进行协调。取证笔录的内容应包括：(1)取证的时间；(2)获取的证据；(3)证据的取得方式。

制定说明：《程序规定》第二十七、二十八条规定法律援助人员根据案件需要可以本地和异地取证，因为行政案件的特殊性，异地取证情况极为少见，本条没有做异地取证的规范。考虑到是否取证以及如何取证，是衡量法律援助人员工作付出的内容之一，本条在《程序规定》的基础之上，增加了取证笔录的要求。

5.(申请取证)因客观原因不能自行收集的证据，法律援助人员应告知受援人，代理其申请人民法院调取证据。

制定说明：《民事诉讼法》第六十四条第2款规定，当事人及其诉讼代理人因客观原因不能自行收集的证据，或者人民法院认为审理案件需要的证据，人民法院应当调查收集。诉讼过程中，有些证据可能必须通过法院调取，受援人可能并不知道相关规定，法律援助人员有必要根据案情，告知受援人可以申请调取证据，并代理申请取证，故有本条规定。法律援助人员作为诉讼代理人依据委托授权当然具有受援人所具有的诉讼程序上的程序权，即代理申请取证一般意义上说，可以不用告知受援人，考虑到法律援助案件中受援人的认知能力以及受援人对法律援助人员的评价，便设有告知规定。

6.(证据保全)证据可能灭失或以后难以取得的，法律援助人员应告知受援人，代理其向公证机关或人民法院申请保全证据。

制定说明:《民事诉讼法》第八十一条规定了证据保全。受援人很有可能不知道证据保全，法律援助人员有义务根据案件需要，告知受援人，并代理申请证据保全。法律援助人员作为诉讼代理人依据委托授权当然具有受援人所现有的诉讼程序上的程序权，即代理申请证据保全一般意义上说，可以不用告知受援人，考虑到法律援助案件中受援人的认知能力以及受援人对法律援助人员的评价，便设有告知规定。

7.(举证期限)法律援助人员应在受援人的举证期限届满之前完成调查取证、申请取证和申请证据保全，且应将相关证据在举证期限届满之前提交给人民法院。

制定说明:《民事诉讼法》第六十五条第 2 款规定，人民法院根据当事人的主张和案件审理情况，确定当事人应当提供的证据及其期限。当事人在该期限内提供证据确有困难的，可以向人民法院申请延长期限，人民法院根据当事人的申请适当延长。当事人逾期提供证据的，人民法院应当责令其说明理由；拒不说明理由或者理由不成立的，人民法院根据不同情形可以不予采纳该证据，或者采纳该证据但予以训诫、罚款。依此规定，取证、申请取证以及申请证据保全应该在举证期限届满之前完成，否则会产生不利的法律后果。法律援助人员的取证、申请取证、申请证据保全以及提供证据也应该遵守此规定。

8.(阅卷)法律援助人员应在被告举证期限届满之后，人民法院指定开庭日之前到法院阅览卷宗，并制作阅卷笔录。阅卷笔录的内容包括:(1)阅卷时间;(2)卷宗基本情况;(3)阅卷发现的问题。如有必要，可以复制庭审材料。

制定说明:充分全面了解被告向法院提交的所有案件材料，是法律援助人员做好庭审前准备的必要前提。对于审前去法院阅卷，《程序规定》第二十九条仅就刑事法律援助作出了规范，没有规范民事法律援助。为了提高民事法律援助的质量，结合民事诉讼法有关举证期限的规定，本规定设置了法律援助人员审前阅卷的义务，并要求阅卷之后必须制作阅卷笔录。另外，根据民事诉讼法第61条的规定，代理人有权查阅本案有关的材料，法律援助人员也有义务去法院查阅与本案有关的材料。

9.(证据交换或者庭前会议)开庭前，人民法院组织当事人证据交换或者召集庭前会议的，法律援助人员应依法协助或者代理受援人出示或者交换证据，参加庭前会议。

制定说明：根据《适用民事诉讼法解释》第二百二十四、二百二十五条的规定，依照民事诉讼法第一百三十三条第四项规定，人民法院可以在答辩期届满后，通过组织证据交换、召集庭前会议等方式，作好审理前的准备。法律援助案件中，法院组织证据交换的，法律援助人员有义务依照法律规定参加该程序，协助受援人出示证据、交换证据或者参加庭前会议。

10.(庭前会见)法院阅卷结束后，人民法院开庭前，法律援助人员应再次会见受援人或法定代理人与其交换案件的代理意见，准备出庭方案，并制作庭前会见笔录。

制定说明：《办理法律援助案件程序规定》第二十六条第1款规定了法律援助人员与受援人的会见制度。法律援助人员去法院阅卷之后，对基本案情有了比较完整的了解，在开庭审理之前与受援人再次会见，可以充分保障受援人的权益，也可以听取受援人的意见，合理且合法地提出代理意见。为了提高法援案件质量，故有本规定。

11.(庭前准备)开庭前，法律援助人员应根据庭前会见的情况制作出庭提纲，提纲至少应包括代理意见。

制定说明：出庭之前，法律援助人员应该为出庭做好充分的准备工作，但是现行法律法规规章以及规范性文件都未细化这些准备到底是什么，以什么为载体。本规定对法律援助人员提出了制作出庭提纲的要求，但是因为案件复杂程度有所不同，以及法律援助人员各人出庭习惯，代理意见的提前准备是必要的，所以只对提纲作出最低限度的要求，即至少包括出庭前的代理意见。

12.(出庭)法律援助人员应按时出庭，不得无故中途退庭。因故不能出庭的,应及时向人民法院申请延期开庭。申请延期开庭后,应及时通知法律援助机构。

制定说明:代理出庭,是诉讼代理的重要内容,也是委托代理合同中约定之一。本规定旨在强调法律援助人员出庭参加庭审的义务。虽然出庭义务是委托协议约定的义务,但也是法律援助人员对法律援助机构的义务,所以,当出现特殊情况,不能正常开庭时,法律援助人员有告知法律援助机构的义务。此规范也是法律援助机构监督管理法律援助质量的方式之一。

13.(开庭前准备)开庭准备阶段,合议庭成员或者其他人员存在法定回避情形时,法律援助人员应协助受援人向合议庭提出回避申请。

制定说明:根据《民事诉讼法》第一百三十七条第 2 款的规定,当事人有申请合议庭成员或者其他人员回避的权利。法律援助人员代理受援人的诉讼,为了受援人的利益,有告知和协助受援人提出回避申请的义务。

14.(法庭调查)法律援助人员应该根据证据、事实和法律进行法庭陈述、发问和回答,围绕证据的真实性、关联性和合法性以及证据证明力大小进行质证。

制定说明:根据《民事诉讼法》第一百三十八条的规定,当事人有辩论的权利,且未经质证的证据不能作为认定案件事实的证据,为了维护受援人的权益,法律援助人员有义务对本案中的证据进行发问、质证,也有义务回答被告方的发问。根据《适用民事诉讼法解释》第一百零四条规定的规定,人民法院应当组织当事人围绕证据的真实性、合法性以及与待证事实的关联性进行质证,并针对证据有无证明力和证明力大小进行说明和辩论。法律援助人员的发问和质证,应该围绕证据的三性以及证明力大小进行。

15.(法庭辩论)法庭辩论阶段,法律援助人员应结合庭审情况,依据证据、事实和法律进行辩论,发表代理意见。

制定说明:法庭辩论是我国三大诉讼程序中的一个阶段,在此阶段,当事人有权辩论以及发表对案件处理的意见。为了维护受援人的权益,作为诉讼代理人的法律援助人员也有义务代理受援人结合法庭的审理情况，依据事实和法律，行使辩论的权利，发表对案件的代理意见。

16.（庭审笔录）庭审结束，法律援助人员应该根据法庭审理情况，如实制作庭审笔录。庭审笔录的内容包括：(1)庭审时间、地点；(2)参加庭审的相关人员；(3)法庭调查和法庭辩论阶段的大概情况；(4)其他可以如实反映庭审的内容。

制定说明：全国律协颁行的《律师执业行为规范》第39条规定，律师应该建立律师业务档案，保存完整的工作记录。庭审是案件代理工作中最为重要的环节，也是代理行为质量高低的决定性环节，记录庭审尤为重要。本条希望通过庭审记录督促律师提高庭审质量，也希望通过庭审记录规范法律援助代理行为，管理或者监督法律援助行为。

17.（提交代理意见）庭审结束后，法律援助人员应该及时向法庭提交书面代理意见。

制定说明：虽然向法庭提交书面代理意见不是诉讼法或者相关法律行为规范的硬性要求，但是在司法实务中，法官一般会要求提交，或者代理律师为了法官能更全面把握其代理意见主动提交代理意见。本条要求法律援助人员在庭审结束后向法院提交代理意见，一方面可以方便法官掌握代理意见，另一方面也促动法律援助人员更高质量地完成代理工作，为受援人积极服务。

18.（变更、追加或者放弃诉讼请求）诉讼中，需要变更、追加或者放弃诉讼请求的，法律援助人员应充分征求受援人的意见，获得特别授权之后，向法院提出申请。

制定说明：根据《民事诉讼法》第五十九条第2款的规定，诉讼代理人代为承认、放弃、变更诉讼请求，进行和解，提起反诉或者上诉，必须有委托人的特别授权。为了受援人的正当利益，经过授权人的特别授权，法律援助人员可以代为变更、追加和放弃诉讼请求。

19.（先予执行）法律援助人员可以根据受援人的要求及《中华人民共和国民事诉讼法》的规定，代为提出先予执行申请。

制定说明：《民事诉讼法》第一百零六条规定，人民法院对下列案件，根据当事人的申请,可以裁定先予执行:(一)追索赡养费、扶养费、抚育费、抚恤金、医疗费用的;(二)追索劳动报酬的;(三)因情况紧急需要先予执行的。法律援助人员发现受援的案件符合先予执行条件的,有义务向法院申请先予执行,保障受援人权益。

20.(调解)诉讼中,未经受援人特别授权,法律援助人员不得代为调解。经受援人授权代理调解的,受援人签署调解协议之前,法律援助人员必须告知受援人调解内容以及相关风险。

制定说明:诉讼中的调解涉及被代理人实体权利的处分,诉讼代理人代为调解时,必须经过被代理人的特别授权。在法律援助案件中,因为受援人一般受认识等各方面的限制,在调解权限的设置上,除了需要特别授权外,还增加了,协议签订之前,法律援助人员告知受援人调解内容以及相关风险分析的义务,以充分保障受援人的权益,避免后续纷争。

21.(法律援助的解除)法律援助人员不得无故解除与受援人之间的委托代理合同。因故需要解除的,必须先报法律援助机构,经法律援助机构同意之后,才能解除。

制定说明:《湖北省法律援助条例》第三十九条和《律师执业行为规范》第四十二、四十三条的规定,律师在一般情况下不得解除委托代理合同,但是确实需要解除的,也可以解除。法律援助人员因此在一般情况下不得解除合同,确实需要解除的,因为涉及法律援助的管理和监督,在解除之前,必须告知法律援助机构。

22.(二审或者再审)援助代理二审或者再审民事案件的,参照上述规定。

制定说明:二审以及再审代理服务的标准与一审基本类似,可以参照一审案件的服务规范执行。

《行政法律援助案件服务质量标准》

（受理以及归档，拟集中规范，未在此部分列出）

1.（会见受援人）委托代理协议签订后，法律援助人员应及时会见受援人或其法定代理人。会见时，法律援助人员应向受援人或其法定代理人了解案情，解答其法律咨询，告知其诉讼权利义务，分析诉讼风险。会见结束，法律援助人员应制作会见笔录。会见笔录应当经受援人确认无误后签名或者按指印；受援人无阅读能力的，法律援助人员应当向受援人宣读笔录，并在笔录上载明。会见笔录应该包括以下内容：(1)会见的时间、地点和参与谈话人员；(2)谈话的基本内容；(3)了解的案件基本情况。

制定说明：为了让法律援助人员及早从受援人处了解案件情况，启动援助工作，让受援人能清楚诉讼权利以及风险，本条在《程序规定》的基础上进一步明确了会见时间、会见应涉及的事项以及细化了会见笔录的具体内容。另外，关于会见时间上使用“及时”，没有具体确定是多少日之内，是考虑给予法律援助人员根据不同案情以及自己的时间安排，灵活处理。

2.（协助立案）援助案件未在人民法院立案的，法律援助人员应代为撰写行政起诉状，并协助受援人办理立案。撰写起诉状时，应尊重受援人的意见，依法而合理地提出诉讼请求；受援人以及法定代理人提出不合理要求时，法律援助人员应予以解释。

制定说明：在实际法律援助中，法律援助的启动之前，受援人可能并未立案，本条希望将法律援助的代理工作延伸至立案之前，而且《湖北省法律援助条例》第二十六条明确了代写文书是法援的形式之一，故特别强调法律援助人员代为书写起诉文书和协助立案的规定。诉讼请求在一定程度上涉及对实体权利的处分，且利益程度较大，因此本条特别要求起诉状中诉讼请求的确立，必须经受援人同意。

3.(调查取证)法律援助人员应根据案件需要进行调查和收集证据,并制作取证笔录。调查取证时如有必要,可以请求法律援助机构出具的证明文件或者与有关机关、单位进行协调。取证笔录的内容应包括:(1)取证的时间;(2)获取的证据;(3)证据的取得方式。

制定说明:考虑到是否取证以及如何取证,是衡量法律援助人员工作付出的内容之一,本条在《程序规定》的基础之上,增加了取证笔录的要求。

4.(申请取证)因客观原因不能自行收集的证据,法律援助人员应告知受援人,代理其申请人民法院调取证据。

制定说明:法律援助人员作为诉讼代理人依据委托授权当然具有受援人所现有的诉讼程序上的程序权,即代理申请取证一般意义上说,可以不用告知受援人,考虑到法律援助案件中受援人的认知能力以及受援人对法律援助人员的评价,便设有告知规定。

5.(证据保全)证据可能灭失或以后难以取得的,法律援助人员应告知受援人,代理其向公证机关或人民法院申请保全证据。

制定说明:法律援助人员作为诉讼代理人依据委托授权当然具有受援人所现有的诉讼程序上的程序权,即代理申请证据保全一般意义上说,可以不用告知受援人,考虑到法律援助案件中受援人的认知能力以及受援人对法律援助人员的评价,便设有告知规定。

6.(举证期限)法律援助人员应在受援人的举证期限届满之前完成调查取证、申请取证和申请证据保全,且应将相关证据在举证期限届满之前提交给人民法院。

制定说明:依此规定,取证、申请取证以及申请证据保全应该在举证期限届满之前完成,否则丧失相应权利。法律援助人员的代理工作也应该遵守此规定。

7.(阅卷)法律援助人员应在被告举证期限届满之后,人民法院指定开庭日之前到法院阅览卷宗,并制作阅卷笔录。阅卷笔录的内容包括:(1)阅卷时间;(2)卷宗基本情况;(3)阅卷发现的问题。

如有必要,可以复制庭审材料。

制定说明:充分全面了解被告向法院提交的所有案件材料,是法律援助人员做好庭审前准备的必要前提。对于审前去法院阅卷,《程序规定》第二十九条仅就刑事法律援助作出了规范,没有规范行政法律援助。为了提高行政法律援助的质量,结合行政诉讼法被告的举证期限的规定,本规定设置了法律援助人员审前阅卷的义务,并要求阅卷之后必须制作阅卷笔录。另外,根据行政诉讼法第 32 条的规定,法律援助人员有权复制庭审材料。

8.(庭前证据交换)开庭前,人民法院组织当事人证据交换的,法律援助人员应依法协助或者代理受援人出示或者交换证据。

制定说明:根据《行政诉讼证据规定》第二十一条的规定,对于重大复杂或者证据数量较多的案件,法院可以在开庭之前组织原被告双方当事人出示证据或交换证据。法律援助案件中,法院组织证据交换的,法律援助人员有义务依照法律规定参加该程序,协助受援人出示证据或者交换证据。

9.(庭前会见)法院阅卷结束后,人民法院开庭前,法律援助人员应再次会见受援人或法定代理人与其交换案件的代理意见,准备出庭方案,并制作庭前会见笔录。

制定说明:《办理法律援助案件程序规定》第二十六条第 1 款规定了法律援助人员与受援人的会见制度。法律援助人员去法院阅卷之后,对基本案情有了比较完整的了解,在开庭审理之前与受援人再次会见,可以充分保障受援人的权益,也可以听取受援人的意见,合理且合法地提出代理意见。为了提高法援案件质量,故有本规定。

10.(庭前准备)开庭前,法律援助人员应根据庭前会见的情况制作出庭提纲,提纲至少应包括代理意见。

制定说明:出庭之前,法律援助人员应该为出庭做好充分的准备工作,但是现行法律法规规章以及规范性文件都未细化这些准备到底是什么,以什么为载体。本规定对法律援助人员提出了制作出庭提纲的要求,但是因为案件复杂程度有所不同,以及法律援助人员各人出庭习惯,代理意见的提前准备是必要的,所以只对提纲作出最低限度的要求,即至少包括出庭前的代理意见。

11.(出庭)法律援助人员应按时出庭,不得无故中途退庭。因故不能出庭的,应及时向人民法院申请延期开庭。申请延期开庭后,应及时通知法律援助机构。

制定说明:代理出庭,是诉讼代理的重要内容,也是委托代理合同中约定之一。本规定旨在强调法律援助人员出庭参加庭审的义务。虽然出庭义务是委托协议约定的义务,但也是法律援助人员对法律援助机构的义务,所以,当出现特殊情况,不能正常开庭时,法律援助人员有告知法律援助机构的义务。此规范也是法律援助机构监督管理法律援助质量的方式之一。

12.(开庭前准备)开庭准备阶段,合议庭成员或者其他人员存在法定回避情形时,法律援助人员应协助受援人向合议庭提出回避申请。

制定说明:根据《行政诉讼法》第五十一条的规定,当事人有申请合议庭成员或者其他人员回避的权利。法律援助人员代理受援人的诉讼,为了受援人的利益,有告知和协助受援人提出回避申请的义务。

13.(法庭调查)法律援助人员应该根据证据、事实和法律进行法庭陈述、发问和回答,围绕证据的真实性、关联性和合法性以及证据证明力大小进行质证。

制定说明:为了维护受援人的权益,法律援助人员有义务对本案中的证据进行发问、质证,也有义务回答被告方的发问。根据《行政诉讼证据规定》的规定,法律援助人员的发问和质证,应该围绕证据的三性以及证明力大小进行。

14.(法庭辩论)法庭辩论阶段,法律援助人员应结合庭审情况,依据证据、事实和法律进行辩论,发表代理意见。

制定说明:法庭辩论是我国三大诉讼程序中的一个阶段,在此阶段,当事人有权辩论以及发表对案件处理的意见。为了维护受援人的权益,作为诉讼代理人的法律援助人员也有义务代理受援人结合法庭的审理情况,依据事实和法律,行使辩论的权利,发表对案件的代理意见。

15.(庭审笔录)庭审结束,法律援助人员应该根据法庭审理情况,如实制作庭审笔录。庭审笔录的内容包括：(1)庭审时间、地点；(2)参加庭审的相关人员；(3)法庭调查和法庭辩论阶段的大概情况；(4)其他可以如实反映庭审的内容。

制定说明：庭审是案件代理工作中最为重要的环节，也是代理行为质量高低的决定性环节，记录庭审尤为重要。本条希望通过庭审记录督促律师提高庭审质量，也希望通过庭审记录规范法律援助代理行为，管理或者监督法律援助行为。

16.(提交代理意见)庭审结束后，法律援助人员应该及时向法庭提交书面代理意见。

制定说明：虽然向法庭提交书面代理意见不是诉讼法或者相关法律行为规范的硬性要求，但是在司法实务中，法官一般会要求提交，或者代理律师为了法官能更全面把握其代理意见主动提交代理意见。本条要求法律援助人员在庭审结束后向法院提交代理意见，一方面可以方便法官掌握代理意见，另一方面也促动法律援助人员更高质量地完成代理工作，为受援人积极服务。

17.(变更、追加或者放弃诉讼请求)诉讼中，需要变更、追加或者放弃诉讼请求的，法律援助人员应充分征求受援人的意见，获得特别授权之后，向法院提出申请。

制定说明：为了受援人的正当利益，经过授权人的特别授权，法律援助人员可以代为变更、追加和放弃诉讼请求。

18.(撤诉)诉讼中，被告改变被诉行政行为，诉讼目的达到，是否申请撤诉，法律援助人员应该尊重受援人的意见。

制定说明：民事诉讼中，撤诉仅涉及程序权利的处分，但是行政诉讼中申请撤诉还会牵扯实体权利处分的相关问题，所以撤诉应该更为慎重，故本条做单独规范。

19.(先予执行)法律援助人员可以根据受援人的要求及《中华人民共和国行政诉讼法》的规定，代为提出先予执行申请。

制定说明：法律援助人员发现受援的案件符合先予执行条件的，有义务向法院申请先予执行，保障受援人权益。

20.(调解)诉讼中,未经受援人特别授权,法律援助人员不得代为调解。经受援人授权代理调解的,受援人签署调解协议之前,法律援助人员必须告知受援人调解内容以及相关风险。

制定说明:诉讼中的调解涉及被代理人实体权利的处分,诉讼代理人代为调解时,必须经过被代理人的特别授权。在法律援助案件中,因为受援人一般受认识等各方面的限制,在调解权限的设置上,除了需要特别授权外,还增加了,协议签订之前,法律援助人员告知受援人调解内容以及相关风险分析的义务,以充分保障受援人的权益,避免后续纷争。

21.(法律援助的解除)法律援助人员不得无故解除与受援人之间的委托代理合同。因故需要解除的,必须先报法律援助机构,经法律援助机构同意之后,才能解除。

制定说明:法律援助人员因此在一般情况下不得解除合同,确实需要解除的,因为涉及法律援助的管理和监督,在解除之前,必须告知法律援助机构。

22.(报告)法律援助行政案件有下列情形之一的,法律援助人员应当向法律援助机构报告:(1)涉及群体性事件的;(2)有重大社会影响的;(3)其他重大复杂情形。

制作说明:为了保障法律援助人员的权益,也为了管理和监督法律援助案件,在行政法律援助案件中,如果涉及重大、群体性事件等案件的,法律援助人员应及时向法律援助机构报告。

《非诉法律援助案件服务质量标准》

劳动仲裁案件

1.（会见受援人）委托代理协议签订后，法律援助人员应及时会见受援人或其法定代理人。会见时，法律援助人员应向受援人或其法定代理人了解案情，解答其法律咨询，告知其诉讼权利义务，分析诉讼风险。会见结束，法律援助人员应制作会见笔录。会见笔录应当经受援人确认无误后签名或者按指印；受援人无阅读能力的，法律援助人员应当向受援人宣读笔录，并在笔录上载明。会见笔录应该包括以下内容：（1）会见的时间、地点和参与谈话人员；（2）谈话的基本内容；（3）了解的案件基本情况。

制定说明：《办理法律援助案件程序规定》第二十六条第1款规定了法律援助人员与受援人的会见制度，但是，没有对会见时间以及相关行为作出规定。为了让法律援助人员及早从受援人处了解案件情况，启动援助工作，让受援人能清楚诉讼权利以及风险，本条在《程序规定》的基础上进一步明确了会见时间、会见应涉及的事项以及细化了会见笔录的具体内容。另外，关于会见时间上使用"及时"，没有具体确定是多少日之内，是考虑给予法律援助人员根据不同案情以及自己的时间安排，灵活处理。

2.（协助立案）受援人还未申请劳动仲裁的，法律援助人员应代为撰写劳动仲裁申请书，并协助受援人办理劳动仲裁申请。撰写申请时，应尊重受援人的意见，依法而合理地提出仲裁请求；受援人提出不合理要求时，法律援助人员应予以解释。

制定说明：《湖北省法律援助案件质量管理办法》第31条规定，法律援助机构不代理申请人办理立案程序。但是在实际法律援助中，法律援助的启动之前，受援人可能并未立案，本条希望将法律援助的代理工作延伸至立案之前，而且《湖北省法律援助条例》第二十六条明确了代写文书是法援的形式之一，故特别强调法律援助人员代为书写申请仲裁文书和协助立案的规定。仲裁请求在一定程度上涉及对实体权利的处分，且利益程度较大，因此本条特别要求仲裁申请书中仲裁请求的确立，必须经受援人同意。

3.（投诉举报）发现用人单位违反国家规定，拖欠或者未足额支付劳动报酬，或者拖欠工伤医疗费、经济补偿或者赔偿金的，法律援助人员应告知受援人，并协助其向劳动行政部门投诉，劳动行政部门应当依法处理，以保障受援人合法权益。

制定说明：根据《劳动争议调解仲裁法》第九条的规定，劳动者发现用人单位违反法律规定，拖欠劳动报酬等情况时，可以向劳动行政部门投诉举报。代理劳动仲裁案件的过程中，法律援助人员发现此类情况时，理应告知受援人，并协助受援人向有关机关举报，以通过多渠道保障其合法权益。

4.（提供证据）法律援助人员应该协助受援人在劳动仲裁机构指定的举证期限内提交相关证据材料。

制定说明：根据《劳动争议调解仲裁法》第六条的规定，劳动仲裁中，当事人对自己提出的主张，有责任提供证据。但是没有关于当事人提供证据期限的规定，实务中，一般由仲裁庭参照民事诉讼法上关于当事人举证期限的相关规定，指定申请人与被申请人在一定期限内提交证据。法律援助人员应该协助受援人在仲裁庭指定的举证期限内提出相关证据。

5.（阅卷）根据案件情况需要，法律援助人员可以到劳动仲裁机构查阅对方当事人提交的相关案件材料，并记录在卷。

制定说明：《劳动争议调解仲裁法》没有明确规定当事人以及其代理人的阅卷权，但是参照民事诉讼法的相关规定，在劳动争议仲裁程序中，为了保障当事人的辩论质证权，当事人及其代理人应该可以到仲裁机构查阅对方当事人提交的案件材料。另外，全国律协颁行的《律师执业行为规范》第三十九条规定，律师应该建立律师业务档案，保存完整的工作记录。法律援助人员到仲裁机构阅卷的，应该以书面形式记录在卷。

6.（回避申请）仲裁庭组成后，法律援助人员发现有需要回避的仲裁员时，应告知受援人，并提出回避申请。

制定说明：根据《劳动争议仲裁法》第三十三条规定，劳动仲裁中当事人有申请仲裁员回避的权利。如果法律援助人员发现仲裁员有应当回避的情形时，理应告知受援人申请回避或者自己申请回避，以保障受援人合法权益。

7.（开庭提纲）仲裁庭开庭之前，法律援助人员应该与受援人沟通法律意见，依证据和法律，拟定仲裁开庭提纲，提纲至少应该包括代理意见。

制定说明：出庭之前，法律援助人员应该为出庭做好充分的准备工作，但是现行法律法规规章以及规范性文件都未细化这些准备到底是什么，以什么为载体。本规定对法律援助人员提出了制作出庭提纲的要求，但是因为案件复杂程度有所不同，以及法律援助人员各人出庭习惯，代理意见的提前准备是必要的，所以只对提纲作出最低限度的要求，即至少包括出庭前的代理意见。

8.（出庭）法律援助人员应按时出庭，不得无故中途退庭。因故不能出庭的，应及时向仲裁庭申请延期开庭。申请延期开庭后，应及时通知法律援助机构。

制定说明：代理出庭，是仲裁代理的重要内容，也是委托代理合同中约定之一。本规定旨在强调法律援助人员出庭参加庭审的义务。虽然出庭义务是委托协议约定的义务，但也是法律援助人员对法律援助机构的义务，所以，当出现特殊情况，不能正常开庭时，法律援助人员有告知法律援助机构的义务。此规范也是法律援助机构监督管理法律援助质量的方式之一。

9.（仲裁开庭）法律援助人员应该根据证据、事实和法律进行法庭陈述、发问和回答，围绕证据的真实性、关联性和合法性以及证据证明力大小进行质证,发表代理意见。

制定说明:根据《劳动争议调解仲裁法》第三十八条的规定,当事人有质证和辩论的权利,且未经质证的证据不能作为认定案件事实的证据,为了维护受援人的权益,法律援助人员有义务对本案中的证据进行发问、质证,也有义务回答被告方的发问。参考《适用民事诉讼法解释》第104条规定的规定,人民法院应当组织当事人围绕证据的真实性、合法性以及与待证事实的关联性进行质证,并针对证据有无证明力和证明力大小进行说明和辩论。法律援助人员的发问和质证,应该围绕证据的三性以及证明力大小进行。

10.(庭审笔录)庭审结束,法律援助人员应该根据仲裁庭审理情况,如实制作庭审笔录。庭审笔录的内容包括:(1)庭审时间、地点;(2)参加庭审的相关人员;(3)仲裁庭调查和仲裁庭辩论阶段的大概情况;(4)其他可以如实反映庭审的内容。

制定说明:全国律协颁行的《律师执业行为规范》第39条规定,律师应该建立律师业务档案,保存完整的工作记录。庭审是案件代理工作中最为重要的环节,也是代理行为质量高低的决定性环节,记录庭审尤为重要。本条希望通过庭审记录督促律师提高庭审质量,也希望通过庭审记录规范法律援助代理行为,管理或者监督法律援助行为。

11.(提交代理意见)庭审结束后,法律援助人员应该及时向法庭提交书面代理意见。

制定说明:虽然向法庭提交书面代理意见不是诉讼法或者相关法律行为规范的硬性要求,但是在司法实务中,法官一般会要求提交,或者代理律师为了仲裁员能更全面把握其代理意见主动提交代理意见。本条要求法律援助人员在庭审结束后向仲裁庭提交代理意见,一方面可以方便仲裁员掌握代理意见,另一方面也促动法律援助人员更高质量地完成代理工作,为受援人积极服务。

12.(先予执行)法律援助人员可以根据受援人的要求及《劳动争议调解仲裁法》第四十四条的规定,代为提出先予执行申请。

制定说明:《劳动争议调解仲裁法》第四十四条规定,仲裁庭对追索劳动报酬、工伤医疗费、经济补偿或者赔偿金的案件，根据当事人的申请，可以裁决先予执行，移送人民法院执行。仲裁庭裁决先予执行的，应当符合下列条件：（一）当事人之间权利义务关系明确；（二）不先予执行将严重影响申请人的生活。法律援助人员发现受援的案件符合先予执行条件的，有义务向仲裁机构申请先予执行，保障受援人权益。

13.（调解）诉讼中，未经受援人特别授权，法律援助人员不得代为调解。经受援人授权代理调解的，受援人签署调解协议之前，法律援助人员必须告知受援人调解内容以及相关风险。

制定说明：仲裁中的调解涉及被代理人实体权利的处分，代理人代为调解时，必须经过被代理人的特别授权。在法律援助案件中，因为受援人一般受认识等各方面限制，在调解权限的设置上，除了需要特别授权外，还增加了，协议签订之前，法律援助人员告知受援人调解内容以及相关风险分析的义务，以充分保障受援人的权益，避免后续纷争。

14.（法律援助的解除）法律援助人员不得无故解除与受援人之间的委托代理合同。因故需要解除的，必须先报法律援助机构，经法律援助机构同意之后，才能解除。

制定说明：《湖北省法律援助条例》第三十九条和《律师执业行为规范》第四十二、四十三条的规定，律师在一般情况下不得解除委托代理合同，但是确实需要解除的，也可以解除。法律援助人员因此在一般情况下不得解除合同，确实需要解除的，因为涉及法律援助的管理和监督，在解除之前，必须告知法律援助机构。

其他非诉案件

1.（会见受援人）委托代理协议签订后，法律援助人员应及时会见受援人或其法定代理人。会见时，法律援助人员应向受援人或其法定代理人了解案情，解答其法律咨询，告知其诉讼权利义务，分析诉讼风险。会见结束，法律援助人员应制作会见笔录。会见笔录应当经受援人确认无误后签名或者按指印；受援人无阅读能力的，法律援助人员应当向受援人宣读笔录,并在笔录上载明。会见笔录应该包括以下内容:(1)会见的时间、地点和参与谈话人员;(2)谈话的基本内容;(3)了解的案件基本情况。

制定说明:《办理法律援助案件程序规定》第二十六条第 1 款规定了法律援助人员与受援人的会见制度,但是,没有对会见时间以及相关行为作出规定。为了让法律援助人员及早从受援人处了解案件情况,启动援助工作,让受援人能清楚诉讼权利以及风险,本条在《程序规定》的基础上进一步明确了会见时间、会见应涉及的事项以及细化了会见笔录的具体内容。另外,关于会见时间上使用"及时",没有具体确定是多少日之内,是考虑给予法律援助人员根据不同案情以及自己的时间安排,灵活处理。

2.(撰写文书)根据不同案情需要,法律援助人员应代理受援人书写法律文书。撰写法律文书时,应尊重受援人的意见,依法而合理地提出诉求;受援人提出不合理要求时,法律援助人员应予以解释。

制定说明:《湖北省法律援助条例》第二十六条明确了代写文书是法援的形式之一,故特别强调法律援助人员代为书写法律文书和协助立案的规定。诉求在一定程度上涉及对实体权利的处分,且利益程度较大,因此本条特别要求撰写法律文书的内容,必须经受援人同意。

3.(调查取证)法律援助人员应根据案件需要进行调查和收集证据,并制作取证笔录。调查取证时如有必要,可以请求法律援助机构出具的证明文件或者与有关机关、单位进行协调。取证笔录的内容应包括:(1)取证的时间;(2)获取的证据;(3)证据的取得方式。

制定说明:《程序规定》第二十七、二十八条规定法律援助人员根据案件需要可以本地和异地取证,因为行政案件的特殊性,异地取证情况极为少见,本条没有做异地取证的规范。考虑到是否取证以及如何取证,是衡量法律援助人员工作付出的内容之一,本条在《程序规定》的基础之上,增加了取证笔录的要求。

4.(处分权利)法律援助过程中,涉及对受援人权利义务的处分时,法律援助人员应分析清楚争议的权利义务关系,告知受援人,并记录在卷。

制定说明：非诉法律援助的主要内容应该是协助受援人从事非诉法律活动，未经特别授权不得代为处分受援人的实体权利。故涉及权利处分时，法律援助人员必须向受援人分析利弊，并将此活动记录下来，以利于对相关活动的监督，也有助于避免受援人与法律援助人员之间产生不必要的争端。

5.（调解、和解）非诉案件中和解或调解协议签署之前，法律援助人员必须告知受援人和解或调解内容以及相关风险，未经受援人同意，法律援助人员不得在和解或者调解协议上签章。法律援助人员应将以上情况记录在卷。

制定说明：和解和调解协议是纠纷双方意思表示一致的结果，未经受援人特别授权，法律援助人员不得代为之。为了充分保障受援人的处分权，法律援助人员应该告知其利弊，未经同意，不能代受援人签章。

附录三：法律援助实证研究调查问卷及访谈

调查问卷（民众卷）

您好！

首先请原谅打扰了您的工作和休息。为了全面、真实地了解法律援助的运行情况，获取法律援助理论研究的第一手资料，武汉大学法学院组织了本次法律援助调查，希望能得到您的支持与协助。谢谢！

本次调查的结果，仅用作研究。各个选项没有正确和错误之分，请您如实填答。您所填答的意见，绝不会给您带来任何麻烦，请放心。您的回答将为国家进一步完善相关法律制度提供帮助。

再次感谢您的支持与协助。

祝您工作顺利，生活愉快！

注意事项：

＊请您按照问卷的提问顺序逐一填答，以免漏答。

＊每个题目下都列出了若干供您选择的情况，请您选出与您的实际情况最相符的一项，在相应的序号或位置上划"√"。

＊没有给出选项的，请您在空白处填写。

＊除特别说明外，每个题目均请选择一个答案。

＊问卷中竖线右边的编码框是计算机处理用的，请您不要填写。

＊有不理解或不清楚之处，请向调查员询问。

您的姓名：_____

工作单位：_____

联系方式：_____

（此处姓名等信息自愿填写）

1. 您的年龄段是（周岁）？

A. 18 岁及以下

B. 18—30 岁

C. 31—40 岁

D. 46—60 岁

E. 60 岁以上

2. 您的文化程度是？

A. 初中及以下

B. 高中（中专）

C. 大专

D. 本科

E. 研究生及以上

3. 您的职业是？

A. 公务员

B. 工人

C. 自由职业者

D. 农民

E. 学生

F. 其他

4. 您的性别是？

A. 男

B. 女

5. 您知道您家附近有法律援助工作站吗？

A. 知道

B. 好像听说有

C. 不知道

6. 您认为下列哪些机构应当提供法律援助

A. 法院

B. 律师事务所

C. 法律援助站

D. 司法局

E. 其他

7. 请问您是通过以下哪种途径了解"法律援助"这项工作的？（可多选）

A. 电视、报刊等大众媒体

B. 政府相关部门的宣传

C. 朋友或邻居的介绍

D. 其他

8. 请问您以及您周边的亲人朋友接受过法律援助吗？

A. 有

B. 没有

C. 不清楚

9. 法律援助需要收费吗？

A. 需要

B. 不需要

C. 看情况收费

D. 不知道

10. 如果您周边的亲人朋友申请过法律援助，您觉得他们对法律援助的评价如何？

A. 好

B. 一般

C. 差

D. 说不清

E. 没有申请过，不知道

11. 您认为法律援助制度能否有效保证弱势群众的合法权益？

A. 有效保证

B. 效果一般

C. 没有效果

D. 说不清楚

12. 你知道以下哪几项属于法律援助范围吗？（可多选）

A. 依法请求国家赔偿

B. 请求给予社会保险和最低生活保障待遇

C. 请求给予抚恤金、救济金

D. 请求给付赡养费、抚养费、扶养费

E. 请求支付劳动报酬

F. 请求交通事故、工伤事故、医疗事故等损害赔偿

G. 主张见义勇为产生的民事权益

H. 请求获得刑事辩护、刑事诉讼代理

I. 请求办理与公民人身、财产相关的公证事项

13. 你知道下列哪几项属于法律援助对象吗？（可多选）

A. 领取最低生活保障金和失业保障金的人员

B. 经济困难的优抚对象

C. 社会福利机构中由政府供养的收养人员

D. 因自然灾害或其他不可抗力造成经济困难，正在接受国家救济的人员

E. 经济困难的残疾人、孤寡老人、孤儿

F. 刑事案件的被告人是盲、聋、哑人或者未成年人而没有委托辩护人的，或者被告人可能判处死刑而没有委托辩护人的

G. 其他因经济困难无力支付法律服务费用的人员

14. 如果您符合援助条件，遇到困难您愿意申请法律援助吗？

A. 愿意

B. 看情况

C. 不愿意

15. 您知道有高校法律援助机构存在吗？

A. 知道

B. 听说过

C. 不知道

16. 您对法律援助还有哪些意见和建议？

调查问卷（律师卷）

您好！

首先请原谅打扰了您的工作和休息。为了全面、真实地了解法律援助的运行情况，获取法律援助理论研究的第一手资料，武汉大学法学院组织了本次法律援助调查，希望能得到您的支持与协助。谢谢！

本次调查的结果，仅用作研究。各个选项没有正确和错误之分，请您如实填答。您所填答的意见，绝不会给您带来任何麻烦，请放心。您的回答将为国家进一步完善相关法律制度提供帮助。

再次感谢您的支持与协助。

祝您工作顺利，生活愉快！

注意事项：

＊请您按照问卷的提问顺序逐一填答，以免漏答。

＊每个题目下都列出了若干供您选择的情况，请您选出与您的实际情况最相符的一项，在相应的序号或位置上划"√"。

＊没有给出选项的，请您在空白处填写。

＊除特别说明外，每个题目均请选择一个答案。

＊问卷中竖线右边的编码框是计算机处理用的，请您不要填写。

＊有不理解或不清楚之处，请向调查员询问。

您的姓名：＿＿＿＿＿＿＿＿＿＿＿＿

工作单位：＿＿＿＿＿＿＿＿＿＿＿＿

联系方式：＿＿＿＿＿＿＿＿＿＿＿＿

（此处姓名等信息自愿填写）

1. 您是否愿意从事法律援助工作？

A. 非常愿意

B. 有时间会主动做

C. 指派下来的才做

D. 不愿意

2. 您从事律师职业的时间？

A.3 年以下

B.4—5 年

C.6—10 年

D.10 年以上

3. 您所在的律师事务所的规模？

A.1—29 人

B.30—45 人

C.46—90 人

D.90 人以上

4. 您目前在律师事务所所任职务？

A. 合伙人

B. 独立的执业律师

C. 兼职律师

D. 律师助理

5. 您平均每年代理的法律援助案件的数量为？

A.1—2 件

B.3—5 件

C.6—10 件

D.10 件以上

E. 没代理过

6. 您代理的法律援助案件主要类型是？

A. 刑事辩护、刑事诉讼代理

B. 请求给付赡养费、抚养费、扶养费等

C. 交通事故、工伤事故等损害赔偿

D. 支付劳动报酬

E. 其他

7. 您办理法律援助案件的原因是什么？

A. 能帮助弱势群体

B. 工作任务

C. 能增加办案经验

D. 能拿到补贴

E. 其他

8. 您在办理各类法律援助案件中主要遇到的问题是？

A. 有关部门不配合

B. 当事人不愿说明全部真相

C. 经费短缺

D. 其他

9. 您知道有非政府提供的法律援助存在吗？

A. 知道

B. 听说过

C. 不知道

10. 您认为目前制约法律援助发展的最主要因素是？

A. 政府投入不足

B. 法律援助管理机制

C. 律师无偿服务，责任心不强

D. 法律援助律师素质不高

E. 其他

11. 您认为律师不愿意从事法律援助的原因有哪些?

A. 法律援助当事人难以沟通

B. 不是律师义务，而是政府责任

C. 经费补贴很少

D. 其他

12. 您认为法律援助制度能否有效保证弱势群众的合法权益?

A. 有效保证

B. 效果一般

C. 没有效果

D. 说不清楚

13. 您觉得高校法律援助机构有无存在必要?

A. 有必要，它可以补充政府法律援助的不足。

B. 没必要，政府法律援助可以覆盖全部法律援助需要。

C. 说不清楚。

14. 您认为应该采取何种方式监督法援案件办理质量?

15. 代理法援案件对您有什么影响?

16. 您对于法律援助有何意见及建议?

调查问卷（行政机关工作人员卷）

您好！

首先请原谅打扰了您的工作和休息。为了全面、真实地了解法律援助的运行情况，获取法律援助理论研究的第一手资料，武汉大学法学院组织了本次法律援助调查，希望能得到您的支持与协助。谢谢！

本次调查的结果，仅用作研究。各个选项没有正确和错误之分，请您如实填答。您所填答的意见，绝不会给您带来任何麻烦，请放心。您的回答将为国家进一步完善相关法律制度提供帮助。

再次感谢您的支持与协助。

祝您工作顺利，生活愉快！

注意事项：

＊请您按照问卷的提问顺序逐一填答，以免漏答。

＊每个题目下都列出了若干供您选择的情况，请您选出与您的实际情况最相符的一项，在相应的序号或位置上划"√"。

＊没有给出选项的，请您在空白处填写。

＊除特别说明外，每个题目均请选择一个答案。

＊问卷中竖线右边的编码框是计算机处理用的，请您不要填写。

＊有不理解或不清楚之处，请向调查员询问。

您的姓名：＿＿＿＿＿＿＿＿＿＿＿＿

工作单位：＿＿＿＿＿＿＿＿＿＿＿＿

联系方式：＿＿＿＿＿＿＿＿＿＿＿＿

（此处姓名等信息自愿填写）

1.您的性别是？（单选）

A. 男

B. 女

2. 您所属的年龄段为？（单选）

A. 22—30 岁

B. 30—40 岁

C. 40—50 岁

D. 50 岁以上

3. 您从事法律援助工作的时间？（单选）

A. 1—3 年

B. 3—7 年

C. 7—10 年

D. 10 年以上

4. 您所在的司法局有多少人从事法律援助的专职工作？（单选）

A. 1—3 人

B. 3—7 人

C. 7—10 人

D. 10 人以上

5. 您每年办理的法律援助案件数量为？（单选）

A. 10 起以下

B. 10—20 起

C. 20—40 起

D. 40 起以上

6. 您认为法律援助制度能否有效保障弱势群体利益？（单选）

A. 有效保障

B. 效果一般

C. 没有效果

D. 说不清楚

E. 不知道

7. 您所在的司法局针对不同案件类型的法律援助申请的态度如何？（单选）

A. 只要符合援助条件，均予以援助

B. 具体情况，具体分析

C. 说不清楚

8. 您办理的法律援助案件类型主要为？（多选）

A. 依法请求国家赔偿的

B. 请求给予社会保险待遇或者最低生活保障待遇的

C. 请求发给抚恤金、救助金的

D. 请求给付赡养费、抚养费、扶养费的

E. 请求支付劳动报酬和维护其他劳动保障权益的

F. 主张因见义勇为行为或者为保护社会公共利益产生民事权益的

G. 因遭受家庭暴力、虐待、遗弃主张民事权益的

H. 因交通事故、工伤事故、医疗损害、食品安全、环境污染、产品质量以及农业生产资料等造成人身损害或者财产损失请求赔偿的

I. 刑事案件的被告人是盲、聋、哑人或者未成年人而没有委托辩护人的，或者被告人可能判处死刑而没有委托辩护人的

J. 其他＿＿＿＿＿＿＿＿＿＿＿＿＿＿

9. 您认为当前的专项法律援助经费是否可以覆盖和服务到所有需要帮助的人群？（单选）

A. 可以

B. 有些年份可以，有些年份不可以

C. 不太可以

D. 完全不可以

E. 不清楚

10. 您认为法律援助的案件受理范围需要进一步扩大吗？（单选）

A. 十分需要

B. 需要

C. 不太需要

D. 不需要

E. 说不清楚

11. 针对上诉案件的法律援助申请，您是否会建议受援人向上一级法律援助中心申请法律援助？（单选）

A. 会

B. 一般不会

C. 不会

D. 不清楚

12. 您所在的司法局是否购买过公共法律服务？（单选）

A. 是

B. 否

C. 不清楚

13. 您如何看待政府法律援助与民间法律援助之间的关系？（单选）

A. 鉴于法律援助工作的特殊性，法律援助工作应当只由政府展开

B. 应当以政府法律援助为主，民间法律援助为辅，两者通力合作

C. 民间法律援助有存在的必要，可以分担部分政府法律援助

D. 政府法援已经可以覆盖需要帮助的人群，不需要民间法律援助力量的参与

E.民间法律援助不规范，力量薄弱，发展前景小，没有存在的必要

14.您是否欢迎其他组织（尤其是高校）加入法律援助工作中来？（单选）

    A.十分欢迎

    B.欢迎

    C.一般

    D.不欢迎

15.您在凭法律援助公函查阅相关档案资料时，对相关单位的配合工作满意程度为？（单选）

    A.非常满意

    B.满意

    C.一般

    D.不满意

    E.非常不满意

16.您如何看待国家有关文件要求依据当地条件成立军事法律援助工作站？（多选）

    A.军人军属法律援助工作是中国特色法律援助事业的重要组成部分，对此我们表示支持

    B.军事法律援助工作站对军人军属申请法律援助的案件，经济困难条件适当放宽，拓宽了申请渠道

    C.军事法律援助工作站对三类军人均属免于经济条件审核，优化了办理程序，健全了军人军属法律援助工作机制

    D.军事法律援助工作站的成立将破坏法律援助工作中受援人身份的平等性

    E.军事法律援助工作站的成立将导致我们的工作更繁重，不太欢迎

17. 您所在的司法局除了有专项法律援助经费，是否有社会捐助经费？（单选）

　　A. 是

　　B. 否

　　C. 不清楚

18. 您所在的司法局每年开展多少次普及、宣传法律援助的活动？（单选）

　　A. 1—3 次

　　B. 3—5 次

　　C. 5 次以上

19. 您所在的司法局对完善法律援助服务质量监管机制工作采取了哪些措施？（多选）

　　A. 庭审旁听

　　B. 案卷检查

　　C. 质量评估

　　D. 办案质量与办案补贴挂钩

　　E. 征询司法机关意见

　　F. 回访受援人

　　G. 聘请社会监督员

　　H. 其他＿＿＿＿＿＿＿＿＿＿＿＿＿＿

20. 针对您所办理的法律援助案件，受援人的满意程度如何？（单选）

　　A. 非常满意

　　B. 满意

　　C. 一般

　　D. 不满意

　　E. 非常不满意

21. 您认为制约当前法律援助工作展开的主要原因有哪些？（多选）

A. 政府投入不够

B. 宣传与告知力度不够

C. 门槛过高，申请条件苛刻，受理范围较窄

D. 受指派律师积极性不高

E. 受援人对法律援助工作的不信任

F. 其他行政司法机关的协同性不足

G. 分阶段指派律师不合理，法律援助的不连续性

H. 法律援助中心专职律师过少，工作人员法律素养较差

I. 其他＿＿＿＿＿＿＿＿＿＿＿＿＿＿＿＿

22. 您对法律援助工作有什么意见或者建议？

访谈提纲

一、访谈目的

通过一系列问题来调查××市（县、镇）司法局（所）工作人员对法律援助的态度和看法，来衡量该调查地区的法律援助实际情况，并对其不足提出一些建议，以期促进该地区法律援助制度的发展与完善。

二、访谈方式

面对面的访谈

三、访谈对象

××市（县、镇）司法局（所）工作人员

四、提问提纲

（一）访谈开场语

您好！首先感谢您的参与。我想就法律援助工作中的一些问题采访您一下，主要想了解一下司法局（所）工作人员对法律援助工作的态度和看法，以及心得体会等。以便为我们学习和了解法律援助的理论和实践提供借鉴。

（二）访谈对话

1. 能否给我们介绍一下贵局（所）法律援助工作从申请到结案的全过程？

2. 想问一下贵局（所）对受援人申请法律援助的资格审批具体有哪些？

3. 您认为现阶段的法律援助案件受理范围需要进一步扩大吗？

4. 贵局（所）法律援助工作中案件类型主要有哪些？呈现怎样的特点？

5. 您认为当前的专项法律援助经费能否覆盖和服务到所有需要帮助的人群？如若不足，不足的原因是什么？

6. 您所在的市有没有民间法律援助机构？贵局与当地大学的法律

援助机构有没有合作？具体的合作模式是怎样的？

7.您如何看待民间法律援助机构？您觉得民间法律援助机构应当承担哪些工作与职责呢？

8.您如何看待国家有关文件要求依据条件成立军事法律援助工作站？您所在的司法局（所）是否成立了军事法律援助工作站？

9.您能谈谈贵局（所）法律援助的律师指派范围吗？

10.您认为目前法律援助工作迫切需要加强的是什么？

11.最后请您谈谈对法律援助工作的意见或者建议。

（三）访谈结束语

再次感谢您的配合，祝您工作顺利，生活愉快！

五、访谈步骤

（一）选取对象

（二）开始访谈并记录

（三）访谈的反思与评估

六、采访前需携带的器材备注

（一）本子、笔及相关个人证件

（二）录音笔

（三）访谈提纲

（四）调查问卷

访谈报告

（一）某省 A 市法律援助中心访谈实录

介绍：我们现在办公的地方是按照省司法厅关于窗口建设的要求设立的。有共一百多平方米的三间办公室。人员结构是三个财政供给，还有一个是自给自足的事业编制。单位性质是全额财政供给的事业单位，基本上目前的设施及人员机构相对比较稳定。工作量为 2015 年 220 件、2016 年 255 件、2017 年 305 件。省厅下达的任务数为 2015 年 227 件、2016 年 282 件、2017 到目前为止是 254 件，我们每年都超额完成了任务。在 A 市，在司法局党委的统一领导下，及时提供了高效、方便、快捷的法律服务。目前在 20 个乡镇设立了法律援助工作站，跟司法所一套人马、两块牌子，在残联等六个社会团体设立了法律工作站，同时在武装部、看守所也都设立了法律援助工作站。

在案件类型方面，未成年人的犯罪居高不下，前不久我们办了一起一案八人的未成年人犯罪案件，其中七个人是我们法律援助中心指派的律师。另外，交通事故、工地工伤比较频发，刑事案件占比还在不断上升。就采取的措施而言，未成年人共同犯罪因异地羁押，异地开庭的，就由法律援助中心牵头，统一会见、统一开庭，以节约成本。一些特殊人事我们就通过法律援助工作站直接抽选再报法援中心进行审批，就近方便一些特殊人群。

总而言之，在 A 市局的统一领导和部署下，我们着重让更多的人获得法律援助，更好地为其提供法律援助，让人民群众对法律援助更加满意。当然，所做的工作还有一定缺陷和问题，有几种能解决：首先，人员结构上，自给自足的事业编制分到我们这里，严格来讲我们是不能收的。但按照当地人员安置的管理规定，也是政治任务。那么接纳后这些人的身份如何定位就存在问题。第二，随着案件数不断攀升，工作量不断加大，专项经费始终停留在原有基础上，跟现在物价上涨、投入成本的增加就不融洽，比如单说未成年这一块，异地关押、异地开庭、来回车辆要跑的每一趟都是上千，如果不采取我们这种集中会见、集中开庭、统一行动的话，可能要更多的资金。第三，目前扩大了法律援助范围，但对我们同时也是一种考验。因为我们工作量大了，在满足案件数要求的同时，能不能提供更好的服务，量变能不能产生质变，也是值得思考的。所以我的想法是，就目前来讲，不宜再扩大这个范围，因为中办、国办文件都在扩大，省里也在扩大，到了 A 市已经扩大了很多，所以我们现在只能稳中求进。对于今后的发展趋势来说，随着精准扶贫的力度加强，贫困人口在减少，那么我们又面临着服务的人群是谁？经济困难怎么来定？所以我们要立足现在着眼将来，把现在的事一步步的干好，同时也要思考今后这方面的工作。

问：谢谢 z 主任！有个小问题，您刚刚说的未成年共同犯罪的情况，就是异地羁押异地开庭、由法律援助牵头的话，前提是必须得一个群体性的，刚说的七个人，或者八个人一起对不对？那如果说是散的呢？比如单个的犯罪嫌疑人呢？关押就没在一起就没有办法统一会见。

答：那就只有自己分头去。

问：所以您那个 D 市的是关到哪里？

答：B 县。

问：我们刚去 C 县说的是 B 县、D 市、E 县和 C 县。关在 E 县，还没有转到 C 县来。你们是 D 市和 B 县，轮流关还是怎么着？

答：不是，他就是未成年人，只要是未成年人案件，过了十月份可能就到 D 市关了。

问：还是轮流的？

答：对，还是轮流的。

问：您刚讲的这些案子当中，2015 年就完成了 227 件，诉讼案件的比例大概是多少？

答：诉讼比例达到了 87%，2015 年好像是。

问：那另外一个问题就是您刚讲的看守所、工会、残联、妇联的工作站，能为你带来大概多少案件？

答：今年看守所到目前为止已经有六个案件了。

问：残联、妇联那边也差不多？

答：要稍微要少一点。

问：好的。其实，根据我们前面调研的情况呢，你刚才讲的这些编制、案件数量、经费的问题，还有法援范围在某种意义上说是有点无序扩大。各地州都有这个问题，A 市是把这个经济困难标准提升到两倍，每个地方在制定地方的法律援助标准的时候都加了一些自己的地方货，F 州的地方法援条例就规定可以代理所有的拆迁案件。我们就问他，你办过一起拆迁案件没？他说我们没宣传。其实拆迁的人往往也是有钱人，根本就不应该在里面。G 市比较特别的就是计划生育的独生户，不管困难标准，只看身份。所以您刚刚说的这种情况其实各地都有，但是这个范围扩大以后，大家觉得负担很重；还有专职律师不能拿补贴，是一个全省范围内大家都意见很大的事情。我们特别需要知道的是每年案件数、整体的贫困人口数和诉讼案件的比例，比方说，每年办理的案件中农村的案件，在您的这个案件当中占比是多少？ 是 1/3 还是 1/4 ？ 还是更少？另外，讨薪的案件，涉及农民工的案件，大概比例是多少？

答：我首先把我们 B 县法援中心人员结构的具体情况跟大家介绍一下。我们中心现在有四个人，两个专职律师和两个内勤。我们的性质是事业单位。中心的四个人都是财政拨款。我们每年办理的法律援助案件就在 200 件左右，去年完成 242 件，今年到目前为止办理的案件 200 件。诉讼案件的占比大概在 80% 以上，因为我们 B 县的情况也比较特殊，全县社会律师就只有 20 多个。案件的任务相对来说就比较重，全县 13 个乡镇司法所都建了法律援助工作站。有的乡镇辖区的一些民事诉讼案件，或者非诉调解的（案件）就都指派给这些乡镇司法所的工作人员办理。但是目前乡镇工作人员办理法律援助案件的身份又有点特殊。他们都没有职业资格。

问：他们没有资格证吗？

答：没有资格证。现在只有一个法律服务所，四个律师事务所。乡镇法律援助工作站办理的案件数基本上要占所有法援案件的一半。所以我们每年的法援案件任务是比较重的。但是在 A 市法律援助中心和我们县司法局党组的领导下，我们每年都能完成任务，而且去年和今年办理的相关的案例还被省残联、省司法厅评选为优秀案例呢！我是 2004 年开始从事法律援助工作的，到今年也十三四个年头了，在法律援助战线也是老同志了。所以说经历这么多年酸甜苦辣都尝过，更多的可能是从事这个工作的艰辛。总体来说，目前存在的困难就是法律援助中心的人员年龄偏大。我们中心四个人的平均年龄是 46 岁，最年轻的一个男同志是 73 年的，三个女同志都是 70 年的。法律援助工作的特殊性给我们有个警示。专职律师在逐年地下降，有的同志不愿意从事专职律师，可能是法律援助人员的身份和待遇影响着制约着工作的发展，这是我们必须引起重视的一个问题。我们中心的四个人就有两个在法律援助中心执业十多年，别人调不进来也不愿意进来，想调出去的人也出不去。

问：那相当于你们三个都有律师证的？

答：我们就两个有律师证的。

问：其实理论上说如果你不干了，你直接到律师事务所去找饭吃，可能比这个强多了，是这个意思吗？

答：可以这么说。这个方面就制约法律援助的专职律师，就是到了年龄就到法律援助中心吃一碗案件的饭，有个稳定的工作。我们这儿年轻的律师他们都不愿意进了。

问：就是收入太低？

答：嗯，收入太低了。

问：您这儿的专职律师是全额财政拨款的事业编的话，你跟公务员的待遇比起来呢？

答：那我们目前跟公务员的待遇肯定差多了。一是我们的身份都不是公务员，我们去年搞的职级改革，有公务员身份的都可以靠副科待遇，事业单位就不能靠，工资上不去，一个月有两百来块钱的差距，但马上车补要发下来，不是公务员的就又没有了，一个月就七八百块钱的差距是有的。

问：主要是待遇问题？

答：嗯，待遇问题，身份问题制约。再说案件类别，我们主要的就是女同志离婚的案件，还有工伤的、老年、社会责任纠纷这三类案件，这三类案件是比较多的。未成年人犯罪的案件，这几年我们通过跟公安机关检察机关法院进行沟通，在侦查阶段，审查起诉阶段如果没有聘请律师的，他们都通知我们，我们及时指派律师参与。

问：相当于这个比例在上升？

答：嗯，这个比例在上升。

问：嗯，刑事案件司法部其实有要求嘛，就是说要保证所有的刑事案件都是有律师的。

答：我刚才说的就是刑事案件，未成年人刑事案件以及其他刑事案件，如果经济困难的到我们那里去申请法律援助，我们审查一下，确实是属于经济困难的，都会批准。我们对几类人不审查经济困难，精准扶贫的对象、残疾人、妇女我们有的还要审查，看一下案件类型，如果是离婚的，有家庭暴力的，这方面的我们就不用审查。涉及到老年人的我们每年要办几个涉及老年人赡养的。还有一个就是交通事故方面的，不审查经济困难直接受理。受理程序就是当事人申请，我们法援中心交给分管我们的局长审批是否给予法律援助。我们县的情况大致就是这样。

问：好，非常非常感谢。那我们现在就是听一下 H 区。

答：我说一下 H 区的情况啊，这 H 区是 A 市的一个县级区。H 区法律援助中心的机构性质是差额拨款的事业单位。人员结构上有两个专职的，一个是专职律师，一个是专职的内勤。总共有六个专职律师，除了我一个专职律师是常年在中心的除外，其他的五个专职律师就分在乡镇的律师事务所和司法所。工作量上，我们今年的工作任务是办理交通案件 210 件。

问：任务量是 210 件么？

答：是的。去年我们是 160 件，一年就增加了 50 件。说内心话，感觉压力非常大，完不成。但是呢，去年我们觉得压力大，最后还是完成了，当然我希望今年也是这个情况。

问：您觉得完不成主要是因为什么原因？是诉讼案件的情况么？

答：完不成的主要原因我觉得，这个地方虽然是个县级区，但范围还是有限，因为我们Ａ市有Ａ市法律援助中心，有些当事人就找到市中心去了，受地域限制。

问：那一般会不会出现这种情况，比如说已经到你Ａ市了，你又把他指回去呢？

答：一般情况下我们这边能够处理的、不是特别跟地域有关系的，还是在我们这里处理了。好多人都不知道Ｈ区还有个法律援助中心，市里边比较难处理的也在我们这边。

答：这是一个工作量的实际情况。案件类别有这么个特点，从数量上看最多的是交通事故，第二就是劳动争议，第三个就是婚姻家庭。我统计的话就是这三大类比重比较大。下面我重点说一下我们中心的法律援助案件从申请到结案全过程。我把它分成七步，第一步就是当事人到中心或者法律服务所填表，我们事先把法律援助的所有表格都分发到律师事务所和法律服务所、公证处，方便当事人第一时间可以填表申请。现在主要填两个表，一张就是法律援助申请表，法律援助申请表主要是写明当事人的身份信息和主张的成立，这个表是不要盖章的。第二个表就是经济状况困难的证明表，填写当事人本人及其家庭的经济状况收入，填好以后要村、社区盖公章，然后到所属的乡镇街道和民政办公室盖章证实，这是第一步。第二步就是将这两张填好的表送到我们法律援助中心，我们依据《省法律援助条例》进行审查，审查其是否符合法律援助申请条件，一般需要三天到五天。那么结果就是两种，一是决定给予法律援助，给予法律援助的我们就要填一个中心的审批表，填好审批表以后还要再填一个决定书，决定援助服务，这也是司法部规定的一个格式文书，决定书填好以后马上就填案件承办的指派通知书。案件指派通知书就是我们把这个案件指派到律师事务所、法律服务所、公证处、或者法律司法鉴定所这些具体的机构，然后由这些具体的机构分派到某个律师作为法律援助者具体承办，这是决定给予法律援助。还有决定不给予援助，当事人有异议的话，可以到司法局申请复核。

问：不好意思打断一下，像这种情况（决定不给予援助）多吗？

答：基本没有。

问：因为我们前面调研时也问过这个问题，就是不给援助的话，他们尽量不下裁定，因为给这个通知书带来的后果紧接着就是复议。

答：我们也是这样做，没有给不予决定援助的通知书。

问：如果你给他不予援助，他就会去复议，复议了以后就程序走的更多。所以他们一般都是说服他，就是你要是给不给予援助决定书，你给这个决定的话，你就是自己找麻烦。

答：一般的话我们比较慎重。不给援助的比较慎重，你要有充分的理由说服他，事先得考虑这个。第三步就是将上述表格资料移交到指定承担法律援助的律师、法律服务所、公证处、法律司法鉴定所，让他们具体来承办。当法律援助的决定和其他函到来承办机构以后，会由承办机构与当事人、申请人签订委托代理合同，并载明委托代理权限。这是由具体承办机构要做的第四步。第五就是由承办机构的律师、法律工作者、公证员做具体事务，参与仲裁或者鉴定全过程。第六步是案件办理完以后，必须有仲裁书，或者法院的裁定书、调解书、判决书，或者公证处的公证书，或者法律司法鉴定所的鉴定书。有这些法律文书才可以结案，这个案子才算忙完了。第六步还有一个重要环节就是，由承办律师填写结案报告，报告里面有受援人的反馈意见，受援人对案件承办的满不满意、有什么建议、意见都得写到报告里面。结案报告就是我们评比案件质量最重要的依据。第七步就是承办者把整理完的卷宗送到法律援助中心，我们到年终再根据卷宗的性质类别，分发案件补贴。其他同行说了的我就不重复了。

问：有一个问题就是，当受理了申请把决定给他们以后，在把案件指派到给专职律师或社会律师的时候，这个过程是怎么指派案件交接的？

答：这个过程必须在三到五天完成。填写两张表格，一个审批表，一个决定书，再一个就是指派函。

问：不是，我的意思是问当您决定给他援助以后，案件是怎么到具体承办律师手上的？就是怎么去确定具体援助案件的人的？

答：我们让当事人把手续资料带到律师事务所、法律服务所，交给律所主任或法律服务所的主任，由他们主任领导去分派。

答：好，谢谢。

问：您好，您第六步说最后要写一个结案报告作为评比依据。主要看什么呢？就是看受援人对您指派给他的律师以及结果满不满意？您对这个怎么看呢？您对后面的比如说案卷整理那一块会不会觉得太繁琐了呢？

答：这是我们司法部的一个规定动作，就是说必须有这样一个程序，司法部的法律援助全过程总的表格是 24 份，我们还尽量简化了。总而言之，从受案到结案的过程，我归纳了两个原则，规范和高效。规范我理解为法律援助是个政治行为，而且不能太随意，哪怕随意也得规范，这是基本前提。第二要在这个前提下要提高效率。我们是三到五天，一般三天就解决，这是高效。

问：社会律师承办的比例大概是多少？

答：社会律师承办的大概只有三分之一。因为我那儿只有一个律师事务所。

问：所以您的办案主力还是你们自己的专职律师？

答：主要的工作量还是在我们六个专职律师和下面这八个法律服务所的法律工作者。

问：八个法律服务所的法律工作者大概总共多少人？

答：每个法律服务所有法律工作者有两到三名。

问：那您和 B 县的情况就差别很大。B 县的这个法律服务所人很少，是吧？

答：是啊，我们就 7 个法律工作者，20 个社会律师。

问：所以实际上就是说，主要工作还是在专职律师身上，社会律师其实承担得并不太多。

答：主要就是跟各地的律师事务所律师的人数关系比较大。

问：那么这里有一个问题。其实每个地方案件完成量的压力挺大的，整个 H 地区还算好，还是经济比较发达的地区嘛。I 县人口才 22 万，一年的案件量是 300 多，所以县一级法援中心的工作量其实差别很大。还有一个问题就是律师人少，I 县，全部加在一起才十几个。我刚刚为什么问诉讼律师是多少，就是诉讼案件占比越高就越说明是实的嘛，因为调解案件是比较容易加进来算的。所以我觉得还涉及另外一个更大的问题就是经费保障。因为现在公职律师是没有补贴的，对不对？事多人少，经费还是那么多，而且没有那么多社会律师参与的话，相当于国家不断给你压担子你还是会想办法把案件数量搞上去。打个不恰当的比方，您 2016 年完成 160 件，然后 2017 年您再增加了 50 件，其实从你的角度来说，明明你也可以完成，比如说 220 件是可以的，但宁可只报 210 件，免得明年再给我接着往下压，这是很正常的。（我跟你想的一样）所以就全省各地我们反馈回来的意见来看，我们调研返回来的结果都是案件数量的问题意见很大，公职律师不能拿补贴大家意见也很大。因为工作性质决定了你要东奔西跑，然后你还没有交通补贴，我觉得我们前面走的几个地州都没有这个问题，前面我们到 F 州，F 州是算公务员，他是有车补的。

答：我们基本上整个 A 市法律援助中心都是全额拨款的事业单位。

问：这个是按省里的要求还是 A 市里的要求？

答：基本上省里面大部分都是这样的，极少的有参公性质的。我们当时就是 A 市有司法局内设的法律援助工作科作为一个管理机构，这里面的工作人员是公务员性质，然后下面有一个 J 市法律援助中心就是财政全额供给的事业单位，也是因为这个事业单位很不利于调动大家的积极性。

问：能推出去我就尽量推出去嘛，实在推不掉我再干。我干多干少一样的钱。而且法律援助的业务上面又有要求，法律援助中心必须要有的专职律师哪里来？

答：那待遇等到实现还很远路程。法援的专职律师的话，像我们 z 律师作为专职律师在我们这儿工作十多年，他车补都没有。

答：我在市中心工作了 15 年，现在结合 H 区的具体情况说一下。我市人口 730 万，但是贫困人口达到 40 万—50 万。作为老区都是外出工作者，确实容易出现纠纷。首先我们不报虚的，从 2003 年到目前是 2340 件案子，增长了十倍。而我们各市中心的人基本上没动。2003 年我统计的时候，全市中心的人包括工作人员和专职律师 56 人，现在 49 人。目前专职律师是怎么样的呢？搞行政，定岗、定位后，专职律师基本上只有 2%—3% 的人。所以逐步的就是不准我们律师拿补贴，慢慢转到管理。但是我们每年的案子 20% 递增，基层各县市区的律师不足，但其实我们是有资格的。我再说一下工资吧，2003 年全市最低，到 2015 年全市最低。我工作 15 年，自己都养不活的生存条件，基本上全市的情况差不多啊，重要的是在一线不能办案子。第二个就是我们全市 11 个县市区的注册律师大概也就 40 多人，工作人员也就十几人。

问：注册律师是指？

答：法律援助注册律师。

答：第三个就是政策保障，自从 2013 年《法律援助条例》出台以后，一直在扩大人群、降低门槛，而且我们是从低保 1.5 倍延伸到 2 倍，压力确实很大。刑事案件只能参与，中心一共三个人，专职律师一个。第四个就是案件增幅的情况。市中心办理的案件数 70 件，2011 年是 80 件，基本每年 10% 增长，所以我们的案源分三块，一是当事人申请，我们在申请方面做了一些宣传工作。每年刑事案件大概 38%，看守所羁押的犯人也申请。另外就是信访、仲裁和专家会诊的，明知道打不赢但还不死心就是信访的，仲裁的好说点。我们从 2014 年开始推行法律援助案件质量评查，每年回访。按照司法部的（要求）做副卷，律师必须（提交）结案评述、代理词，后来我们还增加了案件回访的单子。

答：简单的补充一下，刚刚 z 律师所说的已经非常全面。我们贫困村是 432 个，47.73 万个贫困人口。我 2016 年 1 月从政治部到法律援助工作科，来了以后觉得案件数量逐年在递增，原来我们的基数比较小，15 年案件是 1800、事项是 18000，16 年是 2340 和 23400，增长了 20%，今年是 2900 跟 29000，一直在增长，有时候跟县市区的主任在沟通交流的时候，压力比较大，因为我们原来基数比较低。今年全省只有我们一个地市州是增长 20%，其他都是 10% 递增。再一个就是我们法律援助中心 1998 年成立，当时的定性是自筹自支的科级事业单位，2003 年以后纳入了财政全额供给，2010 年以后按照国家的政策变化，我们开始分成管理机构法律援助工作科和一线的法律援助中心。2016 年我到法援科来了以后，因为我们中心的主任调走了，所以这个科室跟中心都同时办公。我觉得我们中心有三个方面工作做的比较好，一个就是刚才 z 律师也提到了，疑难案件的专家会诊。这是我们在全省率先开展的工作，就是对于比较复杂的一些案件，我们把 SZ 律师事务所的资深律师请到一起对案件进行共同研判，给出相对统一的结论，面对当事人交谈清楚。专家会诊开办以来解决了 20 多件疑难案件，有一些常年上访的人，比较信服律师集中讨论以后给出的意见，也没有再过来。第二个就是和 JY 心理咨询中心合作，搞了 A 市法律援助中心心理咨询室，对一些未成年人案件除提供法律援助外还对他们进行心理疏导，也非常成功。去年一所有名的学校出现了高中生跳楼的案件，我们对他进行了多次心理疏导，后来学生走出困境后考上了北京的理工大学，我们还给他提供了 7000 块钱的助学款，这一块做得挺好的。第三个就是中央两办关于完善法律援助制度的意见和某省关于完善法律援助制度的实施意见出台以后，我们市中心就是会同 A 市委办、市政府办共同起草、出台了一个我们 A 市关于完善法律援助制度的实施意见，把经济困难标准扩大到两倍以内。按照民政局第六中心综合数据，城市居民的生活保障是 450 块钱每月，农村是 308 块钱每月，那么在 1000 块钱以内提供法律援助。意见出台以后，对于扩大法律援助的范围、覆盖哪些人群都有具体规定了，在某省地市州里边我们也是首家，这就是我们做的比较好的一些工作。关于法律援助从申请到结案全程序，我们市中心做得比较好的就是符合法律援助条件的来申请一般审核到指派，我们当天就完成指派到每个律所，基本上对律师在哪一方面比较有特长考虑得比较多。市中心的社会律师办案占比去年是 99.12%，极个别案件是法律援助专职律师办。刑事案件占比去年是 64.29%，诉讼案件的占比是 92.43%。

问：刑事案件您指的是整个全部 A 市吗？

答：不，单指市中心的。

答：全市的刑事案件占比是 24.41%，诉讼案件占比是 59.67%，社会律师占比是 39.02%，诉讼案件占比超过了全国平均数，整个 A 市其实主要还是靠我们市中心在拉动。

问：我这样理解对不对：比如说跟 B 县和 D 市比起来，那相对于 A 市中心，因为律师数量比较多，所以绝大部分案件都是律师在办，专职律师其实不怎么办案？

答：对，我没来之前 z 律师办的有一些，但后来国家政策也出现了一些调整，然后行政方面比较多，也是英雄无用武之地。

问：不，没有补助的话完全可以理解的。大家拿一样的钱，我凭什么要多干活呢？

答：对！

问：但是也有好处啊，别的地方推也推不出去只好自己办，你还是可以找律师，所以相当于你 100 个律师，一年 200 多个案件？

答：如果每个律师能够办两件案子的话，那么我们的任务完成还不是那么难。

问：实际上还是会有律师总是不办？

答：对，然后有律师可能办三件四件五件。

答：市中心做得比较好，指派到每个律师事务所就有专人负责这样的案件，就有人去办。

问：一般具体指派的时候多半都是指给律所不会指给具体个人。您这个刚讲的三种指派方式实际上就是说您要是正好今天在这儿值班，这个案子就归你了。

答：对，一般都值班律师优先，因为他对这个案子比较熟悉。

问：那如果你指给社会律师是有补贴的吗？

答：对。

问：一个案件多少钱？

答：因为 17 年的标准有变化，我们刑事案件是一千，民事案件是一千六。

问：这个是由市财政拨款还是由这个中央财政拨付？

答：市财政，去年的时候是五百和八百。

问：那你一下翻了一番啦！

答：省里去年十一月底出台了一个指导性文件我们参照执行。还有一个编制问题也想反映一下。刚 z 律师也提到了，因为省里面原则上要求市州这一级中心编制是不少于五人，县市区编制不少于三人。但到目前为止呢，我们没有看到硬性的文件规定，其实在出台 A 市的关于法律援助制度实施意见的时候，我们很想把编制问题写进去，送到市政府办就被划掉了。编制解决不了就涉及没有（上升的）台阶，法律援助中心主任是正科级，总共只有三个编制，没有设副主任，管理上其他人是科员，要是如果能够解决编制问题的话（就好了）。

答：我 2000 年到法律援助中心，注册律师 10 人，其他 5 人司法所、内勤 1 人。法律援助这一块民事比较多基本上占了 80%，刑事比较少占 20%，有时候还不到，刑事一般是指派的，申请的也偏少。法律援助案件的类型前三名，第一类是交通事故，第二类民工，第三类就是婚姻。我们去年的法律援助案件做了 286 件，民事案件占了 61%，农民工 30%，刑事案件占 9%，今年我们任务是 295 件，刑事案件占比只有 12%。

问：提一个问题，就是刑事案件占比低最主要的原因您觉得是？是因为刑事案件本身案发率也不高吗？

答：刑事案件案发率不少于以前，前年的案件可能只有 100 件左右，刑事案件最高的一年占 42%，当事人可能觉得法律援助办事他不放心，这也是一个因素。

问：这是两个问题。第一个问题刑事案件待会儿我们可以听听法官怎么看，另外一个就是贫困人口比可能要比 B 县要好一点。所以我想知道刑事案件大部分是指派吗？我们假设大部分刑事案件在县一级能够处理的相对来说比较轻微，那除了观念上的因素和整个刑事案件的案发率有没有比例问题？还有一个问题就是某些特殊类型的刑案也有法援（规定），总有一个原因是针对不同人群，为什么会比例那么低呢？

答：这个问题我们没有做过调查研究，但是，应该说刑事案件至少不比以前少。那申请的话，可能就是当事人咨询了一下，我们回复说经济困难符合申请条件，但是有的当事人申请以后就没继续打了。再一个法律援助中心的属性问题，因为我们都认为是行政职能，但是从行政法上看，未成年、聋哑、强制医疗等明确公安指派，我们就只能指派。从这个层面上，我们应当不是履行行政职能而是一个执法主体。所以怎么理顺属性问题，是不是要分两块？刑事案件申请由于行政法明确规定了，那么我们实际上是在执法，信息方面和时间上都不是很平等的。反正案件经费，管他钱多钱少我们都做，按照市场经济应该考虑进去。

问：请教一个问题，社会律师和专职律师办案的比例大概是多少？

答：我们有五个专职律师，今年做的肯定相对比较少，我有两年没做了。专职律师的（案件）占15%左右。

问：那剩下的就全部是社会律师么？

答：剩下的社会律师可能不会超过30%。但今年肯定有提升，因为z主任他们要求提升比例，但是我们出现以下情况：社会律师任务完成了就不管了，但是法律服务所完成既定指标后多的案件也得办。

问：也就是去年的数据15%的案件是专职律师完成的，30%是社会律师，剩下的55%就基本上是法律服务所（办的）。

答：对，公证和鉴定所占5%的样子。今年社会律师肯定要有所提升。

问：就是你不是被强制摊派任务，你跟他一样拿补贴的情况下，你们的质量和他们是一样的。这样说是否准确。

答：是这样。

问：好，谢谢。

答：K县65岁以上的老年人和残疾人共27000多人，专职律师2016年5人，2017人3人。2017年截至目前，我们的案件类型包括四个，一是劳动纠纷，今年办46件；二是老年人援助，75人次，主要是给付赡养费、抚养费；三是未成年人盗窃抢劫案件；四是交通事故里关于民事赔偿的案件。而经费对比案件完成度较少，2010 年 7 月份经费是 90000 块钱，2017 年经费没有上涨。

问：谢谢。对于 K 县来说，刑事案件未成年人犯罪的比例还是在往上涨。

答：是的。

问：那该地区律师还是比较多的，你都可以指派的出去啊。

答：我们 13 个律师，刑事案件 400 个，调解案件 300 个，法院判的案子是 100 个。

问：数据还是 A 市的最好，那您想跟 B 县相比，他们不拿钱还干活，您这个可以不干活，是吧！

答：每年我们中心的两个律师办 30 件案件，局长说你们法援中心的律师不做案子做什么？ 大笔一挥 30 件，我们就要做 30 件了。

问：其实对 K 县来说，23 个人要做 250 件，完成任务后还有时间干自己的事么？

答：所以现在意见大呀，250 件分摊接近每人 90 件案子。

问：看来每个县市的差异还挺大的，L 县那边是说 50% 是由法律服务所完成的，您这边是百分之百。非常感谢大家提供的这些数据，我们感兴趣的基本情况也了解的比较清楚了。其实我想听一下法官对法律援助案件质量控制的看法，您觉得是社会律师办的更好一些还是法援中心呢，您在指派的过程当中有些什么体会？

答：中院刑事案件指派的比较多，大概在 38% 左右，主要涉及的就是判无期以上的，这个是最多的，其次是共同犯罪案件当中被告人没有委托辩护人的。另外还有未成年人，丧失劳动能力的人、丧失辨认能力的精神病人和聋哑人的案件，一般都经济比较困难。指派案件一审可能达到了 25%，二审主要是抗诉案件和未成年人犯罪的案件，大概有 25%。所以法律援助在这一块的支持力度非常大。刑事被告人关押在县市区不同的位置，这就有一个问题，现在 C 证在贫困地区也能执业了，但是因为 C 证律师对中院来说可能不符合代理的相关规定，对此可能不太注意。而且办案过程以往到我们这个阶段才指定援助律师，现在接触到的案子很多在公安、检察的阶段公诉机关就已经申请了法律援助，这是一个进步，但是涉及到沟通问题，法院对案子之前的法援情况不了解，要花很长的过程了解。

问：不好意思打断一下。您刚刚讲的这个法援与法院之间的沟通实际上是一个问题，比如说像侦查起诉以及审判三个阶段当中。

答：对，因为公安、公诉人指定了律师没有告诉我们，所以这条线现在基本上就是断着，我们就不是很清楚。

问：那其实有一个问题，从法援完成任务的角度，完全可以把一个刑事被告人分成三个案件，侦查一个，起诉一个，审判一个，更好完成任务。那您说的这种衔接，前面调研也有人指出，不同的阶段指派不同的人对于当事人的利益是有损害的，如果说从头到尾是这一个人，就比较熟悉案件的情况，对当事人利益的维护也更好。所以您指的是法援和法院的连接？还是侦查和公诉阶段指派的律师跟法院之间的连接？

答：就像您说的，如果是同一个律师一直在代理这个案件，他更熟悉案件。到法院阶段联系律师时，他很可能说他在公安或检察机关接受过委托，但是到法院阶段不能确定是否还是他负责，可能就会指派其他的人。

答：未成年人这个问题，在 J 市是一个普遍存在的问题，我们在看守所设立一个法律服务站可能是解决这个问题的方式。

问：我觉得问题就是设这个站是一方面，但是还要有一种衔接机制保证一个律师或者律师事务所当中某个团队的律师从头到尾接手，这样可能会比较合适。实际上到了审判环节，如果前面已经有人介入，前面的整个过程他比较清楚，办这个案子对律师来说也更轻松，所以这个衔接机制可能确实是值得考虑的。

答：实际上在立法上也在考虑。

答：对未成年人案件审查起诉之后，如果通知我们指派律师的话，在起诉书中注明指定辩护人的名字，另一个办法是接到通知指派后在裁判文书上注明是审查起诉或者审判阶段指派的。

答：律师跟进的一个我去年办的未成年强迫卖淫案，他是 D 市的，人关在 A 市，律师在侦查阶段介入，然后被指派，从检察院到法院主动跟进。一般法援之后不会随便换律师，每到一个阶段会补填一个指派函作为更替，到时候将相关资料送到检察院，和收费的案子一样做。

问：这就是从法官的角度去说的，对吧？

答：律师在我们本地可能就更方便一些，因为我们有的案子在基层不同的县市区。

答：在公安机关，因为 C 证只限于在贫困地区，但并不是说执业范围是有限制的，我个人认为是全国的执业范围，但他不能在不是贫困地区的执业机构注册执业，他主要是在贫困地区的执业机构活动，在全国从事律师工作应该是不受限制的。

答：平时律师提供法律援助还是很敬业的，被告人提审、阅卷这些程序都有经过。案子来了后我们联系被告人亲属是否要请辩护人时，很多人好像不了解，对援助的律师不是很信任。

问：您觉得当事人对援助律师不信任的原因是什么？

答：可能就是传统观念，没花钱可能就是不好的。但是我觉得各位都遵守职业道德的。

答：不付钱的心理也有。有个抢劫的案件指定我，家属和我见面说你是法院指派的还是要给钱，你尽力一点，没收钱不放心。我们律师做法律援助都是一样的，最后（案子）判的死刑。

答：当事人可能认为我们是法院指定的，辩护人就是替法院说话的，对我们就有不信任感。

问：这个在刑案当中特别突出。我们在别处走访也基本上是这样，一般当事人遇到刑案，越严重的犯罪，除了极少数家庭，大部分家庭都愿意请律师，可能还是有一个保命诉求，或者是有花钱消灾的心态。退一万步讲，也有刑辩律师的质量问题，因为刑辩质量本身就有相当大的差距，有熟练和不熟练的区别，还有付出努力的程度。

答：我觉得是跟律师的个人素质相关的，与是不是法律援助无关。

问：行，那各位律师有什么想法、意见？趁着这个机会赶紧吐吐槽。钱太少了就不用说了。

答：我是 QA 律师事务所的 m 律师。我觉得我们所办案质量还是有保障的，我去年办的未成年人案子会见当事人不少于 5 次，每次都有会见笔录，跟进和收费案子一样，及时去检察院阅卷，去法院和法官沟通，文书资料和辩护词也跟收费案子一样；另一个盗窃的案子也做的非常好，开庭后一个星期人就放出来了，我们有法援案件的效果。但办案子要贴钱，交通费不够，中院复印案卷很贵。M 法院非常好，对援助律师很配合、很尊重，包括检察院都给我们很多便利，所以援助案子我们都尽心尽力，也是一个跟公检法的沟通桥梁。即便律师是免费了，没有一个衔接的机制，诉讼费和其他费用对有的当事人来说确实困难，我们申请缓减的申请书立案庭说花时间长，批不了，太麻烦。

问：其他地方也提过，减免缓属于司法救助的范围，法院应该有一个审查程序。但我觉得顶层设计上也有问题，严格意义上对困难当事人或者刑事案件被害人的救助，我个人认为不该法院管。但是，最高院与财政部联合下文由最高院管理。那司法救助的当事人和法律援助的当事人之间是有重合的。从我个人观点出发，这应该法律援助部门来干，但是法院要切这一块蛋糕走，最后的结果就是得到法院去交申请，可能各地法援机构跟法院之间进行协调会更容易一些。但是如果采取这种顶层设计，最高院和司法部联合下文要求以后凡是符合法律援助条件的，法院都减免缓，现在看起来时机不合适。因为最高院到我们武大法学院来调研过，关于司法救助问题，我当时看完这两个文件，和法律援助之间有大幅度重合，为什么单独要搞一块？当然主要目标是为了救助，为了解决刑事案件被告人经济困难不足以补偿该案件被害人（的情况的话），那么可以采取这个方法。可是我觉得最后采取的解决方案马路警察各管一段，剩下的问题（法院）就不管了。这个问题至少在顶层设计上暂时没有特别好的办法。但是可以尝试地方性的，比如说 A 市市内协调一下，政法委协调几家，然后形成一个内部的机制，这样的做法完全是可以的。

答：我们理解，对援助对象法院不应该再收费。有援助的手续就行了。

问：如果对方当事人败诉怎么办？费用就不是法律援助的这一方来

支付诉讼费了。

问：我觉得考虑在地级市这一级，跟政法委协调一下，下个文。

答：现在法律援助案件到法院去立案都收费，如果法院判决败诉，或交通事故双方都负责任，法院判决的费用再另行交，但是立案的时候，写个缓交申请就不用交诉讼费了。

答：也不一定，有个法援的案子诉讼费 4800 块钱，少一分钱都不立案。

问：QA 所 h 律师有没有什么补充？

答：主要是刑事案件，我觉得介入的时间比较短，因为一般都是到了法院才指派，这种案件可能涉及问题，一是卷宗会比较多，取证时间少，因为还有（同时办理）其他案件，涉及能否有效辩护。我认为在检察和审查起诉阶段能参与最好，这个时候能初步判断案件判刑结果，最起码阅卷时间能保证。我记得去年搞一个村里的几个未成年人案件，负责未检的处长经常在外，他们抗诉后我们去沟通，案件的证据、回避有问题，最后通过沟通撤回了抗诉。另一个抗诉案件，检察院认为判轻了，当时案件比较少，我们主攻这个问题，通过辩护改了罪名。我认为最好能在检察环节加强沟通刑事案件，保证阅卷时间，不然很难有效辩护。

答：我们所民事案件比较多。法援中心对每个所擅长的案件做了统计，在分案子上根据律师的专长。法院和法援中心都比较支持涉及法援案件。就像最近的 LM 案件，对方（当事人）没有劳动能力，60 多岁，但标的额有 70 多万，对方没有承受能力，就算法院判决了也难以执行，我们把农村公路管理局和镇政府都作为被告，当事人一直担心没出钱律师不出力。但法律援助中心都很体谅办案律师的工作。

答：我们所专职律师 23 个，我们对法援工作比较支持。首先我们都是认真完成指派案件。第二我们按照安排法援值班。我们还定期参加法援的服务活动。

答：我们所每年的法援案件不是很多。我做了三件，有很多的确是很困难，一个是几千元的欠薪案件，当事人 70 多岁，起诉后帮他解决，当事人很感激。我们社会律师做法援案件基本每年都有一件，对于案卷有要求，案件质量做的比较好。

答：各法援中心的主任都讲过了，法官也对法援工作做了评述，我就不赘述了。但对法援案件的评估想讲两个问题。一是法援案件实质性的审查，我们在法援实践中，可能更多的是刑事案件和法院调解，但是在刑事案子中有些事从经济角度是不能通过法援的。比如 A 市中心对一个法援案子是有援助的，但是这个问题可援但不可助，从经济角度我们可以援助你，但是律师（对案件结果）没什么帮助，浪费司法资源，最后律师和当事人都不满意。第二，涉及到档案管理。互联网时代普遍电子化，法院做案件都是电子版了，案件评述打印了太多纸张，浪费社会资源，能不能电子化管理，节约开支和时间。

答：谢谢，非常感谢大家，我们学到了很多东西，了解到了很多情况，现在给大家发放问卷，分三类，一类是给法官，一类是给行政机关工作人员，一类是给律师，可以不记名，大家想说什么说什么，按照你们的想法来填。非常非常感谢！

（二）某省 N 市法律援助中心访谈实录

问：我们不评价工作好坏，也没有评价资格。主要目的就是想了解真实情况和大家真实的想法。调研主要分两个部分。一是听大家谈，二是请大家做一个问卷。大概情况就是这样。你们看呢？

答：可以。我把基本的情况进行简单的介绍。首先介绍参与座谈会专题的调研会相关人员。一是 O 区法律援助中心工作人员 j 同志，那个是 H 区法院 xjh，这是 CJ 律师事务所的 z 律师，2016 年获得全国法律援助先进个人，这是老法律援助工作者 xhm，在法律援助工作站办的案件比较多，这个是 QL 律师事务所 z 律师。这是 l 律师，s 律师。

答：再介绍下法律援助工作。我们法律援助中心 1999 年首建，经过了十多年发展，发展态势不错。建设之初，每年办案数量几十件，从 2012 年开始，工作进入健康发展轨道，近五年，业务量增加，投入较大，业务率接近一倍。有个法律援助数据表，2012 年案件数量 5128 件，

2016 年达到 9090 件，增长接近一倍。我简单介绍一下我们的做法，法律援助的工作从申请到结案的全过程。指派环节包括对法律援助案件作出适用还是不适用决定，然后是承办，承办过程对案件办理进程动态网上监控，然后结案归档，还有案件回访。对法律援助案件资格的审查现在基本上没有局限于《法律援助条例》，因为《条例》颁布十多年了，案件随着经济发展有一定调整，案件的范围包括资格审查有扩大，涉及环境保护、拆迁等与民生相关的案件、再审案件都纳入了法律援助。对经济困难，按条例规定，按照 N 市最低生活保障提高一部分，我们把经济标准降低了，基本是按照工资标准，1200 多接近 1300 元。

问：不好意思，您刚说的案件审查范围扩大，以及经济困难标准降低有没有规范条例？

答：没有。

问：因为各地其实都有对国家立法到省里的变通，可以称之为细化。G 市细化的是独生子女是法律援助对象，F 州是拆迁户，A 市是扩大为经济困难标准的 2 倍，所以这个算下来还低一点，但是都有规范性文件。

答：我们没立法。

问：就是没有本市的法律援助条例？

答：嗯。

答：农村留守儿童，孤寡老人，农村的三农对象都被列为受援对象，也包括农村妇女。三是法律援助案件受理范围问题，刚才也说已经把它规范化了。至于有没有扩大范围的必要？因为按照《条例》实施，打不起官司的人能享受帮助，范围越来越大会不会对这个社会市场有冲突矛盾？现在法律援助案件类型有下面几大类，一是家庭婚姻案件，包括离婚，抚养费，赡养费，财产类，非婚子女抚养，家庭暴力。二是人身损害，三是劳动争议，四是房地产开发领域的拆迁，五是非法集资公众存款，六是工伤劳动争议。刑事案件领域案件的类型分为两大类，一个犯罪群体现在就是聋哑人、残疾人，近几年有上升趋势，涉及的案件类型就是盗窃。二是发生率比较高的贩毒吸毒案件。另外未成年人案件也比较特殊。第五个是经费保障存在很大的问题，N 市户籍人口只有 110 多万，常居人口只有 105 万人，但是省为了完成司法部硬性指标，给下面地市州年年加码，最少不少于每年 10% 的增长比例。

问：您这个是 2016 年完成的数字吗，那么案件数完成的是多少？

答：2016 年 1153。

问：任务量是多少？

答：任务量是 1000。咨询事项是 9000。

问：那是超额完成了？

答：是的。

问：年年你都超额了？

答：基本上是年年超额了。我们今年是诉讼 1000，咨询事项 10000。

问：可以完成。有的地市州采取的方法是做了那么多，但不报那么多。

答：只有那么多。我们 N 市原来就是一个小县，人口流量只有那么大，没有什么提升的空间，但规定必须完成。

问：你还算好的。有的地州是给你 20%。

答：经费确实存在问题，按销售模式每年递减，不是每年递增。

问：比如 15 年和 16 年？

答：16 年是 18 万，15 年是 22 万。

问：就上面减少了？还是地方变更呢？

答：上面减少了，从成立法律援助中心至现在，每年地方财政预算就是 10 万，没有提升过。

问：那 10 万要发律师的补贴，还有本地的办公，人力算不算啊？

答：同级财政 10 万元就是业务经费。

问：那今年呢？ 2017 年的？

答：今年的一个是 13 万。

问：那不是又减了 5 万？还有就是您说的这个中央转移支付的这个钱。

答：对。

问：还有一部分钱就是财备基金。

答：财备基金今年还没批下来，去年是给了31万。

问：今年还算是好的，因为按照这个标准，省厅是看各地州愿意领的任务量是多少，也看业务量够不够，案子合不合适。

答：我们不敢拿多了，到时候案件完不成了。

问：31万很不错了，我看应该够？

答：50多万，包括本级财政。

问：那如果律师直接办了一个中彩金的案子，那直接给这个律师中彩金的钱吗？你这个专项里面就可以不动了。

答：是的。

问：那就是两块各做各的？

答：我是按你们的程度补的，所以经费是有问题。我们是以办案的薪水补贴，去年省市机关下发了金额管理办法提高了大案补贴。现在我们算上N市中心的诉讼案件，达到3600件。但还有看守所的律师补贴，P中心的律师值班补贴，这样算本级财政更少，诉讼案件一直上不来就是这个问题。如果说下面各区的同级财政经费，那么诉讼案件还有可能提升。但现在就是每个区关于诉讼调解案件量比较大，也包括上面中央省市，包括同级财政补贴的这一块，是远远不够的。

问：经费的问题可能各个地州都有，A市他们也说钱是大问题。任务量年年在涨，经费其实没涨。但是你们这里还好在同业给的经费还是比较多的。像F州，他的任务量也不少。因为他下辖的县比较多，他们嫌中彩金项目案件麻烦，就不要。

答：是的。就像J市中心，嫌麻烦，工作量大，就不愿意要。

问：这个可以重视一下。可以拿来补贴一些案件的，还是起很大作用的，中彩金补贴相当于其他补贴。作为律师承办人来讲，不愿意做中彩金案件的话，一般的法律援助案件他就不愿意做。律师指派以后，最终是没有结果的，不知道这个结果符不符合中彩金案件的要求。

问：P市也不要了，P市自己有一个法援基金会。

答：但P市同级财政一年几百万。

问：所以大家都说，钱是大问题。

答：十多年的时间，我的同级财政经费就是 10 万，一直都不变，案件从几十件到上千件，怎么还是这个标准呢。

问：A 市那边传授经验，F 州采取一个方法，不是正常途径，拆迁、环保案子，有时转到法援处理，本来是不属于法援的范围，但是领导签了字，你必须提供援助，不在经费之内开支，打个报告说明案子不在我的范围之内，应该另外拨钱。

答：这是个方式，但是这种方式也不能解决根本问题。

问：当然，对你来说最重要的就是 10 万能够涨到 20 万、30 万最好，是吧？在各地调研的时候，大家可能都没有特别多的把案件数字和本地的人口做个对比，其实这个是密切相关的一个问题。

答：人口比是一个重点。另外，刑事案件还有绩效考核。不同地方的经济水准和治安管理办法影响了刑事案件的数量，刑事案件占比列入绩效考核不切合实际。

问：法援律师和正常律师业务重叠的部分，对律师的正常业务造成冲击。我觉得这确实是各地都有的一个问题。

答：N 市有一百多位社会执业律师，这是一个很现实的问题，好多律师基本生活都保证不了。

答：我曾经跟市局领导反映过要根据业务发展情况来预算经费，不要老是怕麻烦就不报。另外一个问题是如何监管民间法律援助机构，法律援助是公益事业，管理不到位就不太好，N 市从市到区到街道办，法律援助机构基本上能满足工作发展的需要。第八个是关于成立军事法律援助工作站的问题。目前 N 市和 Q 区，已经成立了军人法律援助工作站，已经列为今年重要的一个硬指标。

问：去年的成立了吗？

答：去年没有具体办过案件，但是咨询阶段有。因为有的案件有个问题，一般军人的军事问题不一定发生在这里，而是在异地，那么法律援助只能提供咨询，因为受法律援助管辖的限制。成立确实有必要，军人常年在外，军属权益受侵害不普遍但肯定存在，为了让军人安心服役，成立法律工作站的意义还是很重大的。第九个问题就是法律援助的律师指派范围。在 N 市，律师有两大块，一是法律援助公职律师，二社会职业律师。N 市法援公职律师并不多，就只有几个，社会职业律师大概有一百多个。所以 N 市法律援助案件指派包括三大块：一块主要是依赖社会律师，社会职业律师这三年承担的法律援助业务很重。

问：大概占比多少？

答：应该占到 80%—90%。重大疑难案件都是社会职业律师承担。第二块就是公职法律援助律师，不多，主要承担法律援助，还承担行政工作，办理案件的机会和数量较少。第三块是法律援助工作者，主要集中在区、乡镇，一般是已经注册和拥有法律职业资格的人员。

问：公职法援律师大概有多少人？

答：总共有六个。

问：很多地方反映公职法援律师的一些问题，他们有证，像 A 市城区律师多，所以就办的多，而 B 县法援中心本来就没几个律师，案子也办不出去，都是公职律师自己在办，而这些律师都快要退休了，却没人愿意进来。还有一个问题，从去年开始，公职律师在办案时没有津贴，N 市律师的资源比较充足，所以当地公职律师办案在取消补贴前后之间有没有一个巨大的差异？

答：差异很大。公职律师现在既然不能拿补贴，就不愿意去承担这个风险。法律援助案件面对的是特殊群体，都很纠结，不简单。

问：您认为这个补贴禁令以前，是公职律师还是社会律师办理案子要多一些？

答：公职律师是主力，如果现在还可以办理，一人一年几十个没有问题。

问：现在您有没有指派给他们呢？

答：指派。

问：那现在不领补贴后，占比 10% 有没有？

答：不到 10%，全市公职律师也就是几十人。

问：好的，最后烦请您提下建议。

答：我的建议有几个方面：一个方面是加快、强化法律援助政府的作用；第二加大经费保障，一能提高社会职业律师办理法律援助案件、献身公益事业的积极性，二能保障法律援助案件的质量，资金影响积极性，钱太少会导致案件流于形式；第三，加快法律援助公职律师队伍建设，R市的队伍部署可以借鉴，R市法援中心就是原来过去的法律顾问，律师改制以后全部转化成工作人员了。

问：现在R市也不能办案啦，我们才从R市回来。

答：他们现在不办案了？

问：不办案，转管理了。

答：他们只是干管理？原来他们都办案的。

问：R市可能唯一的不太一样的地方就是他们的级别。R市法援的级别就只比司法厅低半级，不是下级单位。

答：第四个建议，法律援助工作要重质量，不要重数量。定任务指标要切合实际，不要为了完成任务把指标往高处放。如果N市再像过去这样年年加码完成指标，那质量问题肯定没法兼顾。

问：您吃亏就吃亏在级别，是个地级市。

答：对啊，当时局长在省厅谈到这个问题的时候，（对方也说）我不考虑其他因素，你就是地级市。

问：最主要的就是这个级别，省厅不可能对偏远贫穷的县下分，就只能给地级市分下来了。

答：我们法律援助工作基本上就是我刚才说的。

问：谢谢，大家还有什么好的建议、意见？我们可以做一个访谈。

问：大家好，刚才j主任已经介绍了大致的情况，我们就对几个比较感兴趣的问题问一下。我们去了很多地方发现，法援很多时候的审查，形式审大于实质审。实质上的审查，比如单纯的就从经济条件来看，有可能他根本没有胜诉可能性；或者从他的诉求来说，他根本都不会去起诉，或者说不会形成一个诉讼案件。可能因为当事人属于那个群体，或者说经济标准符合等，然后就形成了一个法援案件。我的问题是，你们觉得要如何处理这个矛盾？什么方式处理更好？

答：我谈一下个人想法。有一个确切的诉求，不一定能够得到法院的支持。但是，事情还是得通过诉讼来解决，不然他始终是要走上访。

问：如果是立案的话，最后还是进入了法援？

答：对。还是进入法援。

问：那他打完那个官司以后，因为诉求明显得不到法律的支持，或者是无理由的，那其实最后的结果还是败诉。

答：败诉是这样的，不通过诉讼的话，他有道理。我们接待上访的时候，引导他通过诉讼来解决。

问：那他是不是败诉以后，觉得自己没脸就不上访了？

答：比方说他要告政府，最后我们分析的是要通过告政府来告他的一个亲戚，他又不想告亲戚。我们去年就成功的引导他上访时通过诉讼来解决，法院最后判他的亲戚承担责任，这个效果还是很好的。

答：这个问题，我来说一下。有的对象可能符合资格条件，你是困难户、残疾人，经济困难标准也没问题，但是你的诉求不一定符合案情范围，这个情况不是少数。四年前有一个老师，是 20 世纪 90 年代的事，赔了 42000 块钱，他要找证据进行行政诉讼，告公安局不作为，他说符合哪个条件就搞哪个，缠了几年，后来我们就和他说要走程序，不服不予援助决定可以去司法局复议。还有一种情况符合法律援助的条件，包括经济困难条件、案件范围，但是诉求不一定能得到法律支持。像这种情况，我们采取很简单的一个方式，就是走程序，起诉到法院、指派律师，至于将来案件结果如何，得不得到支持，胜诉还是败诉不考虑。

问：这个问题律师或者比较专业的人一看就知道，其实诉讼是哪一种，应该走的程序是哪一种。

答：对，但他要查，我就把这个矛盾转移到法院去，法院判的怎么样，就是这个结果，你就不再找法律援助中心。

问：法律援助实际上是学习的西方制度，国家主动提供法律服务只能解决法律问题，现在有的东西是社会问题。

答：包括一些政府职能部门甚至财政部门，什么东西都找法律援助，他们推百姓出门好推，而到我这里很难推出去，就只能走程序。

问：好，谢谢。这个表上前两年是有行政诉讼案件的，后两年（2016年和2017年）就没有行政案件，想问下虽然行政诉讼的法援都没做，但有没有这样的需求，这个需求大不大？

答：行政这一块我们没有。好多人可能是有这个需求，但我这两年没有接触到，我个人感觉过去行政诉讼也不是很多。人们心目中不愿意跟政府对着干，不可能花钱去打官司，这样的心理可能导致这个行政诉讼基本上没有。

答：就中国现行的法治环境来说，上访有领导在前面顶，解决的快，所以行政诉讼就相对较少。

问：我们实际想问，法援中心在办理行政诉讼案件时有没有"心理障碍"？法律援助就是政府的法援，在告政府的时候肯定会有相应的心理障碍。也能看到前面几年好歹是有的，现在一件都没有，总是有点什么原因的，我们比较好奇。F州的地方法规规定拆迁也纳入范围，他说有范例文件但实际没执行。

答：回答第一个问题，案子其实是来办案的时候才确认的。中国的《法律援助条例》，包括《法律援助办法》是比较匆忙规定的。我们2003至2008年在法律援助中心培训时，当时官晓冰在讲课的时候就说，规定是比较匆忙、单一的。当时规定的法律援助案件受理范围不大，能确保老百姓的法律诉权，合不合理是另外一个问题。所以，从必须看具体材料之后才能进行实体审查。

问：问这个问题是因为法援案件的受理和诉讼是不一样的。诉讼和法援都不知道结果，但是法援不一样的地方在于，是政府去购买法律服务，而法律服务就是律师的服务非常昂贵，所以不能随随便便就去帮你买一个昂贵的服务，要认为你这个诉求是有道理的，我才愿意去帮你去购买服务。

答：但一般人认为，法援中心律师的审查是一个没权的身份进行的审查。法院判决以后，他才有道理。比如说，也就是黑板上写的字可以擦掉，但是法院判决书出来以后，就是铁板钉钉的，不可以不执行的。律师在法律援助受理阶段进行实质审查，老百姓是会不服的。

问：所以一个案例可诉不可诉是有判断的？

答：对，看基本的证据，有经验的律师一看就知道可能性有多大。

问：其实这些问题，是因为我们也在思考未来法援的走向，应当花多少钱去把案子做好而不是去做很多无用功。在很多先进国家，有一个前提是案件有很大胜诉的可能性，他才去帮你启动法援后面的程序。而诉讼要收诉讼费，败诉了要承担费用，所以诉讼费有一个筛选案例的功能。如果法援没有筛选的话，经济条件符合了就去申请，启动程序，大量的国家财政就没有做应该做的法律服务工作，成为一种浪费。我们目前没有深入去解决法律问题本身，而用法援去解决一些非法律问题。我把调研中发现较为普遍的问题抛出来探讨，想知道一些答案。

答：我的法学本科是在 N 大学自修的。我也谈一下个人想法。刚才您谈到法援案件的实质审查，法援中心也有权力，如果做出不予受理决定，申请人救济程序怎么样？我们法援机构的身份是什么？法援费用低廉，国外或大城市律师收费按规范，法律援助随便就可以申请，导致一些资源浪费，以后法援的立法应该考虑怎么样来杜绝资源浪费的问题。第二个问题，法援案件范围的扩大化是有很多弊端的。并不是社会律师不愿意承担社会公益事务和责任，很多律师都是愿意承担的，《律师法》上也有规定。我们做这一个公益事业，其实是想得到法律效果和社会效果，并不是要几百块钱或者是一千块钱的补贴，我们做案件都没有另外收费。但案件范围无限的扩大，肯定对执业律师的有偿服务市场有很大的冲击力。目前在 N 市，从 2015 年的 2 月份开始，已经为全市的 388 个村、社区购买了公共法律服务，每个村、社区都有一名律师，我们每个月接待咨询几十件，很多咨询和代写文书都是免费的。如果执业律师来做，这个应当是有偿服务。有一些社会问题都一起来解决，法援案件范围不断扩大，没什么明显的界限。关于审查，法律援助没有实质审查权限，只能形式审查。我在 2014 年办的一个人身损害赔偿的指派案件，符合法律援助的条件，当时收入证明什么的都有。但在后来代理案件的过程中，要提起误工损失，材料证明，他一个月收入有 3500。我说 3500 块的收入怎么能申请法律援助呢？但案件到我们手上了，就只能继续往前走。这种情况，怎么处理呢？

问：律师应该是很昂贵的服务，所以法援门槛一开，大家都跑进来，可以不交钱，实际上对律师的正常业务造成了很大的冲击。对整个法律行业是一个很大的损害。

答：这样讲，同样的案件，法援500块钱解决，请律师可能就5000块钱，那500块钱还不是自己出，还是公家出的。所以从费用看似乎服务是有好坏，因为同一个东西你买的不一样的价格，就会想会有不一样的质量。

答：我们还是说一下，j主任也在这里。因为有时候法律援助还带有社会公共性质，做实质审查是很无奈的。

答：我没有地方推，我只能走个过场。

问：我们通过调研知道现实是什么样的，我们希望的是让法援回归法援本质。对此想听一下你们有什么体会，你们觉得这个需要是不是很迫切的？

答：很迫切。比如说刚才那个例子，本来你并不符合法律援助的条件，你的诉求还很高，我付出了我肯定要回报的。并不是困难，是为了法律援助才开的证明。

答：每年国家对法律援助投入是很大的，这是很现实的问题，要把治安给弄好。

答：我想问，我们法律援助是向社会传播正能量还是负能量？如果是走形式审查，剔除实质审查，是传播负能量，比我们想的问题要多。像我们法律援助中心旁边就是信访局，信访这一块筛选出来，我们要给他风险控制，我们认为案件去打官司没有必要，他觉得他图的便宜，这个不是给社会传播负能量？必须要传播正能量。

答：这个问题提的很全面。做法律服务工作的，还是在社会维稳。

问：还有一个比较技术性的问题，法援案件最后都需要总结归档，涉及很多表格和资料，你们对这些表格资料有没有异议，是否认为很多没有必要存在？第二个问题，法援案件最后也要接受评估或考核，对法援案件进行评估或者要进行控制的时候，从哪些角度去做比较好？

答：一般的社会案件的处理，比较重要的是证据材料。跟别人提供正常服务，但是你自己心里要有评估。我们交材料的时候，整个案件的证据材料这些东西比较重要。

问：但是你们归档交的材料和在律所做的归档资料还是有区别的。

答：评估材料是法援中心去监管，我们做了这个案子后，将判决书、证据、临开庭的材料归到一起交到法援中心。归档的时候对这些材料进行审查。

答：那个评价体系用到普通案件来不是很现实，其他社会案件都还没有这样。

问：但今后也要做一个大概的案件评估，还要做一个这样的控制。

问：简单来说，结案后法律援助中心要以什么标准把费用发给你？材料如何评判案子的好坏有一个基本的标准。流程中材料哪些是必要的，哪些是不必要的？S 县法援中心的主任，他说司法部发的 24 张表，有些表根本是不必要的，一个结案报告要写三次，办一个案子可能要不了多长时间就办完了，结果一份表格就要花至少 45 分钟来写，很费时间。可是从管理部门的角度来说，把案件办完了应该有一个办案的流程。所以我们想问，您觉得在办案的过程当中，哪些表是必须要有的，哪些表格是可有可无的？

答：申请表太繁琐了，尤其是民事类的应尽可能简洁化。而且还是手写的。

问：可以提倡电子化。

答：经济审查范围已经明确了，还要人家去写经济困难证明，蛮费事。

问：前面调研的时候，很多专职律师都嫌表格太繁琐，很耗时间。另外一个问题就是怎么去判断案件中律师是不是尽心尽责？填满表格只是形式审查，并不是意味着这个律师尽心尽力。那么到底用一种什么方法判断一个法援案件的好坏？应该从哪些方面去判断？

答：自然的评价。从法援中心的归档材料可以看到很多信息，他书写的诉讼材料的好坏，是不是按时立案，法律程序有没有马上去做？这都可以体现出来。全部的法援归档，比律师自己接的社会案件的归档还要多一些，可以通过审查那个材料。

答：刚刚你说的是尽职没有，这个质量的问题，受援人接受服务的体验、获得感、满意度，是有回访的。满不满意什么的都有。

问：我们很希望去替律师考虑的，比如说，我们有没有必要说你代理词写的不好，其实我觉得这个没有必要。因为律师是一个很自由的职业，我们希望把当事人回馈但瞎打分的情况规避掉。

答：可能站的角度不同。一个案子当事人的期望值比较高，结果作为律师，案件搞清楚了，法律服务职能是这样，只能提请法官注意，这个判决结果是法官的。

答：书写材料已经体现出来了，但是有的当事人不认可。他对结果不满意，回访结果也是不满意。其实你已经尽全力了，但他说你没有尽职。

问：我们非常愿意站在律师的角度，案卷材料写的有确实能够看得出来，但是每个律师办案有自己的风格，有的时候不会写那么细的东西。然后说当事人回访，当事人千差万别，你给他帮了忙，但凡有个一票否决的话，大家全完蛋。这也让我们很困惑，因为我们主要的任务就是怎么样判断案件质量好坏。所以怎么样去平衡这中间的紧张关系，既让大家不要有太重的负担，又让上级管理部门能够很清晰地看出案子最后到底是怎么样。法援案件的诉讼材料必须交齐才能结案。

问：有个律师说，最后归档材料我没有做我就编啊。这种情况真实存在么？

答：肯定有。各人做事风格不一样。

问：就像我最开始声明的，办案没有好坏，只是每人做事的习惯问题，即便不按规则留证据，也不能说律师没做好。24份表格大家都烦，而且有时候也编，对吧？如果变成4份，还是有问题。怎么样才可以既让律师们负担不要太重，又让上级管理部门能够有数。我觉得这个才是我们想要达到的目的。

答：我是比较年轻的律师，有点新的想法。重实质还是重程序的也好，我觉得还是要回到一个最本身的问题上，重质量而不是重数量。我第一次接触法援案件时，前辈们都跟我说不用特别投入，走走过场就行了。说实话我当时很纳闷，很气愤，我觉得法律援助应该属于律师的公益服务。首先重质量而不是重数量；审核这一块，让每一个律师有成就感，会为服务感到自豪。就像我，有个幼年刑事案件的法官是跟我说，做了那么多年法官，你是第一个让我感动的律师。我觉得就要回归到本质上面去。

问：谢谢。

答：就刚才某位律师讲的，为了让社会更多的人了解法律援助政策，现在法律文书 80%—90% 上网，是否需要在委托代理人这一栏标注法律援助？我觉得这样一是能够广泛宣传制度政策，第二个也区别于有偿服务，接受社会的监督。

问：这样会有一个问题，就是对方当事人会觉得法官其实是有偏见的。

答：不是，在后来的法律援助上面就是，法律文书不是有那个。

问：你去做额外标注的时候，其实就是给人一种偏见，这些是要忌讳的。因为你是法援，你觉得他弱势其实是判决书上不能够体现的。

答：这个不会说是法律援助，而且说是偏袒这一方。

问：有一句话就是，正义不仅要实现，还要以看得见的方式实现。那作为法官来说，他要时刻是超然、中立的。他标注法援的时候，其实超脱出了他本身中立的立场要为法援去做判断，这是有问题的。

问：又回到了经费问题。国外的这种政府服务的成本是很高的，日本法援的准入很严，收费很高，跟社会商业案件是一样的。有这样的一个标准，我觉得质量从根本上就解决了。

问：我觉得《律师法》规定律师必须要做法律援助是乱扯，律师本来就是凭借专业技术挣钱的，不否认有些律师有公益心，那就让有公益心的律师去做公益。律师把本职工作做好，靠本职工作拿钱，没有问题。强调每个人都具有社会责任心，把社会责任心放大了，其实大家都有社会责任心。

答：谈到公益心，我觉得实际上是国家一方面叫强制到人的权益，另一方面是公益心，是吧？

问：您说的这个其实有风险，希望快一点上个台阶。

（三）某省 N 市 Q 区法律援助中心访谈实录

答：我们在2004年之后成立法律援助中心，现在工作人员3人。Q区建了12个法律援助站，以司法所为基准建立了5个，以公检法、妇联、老弱残联这些部门为中心每个建了一个，援助范围基本就是国家法律规定范围，主要是经济困难为主，低保户、抚恤金等。审核时一般就看经济困难证明。每年的法律援助案子不少，数量在增加，2013年是120件，2014年是142件，2015年是167件，2016年是185件，2017年截至目前已经有100多件了。

法律援助分两个形式认定，一般检察院和法院发函过来，然后我们指派律师事务所，给补助。第二个是民事这块，申请人就是到我们这或者法律援助站申请，援助站报过来审查，审查证件或经济困难证明，审核通过同意后指派法律服务工作者或者律师。根据属地指派，签订委托协议，开展工作，结案后形成一个卷宗，最后根据案件情况把钱补给代理人。

问：我有两个问题，一是你们刑事案件是通过指派给律师，那么没有通知律师的话，指派的是 N 市区的律师还是？

答：2016年以前都是法律服务者和律师办理。从2017年今年开始，我们尝试一村一律师，这个也有弊端，因为 N 市一村一律师是面对全国公开招标，所以在从事某些行业的统一案件时，不是很方便。我们当时向市里提出为什么一村一律师不能把法律服务者放进去，而且我们地方是以非诉讼案件为主，由法律服务者来办理。从2013年至2016年，大概只有30到40件诉讼案件。刑事案件不多，以法院、检察院指定为主，最主要针对未成年人，2016年开始公安部门有一些未成年人没有监护人，也会叫我指派律师。我有一个很大的疑问，市里对我们有任务，经费每年都在下降，案件数是呈正比上涨，案件补贴，理应是呈正比的往上。还有一个问题就是机构设置，主要是人员设置，其实我觉得上面也应该考虑一下这方面的问题。案件方面，农村交通事故比较多一点，农民工婚姻纠纷跟妇联的联系比较多一点，今年我们设立了一个军人军属法律援助站。

问：等于说军人军属是才开始的？

答：嗯，本来在原来的法援制度里没有，后来是中央军委搞起来的。

答：今年我们还搞了两件，我不懂这个概念，但是我听过办这个案件的律师谈过这个案件的情况，军人是被告，对方家里条件特别困难，两方都符合法律援助条件怎么办呢。

（四）某省 S 县司法局访谈实录

介绍：S 县的基本情况，按照 2015 年年底的统计，我们县人口一共 159 万，面积 3460 平方公里，全县低保户 2615 户，人数 6.7 万人。县下设有 23 个乡镇（场），有 76 个社区，768 个村，村民小组 6114 个，2014 年的国民生产总值的是 194 亿元。法律援助 2013 年时列入全县"为民办实事"项目之一。

从 2013 年开始，每年年底的法律援助都采取跟政府签订合同的形式。我们下达法律援助的任务是，2015 年签订协议办理法律援助案件 300 件，法律援助事项 3000 件，2016 年案件 360 件和事项 3600 件，2017 年办理案件是 400 件，事项 4000 件。完成情况，2015 年案件 303 件，事项 3197 件，挽回经济损失 418 万元；2016 年案件 397 件，事项 3951 件，挽回经济损失 489 万元，今年截至 6 月份，已经办理案件 262 件，事项 2719 件，挽回经济损失 280 万元。因为今天的统计 6 月份的计划，时间过半，任务也过半了。

我们 S 县有七家律师事务所，正式注册有五家法律服务所，一个公证处，一个司法鉴定所，23 个司法所，他们可以参与法律援助案件的办理，我们把他们列入办案单位。还有一个看守所法律援助工作站，交通事故调解委员会，法律援助中心，中心取得执业律师资格的援助律师有7人，社会律师44人，为了保证质量，每年我们都和办案单位签订目标责任书。

资金来源于中央和省的转移支付。每年中央和省向我们转移支付的法律援助案件办案补贴有21万，加上中央彩票基金支持，基本上都是4万标准，加起来25万左右。经费都是有限的，要列入县里的预算。

法援案件中，刑事案件以指定辩护为主，一般死缓无的案件，如果被告属于我们县，关在我县看守所，那么中院将案件指定给我们的上级单位市中心，市中心把资料寄给我们，我们再安排律师。县院这一块，县法院和检察院在起诉阶段、审判环节，需要指定的，会直接跟我们申请。一般来说，看守所都有法律援助工作站，在押人员有申请法律援助、符合条件的，我们就给他们指派律师。

民事案件原来主要是两类，一类是农田承包，我县60到80万人外出打工，国家实施田税补贴，但田被其他人种了，这种纠纷比较多；二是有一个早婚的现象，同居关系非常多，要解除婚姻关系的话，要给他们协商，也会涉及到子女抚养纠纷，主要是由司法所来做。法律技术含量不是很大，他们很有经验，只要做些指导、把案由搞准，质量基本上也有保证。凡是法律关系比较复杂，诉讼标的比较大就要交给律师，比如重大交通事故、赔偿标的较大、涉及劳动纠纷的案件，司法所很难做好，有些律师做不了就交到法律服务所。行政案件去年只搞了一件，今年一件都没有，行政案件不是很多。

关于案件质量管理，司法部为了管理，原来设计了一整套格式文书。首先是申请表，经济困难表，法律援助决定书，然后要跟当事人签合同，指派，向法院发函。司法所觉得这个程序很复杂。有的律师并不注重档案整理。所以让他办完三个案子再填。是不是可以对司法部设计的24张表格合并起来、稍微简化一点？受援人来了之后我们要他填这么多表，他们心里也很烦。

问：他要填几个表？

答：案件质量考评、办案跟踪表、开庭你要填一次，后面的表（结案表）就有五张，都是同类的，最后领取补贴表，又要把案件过程写一遍，案件过程要写三到四次，结案报告、质量评估、意见征求、领取补贴都要写一次。

问：这里面有几个表是部里的统一要求呢？

答：审批表，一个结案表，意见征询表和办案补贴表，四个表。

问：这个结案和办案的表可能是不需要的？

答：审批表里面案件内容已经写了一遍，结案的时候又要写，领取补贴又要写，案件情况要填很多次数。

问：都是用的格式文书？

答：我去把表拿给你们看。在审批表当中就有案件的概况，结案报告的时候，你又要写一个，这个位置你又要写一遍，至少写三遍。

问：案情要写三遍？

答：刑事案件现在简化了，前面几张表还是要的，如果是法院指定的，前面几张都不要了，把法院指定函往前面贴就行了。

问：有个小区别，法援前面有一个表，跟后面稍微有点不一样，法援审批表的背面有一个案情简介。

答：24个表。来访来电询函登记表、法律援助申请表、法律援助申请委托书、申请人经济困难证明表、申请材料接收凭证、补充说明、受理通知书，这个你可以不需要填的，法律援助协助函不需要，法律援助审批表有，给予法律援助决定书、不予援助决定书这是送达回证、送达通知书、委托代理协议书、法律援助公函这些转交的、通知的不需要，后面是终止法律援助，后面就是报告表，领取补助时结案报告表要填，这块我们要求严一点。我们到时候肯定会考虑要不要把它精简。

问：还有几个问题要请教，您刚刚说的这个参与办案的人员互相之间如何协调呢？是完全由你这里来指派还是怎样？

答：您应该问的是案件的来源和指派去向。今年省司法厅已经规定公证处进行的公证和司法鉴定所做的鉴定的仅仅作为事项，不再作为案件，补贴也不一样。经济非常困难的人要做鉴定，司法鉴定中心接到案源以后就直接向我们报告，我们进行审查，然后再指派过去。律师事务所也是一样。

问：所以是不是说，2015 到 2017 年，案件 300 件事项 3000 件，我在想这个案件和这个事项之间的差距怎么会有十倍？

答：这个事项包括咨询的，来访的。

问：我们 S 县案件逐渐在增加，增加幅度不小。从 15 年到 17 年两年之间增加了一百件，数量有点超负荷了，今年的实际数量还要更多。您刚刚说的中院指派的刑事案件，如果这个人关在 JL 看守所，那么就由中院指派给您了，然后您再指派给他？

答：对！

问：来之前，我们团队里有一个成员就是 S 县的，他觉得 S 县青少年吸毒的情况很多，不知道法援方面是怎样的？

答：从今年开始少管所设在 T 市，全部关在 T 市，以政法委为单位建立毒品戒毒中心，每个乡镇都有。如果涉及强制戒毒是由机构和他们的戒毒中心来进行决定。

问：那其实跟咱们法援没什么关系？

答：是的。自从少管所搞到 T 市后，检察院今年只给我们指派了在起诉阶段的刑事辩护案件，经费有限我们都搭法院的车，法检不一定来接我们，接我们就去，开庭在 T 市，全部是 T 市审，我们 S 县看守所现在没有未成年人，也没有少年审判庭。

问：是不是相当于整个 G 市的这个少年犯全部都关到 H 区，G 地区都关在 T 市去了？

答：其他地方不知道，我们 S 县的都关到 T 市去了。

问：就是 S 县的人都搬到那边去了？

答：我们 S 县的法官，检察官和律师都是到那边开庭的。检察院给我指派时，对我中心发函，审查符合的话，我们一般都没有拒绝过。

问：开庭的法官也是实际上是 S 县的，到 T 市去开庭？

答：是，人关在 T 市，不去不行。

问：那案子最后作出判决书的这个法院是 S 县人民法院吗？

答：对。

问：就是法院和检察院都是为了将就被告人的关押地点。

答：G市中院的到我们S县来开庭就是这样，死缓无的案子路上危险，就必须到羁押地来开庭。

问：一年这样的案件大概有多少？

答：今年好像已经搞了18件，就是在检察起诉环节。

问：那你们检察院直接通知这个环节还可以啊，一般好多检察院也不通知。

答：我们这边跟公安检察挺好的。

问：那关于青少年的毒品犯罪也确实是比较多吗？

答：他们涉及犯罪的不多，主要是管教的，戒毒时就采取其他措施，尤其是强制戒毒，实际上就是关押，但还没构成犯罪，没有进入刑事诉讼程序。

问：你们有没有全年办理数案件的数量，比如刑事和民事案件各有多少？

答：今年上半年的我们办理的刑事案件32件，去年一年（2016年）是39件。

问：那就跟您刚才说的青少年有关系？

答：对。

问：民事案件呢？

答：民事案件今年上半年213件，去年（2016年）357件，行政案件1件。

问：您刚刚说的民事案件中，承包纠纷和同居关系，通常由司法所工作人员来做。在处理刑事上，是不是调解为主？

答：对，主要是做调解的，如果进入诉讼程序，一般都是律师来做。

问：所以实际上司法所的人主要是在做调解，还有法律咨询，是吧？

答：有少量的诉讼，但不多。他们有的司法所水平高，愿意做就做。

问：以前有过一个问题，司法所所长或工作人员先提供咨询，可能的话调解，有的时候调成，有的时候调不成就会起诉，假如在调不成的情况下起诉，这种情况常见吗？

答：不是很常见，一般的调解不成的，其中有一方要起诉，他就来找律师，就来咨询一下。当事人并不是局限于司法所。U市司法所原来有法律服务所，就做诉讼案件，后来转移到行政上，有的司法所水平很高。

问：我想了解一下法律援助从申请到结案是不是采取的跟G市完全一样的流程，就是我们大流程是不是一样的。

答：是的，一样的。

问：就是当事人先来申请，然后带上经济困难证明和身份证，审查合格就开始给他法律援助？

答：对。

问：我也想问，每年案件数量在增加吗？您觉得增加的原因是什么？

答：一是法律援助范围逐渐扩大，原来按照国务院的《法律援助条例》，范围非常窄。《湖北省法律援助条例》出台以后，事项就已经扩大了，现在有的县根据县情又进一步扩大，比如G市就把独女户和二女户纳入援助范围。受援人的援助范围已经扩大了。

答：我们G市的这个就扩得很大。我们农村人口多，现在车子越来越多，交通事故基本上全部都纳入到法律援助范围，事故是越来越多的，案源就是不断的在扩大。S县留不住人才，工资1000多块钱，资金有限。

问：所以第二个是这个交通事故，您认为案件变多的原因主要是范围？

答：一是受援人扩大了，二是受援事项也扩大了，案件数量自然而然地上升。

问：一个是对象扩大，一个是事项扩大了。S县贫困县的帽子才摘掉？

答：已经摘掉了。

问：这带来一个问题就是，这个法援经费有没有受到很大的影响？你的办案补贴大概是25万/年，如果按这个标准的话，您觉得这个费用够么？

答：这25万是全部补到办案补助里的，不能用作其他用途。

问：好的，那县里的计划是多少？

答：我们计划是 400 元一个案件。现在我们都是 500 块钱一个案子，差不多够了。

答：现在按照新的标准怎么可能？地方财政是要根据财力来核定，不是颁布文件就这么弄。

问：因为我看如果是做中彩金，算下来中彩金一年 30000—40000，达到符合中彩金标准的也就 20 来个案件，一个案件中彩金是 1500 元起步，诉讼 2000 元，裁决 1500 元。

答：一些比较优秀的律师，他热心这个工作，这样的案子我们就要他们来办。

问：也就是说，中彩金的钱和本地财政相比补贴数额是比较大的，但是额度不够高，就是省厅给的额度没那么多呢？

答：那肯定的，不可能给那么多。这个中彩金给每个省的额度一年也死的，根据各市州的情况分钱，很多县市没有额度。

答：G 市每年 20 多万，我们原来一个市只允许比较好的县市能拿到，现在是从去年开始都能拿到。

问：y 主任您认为没有经费问题，相当于你并不担心这个法律援助经费问题？

答：当然需要越多越好，我们县基本上能够满足案件的需求，我们其他的费用局里都比较开明。

问：S 县军事法律援助工作站，军属的问题怎么解决？

答：我们都宣传了，但申请的较少。

问：S 县本身出去当兵的多吗？

答：当兵的多。

问：就是你去宣传，但是人其实不多？

答：他这方面的需求很少，有的家里条件比较好，他不需要援助。

问：那如果从您的工作的角度来说，对 S 县的法律援助工作您有些什么样的建议？包括对于上一级部门。

答：一是要加强它的宣传力度，要加强法律援助的宣传度和知晓率。

不搞法律援助的政府公职人员，无论什么人都往我们这里塞，困难群众不是法律问题，政府就说援助援助。

答：y主任说的这个问题好，老百姓和有关行政部门，对《法律援助条例》并不熟悉。他们就认为法律援助机构能解决所有问题。

问：我也遇到这种情况，不管是信访来的还是哪个部门来的，找法律援助是对的，用法律途径来解决问题是对的。但是你要看准法律援助什么内容，过来咨询也是提供法律服务，不是说没有打官司没派律师就不是法律援助。给你提供咨询，告诉你一条路怎么去走，该找哪个部门，应该找哪个部门去起诉，这也是法律援助对你的一种帮助。

答：省一级可能好一点，我们下面的还有胡搅蛮缠的。

答：如果说信访局要他来，你说不能援助，他又跑去信访了。领导就说你这法律援助中心是干什么的？他对你的评价不好，我们还要耐心地跟县长去解释，很麻烦是不是？

问：所以就是信访给你指过来，你说这不是我的范围，援助范围事项肯定是不断发展的，他来咨询肯定是对的，不能踢出去。

答：你给他指路了之后，这个县又小，部门又隔得近，容易搞出意见来。

问：他跟你那里不一样。你那里是这个厅到那个厅好远，他这个是楼上楼下，天天低头不见抬头见。

答：我们就八个局，有的还是同一栋楼。到你（省厅）那去的肯定素质高一点，能告到省里去的肯定有一点水平的。我们只要求解决问题。

问：可能地方小了都是熟人，你一说他说是法律援助中心指过来的。

答：所以，就和你不一样了，他敢指过来你就指过去，不管是不是合法的指派。

问：他这样干也合法，该找劳动监察的就找劳动监察。

问：他可能也会采取您说的那种方法，就是说一句你去找法律援助，被指来指去，当事人他自己也搞不明白。

问：刚刚y主任说法院就有这种情况，我跟你说不清楚，你去找法律援助。

答：关键当事人一开口就说，政府机关和法院说了的要找你法律援助机构。

问：他跟你不在一个频道上。最后关于法律服务所，它的性质是什么？武汉是几乎没有吧？

答：估计基本上没了，因为现在县这一级已经全部成区了，是全部去掉，具体的不太清楚。

答：街道还是有的，应该是对律师的补充。法律服务所是没有取得律师资格的，主要做民事调解，民诉修改后还把他们写进去了。

问：基层法律服务工作的身份是什么，还是仅次于律师提供基层法律服务工作？

答：诉讼参与人当中的第一部分就是他们。

问：这个我知道，那他们是合伙制的还是什么呢？

答：他们都是都要自办，也叫合伙自办。不存在合资或者什么，就是几个人，也要3个人才行，在基层管理部门批准。

答：我们d局长就管这个基层工作科，管基层法律服务的。符合条件的依然在发薪，要求比较高，是本科以上。

答：这可能是一种发展趋势。

问：基本上都差不多了，问完了，谢谢，非常感谢。

（五）某省 C 县法律援助中心访谈实录

介绍：C 县的基本情况：C 县在大别山南边，总人口 63 万，常住人口 12 万，下辖 12 个乡镇，3 个林场，1 个经济开发区。在外务工的农民工达到 12—13 万，集中在沿海一带大中城市，他们主要从矿产、交通运输等高危行业。第一批农民工没有什么技术，主要从事苦力劳动。第二代农民同样有一部分从事这些行业，一部分转入其他大工程或第三产业。据不完全统计，从九五年以后起，这些农民工每年因工伤、交通事故在外死亡的不少于 100 个，伤残达上千。因此，这十几年，司法局法援中心一大任务就是为外出务工人员提供法律援助。我们县委县政府和司法局都有领导小组。司法局有几个长期提供法律援助的律师，经常往全国各地跑。我们办案的效果随着法制逐渐健全也往好的方向发展。但也有些不尽人意的地方，比如工伤事故，前期调解效果好的只占10%，效果不好的占20%，按法律标准调解一般得不到保障，这部分人占30%，还有10%左右的人会自己放弃。但实际上他不知道自己放弃了，诉讼时效过了之后才来想维权。不过随着普法宣传力度的加强，50%、60%的人会走程序。工伤程序众多，时间较长。期限拉长了，其实不利于维权。大部分案件通过我们法律援助律师的及时介入，可以达到很好的效果。然后我谈一下受援标准。中办、国办、省里、A市都有相关意见。我认为受援门槛降低得差不多了。社会保障现在省里定的是1.5倍，我们A市受援的困难标准是两倍，一降再降。受援范围扩大得也差不多了。受援范围再扩大可能有两个问题：一是公职法援律师办案压力大。有的当事人有能力请社会律师。无限的放大范围会影响到社会律师的收入。二是经费保障。这三五年没有增经费，但每年是按照10%和20%的比例完成案件，这也是一个矛盾。我们县有63万人，14个专职法律援助律师。法律援助律师本身拿工资的，办案子没有补贴。我们自己可以完成一半。去年市里定给我们270件案件，2700件咨询事项，但今年我觉得案件今年要涨到300件。今年是头一年改制，我们以前都承担政治任务，现在由于自主的经济效益低脱钩了。在补贴方面尽量要算算账，除了日常有关的费用之外，我们局长明确表态一定要用到法律援助的案子上。

问：补贴大概多少钱一个案件？

答：600块为基数。有的案件分阶段，比如说刑事案件的以前是三个阶段算一件，现在是侦查阶段、起诉阶段、审查阶段，每个阶段算一件。工伤案件、确认劳动关系，工伤认定的也各算一件。工伤认定走足十个程序的话就是6000了，那也不少。

问：是多一点。F州一般不到1000块。县区也就五六百，这跟县财政有关。

答：但按照案件情况来看补贴确实比较紧张。

问：我觉得案件可以按分阶段来算的话，那这样就很高了。

答：还有一种情况。成批的案子，比如一个类型的有 10 个、20 个当事人，当作 5000 元封顶。以前这个一定要封顶，因为相对于其他案子难易程度不同。

问：如果是这样的话，社会律师还是比较愿意办法援案件的。

答：这有一个过程。有的人他每年办的援助案件质量好，数量到位，他是佼佼者。每年办的话也就那几个人。

问：这个很正常，哪儿都这样。

答：所以我们今年下达了一个任务，省里规定社会律师每人确保两件案件，援助律师确保三件。任务内和任务外都照补。

问：这就是你说的那个问题，也就是公职律师和社会律师的收入差距问题。就是你拿工资，干着一样的事。

答：现在我来说这第二个深层次的问题。我了解的情况目前只有某省公职律师办案子不拿补贴。上次在 J 市交流的时候，J 市还是完全按公务员管理体制。有两个方面需要探讨，一是公务员律师工作性质与普通公务员劳动强度方面不同。公职律师要考虑案件，白天要办材料调查，晚上还有考虑明天出去怎么弄。二是横向之间也没有可比性。对于社会律师而言，一个案子基本是 3000 的基数。一个法律援助案子才 600 不到 1000 的补贴，他会有对比。公职律师与社会律师之间的收入也差距很大。

问：你说的这个问题基本是我们在各地调研的共性问题，但你说只有某省不拿补贴，好像不完全是这样吧。不过你说的这个问题确实是一个比较突出的问题，各地都有反映。社会律师不可能完全把法援案件接过去，很大一部分还是由公职律师来承担。另外要考虑的就是在一个局里大家不患寡而患不均。

答：而且我们还是在二级单位，我们还有一级单位这是有质的方面差别的。会给我们考核。

问：这个确实是我们经常听见的一个问题。

答：关于法律援助，我们刚才说有财力问题，案件增经费没有增。

还有人事编制问题。法律援助的编制我建议改为行政编制。

问：现在法援不是行政编吗？

答：现在是事业编制，前几年的二类一律是事业单位。编制人员我们这里才3个人，我是公务员身份，但是我没有占他们编制。

问：那相当于你法援中心的那11个人他们是事业单位，您是公务员？

答：不是，他们11个人中间有接近10个人是公务员。他们不在这个工资编制上，在这注册搞法律援助。事业编制存在什么问题呢？比如交通补贴等拿不到。这样的状况持续了起码有二三十年了。

问：那我问一句，他们这种事业编，属不属于合同工？

答：不是合同工，他是干部身份。《公务员法》出台之前就是国家干部，不叫公务员。后来公务员就是有两个编制，一个是财编，就是财政供给这一块，然后就是行政事业编，他是只有行政编没有财编的。

问：那他工资由谁发呢？

答：局里发。

问：就相当于他不是财政拨款那一类的？

答：他有的，法援中心事业单位有钱供给的有3个编制，但是你相当于公务员来的话好些东西就没有。不知道其他县什么情况，这样一来很不公平。

问：我们前面没有听到别的地方在说这个问题。

答：还有一个问题，按照政策法援中心现在由办案机构慢慢转型转入管理机构。管理机构向行政编制靠齐比较协调。再一个就是级别问题，事业单位级别比较低的。我们这是副科级，这是A市10个县市唯一一个高配。我们C县历史上法律援助工作开展的好，所以县领导比较重视。如果配副科级的话，起码就有两个副主任了，但现在就没有了。

问：有公证处的在您这注册法律援助律师，他占不占编制？

答：他不占编制，他占的是公证处的编制。

问：那其实就是真正的说法援的编制有多少呢，行政的编制？

答：真正的编制有3个。

问：反正就 3 个事业编，其他的是占法援的行政编？

答：没有占法援的编。真正的法援中心没有行政编。

问：这个情况是比较普遍的？

答：应该是全省。反正 A 市是这样的。

问：各个县好像不一样，我们去 S 县，他们一点都没有提这个问题。

答：A 市有好多地方和我们 C 县不一样。

问：但是事业编里比如乡镇司法所的人肯定是公务员。

答：有一个法律援助的职业证有的时候办案的时候方便点。

问：人事编制问题我们在别的地方好像没有人提过，我们可以回去和省法援核对一下。我还想知道你们在资格审批或整个案件的受援方面具体是怎么做的？

答：这个问题是原则性的也是灵活性。首先按照法定的，符合法律条件的援助案件进行援助，但是有的时候又比较灵活，针对特殊的情况就特殊特办。

问：必须要经济困难证明或特定身份证明是吧？

答：嗯，经济困难证明是必需的，然后是申请法律援助的相关资料。

问：反正就是司法部的那一整套表格？

答：24 张表格，但是有些表格还没有用到。

问：那你平时整理档案有没有觉得很麻烦？

答：有的。24 张表格有重复的地方，所以我们自己省掉了几个。但是上级检查的话会扣我的分。比如农民工，未成年人一般比较明晰。主要是一般人口需要经济困难的特困证明、残疾证。

问：C 县有没有这个做法？法援助部门与民政部门有对接，困难户、低保户直接有名单？

答：目前还没有这样做。特困户在精准扶贫的表格里面是贫困户，但是一段时间他就脱贫了，是一个动态变化。我们每一个村、居委会和司法所之间都有一个系统的网络，是不是贫困户打个电话问一下就知道了。

问：实际上我们前面的调研的过程中有人确实提出过这个问题，就是整理那个表格很复杂。办案子只要花一点时间，结果填一个表粗略估计至少45分钟。

答：表格好多那个重复的地方合并一下就可以了。

问：前面我们在V市的时候他们说表格不麻烦。另外一个问题就法院属地管辖，咱们本地区去参加这个案件协调，主要目的也是在本地把矛盾消灭，而不光是为了解决一个人的问题。你对异地协调的这种做法怎么看？

答：我是这样看的。一方面，C县情况比较特殊，外出的务工人员比较多。我们从前搞这类案件搞了20来年，效果比较明显，C县老百姓信赖法援中心。另一方面，群体性的案子或大型的案子，以前县委有个领导小组，是公开的电话。现在有什么事情，他不直接去找法律援助，直接到县长那儿，通过县长找我们局长，局长来找我们这个主任，形成这样一个专门性的流程。一般的小事情的话，我们法援中心都一个电话网络可以查看，通过电话直接找到我们。

问：你说你们每年大概的任务，比如诉讼案件300件左右，非诉3000件左右，有没有压力？

答：有压力。从目前的情况来看有150件左右由我们内部来做。我们内部还有其他工作。今年我们中心上班的三个人每个人是35件，我去年办了60件。有的人可能会超额完成，但是不完成的还是我们自己来，可能我今年还是60件。

问：我还有一个问题，案子到你们这边来是怎么指派的？怎么在公职律师和社会律师之间进行分配？

答：指来的基本上都是上访的案子。

问：那就是说，一个法援的案件，乡镇一级的司法所那边接下就接了。法院也可能指到这里来。比较好奇那案子是根据什么标准把它分给公职律师或社会律师？

答：有两种情况，一种哪个律师办这个方面的案子有经验，那这个案子就指派到那个的律师。还有种是求助人点熟悉或信任的律师。

问：下面司法所的案子，需不需再拿过来经过法援中心批准？

答：这个没有严格的规定。我们在一起开会的时间比较多，有哪些标准和范围司法局都知道。接了案子回到局里以后把手续办了。还有比较急的情况下就打个电话，初步审查是否符合法律援助条件。

问：所以其实也存在许多事后追认的情况？

答：有的。申请表是当事人自己填，在所里填，填好以后自己签字。审批表后面补签的也有。

问：另外一个问题就是经费问题。

答：C县的经费大概20万，但账在局里，以中心建账，县里面单独建立科目，中心没有独立的账户。

问：那县级财政有没有相应的补贴？

答：有的，大概是20万块钱。法律援助案件的综合下来20万块钱，但是每年的话C县财政有一个域外调控，另外调控的话还不止20万。

项：那个中彩金，一般从A市可以拿多少钱？

答：前几年申请过，但这三年没有搞。那个案卷要求太苛刻了。

问：除了条件很苛刻，要求比较复杂之外，不愿意申请是不是与公职人员不能领补贴有关？

答：有关系。反正我要来这个钱也不能用，我要来干嘛。

问：以前公职人员可以领这个补贴，包括社会律师可以拿这个补贴。相当于是给人家多做一点，可以算两次钱是吧？

答：这个一般都是年底上交，但年底大家比较忙，一般就没弄。今年改了以后，公职律师不能领，但社会律师应该可以领。

问：关键问题就是你说的这个，社会律师自己整案子，整完后交上去。

答：再一个就是很重要的是，有的案件根本不符合法律援助案件，从案源审批受理到结案某些环节不符合要求，如果完全按那个标准去得那个钱，还不如自己做一件事来的快。

问：这个其实管理上也有点问题。有法援中心，省司法厅又有法援处管理中彩金，法援中心管理案件分配和指导。本来一件事情分成了两个处，这也可能是大家不愿意申请中彩金项目的原因。还有一个问题，如果我们要对法援案子进行质量的控制，您觉得要从哪些方面来控制质量？

答：在质的方面，我们全省有统一化的可操作型的制作方案，就是质量标准，很有必要。各地在这个标准上再加强管理。从目前情况来看，总体效果还好。但是也有些不尽人意的地方，比如在案卷的质量方面要素不齐的情况。要解决要素不齐的问题可以在标准里把能浓缩的浓缩一下。没必要每个环节、每个细节都写进去。

答：如果建立一套严格的评估体系，我认为应该分前、中、后三个阶段来评估。

首先，"前"就是在法律援助受理之前，律师要有过硬的专业本领。

"中"就是当事人来申请时，既要进行形式审查，又要进行实体审查。上面规定法律援助的案件数量每年要呈 20% 上升，这导致形式审查多而实质审查少，一些未严格符合条件的案子也受理了。比如，有的案件本来应该由社会律师来承担，当事人有钱不想给，跟地方某个领导打声招呼，案件就接过来了；有些案件在受理的时候还不明了，例如农民工受工伤没有劳动合同，在中间审查的时候，我们抱着宽松容忍的态度。再说现在我们 C 县法律援助案件是一种广义的法律援助，收费的时候那是能省就省，能不交就不交。所以基本上每一个律师都承担了一个广义的法律援助的案件，这个就是中间的"中"。

"后"，就是事后这个案件评查。法律援助案件有它的特殊性，有些当事人诉求本身就不合理，当事人反馈的时候只看结果，不看律师努力的过程。所以有时候信访回馈对律师评价的结果往往不是完全正确的。我认为案件的评查应该按前中后三个阶段来评查，评查纳入国家质量标准检测体系确实难以细化，工作量非常大非常难。

问：现在各个地方的标准不一样，我们想知道各个地方到底是个什么现状。

答：这个我说一下。比如说案件里的庭审笔录有点苛刻。有的人写字特别的慢，律师自己只能帮忙把意思表达出来。但案子交上去后，没有庭审笔录的话事后又要补。我感觉都是走形式主义。

问：好的。我想问一下您这边有没有设立军事法律援助站？您怎么看这个军事法律援助站？另外这边关于青少年犯罪以及关于对青少年的法律援助有没有什么特点？

答：关于军队的法律援助，C县有个武警中队，大概30—40人。我们2005年4月份，在那里挂牌搞了一个法律援助工作站。每年新老兵交换的时候讲一下法律课，签订了合作协议书。人武部的话，我们主要处理随军案件，包括军属的和烈士军属。我们有2名律师是省的随军领导小组，每年只要有随军案件，要么他们来我们这里开会，要么我们去那边。青少年犯罪在C县主要呈现两个特点，一是所犯罪的罪名主要是盗窃罪和寻衅滋事罪。二是抢劫的这两年还少了，有些敲诈勒索的。

问：C县有没有专门做青少年犯罪的律师？

答：基本上还是我们法援中心和几位社会律师比较专注这个事情。

问：好的。现在好像是法援案件的花费是实到实销吗，你们这里是这样吗？

答：是这样的。

问：各地案件数量增多，有些案件在办之前是不是法援还不一定，办完再说，其实给你的任务其实是300个，这300个案件全都是诉讼，是不可能的。

答：也有非诉讼的，也有调解的，但调解的目前还没有算进来。

问：那你这240件全都是诉讼？

答：今年270件。

问：我们上次去I县，全县人口才22万，法援案件350件。我猜想有地方在诉讼案件不够的情况下把调解案件纳入到了法援案件中去。从质量评估的角度来说，存在真假问题。因为调解案件的流程跟诉讼案件的流程有很大差异，你们用什么样的流程来控制真假问题？另外一个问题，当你做调解员的时候，又同时是法律援助的工作人员。由于立场不同，你要维护其中一方，实际上是不可能居中调解的。那么如果一个低保户找到您，怎么调呢？270件案件的话，您需要发放补贴的案件大概是在多少？

答：大概在 50%。

问：一半以上？那您钱不够啊。钱不够怎么办？

答：实际上应该够的，十多万，总共 20 万，今年也是够的。

问：有个问题，其实 w 主任也提到了。比如说在 C 县或者像下面的小县市。每年有 300 个诉讼案件，有 3000 的非诉咨询事项。其实您是从体制内跳到体制外做律师，您觉得这个对律师的挤压空间到底有多大？可不可以谈谈您的感受？

答：其实做了有些不符合法律援助的案件以后，社会律师有很大的反响。比如说就像群体性的事项的，很多人都很富有的，但是你叫他交律师费咨询费他就不交。对社会律师的挤压空间还很大的，因为我本身是 A 市律师协会的理事，所以既要维护法律援助方面的正义，同时又要考虑到社会律师工作量，所以需要我出来把握这个度，我自己也深感这方面的压力。你身处这样的制度之下，要维护这样一个大局，要政治因素高于一切，你要有大局观念。

问：这种越到下面挤压越明显。

答：在县城都是一个熟人世界，这个也是好事，也是坏事。比如说有一个案件，张三来了一个案子，委托我，刘律师，收 5000 块，明天有个领导打电话来，这个是我亲戚，你给他便宜一点，你少一点，4000 嘛。过两天再少，少了以后好像以后你自己要给他贴一部分，有的几十万的案子，只能收 3000 块钱。

后记

　　不知不觉中，本人投身于法律援助已逾廿载。上世纪末加入武汉大学社会弱者权利保护中心（2013年已更名为"武汉大学法律援助中心"）时，只是抱着积累一点实务经验的想法。先负责未成年人权益保护，机缘巧合于2013年开始担任中心主任，成为这个享誉中外、国内第一家民间法律援助机构的第四任掌门人，既感荣幸也深知责任重大。二十多年的投入给我压力也给我启迪，使我积累了对法律援助的感性认识，同时也激发了我沟通实践和理论、推动理论研究的兴趣。

　　2016年本人获教育部高校人文社会科学重点研究重大基地项目资助，对"人权视野下的法律援助"展开研究；2017年起深度参与了科技部重点研发项目"精准公共法律服务支撑技术与装备研究"并负责课题四"法律援助律师服务质量评价模型与智能推荐技术"的研究工作；2017年还获湖北省法学会省级法学重点课题资助，对"湖北省法律援助案件质量标准"进行研究，这些研究都在一定程度上促成了本书的问世。

　　作为国内高校少有的、由教师主导运营的校内实践基地，武汉大学法律援助中心在过去近三十年中持续为贫弱人群提供免费的法律服务。一代代法科学子在志愿者教师的指导下为这些群体提供法律咨询、代写文书、代理案件等法律服务，锻炼了实践能力，获得了对法治现状的第一手认知，也收获了志愿服务精神。我们见证了中国法律援助制度的建立、成长、壮大和发展，也因身处这一历史进程而深受鼓舞。我们深知，作为人权司法保障的重要组成部分，法律援助事业从无到有到专精也是我国人权保障最突出的成就之一。在习总书记"要努力让人民群众在每一个司法案件中都感受到公平正义"和"实践育人"的指引下,武汉大学法律援助中心的师生们将法律援助实践上升为理论研究,通过社会调查及其结论分析提升认知社会的深度和广度,这是本书问世的第二个原因。

本书从法律援助的基础理论出发,对我国法律援助进行了制度分析和实证分析,最后落实为完善我国法律援助制度的对策与建议。希望本书为《法律援助法》的制定提供一些有益的参考。

作为武汉大学法律援助中心志愿者的集体作品,本书具体分工如下:

侯东奇,武汉大学法律援助中心2019年志愿者,法学院2018级硕士研究生,第一章第一、二、三节;

王佳红,武汉大学法学院2016级博士研究生,第一章第四节;

周永全,武汉大学法律援助中心2017—2018年志愿者,武汉大学法学院2017级博士研究生,第一章第五节、第四章;

年嘉鹏,武汉大学法学院2018级硕士研究生,第二章第一节;

郭元,武汉大学法学院2018级博士研究生,第二章第二节一、二、三;

陶熙,武汉大学法学院2018级硕士研究生,第二章第二节四、五、六;

周宏标,武汉大学法学院2018级硕士研究生,第二章第三节;

王娟,武汉大学法学院2017级硕士研究生,第三章第一节;

王卫峰,武汉大学法学院2018级硕士研究生,第三章第二节;

吕宇,武汉大学法学院2017级硕士研究生,第三章第三节;

黄启辉,武汉大学法学院讲师,《中华人民共和国法律援助法》(立法建议稿)、《湖北省法律援助案件质量标准》执笔人,"法律援助实证研究"调查问卷及访谈提纲主要设计人;

谭梦妮,武汉大学法律援助中心2020年志愿者,法学院2019级硕士研究生,"法律援助实证研究访谈报告"整理人。

特别需要说明的是,在编辑法律援助实证研究访谈报告时,为保护被访谈人的隐私,也为避免不必要的麻烦,我们采取了隐去被访地和被访人信息的手段，以大写字母代替被访地，小写字母代替被访人。

全书由项焱在周永全的协助下进行统稿，文中的错误和疏漏在所难免，尚祈方家不吝赐教！

项焱谨识
2020 年 11 月 13 日